AF853402

Droit civil

Personnes
Incapacités
Famille

À notre catalogue

Les manuels millésimés 2010-2011

Droit civil - Personnes, Incapacités, Famille - 16e éd.
Droit des obligations - 2e éd.
Droit constitutionnel et institutions politiques - 16e éd.
Institutions européennes - 13e éd.
Relations internationales - 15e éd.
Droit administratif - 15e éd.
Finances publiques - 12e éd.
Droit pénal général - 15e éd.
Procédure pénale - 11e éd.
Procédures civiles d'exécution - 1re éd.

Autres manuels

Procédure civile - 2010
Droit international privé - 2010
Régimes matrimoniaux - 2009
Droit de la famille - 2e éd.
Droit des biens - 4e éd.
Institutions, vie politique et faits sociaux de 1789 à 1958
Introduction générale et historique à l'étude du droit

Méthodes

Réussir son Droit

Autres ouvrages de Marjorie Brusorio-Aillaud

Réussir ses TD 1 – Personnes, Incapacités, Famille
Réussir ses TD 2 – Les obligations

Ces ouvrages sont disponibles chez votre libraire
ou, à défaut, par correspondance à l'adresse suivante :

Éditions Paradigme
14 quai Saint-Laurent, 45000 Orléans
Tél. 02 38 70 84 44 - Fax 02 38 70 56 76
e-mail : commercial@paradigme.com

ou sur cpuniv.com

Manuel
2010-2011

UNIVERSITE DE STRASBOURG - SCD
Numéro d'inventaire : 2270967563
Date d'entrée : 27/11/2010
Indice :
Cote : 34-321 BRU
Localisation : BHU PRET
PILON

Droit civil

Personnes
Incapacités
Famille

Marjorie Brusorio-Aillaud
Maître de conférences à l'université du Sud-Toulon-Var

Laëtitia Stasi

Partie 2 Les personnes incapables

Christelle Coutant-Lapalus

UNIVERSITE DE STRASBOURG
S.C.D.
Bibliothèque juridique

Paradigme

DANGER
LE PHOTOCOPILLAGE TUE LE LIVRE
Le Code de la propriété intellectuelle interdit expressément la photocopie à usage collectif sans autorisation des ayants droit.

« Toute représentation ou reproduction, intégrale ou partielle, faite sans le consentement de l'auteur, ou de ses ayants droit, ou ayants cause, est illicite » (article L. 122-4 du Code de la propriété intellectuelle). Cette représentation ou reproduction, par quelque procédé que ce soit, constituerait une contrefaçon sanctionnée par les articles L. 335-2 et suivants du Code de la propriété intellectuelle. Le Code de la propriété intellectuelle n'autorise, aux termes des 2° et 3° de son article L. 122-5, que les copies ou reproductions strictement réservées à l'usage privé du copiste et non destinées à une utilisation collective d'une part, et, d'autre part, que les analyses et les courtes citations dans un but d'exemple et d'illustration.

© 2010 Éditions Paradigme
14, quai Saint-Laurent, 45000 Orléans

ISBN 978-2-35020-066-8

Mise en page : Fab Orléans (02 38 70 84 44)
Achevé d'imprimer en août 2010
Dépôt légal : août 2010
Impression : Imprimerie Darantiere (France)
N° imprimeur : 10-1024

SOMMAIRE

PARTIE I
LA PERSONNALITÉ JURIDIQUE

TITRE I
Les personnes physiques

Chapitre 1	L'existence des personnes physiques	7
Chapitre 2	L'identification des personnes physiques	13
Chapitre 3	Les droits de la personnalité	37

TITRE II
Les personnes morales

Chapitre 1	La classification des personnes morales	63
Chapitre 2	Le régime des personnes morales	69

PARTIE II
LES PERSONNES INCAPABLES

Chapitre 1	La protection des mineurs	77
Chapitre 2	La protection des majeurs	95

PARTIE III
LA FAMILLE

TITRE I
Les différentes situations familiales

Chapitre 1	Le concubinage	133
Chapitre 2	Le PACS	139
Chapitre 3	Le mariage	145
Chapitre 4	Le divorce et la séparation de corps	167

TITRE II
La filiation

Chapitre 1	La filiation par procréation charnelle	207
Chapitre 2	La filiation « artificielle »	233

TITRE III
Les conséquences du lien familial

Chapitre 1	L'autorité parentale	251
Chapitre 2	L'obligation alimentaire	267

Annexe	271
Bibliographie	275
Index	277
Encadrés et tableaux	280
Table des matières	281

Liste des principales abréviations

aff.	affaire
al.	alinéa
Bull. civ.	Bulletin des arrêts de la Cour de cassation (chambres civiles)
Cour de cassation	**(arrêts de la) :**
Cass. Ass. plén.	Assemblée plénière
Cass. ch. mixte	chambre mixte
Cass. ch. réun.	chambres réunies
Cass. civ.	chambre civile
Cass. com.	chambre commerciale
Cass. req.	chambre des requêtes
C. civ.	Code civil
C. com.	Code de commerce
C. pén.	Code pénal
C. trav.	Code du travail
CA	(arrêt d'une) cour d'appel (suivi du ressort de la cour d'appel concernée)
CCE	Communication commerce électronique
CE	(arrêt du) Conseil d'État
CE Ass.	(arrêt rendu par l') Assemblée du contentieux du Conseil d'État
CEDH	Cour européenne des droits de l'homme
COJ	Code de l'organisation judiciaire
Com.	Commentaires
Conv. EDH	Convention européenne des droits de l'homme
CPC	Code de procédure civile
CSP	Code de la santé publique
D.	Recueil Dalloz (Dalloz-Sirey depuis 1965)
DH	Recueil hebdomadaire Dalloz (années antérieures à 1941)
Décr.	décret
Dr. fam.	Revue Droit de la famille
Gaz. Pal.	Gazette du Palais
IAD	insémination artificielle avec donneur
JAF	juge aux affaires familiales
JCP	Jurisclasseur périodique (La Semaine juridique)
JO	Journal officiel de la République française
L.	loi
PMA	procréation médicalement assistée
Rec.	Recueil Lebon (Recueil des arrêts du Conseil d'État)
RTD civ.	Revue trimestrielle de droit civil
S.	Recueil Sirey
TGI	(jugement d'un) tribunal de grande instance
TI	(jugement d'un) tribunal d'instance

Le recueil Dalloz et le JCP sont des revues juridiques périodiques. Vous y trouverez les arrêts récents annotés, des chroniques de jurisprudence et des articles de doctrine. Ces revues peuvent permettre d'approfondir des points de cours, de préparer des travaux dirigés et de se familiariser avec le travail de recherche.

INTRODUCTION

Après les changements de grande envergure adoptés pendant les années 1970, une nouvelle vague de réformes est venue transformer le droit de la famille et le droit des personnes de 1999 à 2009 :

- adoption du **PACS** en 1999 (loi n° 99-944 relative au Pacte civil de solidarité). Le régime du PACS a été modifié par la loi n° 2006-728 du 23 juin 2006 portant réforme des successions et des libéralités ;
- réforme de la **prestation compensatoire** en juin 2000, retouchée par la loi du 26 mai 2004 relative au divorce ;
- loi n° 2001-588 du 4 juillet 2001 sur l'**interruption volontaire de grossesse** et la contraception ;
- loi n° 2001-1135 du 3 décembre 2001 relative aux droits du conjoint survivant et des **enfants adultérins** et modernisant diverses dispositions de droit successoral ;
- réforme des règles de **dévolution du nom de famille** (loi 2002-304 du 4 mars 2002 relative au nom de famille modifiée par la loi n° 2003-516 du 18 juin 2003) ;
- loi n° 2002-305 du 4 mars 2002, relative à l'**autorité parentale** ;
- réforme du **divorce** par la loi n° 2004-439 du 26 mai 2004 relative au divorce ;
- révision des **lois bioéthiques** du 29 juillet 1994 intervenue le 6 août 2004 (loi n° 2004-800) ;
- réforme du droit de la **filiation** par l'ordonnance du 4 juillet 2005 (voir ci-après) ;
- loi du 5 mars 2007 (loi n° 2007-293), réformant la **protection de l'enfance** ;
- réforme du **droit des incapacités** par la loi n° 2007-308 du 5 mars 2007 portant réforme de la protection juridique des majeurs (entrée en vigueur le 1er janvier 2009).

Le législateur a également modifié certaines dispositions relatives à la **formation du mariage**, ainsi que **l'article 212 du Code civil** relatif aux obligations des époux, par le biais de la loi n° 2006-399 du 4 avril 2006 renforçant la prévention et la répression des violences au sein d'un couple ou commises contre les mineurs.

Cette nouvelle vague de réformes visait deux objectifs. D'une part, il convenait d'adapter notre droit à l'évolution des comportements privés, aux progrès de la biologie et d'assurer le respect des droits individuels au sein du cercle privé. D'autre part, il s'agissait de mettre en place un ensemble normatif cohérent qui soit en conformité avec les conventions internationales (*Convention européenne de sauvegarde des droits de l'homme et des libertés fondamentales, Convention internationale des droits de l'enfant*) et satisfasse aux exigences croissantes de la Cour européenne des droits de l'homme en matière d'égalité (entre l'homme et la femme, le père et la mère, entre les enfants) et de respect de la vie privée. **L'ordonnance n° 2005-759 du 4 juillet 2005 portant réforme de la filiation semble marquer le terme de ce processus d'égalisation**. Les précédentes réformes étant (presque) parvenues à égaliser le statut des enfants naturels (conçus ou nés de parents non mariés ensemble) avec celui des enfants légitimes (conçus ou nés de parents mariés ensemble), il importait de parachever ce processus par une ultime étape : la suppression des notions de filiation naturelle et de filiation légitime. **Le Parlement a ratifié cette ordonnance par la loi n° 2009-61 du 16 janvier 2009** (JO 18 janvier 2009, p. 1062). Cette loi de ratification a été l'occasion de corriger certains points concernant les dispositions relatives au nom de famille et aux actions relatives à la filiation.

Le législateur français a fait le choix, pour parvenir à l'égalité, de recourir à une certaine contractualisation du droit de la famille. Il a ainsi offert à chaque membre de la famille une marge d'autonomie au sein de la sphère familiale : les époux peuvent choisir leur régime matrimonial, organiser leur divorce et ses conséquences, les parents peuvent choisir le nom de famille de leurs enfants, organiser la vie de ces derniers en cas de séparation du couple ; le couple non marié peut organiser sa vie commune par un contrat : le PACS. Les enfants voient également leur sphère d'autonomie s'élargir (ils consentent, dans certains cas, au changement de leur nom, sont associés aux décisions qui les concernent et se voient reconnaître la capacité d'effectuer certains actes courants). La vocation du droit de la famille n'est plus d'imposer un modèle mais d'assurer la protection de chaque membre (ordre public familial de protection).

PARTIE I
La personnalité juridique

TITRE I
Les personnes physiques

CHAPITRE 1
L'existence des personnes physiques

CHAPITRE 2
L'identification des personnes physiques

CHAPITRE 3
Les droits de la personnalité

TITRE II
Les personnes morales

CHAPITRE 1
La classification des personnes morales

CHAPITRE 2
Le régime des personnes morales

Au sens juridique du terme, la personne, également appelée sujet de droit, est titulaire de droits et tenue d'obligations.
Notre système juridique ne reconnaît la qualité de sujet de droit qu'aux personnes. Les animaux et les choses ne sont que des objets de droit. Les animaux peuvent faire l'objet d'une protection par la loi mais ne peuvent avoir de droits.

Le droit français confère la personnalité juridique aux personnes physiques (titre I) et aux personnes morales (titre II).

TITRE I

Les personnes physiques

L'expression « personne physique » désigne tout être humain.
Depuis l'abolition de l'esclavage dans les colonies françaises, en 1848, et la suppression de la mort civile, qui frappait notamment les condamnés aux peines perpétuelles, par la loi du 31 mai 1854, tout être humain est une personne juridique.

L'étude des personnes physiques soulève trois questions fondamentales :

- leur existence (chapitre 1),
- leur individualisation (chapitre 2),
- et les droits qui leur sont attachés (chapitre 3).

CHAPITRE 1
L'existence des personnes physiques

La naissance marque en principe le début de la personnalité juridique ; le décès en marque le terme. Entre ces deux extrêmes, il existe deux situations incertaines : l'absence et la disparition.

SECTION I
La naissance et le décès

Pour jouir de la personnalité juridique, il faut être né vivant. Mais l'acuité du débat sur le statut juridique de l'enfant à naître (voir p. 43) dénote la complexité de la question du début de la personnalité juridique.

Naître n'est pas une condition suffisante pour acquérir la personnalité juridique. L'interprétation de certaines dispositions du Code civil (art. 318, art. 725) exige que l'**enfant soit né vivant et viable**. Cette expression, né vivant et viable, signifie que l'enfant venu au monde doit avoir respiré et être doté de tous les organes nécessaires à sa survie. L'enfant mort-né n'est pas une personne, alors que l'enfant né trop tôt mais capable de survivre est une personne.

Parce que l'enfant mort-né ne peut être considéré comme une chose ordinaire et mérite un certain respect, l'article 79-1 alinéa 2 du Code civil prescrit à l'officier de l'état civil d'inscrire « enfant sans vie » sur le registre de décès. Cette disposition confère une existence administrative à l'enfant mort-né qui, bien que privé de personnalité juridique, peut ainsi figurer sur le livret de famille.

Le texte de l'article 79-1 alinéa 2 du Code civil emploie l'expression « d'enfant sans vie » sans autre précision. À partir de quel terme doit-on considérer que l'on est en présence d'un enfant né sans vie et non plus d'un *fœtus* ? En 2001, une circulaire a posé le terme de 22 semaines d'aménorrhée (20 semaines de grossesse) ou un poids minimum de 500 grammes comme seuils au-delà desquels il convenait de dresser un acte d'enfant sans vie et de l'inscrire sur les registres de décès. Ces seuils correspondent à la limite de viabilité reconnue par l'Organisation mondiale de la santé (OMS).

Or, la première chambre civile de la Cour de cassation a rendu, le 6 février 2008, trois arrêts (Bull. civ. I, n° 41, 42, 43) reposant sur une interprétation littérale de l'article 79-1 alinéa 2 du Code civil, en affirmant que tout enfant né sans vie doit être inscrit sur le registre de décès, et ce, quel que soit son terme ou son poids. La Haute juridiction a estimé que refuser d'inscrire un enfant né sans vie au motif qu'il ne répond pas aux critères posés par l'OMS revenait à ajouter des conditions au texte de l'article 79-1 alinéa 2 du Code civil.

Le législateur a réagi par deux décrets et arrêtés, en 2008, et une circulaire, en 2009. Désormais, l'officier de l'état civil dresse un acte d'enfant sans vie sur production d'un certificat médical d'accouchement. Il faut donc distinguer les accouchements spontanés ou provoqués pour raisons médicales, et les interruptions spontanées ou volontaires de grossesse, lesquelles ne sont pas considérées comme des accouchements. La notion de viabilité a été remplacée par celle d'accouchement.

À titre d'exception, un « enfant » peut être sujet de droit avant sa naissance. Un « enfant » est en effet parfois capable de recueillir des droits dès sa conception. Selon l'adage romain *Infans conceptus pro nato habetur, quoties de commodis ejus agitur*, l'enfant conçu est réputé né dès lors qu'il y va de son avantage. L'interprétation *a contrario* de l'article 725 du Code civil repose sur cette idée. Selon cette interprétation, l'enfant déjà conçu à l'instant de l'ouverture de la succession (c'est-à-dire le jour du décès) peut hériter si, ensuite, il naît viable. De même, un enfant simplement conçu peut recueillir une donation (art. 906 C. civ.). L'enfant simplement conçu est donc, dans certaines hypothèses, sujet de droit. Généralisant l'application de cet adage, les tribunaux ont reconnu à un enfant simplement conçu au moment de la mort de son père, décédé d'un accident du travail, le droit de percevoir une rente : « Attendu que l'enfant conçu est considéré comme étant déjà né tant que son intérêt l'exige, on ne saurait sans nuire à son intérêt, reporter au jour de sa naissance seulement le bénéfice d'un droit qui lui est acquis dès la mort de son père. » (Cass. civ., 24 avril 1929, DH 1929, p. 288). Ainsi, l'enfant conçu mais pas encore né peut être titulaire de droits mais ne sera jamais tenu d'obligations.

Le Code civil précise la date à laquelle on peut considérer qu'un enfant est conçu (art. 311 al. 1er C. civ.) : **« l'enfant est présumé avoir été conçu pendant la période qui s'étend du trois centième au cent quatre-vingtième jour, inclusivement, avant la date de la naissance ».** Cette présomption est simple. Elle est donc susceptible d'être renversée par la preuve contraire.

La personnalité juridique dure jusqu'au décès. Le constat de mort est établi si trois critères sont réunis : l'absence de conscience et d'activité motrice, l'abolition de tous les réflexes du tronc cérébral, l'absence de ventilation spontanée (art. R. 1232-1 CSP). Comme la naissance, elle doit être déclarée. L'acte de décès figure au registre d'état civil.

Pour un développement complet de la question de la personnalité juridique de l'enfant à naître, voir page 43.

SECTION II
L'absence et la disparition

L'absent est celui qui a cessé de paraître à son domicile ou à sa résidence sans laisser de nouvelles. Un disparu est une personne qui a été confrontée à un grand danger de mort et qui n'est pas réapparue. L'individu parti en voyage et qui n'est pas revenu à son domicile est un absent. En revanche, l'individu pris dans une avalanche et dont le corps n'a pas été retrouvé est un disparu.

La loi du 28 décembre 1977 a réformé le régime de l'absence qui datait de 1804.

§ 1. L'absence

L'absent est un individu dont on ne peut pas dire s'il est vivant ou mort. La loi du 28 décembre 1977 distingue deux périodes au cours desquelles la situation de l'absent évolue. **Dans une première période, il est présumé vivant puis, dans une seconde période, l'absent est présumé mort.**

A) Première période : la présomption d'absence

Première des deux phases prévues par le Code civil, **la présomption d'absence doit être constatée judiciairement.** L'article 112 du Code civil précise que cette décision est prise par le juge des tutelles à la demande des parties intéressées ou du ministère public (vous trouverez un commentaire de cet article dans *Réussir ses TD 1*, éd. Paradigme). Les parties intéressées comprennent le conjoint, les héritiers présomptifs mais également les créanciers ou les associés de l'absent. La saisine du juge n'entraîne pas automatiquement le prononcé de la décision de présomption d'absence.

Le magistrat doit vérifier si les deux conditions posées par l'article 112 du Code civil sont réunies :

- **l'individu doit avoir cessé de paraître au lieu de son domicile ou de sa résidence** ;
- **l'individu ne doit pas avoir donné de ses nouvelles**.

Après avoir vérifié la réunion de ces deux conditions, le juge peut, mais il n'y est pas tenu, constater la présomption d'absence. Une fois la décision de présomption d'absence prononcée, s'ouvre une période destinée à durer dix ans. L'absent étant présumé vivant, il faut organiser la gestion de son patrimoine. **Le système de représentation de l'absent et de gestion de son patrimoine est largement emprunté au droit des incapables.** En conséquence, la personne absente est représentée. Le juge des tutelles nomme une ou plusieurs personnes, appelées administrateurs, pour administrer le patrimoine de l'absent laissé à l'abandon. **Les pouvoirs de ces administrateurs sont les mêmes que ceux de l'administrateur légal sous contrôle judiciaire** (art. 389-6 C. civ.). L'administrateur est chargé de l'entretien du patrimoine de l'absent. Il peut conclure seul les actes d'administration et de gestion courante et peut agir en justice sans autorisation (voir p. 83). En revanche, une autorisation du juge des tutelles est nécessaire pour les actes de disposition. Les actes d'administration sont ceux permettant l'exploitation ou la mise en valeur du patrimoine sans risque anormal : paiement d'une dette, réparations d'entretien, conclusion d'un bail pour une durée inférieure à neuf ans. Un acte de disposition est un acte qui modifie de façon irréversible le patrimoine de la personne protégée : la vente d'un élément du patrimoine de l'absent est, par conséquent, un acte de disposition et requiert l'autorisation du juge des tutelles.

Au-delà du juge des tutelles, le ministère public (le procureur de la République) veille aux intérêts des personnes présumées absentes. C'est une sorte de tutelle d'État, le ministère public étant consulté et entendu sur toutes les demandes touchant les personnes présumées absentes (art. 117 C. civ.).

Le régime de protection de l'absent est un régime subsidiaire. Il ne s'applique pas lorsque l'absent a laissé un mandat à une personne pour le représenter et administrer ses biens. De même, si l'absent est marié, le régime de représentation prévu par l'article 113 du Code civil ne s'applique que dans la mesure où le régime matrimonial ne peut pas continuer à fonctionner unilatéralement.

La situation extrapatrimoniale, c'est-à-dire la situation familiale de l'absent, ne connaît pas de bouleversement. Le mariage de l'absent n'est pas dissous : le conjoint ne peut donc pas se remarier pendant la période de présomption d'absence.

Durant cette première phase, la présomption d'absence peut cesser dans deux hypothèses : soit l'absent revient à son domicile ou donne de ses nouvelles, soit la preuve de son décès est rapportée. Dans le premier cas, le juge met fin, sur la demande de l'absent, aux mesures d'administration et ce dernier recouvre ses biens (art. 118 C. civ.). Dans la seconde hypothèse, la succession s'ouvre et le patrimoine est transmis aux héritiers.

B) Seconde période : la déclaration d'absence

Le jugement de déclaration d'absence ne peut intervenir qu'à l'expiration de délais rigoureux. Lorsqu'il y a eu un jugement de présomption d'absence, ce délai est de 10 ans. Lorsqu'il n'y a pas eu de jugement constatant la présomption d'absence, la déclaration d'absence ne pourra être obtenue qu'une fois écoulé un délai de 20 ans depuis les dernières nouvelles. Le tribunal de grande instance est compétent. Le jugement doit être publié et transcrit sur les registres de décès (art. 127 al. 2 C. civ.). **À la présomption de vie qui prévalait au cours de la première période, succède une présomption de mort.** Le jugement déclaratif d'absence emporte tous les effets d'un décès : la succession de l'absent est ouverte et son mariage est dissous.

Lorsque la personne déclarée absente revient ou donne de ses nouvelles, le jugement déclaratif d'absence ne tombe pas de plein droit. Il faut en demander l'annulation. Si cette annulation est prononcée, l'absent recouvre ses biens (art. 130 C. civ.) ; en revanche, en vertu de l'article 132 du Code civil, le mariage de l'absent reste dissous.

§ 2. La disparition

La personne disparue a été exposée à un très grand péril (tremblement de terre, naufrage, accident d'avion...) mais **son cadavre n'a pas été retrouvé**. Dans ce cas, il est possible d'ouvrir une procédure plus rapide pour faire prononcer une déclaration de décès. Cette procédure relève de la compétence du tribunal de grande instance qui, après enquête si nécessaire, rend un jugement déclaratif de décès. Ce **jugement fixe la date du décès** ; il doit être publié et transcrit sur les registres de l'état civil. **Le disparu est tenu pour décédé à partir d'une date fixée en tenant compte des présomptions tirées des circonstances et, à défaut, au jour de la disparition : sa succession s'ouvre et son mariage est dissous.**

La date du décès obéit à des règles différentes dans deux hypothèses particulières :

- en cas de disparition d'un avion, l'appareil est réputé perdu trois mois après l'envoi des dernières nouvelles. Le décès des personnes se trouvant à

bord de l'appareil peut être déclaré par jugement à l'expiration de ce délai (art. L. 142-3 du Code de l'aviation civile) ;
- lorsqu'une personne a fait partie d'un convoi de déportation sans qu'aucune nouvelle n'ait été reçue d'elle postérieurement au départ du convoi, son décès est présumé survenu le cinquième jour suivant cette date, au lieu de destination du convoi. La mention « Mort en déportation » est portée sur l'acte de décès (loi n° 85-528 du 15 mai 1985).

Si le disparu reparaît, la procédure est la même que pour l'absence. L'absent doit, pour recouvrer ses biens, poursuivre le jugement déclaratif de décès en annulation (art. 92 C. civ.). Cette procédure en annulation peut également être mise en œuvre par le procureur de la République ou par tout intéressé.

CHAPITRE 2

L'identification des personnes physiques

Trois groupes d'éléments assurent l'identification d'une personne physique :

- le nom, le prénom et les accessoires du nom servent à désigner la personne ;
- le domicile ou la résidence rattache la personne à un lieu ;
- les actes de l'état civil enregistrent les principaux événements de la vie d'une personne physique.

SECTION I

Le nom et ses accessoires

Le **nom** marque l'appartenance à une famille et le **prénom** permet d'en individualiser les membres. À ces éléments essentiels d'identification s'ajoutent parfois des **éléments accessoires** : le **surnom** est une appellation que l'entourage donne à la personne ; le **pseudonyme** est un faux nom dont la personne use, en général, pour exercer une activité artistique ou littéraire ; enfin, les titres nobiliaires (particules et titres de noblesse : duc, comte...) font entièrement partie du nom.

§ 1. La dévolution du nom de famille

Longtemps négligées par le législateur, les règles de dévolution du nom de famille avaient été laissées, pour l'essentiel, à la coutume. Le nom était un instrument au service de la conception de la famille que le législateur entendait promouvoir. Le système traditionnel de dévolution du nom reposait ainsi sur les postulats qu'il allait de l'intérêt d'un enfant de se voir attribuer le nom du chef de famille et que la femme devait également porter ce nom pour témoigner de l'unité de la famille. Ces règles ont été contestées, à partir des années 1970, par ceux et celles qui revendiquaient la remise en cause d'un ordre public familial dirigiste (qui laisse peu de place à la volonté) fondé sur une conception patriarcale de la famille. Mais il a fallu attendre l'année 2002 pour que le législateur entreprenne une véritable réforme des règles d'attribution du nom de famille. L'adoption de cette réforme s'est révélée particulièrement difficile. Le résultat obtenu était d'ailleurs loin d'être satisfaisant.

Les dispositions issues de la loi n° 2002-304 du 4 mars 2002 relative au nom de famille ont été corrigées par plusieurs textes successifs.

A) La remise en cause du système traditionnel

À l'instar de l'ensemble du droit de la famille et des personnes, les principes onomastiques (relatifs au nom) sont tributaires du contexte sociologique et culturel. Ils témoignent de la conception de la famille et de la place reconnue à la femme au sein de celle-ci. Or, cette conception a évolué, rendant le système traditionnel de dévolution du nom de famille anachronique.

1) Une remise en cause nécessaire

La dévolution du nom du père, imposée dans la famille « légitime », favorisée dans la famille « naturelle », et le port du nom du mari par son épouse constituaient des coutumes très anciennes. Elles n'ont pas été explicitement consacrées par les rédacteurs du Code civil. Cette consécration avait été jugée inutile, ces principes correspondant à la conception de la famille qui a longtemps prévalu. L'unité et la « légitimité » de la famille, la domination exercée par le père, étaient reflétées par le port du seul nom paternel par tous les membres de la famille (parents et enfants). Les rédacteurs du Code civil avaient estimé, d'une part que ces usages traduisaient en matière de nom la conception de la famille qu'ils entendaient promouvoir, d'autre part que le législateur avait déjà écrit ce qu'ils jugeaient essentiel pour satisfaire à l'impératif d'identification des individus : le port obligatoire et l'immutabilité du nom de naissance, c'est-à-dire l'interdiction de changer de nom (sauf exceptions légalement admises). Ces deux principes, étroitement liés, ont été posés peu après la Révolution française (loi du 6 Fructidor An II et loi du 11 Germinal An XI).

Mais la fonction d'identification du nom, qui fait de ce dernier une institution de police civile, semble aujourd'hui moins importante. D'autres moyens sont utilisés pour identifier les individus et se révèlent d'ailleurs efficaces (moins de risques de fraudes et d'erreurs). Il en est ainsi des numéros et des empreintes. La question de la dévolution du nom ne se pose donc plus seulement aujourd'hui au regard de sa fonction d'identification mais aussi au regard du respect des droits de l'individu et de la conformité de notre système avec les exigences d'égalité et de non-discrimination, posées par la Convention européenne des droits de l'homme et des libertés fondamentales.

L'évolution des comportements privés a transformé la conception de la famille. Celle-ci n'est désormais plus uniquement représentée par la structure légitime et n'est plus placée sous la domination du père. La refonte de notre droit de la famille s'est efforcée d'adapter la législation à la diversification des schémas familiaux (couples concubins, mariés ou pacsés ; familles recomposées ou familles monoparentales) et de répondre à l'aspiration des individus à davantage d'autonomie dans l'organisation de leur vie familiale. Cette refonte supposait la remise en cause des règles qui imposaient la transmission d'un seul nom en fonction de la filiation et qui privilégiaient la dévolution du patronyme (nom du père). La Cour européenne des droits de l'homme a reconnu que l'impératif d'identification lié au nom justifiait la réglementation de l'attribution et de l'usage de ce dernier par des dispositions d'ordre public (auxquelles on ne peut pas déroger par convention). Ces dispositions doivent cependant, selon cette Cour, garantir la double égalité des sexes et des filiations et préserver le respect de la vie privée et familiale dont le nom constitue un élément. Par l'arrêt

CEDH, *aff. Burghartz c/Suisse* (22 février 1994, D. 1995, p. 5), les magistrats strasbourgeois ont étendu au nom de famille leur opposition de principe à toutes les règles imposant aux citoyens un système qui introduit une discrimination ou une inégalité entre les individus. La jurisprudence de la Cour européenne des droits de l'homme appelle, sur le fondement des articles 8 (droit au respect de la vie privée et familiale) et 14 (principe de non-discrimination) de la Convention européenne de sauvegarde des droits de l'homme, à l'évolution des législations qui, en matière de dévolution du nom de famille, comme dans d'autres domaines de la vie familiale, accordent peu de place à la liberté des individus et leur imposent un système inégalitaire.

2) Une remise en cause difficile

La réforme des règles de dévolution du nom de famille (loi 2002-304 du 4 mars 2002 relative au nom de famille, JO n° 54 du 5 mars 2002, modifiée par la loi n° 2003-516 du 18 juin 2003, JO n° 140 du 19 juin 2003) semble satisfaire les exigences posées par la Cour européenne des droits de l'homme. Elle **met en place un système plus libéral de transmission du nom de famille et abandonne le principe de l'unicité du nom**. Signe de l'esprit égalitaire (égalité des sexes, égalité des filiations) de ce texte, le terme « patronyme » est banni du langage juridique au profit de l'expression « nom de famille ».

Les parents peuvent, depuis le 1er janvier 2005, choisir d'un commun accord le nom de leur enfant. Leur liberté de choix est cependant limitée par les principes de l'immutabilité du nom de naissance et de l'unité du nom de la fratrie. Les parents ont désormais le choix entre trois possibilités : transmettre le seul nom du père, le seul nom de la mère, ou les deux noms accolés dans l'ordre qui leur convient. Le nom du premier enfant commun né à compter du 1er janvier 2005 s'impose aux enfants suivants. Les parents ne peuvent pas revenir sur leur choix. Celui-ci est irréversible. Le choix ne peut pas être effectué pour les enfants nés avant le 1er janvier 2005, dont le nom reste soumis aux règles traditionnelles de dévolution du nom de famille.

Avant même son entrée en vigueur, initialement prévue le 1er septembre 2003 puis reportée au 1er janvier 2005, **cette importante réforme des règles de dévolution du nom de famille a subi de nombreuses critiques**. Les détracteurs de la réforme ont avancé comme arguments les lacunes des textes qui, selon eux, avaient été adoptés dans la précipitation et les difficultés techniques d'application qu'ils engendraient pour le personnel de l'état civil (mise à jour des logiciels, formation des fonctionnaires...). Mais les arguments des détracteurs du texte cachaient souvent une opposition à la remise en cause du principe de la transmission du nom du père et à la mise en place d'un système qui fait de l'attribution du nom le lieu d'un choix et l'expression d'une liberté reconnue au couple parental. Cette réforme était pourtant nécessaire pour éviter à la France d'être condamnée par la CEDH.

La loi du 18 juin 2003 relative au nom de famille a corrigé les lacunes de la loi du 4 mars 2002 et en a reporté l'entrée en vigueur au 1er janvier 2005. L'ordonnance du 4 juillet 2005 portant réforme de la filiation a retouché les règles posées par les lois de 2002 et de 2003. Ces retouches étaient imposées par la suppression des notions de filiation naturelle et de filiation légitime et par la disparition de la notion de légitimation. L'ordonnance du 4 juillet 2005 a curieusement déplacé les règles relatives à la dévolution du nom de famille pour les insérer dans le Titre septième « De la filiation » du Livre Ier « Des personnes » du Code civil. Cette ordonnance est entrée en vigueur le 1er juillet 2006. Elle s'applique, depuis cette date, à tous les enfants, quelle que soit leur date de naissance. L'article 20 de l'ordonnance prévoit toutefois certaines dispositions particulières de droit transitoire échappant à cette application immédiate à tous les enfants. Les modifications concernant le nom de famille relèvent de ces dispositions particulières. Elles ne concernent que les enfants nés à compter du 1er janvier 2005 (à l'exception de la déclaration de changement de nom prévue par l'article 311-23 al. 2 du Code civil qui bénéficie à tous les enfants, voir p. 19).

B) Le dispositif de dévolution du nom de famille depuis le 1er janvier 2005

La loi n° 2002-304 du 4 mars 2002 relative au nom de famille, « corrigée » par la loi n° 2003-516 du 18 juin 2003 et retouchée par l'ordonnance du 4 juillet 2005 portant réforme de la filiation, a instauré un **système libéral et égalitaire de dévolution du nom**.

Le principe de l'unicité du nom de famille est abandonné : tout individu peut acquérir et transmettre un double nom. Le double nom était, jusqu'à l'entrée en vigueur du nouveau dispositif, autorisé seulement à titre d'usage (sauf pour l'adopté simple). L'article 43 de la loi du 23 décembre 1985 a en effet conféré à tout majeur le droit de porter à titre d'usage un double nom composé de son nom de naissance et du nom de celui de ses parents qui ne lui a pas transmis le sien. Ce double nom avait la valeur d'un nom d'usage. Il ne pouvait être transmis. Le maintien de cette disposition dans notre droit positif doit permettre d'atténuer la distinction entre ceux qui peuvent se prévaloir du nouveau dispositif et ceux qui ne le peuvent pas parce qu'étant nés avant son entrée en vigueur. Le droit de transmettre un double nom suscitera-t-il davantage d'enthousiasme que le droit de porter un double nom à titre d'usage ? La complexité de la mise en pratique des nouvelles règles conduit à se poser la question.

Bouleversant les règles de dévolution du nom de famille, l'adoption de la loi du 4 mars 2002, modifiée par la loi du 18 juin 2003, a soulevé de vives controverses. Certains commentateurs ont redouté que les fonctions traditionnelles du nom ne soient affectées (fonction identitaire, témoin de l'unité familiale). Le nouveau régime du nom harmonise notre droit avec les règles de transmission onomastique égalitaires en vigueur dans les autres pays de l'Union européenne (Italie, Espagne).

1) Le principe du choix parental du nom de la fratrie

a) Le principe

Le principe du libre choix du nom de l'enfant est posé par les articles 311-21 et 311-23 du Code civil. Chacun de ces deux articles correspond à une situation différente. *A priori*, les règles semblent simples, **les parents peuvent choisir entre trois possibilités : transmettre soit le nom du père, soit le nom de la mère,**

soit les deux noms accolés dans l'ordre qui leur convient. Le choix doit être exprimé conjointement, et par écrit, par les parents qui exercent l'autorité parentale.

b) Les limites

- Le choix ne peut en principe s'effectuer que pour le premier des enfants communs né à compter du 1er janvier 2005, peu importe que cet enfant ait des frères et/ou des sœurs nés avant cette date (le principe de l'unité du nom de la fratrie est donc relatif).
- Le choix est irréversible.
- Le choix s'impose aux enfants communs suivants mais pas aux enfants communs nés avant le 1er janvier 2005. Si les parents choisissent l'adjonction des deux noms parentaux, ils décident de l'ordre dans lequel les deux noms sont transmis. Cet ordre s'imposera aux enfants communs suivants.
- Chaque parent ne peut transmettre qu'un seul nom. **L'enfant ne peut pas acquérir plus de deux noms** (voir la distinction entre le nom composé et le double nom, p. 21).

2) La mise en œuvre du principe selon le moment de l'établissement de la filiation

Le dispositif envisage deux situations en fonction du moment de l'établissement de la filiation du premier enfant commun né à compter du 1er janvier 2005.

a) L'article 311-21 du Code civil

• Le champ d'application

L'article 311-21 du Code civil concerne l'enfant dont **la filiation est établie des deux côtés parentaux au plus tard le jour de la déclaration de naissance ou par la suite mais simultanément**. Il correspond en général à l'enfant conçu ou né de parents mariés (sa filiation est en principe établie de manière simultanée des deux côtés au moment de la naissance par l'indication du nom de sa mère dans l'acte de naissance et par la présomption de paternité du mari de sa mère). Mais l'article 311-21 vise également l'enfant né hors mariage si sa filiation a été établie dans les conditions qu'il définit. Cet article ne vise ni l'enfant dont la filiation a été établie de manière non simultanée après la naissance, ni celui qui a été reconnu d'un côté avant ou le jour même de la déclaration de naissance et de l'autre côté après ce jour.

L'article 311-21 du Code civil s'applique de plein droit à l'**enfant adopté plénièrement par deux époux** (art. 357 al. 2 C. civ.). En revanche, l'enfant qui a fait l'objet d'une adoption plénière unilatérale (par une seule personne) reçoit le nom de l'adoptant. Mais ce dernier peut, s'il est marié, demander au tribunal de conférer à l'adopté, dans le jugement d'adoption, le nom de son époux(se) substitué ou accolé, dans l'ordre choisi par les époux, au nom de l'adoptant. Le (la) conjoint(e) de l'adoptant(e) doit cependant consentir à la dation de son nom de famille à l'enfant adopté.

La possibilité de choisir le nom de famille peut être mise en œuvre sur le fondement de l'article 311-21 du Code civil pour le premier des enfants qui naît après le 31 décembre 2004 même si les parents ont un ou plusieurs autres enfants nés avant le 1er janvier 2005. Ce principe ne garantit pas l'unité de nom pour l'ensemble de la fratrie mais il évite d'exclure un grand nombre d'enfants du champ d'application de la réforme.

• **Les modalités de choix du nom**

Si le premier enfant commun entre dans le champ d'application de l'article 311-21 du Code civil, les parents peuvent faire une déclaration conjointe de choix de nom. Cette déclaration doit être **écrite**. Il peut s'agir d'un acte authentique ou d'un acte sous seing privé.

Si la filiation est établie des deux côtés parentaux au plus tard le jour de la déclaration de naissance, la déclaration doit être remise à l'officier de l'état civil du lieu de naissance de l'enfant, dans les trois jours légaux prévus pour accomplir la déclaration de naissance. Elle ne sera reçue ni avant ni après ce délai.

Si la filiation est établie après le jour de la déclaration de naissance mais simultanément des deux côtés parentaux, la déclaration de choix de nom doit être remise, selon l'article 3 du décret n° 2004-1159 du 29 octobre 2004, à l'officier de l'état civil ou au notaire lors de la reconnaissance de l'enfant. Cette déclaration est annexée à l'acte de naissance. La mention de la déclaration conjointe est portée en marge des actes d'état civil de l'enfant. Si l'enfant naît à l'étranger, la déclaration est remise à l'officier de l'état civil du ministère des Affaires étrangères compétent pour transcrire l'acte.

• **Le nom dévolu à défaut de choix exprès**

Si les parents ne font pas de déclaration conjointe pour le premier de leurs enfants communs né à partir du 1er janvier 2005, parce qu'ils n'en ont pas ressenti le besoin ou parce qu'un désaccord les en a empêchés, il convient de distinguer deux situations pour déterminer le nom du premier enfant commun :

- **l'enfant dont la filiation est établie de manière simultanée par ses deux parents prend le nom du père**. Cette disposition a été vivement critiquée car elle conduit à rétablir le principe patronymique ;
- **l'enfant dont la filiation est établie des deux côtés parentaux au jour de la déclaration de naissance mais de manière différée prend le nom du parent à l'égard duquel sa filiation aura été établie en premier** (art. 311-21 al. 1er C. civ.). Ce principe de priorité chronologique, déjà connu du droit antérieur, permet à la mère d'imposer la transmission de son nom même si le père s'y oppose. Il suffit qu'elle reconnaisse l'enfant de manière prénatale, avant le père.

Le nom du premier des enfants né à compter du 1er janvier 2005, qu'il ait été choisi par les parents ou dévolu à défaut de choix exprès, s'impose aux enfants communs suivants, au nom du principe de l'unité de nom de la fratrie (sauf aux enfants suivants dont la filiation serait établie dans les conditions de l'article 311-23 du Code civil et pour lesquels les parents ne feraient pas de déclaration de changement de nom).

Les parents n'ont pas la possibilité de saisir le juge si un désaccord les empêche de faire une déclaration conjointe de choix.

b) L'article 311-23 du Code civil

- **Le champ d'application**

L'article 311-23 du Code civil concerne le nom de l'enfant dont la filiation n'est établie que d'un seul côté et envisage une possibilité de changement de nom si le second lien de filiation est établi par la suite.

Cet article remplace l'article 334-1 du Code civil qui traitait du nom des enfants naturels nés à compter du 1er janvier 2005, dont la filiation était établie soit des deux côtés parentaux de manière non simultanée après la déclaration de naissance, soit d'un côté au plus tard le jour de la déclaration de naissance et de l'autre après. **L'ordonnance du 4 juillet 2005 portant réforme de la filiation a abrogé cet article 334-1 et l'a remplacé par l'article 311-23 du Code civil dont l'alinéa 1er dispose : « Lorsque la filiation n'est établie qu'à l'égard d'un parent, l'enfant prend le nom de ce parent ».** L'ordonnance du 4 juillet 2005 a prévu que l'indication du nom de la mère dans l'acte de naissance suffise à établir le lien de filiation entre la mère et l'enfant (art. 311-25 C. civ.). L'enfant né de parents non mariés devrait donc prendre le nom de sa mère toutes les fois que son père ne l'a pas reconnu au jour de la déclaration de naissance car, si c'est le cas, l'article 311-21 s'applique.

L'article 311-23 du Code civil repose sur le principe de la priorité chronologique, c'est-à-dire sur l'attribution du nom en fonction de l'ordre de l'établissement de la filiation. L'article 311-21 alinéa 1er du Code civil applique déjà ce principe à l'enfant dont la filiation a été établie des deux côtés parentaux de manière non simultanée au plus tard le jour de la déclaration de naissance lorsque les parents n'ont pas effectué de déclaration conjointe.

- **La déclaration conjointe de changement de nom**

L'article 311-23 alinéa 2 du Code civil permet aux parents d'effectuer une déclaration conjointe devant l'officier de l'état civil pour modifier le nom de l'enfant lorsque le second lien de filiation est établi après la déclaration de naissance. Les parents peuvent effectuer cette déclaration de changement de nom durant la minorité de l'enfant. La possibilité de demander, en cas de désaccord, le changement de nom au JAF (ancien art. 334-3 C. civ.) a été supprimée par l'ordonnance du 4 juillet 2005 portant réforme de la filiation.

Si l'enfant dont la filiation est établie dans les conditions de l'article 311-23 est le premier enfant pour lequel les parents font une déclaration conjointe de changement de nom et s'il n'a ni frère ni sœur aînés nés à compter du 1er janvier 2005 dont la filiation a été établie dans les conditions visées par l'article 311-21 du Code civil, la déclaration conjointe de changement de nom pourra substituer au nom initial de l'enfant soit le nom de l'autre parent soit les noms des deux parents accolés dans l'ordre déterminé par le couple parental.

Si les parents ont déjà effectué une déclaration conjointe de changement de nom pour un autre enfant, ils devront choisir le même nom que celui choisi dans la déclaration précédente. **La déclaration de changement de nom est irréversible mais n'a pas d'effet collectif.** Elle modifie seulement le nom de l'enfant mentionné dans la déclaration. Si les parents ont d'autres enfants dont la filiation est établie dans les conditions de l'article 311-23 du Code civil ils devront, s'ils souhaitent modifier le nom de ces enfants, faire une déclaration de changement pour chaque enfant.

Si le nom du premier des enfants communs du couple a été déterminé (faute de choix exprès) ou choisi (par déclaration conjointe) sur le fondement de l'article 311-21 du Code civil, les déclarations conjointes que les parents pourront faire pour leurs enfants dont la filiation est établie sur le fondement de l'article 311-23 du Code civil devront attribuer obligatoirement le nom du premier enfant commun.

L'enfant de plus de treize ans doit consentir au changement de nom effectué par déclaration conjointe de changement de nom. L'article 10 du décret du 29 octobre 2004 exige « la comparution personnelle des deux parents devant l'officier de l'état civil du lieu où demeure l'enfant » et le consentement « par écrit ou par une déclaration faite devant l'officier de l'état civil » de l'enfant âgé de plus de treize ans. Le consentement de l'enfant est irrévocable. L'officier de l'état civil a une compétence liée, il ne peut pas refuser la déclaration de changement de nom dès lors que les conditions sont réunies et que les consentements des intéressés sont exprimés librement et de manière non altérée. La déclaration est mentionnée en marge des actes d'état civil de l'enfant.

La loi du 16 janvier 2009 ratifiant l'ordonnance du 4 juillet 2005 portant réforme de la filiation a ouvert aux parents dont les enfants sont nés avant le 1er janvier 2005 la possibilité de modifier le nom de leurs enfants mineurs sur le fondement de l'article 311-23 du Code civil.

L'ordonnance du 4 juillet 2005 avait réservé le bénéfice de cette disposition aux seuls enfants nés à compter du 1er janvier 2005. Les enfants nés avant cette date n'avaient plus aucune possibilité de porter le nom du second parent qui les avait reconnus (souvent le père), puisque l'article 334-3 du Code civil avait été abrogé par cette même ordonnance. La loi du 16 janvier 2009 est donc intervenue pour corriger cette discrimination en abrogeant le 5° de l'article 20 de l'ordonnance du 4 juillet 2005.

3) Le nom de l'adopté simple

Le principe demeure celui du double nom formé par le nom de l'adopté simple en première position et par le nom de l'adoptant en seconde position, dans la limite d'un seul nom pour chacun d'eux (art. 363 al. 1er C. civ.). Le nom ainsi formé ne devra pas être divisé lors de sa transmission aux descendants de l'adopté simple. Il suivra donc le régime du nom composé (voir ci-après).

La substitution du nom de l'adoptant à celui de l'adopté peut être autorisée par le tribunal à la demande de l'adoptant, avec l'accord de l'adopté s'il a plus de treize ans.

En cas d'adoption simple par deux époux, les parents adoptifs doivent déterminer quel nom sera accolé au nom de l'adopté. Les adoptants ne peuvent adjoindre qu'un seul nom au nom de l'adopté, le nom de l'adopté simple ne pouvant pas être composé de plus de deux noms. En cas de désaccord, l'adopté adjoindra le premier nom du mari à son nom initial. Si l'adopté porte lui-même initialement un double nom, les adoptants choisiront lequel il conservera. L'enfant adopté devra consentir à ce choix, s'il a plus de treize ans. Les époux peuvent aussi demander au tribunal de substituer au nom de naissance de l'adopté le nom de famille de leur choix, c'est-à-dire soit le nom de l'époux, soit le nom de l'épouse, soit les deux noms accolés dans l'ordre déterminé par eux.

4) Les notions de « doubles noms » et de « noms composés »

La loi limite à deux le nombre de noms de famille qui composent le nom transmis à l'enfant. Comme en dispose l'article 311-21 alinéa 4 du Code civil, la personne qui porte un double nom peut ne transmettre que l'un de ses deux noms à ses enfants. Elle doit alors faire une déclaration écrite conjointe avec l'autre parent.

E1 **Double nom et nom composé**

- **double nom (ou nom double)** : nom formé par deux noms de famille
- **nom composé** : nom acquis sur plusieurs générations comportant un ou plusieurs vocables, nom à particule, nom résultant d'une adjonction du nom de l'adoptant à celui de l'adopté à la suite d'une adoption simple

Le double nom peut donc être divisé pour n'être transmis que partiellement. Cette division est nécessaire si chacun des deux parents souhaite, d'un commun accord, transmettre l'un de ses noms de famille pour former un double nom, révélant la filiation maternelle et la filiation paternelle. Mais le double nom peut aussi être transmis dans sa totalité si le parent qui porte un double nom le transmet intégralement à ses enfants et que son conjoint n'en transmet aucun. Dans ce cas, le double nom n'est pas composé par les noms respectifs des deux parents, alors que l'idée du double nom était de permettre, par une règle de dévolution égalitaire, de révéler la double filiation de l'enfant. Ainsi, si Jean Dupont et Jeanne Martel choisissent de nommer leur fils unique Pierre Dupont-Martel, le fils de Pierre recevra le double nom de Dupont-Martel si ses parents sont mariés et ne font pas de déclaration conjointe (attribution du seul nom du père). Mais Pierre et sa femme qui se nomme Anne Lechat pourront faire une déclaration conjointe pour choisir de nommer leur fils seulement Dupont, seulement Martel, seulement Lechat ou alors Dupont-Lechat (ou l'inverse) ou Martel-Lechat (ou l'inverse). **Le double nom présente ainsi un caractère divisible,** chacun de ses deux éléments pouvant être transmis isolément, **et ne révèle pas forcément la double filiation de l'enfant.**

Les lois du 4 mars 2002 et du 18 juin 2003 étaient restées muettes sur les problèmes posés par les personnes qui portent un nom composé, par exemple « de La Girondière » ou « Ben Lahoud ». Un tel nom peut-il, dans son intégralité, composer un élément du double nom, ou doit-il être divisé si l'autre parent souhaite aussi transmettre son nom ? La circulaire du 6 décembre 2004 a précisé que **les noms « composés constituent une entité unique, indivisible, transmissible dans leur intégralité, sans aucune césure possible ».** Les noms composés doivent donc être distingués des doubles noms car leur régime juridique est différent. **Les noms composés doivent obligatoirement être transmis dans leur intégralité même s'ils sont transmis avec le nom de l'autre parent**. Ils ne peuvent pas être divisés. Cependant, dans un arrêt en date du 4 mars 2009, le Conseil d'État a estimé que cette circulaire était entachée d'incompétence (CE, 4 décembre 2009, n° 315818). La loi prévoyant uniquement d'accoler les deux noms, il ne pouvait être imposé aux parents, par voie de circulaire, un double tiret entre les vocables. Une réflexion est en cours pour trouver le moyen de distinguer, sur l'état civil, les noms « composés » intégralement transmissibles à la prochaine génération et les noms correspondant aux deux noms des parents non intégralement transmissibles à la prochaine génération. En attendant, lorsque les parents choisissent de donner leurs deux noms, l'officier de l'état civil les enregistre avec, entre eux, un simple espace.

5) Le nom de l'enfant dépourvu de lien de filiation

L'enfant non reconnu par ses père et mère se voit attribuer un nom de manière administrative. Investi de ce pouvoir, l'officier de l'état civil, conformément à la pratique, attribue à l'enfant une **série de prénoms**, le dernier tenant lieu de nom de famille (art. 57 C. civ.).

Pour conclure l'étude du nouveau dispositif de dévolution du nom de famille, nous soulignerons la complexité de sa mise en œuvre. Sans critiquer le bien-fondé de la réforme, il nous semble que le législateur n'a pas mis tous les moyens en œuvre pour en permettre le succès : rédaction sibylline de certains articles, silence sur la notion de nom d'usage, pas d'incitation pour les femmes mariées à abandonner l'usage du nom de leur mari... Le décret d'application du 29 octobre 2004 n'a pas davantage fourni tous les éléments pour faciliter l'application du nouveau dispositif. L'ordonnance du 4 juillet 2005 portant réforme de la filiation apporte certaines corrections nécessaires mais l'on peut se demander si les pouvoirs publics entendent vraiment enterrer à court terme la pratique de la transmission du seul nom du père. En l'absence d'une attitude volontariste de l'administration, cette réforme risque de ne pas avoir l'écho qu'elle mérite.

§ 2. Le droit d'usage conféré par le mariage

La femme, comme tout autre citoyen, jouit sur le nom qui lui a été transmis à la naissance de droits imprescriptibles. **Malgré son mariage, elle conserve son nom de naissance qui constitue son seul et unique nom de famille, au regard de l'état civil**. La Cour de cassation (Cass. civ. 1re, 6 février 2001, Bull. civ. I, n° 25) a d'ailleurs rappelé à l'administration fiscale qu'il « est expressément défendu à tous les fonctionnaires publics de désigner les citoyens dans les actes autrement que par le nom de famille et les prénoms portés en l'acte de naissance ». En l'espèce, la Cour a accueilli la demande en nullité d'un avis à tiers détenteur délivré par un percepteur car cet avis était libellé au nom d'épouse de la contribuable. Mais, contrairement à ce qu'elle avait décidé le 6 février 2001, la Cour de cassation a, par deux arrêts des 17 mars (Bull. civ. 2004, IV, n° 57) et 26 mai 2004 (n° de pourvoi : 02-13999, inédit), posé que, si la règle qui interdit à tous les fonctionnaires publics de désigner les citoyens, et particulièrement les citoyennes mariées, autrement que par le nom de famille et le prénom figurant sur l'acte de naissance est obligatoire, elle ne rend pas nuls les actes de procédures adressés par l'administration fiscale à une femme mariée sous son nom d'épouse. Il est vrai que la force de la coutume du port du nom marital relativise en pratique le caractère obligatoire du port du nom de naissance affirmé par la loi du 6 Fructidor An II.

Néanmoins, ce revirement de jurisprudence de la Cour de cassation prive d'effet la méconnaissance d'une obligation légale par l'administration fiscale.

Le mariage ne modifie pas le nom de l'épouse mais **confère à celle-ci le droit d'user, dans la vie courante, du nom de son conjoint**. Le port du nom marital est le fruit d'une coutume dont l'origine remonte en France au XIIe ou au XIIIe siècle. Le législateur n'a jamais jugé utile de consacrer explicitement cette coutume compte tenu de l'ancrage de la pratique dans les mentalités. Une consécration implicite peut cependant être déduite des articles 264 alinéa 1er (« À la suite du divorce, chacun des époux perd l'usage du nom de son conjoint ») et 300 du Code civil (« Chacun des époux séparés conserve l'usage du nom de l'autre. Toutefois, le jugement de séparation de corps ou un jugement postérieur peut, compte tenu des intérêts respectifs des époux, le leur interdire. »). L'usage par l'épouse du nom de son conjoint s'est donc imposé *praeter legem* (en l'absence de dispositions légales). Longtemps constitutif d'une obligation juridique, il est désormais reconnu comme un droit, autrement dit comme une simple faculté dont l'épouse peut légitimement ne pas user (CA Paris, 17 septembre 1941, RTD civ. 1942, p. 45, obs. G. Lagarde ; circulaire du 26 juin 1986, relative à la mise en œuvre de l'article 43 de la loi du 23 décembre 1985). La Cour européenne des droits de l'homme considère qu'obliger l'épouse à porter le nom de son mari constitue une discrimination et que le fait que les deux époux ne portent pas le même nom de famille ne nuit pas à l'unité de la famille (CEDH, *aff. Ünal Tekeli c/Turquie*, 16 novembre 2004, Requête n° 29865/96, « ... selon la pratique des États contractants, il est parfaitement concevable que l'unité de la famille soit préservée et consolidée lorsqu'un couple marié choisit de ne pas porter un nom de famille commun. »).

La circulaire du 26 juin 1986 relative à la mise en œuvre de l'article 43 de la loi n° 85-1372 du 23 décembre 1985 précise les conditions de mise en œuvre du nom d'usage et étend la possibilité d'user du nom d'autrui à l'époux (faculté d'user du nom de l'épouse par adjonction à son propre nom) et aux enfants (possibilité d'user du nom du parent qui ne leur a pas été transmis à la naissance). **La faculté d'user du nom du conjoint est réservée aux couples mariés. Ni le PACS ni le concubinage ne confèrent un tel droit d'usage.** Le nouveau dispositif de dévolution du nom de famille ne dit rien du nom d'usage. Cette négligence risque de porter préjudice au succès des nouvelles possibilités d'attribution du nom de famille.

Le droit de la femme mariée d'user du nom de son conjoint survit à la séparation de corps, sauf si un jugement en décide autrement (art. 300 C. civ.). La solution n'est pas surprenante puisque la séparation de corps ne dissout pas le lien matrimonial. En revanche, en cas de divorce, les époux deviennent des tiers et le signe de leur union n'a plus aucune raison de subsister. **La femme perd en divorçant le droit d'user du nom de son ex-époux et retrouve son nom de jeune fille** (art. 264 al. 1er C. civ.). **Elle peut continuer à porter le nom de son ex-époux si ce dernier l'y autorise**. Dans le cas contraire, elle peut solliciter **l'autorisation du juge**, à condition de justifier que la conservation de ce nom présente un intérêt particulier pour elle-même ou pour ses enfants (art. 264 al. 3 C. civ.). Ainsi, une femme qui s'est fait connaître professionnellement sous le nom de son ex-époux peut être autorisée à conserver ce nom, y compris si elle se remarie (CA Reims, 27 février 2009, RJPF 2009-9/14).

§ 3. Le changement de nom

En principe, on ne devrait pas parler de changement de nom. La loi du 6 Fructidor An II dispose qu'aucun « citoyen ne peut porter de nom ni de prénom autres que ceux exprimés par son acte de naissance » : c'est le **principe de l'immutabilité du nom**.

Exceptionnellement, la loi du 8 janvier 1993 autorise les changements volontaires du nom de famille. **Le changement de nom s'effectue par voie administrative et non par voie judiciaire ; il nécessite une autorisation donnée par décret.** Ce décret est un décret simple, le Conseil d'État n'a pas à être consulté (il peut l'être mais ce n'est pas une obligation). La loi fixe toutefois une condition : **l'intéressé doit justifier d'un intérêt légitime à changer le nom**. Quel peut être cet intérêt ? Il peut s'agir de la volonté de se débarrasser d'un nom de famille ridicule, grossier ou rappelant un personnage tristement célèbre. Ce peut également être la volonté de porter le nom, menacé d'extinction, d'un ancêtre illustre (on parle alors de relèvement de nom). L'intérêt légitime peut aussi être la volonté, pour des étrangers vivant sur le sol français, de donner à son nom de famille une consonance française, dans le but de parfaire son intégration (CE, 24 octobre 2005, Juris-data n° 2005-069124).

Le décret doit être publié au Journal officiel. Aucun texte n'impose au gouvernement, avant de prendre le décret de changement de nom, de demander aux personnes portant déjà le même nom de faire part de leurs observations.

La publication du décret fait courir un délai de deux mois pendant lequel tout intéressé peut faire opposition devant le Conseil d'État (art. 61-1 C. civ.). Pour être accueillie, la demande d'opposition doit se fonder sur un préjudice suffisant (risque de confusion). La personne qui fait opposition au décret de changement de nom doit prouver, d'une part, que ce changement de nom n'est pas justifié par un intérêt légitime, d'autre part, qu'il lui cause un préjudice pécuniaire ou moral. Par exemple, un père peut s'opposer à ce que son fils change de nom compte tenu de l'intérêt moral qui s'attache au port et à la perpétuation du nom. Le préjudice peut également résulter d'un risque de confusion. Si, à l'expiration du délai, aucune opposition n'est faite ou si les oppositions sont rejetées par le Conseil d'État, le changement de nom devient effectif et inattaquable. Le nouveau nom est apposé en marge de l'acte de naissance sur le registre d'état civil.

§ 4. La protection du nom

Avant d'aborder la protection du nom proprement dite, il convient de s'attarder sur une règle issue de la loi du 6 Fructidor An II. Nous avons déjà dit que l'immutabilité du nom découlait de cette loi. Il faut également observer que l'imprescriptibilité du nom est une conséquence de l'immutabilité. En effet, **le nom est imprescriptible**, c'est-à-dire qu'il ne se perd pas par le non-usage. **Le fait de ne pas avoir porté son nom pendant une longue période** (plusieurs générations) **ne fait pas perdre ce nom**. C'est ce qu'a affirmé la Cour de cassation dans un arrêt du 15 mars 1988 : « si la possession loyale et prolongée d'un nom est propre à conférer à l'individu qui le porte le droit à ce nom, elle ne fait pas obstacle à ce que celui-ci, renonçant à s'en prévaloir revendique le nom de ses ancêtres qu'il n'a pas perdu en raison de l'usage d'un autre nom par ses ascendants les plus proches » (Cass. civ. 1re, 15 mars 1988, Bull. civ. I, n° 78).

Cependant, il faut savoir que si **la jurisprudence** ne reconnaît pas la prescription extinctive, c'est-à-dire la perte du nom par le non-usage, elle **admet** en revanche, **dans des cas limités, la prescription acquisitive.** Concrètement, cela signifie que le port d'un nom pendant plusieurs générations fait acquérir le droit à ce nom. Des conditions sévères doivent être remplies pour faire jouer la prescription acquisitive : la possession doit avoir un caractère prolongé et continu (il ne faut pas porter tantôt un nom, tantôt un autre) ; elle doit de plus être loyale (à l'origine, le changement de nom ne doit pas avoir été volontaire). Traditionnellement, le délai pour la prescription acquisitive était de cent ans, mais on remarque un certain assouplissement de la jurisprudence qui considère dans certains cas qu'une possession de trente ans est suffisante.

Ces précisions permettent de mieux comprendre le problème de la protection du nom. Schématiquement, on rencontre deux situations qui peuvent amener le porteur d'un nom à en demander la protection : soit lorsque ce nom a été usurpé, soit lorsqu'il en est fait une utilisation abusive.

A) L'usurpation du nom

On parle d'usurpation de nom lorsqu'une personne porte indûment le nom de famille d'autrui. Elle est le plus souvent motivée par le désir de s'attribuer la notoriété attachée au nom usurpé. Dans le cas d'une usurpation de nom, il n'y a pas de possession loyale car le changement de nom est volontaire et frauduleux.

Les personnes victimes de cette usurpation peuvent introduire une action pour faire cesser le port de ce nom. Cette action est bien entendu ouverte aux porteurs légitimes de ce nom mais également aux membres de la famille dont les ancêtres ont porté ce nom, même s'ils ne le portent plus. Le succès de cette action est soumis à une condition : **il n'est pas nécessaire de prouver un préjudice mais seulement d'avoir un intérêt légitime à agir**. L'intérêt légitime à agir correspond au risque de confusion. En effet, on imagine mal les tribunaux accueillir une demande de protection contre l'usurpation d'un nom si celle-ci ne crée aucune confusion. Par conséquent, cette action est davantage ouverte aux porteurs de noms illustres et célèbres qu'aux porteurs de noms courants (Dupond, Durand). Si cette action aboutit, il sera fait défense à l'usurpateur de porter ce nom.

B) L'utilisation du nom

Dans cette hypothèse, il n'y a pas usurpation du nom d'autrui. Une personne se sert du nom d'autrui mais n'a pas la volonté de se l'approprier. L'auteur de l'utilisation abusive use du nom d'autrui dans une activité commerciale ou dans une œuvre artistique (cinématographique ou littéraire).

En ce qui concerne **l'usage commercial abusif du nom d'autrui**, il faut savoir qu'en droit commercial le nom est un signe distinctif du fonds de commerce ; il sert à rallier la clientèle et fait intégralement partie du fonds de commerce. L'utilisation commerciale de son nom ou du nom d'autrui devient abusive lorsqu'elle fait naître un risque de confusion.

L'utilisation de son propre nom comme nom commercial est subordonnée à une condition très rigoureuse : **la jurisprudence interdit d'utiliser son nom dans un commerce lorsque, dans une activité commerciale du même genre, un homonyme s'est déjà fait connaître**. Par exemple, il est fort probable que la jurisprudence interdirait à une personne appelée Leclerc, et désirant créer une entreprise de distribution, d'utiliser ce patronyme comme nom commercial.

L'utilisation du nom d'autrui comme nom commercial est permise mais **à la condition que cette personne ait donné son autorisation**. Dans ce cas, on considère que le porteur du nom a cédé l'usage de son nom (Cass. com., 12 mars 1985, *aff. Bordas*, Bull. civ. IV, n° 95). Si aucune autorisation n'a été demandée ou accordée, l'utilisation du nom d'autrui devient illicite lorsqu'elle engendre un risque de confusion. Comme pour l'usurpation du nom, l'utilisation d'un nom courant sera plus souvent jugée licite que l'utilisation d'un nom célèbre ou aristocratique.

L'utilisation artistique du nom d'autrui est généralement libre mais deux conditions sont nécessaires : le porteur du nom emprunté ne doit pas être confondu avec le héros (du livre ou du film) et, si confusion il y a, elle ne doit pas porter préjudice. Le préjudice apparaît lorsque le personnage qui porte le nom litigieux est représenté de manière grossière, ridicule, malhonnête... La Cour de cassation a précisé qu'il ne devait pas y avoir de risque de confusion avec les porteurs du nom mais également avec le nom lui-même. Elle a estimé que manquait de base légale l'arrêt dont les motifs qui, s'ils établissent l'absence de risque de confusion entre les membres d'une famille aristocratique bretonne et les personnages d'une fiction, ne caractérisent pas la même absence de risque avec le patronyme de cette famille notoirement connue, illustrée par des ancêtres célèbres ayant donné leur nom à des vaisseaux de guerre (Cass. civ. 1re, 8 octobre 2009, Bull. civ. I, n° 205). Les risques de confusion, comme nous l'avons vu à propos du nom commercial, seront plus importants selon que le nom est rare et illustre ou courant. Ainsi, l'utilisation du nom d'un homme politique en vue dans un film humoristique pourrait porter préjudice.

SECTION II
Le prénom

Le deuxième élément d'identification de la personne physique est le prénom. Celui-ci est indispensable.

§ 1. Le choix du prénom

Depuis la loi du 8 janvier 1993, le choix des prénoms est libre. Auparavant, les parents avaient comme seules sources de prénoms pour leurs enfants les noms en usage dans les différents calendriers et les noms des personnages connus dans l'histoire ancienne. **Aujourd'hui, le principe est la liberté dans le choix des**

prénoms, le parquet (le procureur de la République) exerçant un contrôle ***a posteriori***. En effet, lorsque le ou les prénoms choisis par les parents, seuls ou associés au nom, lui paraissent contraires à l'intérêt de l'enfant ou au droit des tiers à voir protéger leur nom de famille, l'officier de l'état civil en avise sans délai le procureur de la République. Celui-ci peut saisir le JAF. Si ce dernier partage le point de vue du procureur, il ordonne la suppression du prénom sur les registres de l'état civil. À défaut pour les parents d'effectuer un nouveau choix, conforme aux intérêts énoncés, le juge attribue lui-même un prénom à l'enfant (art. 57 C. civ.).

Si le choix du prénom est libre, il doit cependant être orthographié en alphabet romain et en langue française, selon la cour d'appel de Montpellier (CA Montpellier, 26 novembre 2001, Juris-data n° 2001-164938). Cet arrêt, critiquable au regard du droit au respect de la vie privée mais justifié par le principe selon lequel les actes de l'état civil doivent être rédigés en français, a refusé le prénom catalan Martí, l'accent sur le « i » n'existant pas en langue française.

§ 2. Le changement de prénom

Une loi du 12 novembre 1955 avait instauré la possibilité de changer de prénom. La loi du 8 janvier 1993 maintient cette possibilité. Il est en effet possible de changer de prénom ou d'ajouter un prénom à celui ou ceux déjà existants mais cette demande ne pourra être favorablement accueillie que s'il existe **un intérêt légitime.** Ce pourra être le cas lorsque l'association du nom et du prénom a une consonance ridicule (par exemple, Jean Bon, Pierre Pons) ou lorsqu'il s'agit pour l'intéressé de franciser son prénom pour faciliter son intégration. Dans cette hypothèse, les tribunaux considèrent ce motif comme légitime et acceptent la demande de l'intéressé qui n'a d'autre motivation que d'être assimilé à la communauté française. L'exercice d'une religion peut également constituer un intérêt légitime à changer de prénom.

En revanche, le changement de prénom, contrairement au changement de nom de famille, ne nécessite pas d'autorisation administrative ; **cette procédure relève de la compétence du juge aux affaires familiales** (art. 60, loi du 8 janvier 1993).

La question s'est posée de savoir si l'**usage prolongé d'un prénom constituait un intérêt légitime**. Très réticente au départ, la jurisprudence s'est ensuite assouplie sous l'impulsion de la Cour de cassation. Une condition est exigée : l'usage prolongé du prénom ne doit pas avoir été instauré par le demandeur lui-même. En un tel cas, la demande de changement de prénom procéderait d'une simple convenance personnelle exclusive de tout intérêt légitime. Toutefois, les juges du fond (CA Paris, 1re ch. C, 21 novembre 1995, D. 1996, p. 355, note Garé) mettent parfois de côté cette exigence. Dans cette affaire, Mohamed Selim M… était connu depuis de nombreuses années sous le prénom de Slim. La Cour, « Considérant que l'usage prolongé d'un prénom suffit à caractériser l'intérêt légitime au changement », a accepté que le prénom de Slim soit substitué aux prénoms de Mohamed Selim.

Pour tempérer cette décision, il convient de ne pas perdre de vue que la loi du 6 Fructidor An II est toujours en vigueur et que **le principe d'immutabilité du prénom demeure la règle.**

SECTION III
Le domicile

Le troisième élément d'identification et d'individualisation de la personne physique est le domicile. **Grâce au domicile, il est possible de situer géographiquement une personne physique, de rattacher une personne à un lieu. L'article 102 du Code civil définit le domicile : en droit, le domicile d'une personne est le lieu où elle a son principal établissement** (vous trouverez un commentaire de cet article dans *Réussir ses TD 1*, éd. Paradigme). Il faut envisager successivement la nécessité du domicile, la détermination du domicile et, enfin, le rôle grandissant de la résidence.

§ 1. La nécessité du domicile

Dans la vie juridique et spécialement en droit privé, le domicile revêt une grande importance. Il permet de rattacher une personne à un lieu. C'est en ce lieu que seront concentrées un grand nombre d'opérations, c'est à ce lieu que la personne devra accomplir certaines obligations, ce sont vers les autorités administratives ou judiciaires de ce lieu que pourra ou que devra se tourner la personne. Le domicile trouve donc de nombreuses applications.

Une des fonctions essentielles du domicile concerne la **compétence des tribunaux**. En effet, chaque tribunal couvre une région géographique bien déterminée (on parle de ressort territorial). **Le Code de procédure civile** (CPC) **détermine la compétence des tribunaux en fonction du domicile du défendeur.** L'article 43 du Code de procédure civile énonce que, dans un litige, le tribunal ou la cour d'appel compétents sont ceux du ressort dans lequel est situé le domicile du défendeur. D'où l'impérative nécessité de posséder un domicile.

En procédure civile, on doit parfois signifier (faire connaître) certains actes à la partie adverse. En principe, la signification se fait directement à la personne par la remise de l'acte. Toutefois, lorsqu'il est impossible de signifier un acte directement à la personne, lorsque la personne que l'on cherche est introuvable, la signification se fait au domicile de cette personne.

En droit de la famille, certains actes juridiques ne peuvent être passés que dans un ressort territorial déterminé par le domicile des parties :

- en matière de mariage, le domicile des futurs époux sert à déterminer l'officier d'état civil compétent pour célébrer l'union (art. 74 C. civ.). Par exemple, si les futurs époux sont domiciliés ou souhaitent être domiciliés à Toulouse, un officier d'état civil de Toulouse célébrera le mariage ;
- de même, en cas d'adoption, l'adoptant doit donner son consentement devant le greffier en chef du tribunal d'instance de son domicile ou de sa résidence (art. 348-3 C. civ.).

En droit des obligations, le domicile est également important. En droit des contrats, il est indispensable de déterminer où les parties doivent accomplir leurs obligations. **En général, une obligation doit être accomplie au domicile du débiteur** (art. 1247 al. 3 C. civ.). On dit en droit français que les obligations sont quérables et non portables. Cela signifie que ce n'est pas au débiteur d'aller porter l'objet de la convention chez le créancier mais à ce dernier d'aller chercher son dû chez le débiteur.

Il faut également noter le rôle essentiel du domicile en matière électorale. Selon le Code électoral (art. L. 11), seul le domicile réel peut justifier une inscription sur la liste électorale. Ceux qui accomplissent leur devoir d'électeur dans une commune où ils n'ont pas leur domicile réel sont dès lors de faux électeurs.

La notion de domicile joue un rôle important en droit international privé. Cette branche du droit a pour but de régler les rapports internationaux de droit privé (par exemple, quelle loi s'appliquera pour le mariage entre un Français et une Allemande ? Quelle loi s'appliquera pour un contrat passé entre un Français et un Italien ?). L'objet du droit international privé est de désigner une loi compétente pour régler un litige international. Le domicile permet parfois de désigner cette loi. Par exemple, en droit international privé français, pour régir les successions mobilières, la loi du dernier domicile du défunt sera compétente.

§ 2. La détermination du domicile

Comment connaît-on le domicile d'une personne ? Quels sont les éléments constitutifs du domicile ?

A) Le principal établissement

Selon le Code civil, le domicile d'une personne est le lieu où elle a son principal établissement. Il s'agit d'un lieu où sont concentrées les affaires et les activités de cette personne. De la définition que le Code civil donne du domicile, il ressort que **le domicile ne peut être qu'unique. Le Code civil se réfère au principal établissement. C'est ce que l'on appelle le principe de l'unicité du domicile : chaque personne a un domicile mais un seul domicile.**

Le fait que les « affaires » d'une personne soient centralisées à cet endroit caractérise son principal établissement. C'est un élément matériel : par exemple, une personne habite dans un lieu avec sa famille, elle y exerce sa profession… Un autre élément est nécessaire pour déterminer le domicile : l'intention de se fixer. Ce second élément, appelé l'élément intentionnel, traduit l'intention de demeurer à son principal établissement. **Le domicile d'une personne est donc déterminé lorsque ces deux éléments, matériel et intentionnel, sont réunis.** Toutefois, il existe des cas dans lesquels la loi fixe de manière autoritaire le domicile de telle ou telle personne sans tenir compte de ces deux éléments.

B) Les domiciles légaux

Les domiciles légaux sont les domiciles que la loi a assignés à des catégories de personnes sans leur laisser le choix. Pour être plus précis, il faudrait parler de présomption de domicile. En effet, le domicile légal est une présomption que la personne possède son principal établissement dans certains lieux :

– les fonctionnaires nommés à vie, c'est-à-dire les fonctionnaires irrévocables, sont domiciliés au lieu de leur installation. Sauf cas exceptionnels,

ils sont destinés à faire leur carrière au même endroit. C'est, par exemple, le cas des magistrats du siège qui sont inamovibles ;
- au contraire, les bateliers, nomades ou forains ne se destinent pas à demeurer dans un unique lieu. Il est cependant nécessaire qu'ils aient un domicile. Pour cette raison, l'article 102 alinéa 2 du Code civil oblige les bateliers à choisir un domicile sur une liste de communes établie par le garde des Sceaux. De même, la loi n° 69-3 du 3 janvier 1969 oblige les forains et les nomades à choisir une commune de rattachement ;
- la loi fixe également le domicile du mineur non-émancipé. L'article 108-2 du Code civil dispose : « Le mineur non émancipé est domicilié chez ses père et mère. » Le domicile des père et mère est donc le domicile légal de l'enfant ;
- de même, le domicile du majeur en tutelle est celui de son tuteur (art. 108-3 C. civ.).

Dans les deux derniers cas, celui du mineur non émancipé et celui du majeur protégé, on dit que ces personnes ont un domicile de dépendance. Elles sont domiciliées au domicile d'une personne dont elles dépendent. C'est également le cas pour les domestiques qui travaillent et habitent chez leur employeur. Ils sont domiciliés chez ce dernier (art. 109 C. civ.).

C) L'élection de domicile

L'élection de domicile est un procédé qui permet d'atténuer la rigidité du principe d'unicité du domicile. En effet, les nécessités du commerce peuvent exiger l'élection d'un domicile plus proche de l'objet et du lieu d'exécution d'un contrat. L'élection de domicile est prévue à l'article 111 du Code civil. Le domicile élu n'est pas un véritable domicile mais un domicile fictif ou temporaire. **L'élection de domicile est une exception au principe d'unicité du domicile.** L'hypothèse est la suivante : une personne convient avec son cocontractant que, pour l'exécution d'un contrat, elle sera domiciliée dans un lieu qu'elle choisit. Par conséquent, comme nous l'avons vu ci-avant, si le débiteur élit domicile, le créancier devra aller chercher son dû en ce nouveau lieu. De plus, si un litige naît de l'exécution ou plutôt de la mauvaise exécution du contrat par le cocontractant auteur de l'élection de domicile, le tribunal compétent sera celui du domicile réel ou du domicile élu.

L'élection de domicile est souvent volontaire, mais elle **peut parfois être implicite**. C'est ainsi que l'on explique la **jurisprudence dite « des gares principales »**. Cette théorie, comme l'élection volontaire de domicile, est une exception au principe d'unicité du domicile. Elle s'applique essentiellement aux personnes morales. Une personne morale, comme une personne physique, a un domicile : c'est son siège social. La jurisprudence « des gares principales » (parce qu'elle s'est d'abord appliquée aux compagnies de chemin de fer) énonce que l'on n'est pas obligé d'assigner une entreprise devant le tribunal du siège social. **On peut assigner une entreprise devant une juridiction dans le ressort de laquelle se trouve une succursale ayant des services administratifs** (Cass. req., 19 juin 1876, *Chemin de fer d'Orléans*, S. 1876, I, p. 383).

§ 3. La résidence

La notion de résidence joue un rôle de plus en plus important en droit français. Tantôt son rôle est supplétif (la résidence est alors utilisée pour localiser une personne qui n'a pas de domicile), tantôt il est concurrent du domicile. **La résidence est le lieu où une personne demeure effectivement**. C'est un critère de rattachement plus souple que le domicile dont les éléments constitutifs sont stricts et parfois mal adaptés à la réalité. **La jurisprudence exige cependant que la personne demeure dans cet endroit de façon stable et habituelle**. La résidence n'est pas un simple lieu de passage ou d'étape. Un appartement qu'une personne loue huit jours pour y passer des vacances au bord de la mer ne peut pas être considéré comme une résidence.

La résidence produit des effets de droit lorsque le domicile d'une personne est inconnu. Ainsi, en ce qui concerne la compétence territoriale des tribunaux, le Code de procédure civile attribue compétence au tribunal dans le ressort duquel est situé le domicile du défendeur. L'article 43 du Code de procédure civile précise qu'à défaut de domicile connu, le tribunal dans le ressort duquel le défendeur a sa résidence sera compétent. **Le rôle de la résidence est subsidiaire, celle-ci ne produisant, dans ce cas, des effets juridiques qu'à défaut de domicile.** La règle est la même pour la signification des actes : la résidence remplace le domicile inexistant ou introuvable.

Dans d'autres cas, la résidence peut produire des effets juridiques à côté du domicile, c'est-à-dire que la loi tient compte de la résidence même lorsque le domicile est connu. La résidence intervient alors en concurrence avec le domicile comme le prévoit l'article 74 du Code civil : « Le mariage sera célébré dans la commune où l'un des deux époux aura son domicile ou sa résidence établie… »

Enfin, il arrive que la résidence soit purement et simplement préférée au domicile. Sans doute parce que la résidence correspond davantage à la réalité que le domicile, il est souvent plus facile de trouver une personne à sa résidence qu'à son domicile. Par exemple, un étudiant a son domicile chez ses parents mais sa résidence dans une cité universitaire.

SECTION IV

Les actes de l'état civil

L'état civil est le quatrième outil permettant d'identifier les personnes physiques. **Il constate l'état d'une personne. Les actes de l'état civil enregistrent les événements importants qui jalonnent la vie d'une personne physique : naissance, mariage, décès…** Il faut connaître les principes qui gouvernent la rédaction des actes de l'état civil et le contentieux qui leur est lié.

§ 1. La rédaction des actes de l'état civil

Comme leur nom l'indique, les actes de l'état civil sont des actes juridiques. Il s'agit d'actes juridiques au sens matériel, c'est-à-dire d'écrits sur lesquels l'autorité publique constate, d'une manière authentique, un événement dont dépend l'état d'une (par exemple naissance) ou de plusieurs personnes (par exemple mariage). **On parle également d'*instrumentum*.** Ce sont des actes solennels, emprunts d'un grand formalisme. L'étude de la rédaction des actes de l'état civil suppose de déterminer les personnes concourant à la rédaction, les règles de forme et, enfin, la publicité de ces actes.

A) Les personnes concourant à la rédaction des actes de l'état civil

Les actes de l'état civil sont des actes authentiques, c'est-à-dire des actes passés en présence d'un officier ministériel : l'officier d'état civil. Avant la Révolution française, les registres d'état civil étaient tenus par les curés des paroisses. Aujourd'hui, dans un système laïc, la qualité d'officier d'état civil est conférée à d'autres personnes.

Dans chaque commune, le maire a la qualité d'officier d'état civil. Dans les villages, cette fonction peut être assurée entièrement par le maire mais, dans les villes de plus grande importance, il ne peut pas assurer seul cette fonction. Dans ce cas, la loi a prévu des cas de **suppléance** et de **délégation**. En cas d'empêchement de la part du maire, un de ses adjoints ou un conseiller municipal pourra le remplacer. Le plus souvent, le maire délègue ses pouvoirs à des agents communaux. Ceux-ci sont des employés municipaux (par exemple le secrétaire général de la mairie) qui peuvent recevoir et rédiger les actes de l'état civil, sauf les actes de mariage qui doivent être passés impérativement devant le maire ou un de ses adjoints. Toutefois, en cas de délégation, le maire ne fait que déléguer ses pouvoirs à ces personnes. Elles n'ont pas la qualité d'officier d'état civil réservée au maire. Ce dernier reste donc compétent pour signer les actes.

L'officier d'état civil a une compétence territoriale bien précise. Il ne peut dresser des actes d'état civil où bon lui semble. En général, **il ne peut recevoir de tels actes que sur le territoire de sa commune et ces actes doivent, de surcroît, avoir un lien avec sa commune**.

Outre les officiers d'état civil, d'autres personnes sont appelées à participer à l'élaboration des actes de l'état civil :

- tout d'abord, **les parties**. Il paraît logique et même indispensable que les époux assistent à la célébration de leur mariage ;
- en plus des parties, **un acte nécessite la présence de témoins : le mariage**. Ces témoins doivent être au moins deux et au plus quatre, comme le précise l'article 75 alinéa 1 du Code civil. Leur rôle est de vérifier la rédaction et l'exactitude de l'acte. Ils pourront également aider à prouver le mariage en cas de perte des registres d'état civil.

B) La forme des actes de l'état civil

Les actes d'état civil étant des actes solennels, **des exigences de forme s'imposent sous peine de nullité**. Deux principes doivent être respectés :

- il faut tout d'abord la **présence conjointe de l'officier d'état civil et des parties** (mais également des témoins pour la célébration du mariage) ;

- **les actes de l'état civil sont écrits** selon une technique particulière prévue à l'article 34 du Code civil : ils sont écrits sur des registres et non sur des feuilles volantes. De plus, ceux-ci doivent être établis en double. La formalité du double original permet une meilleure conservation des actes.

Si les formalités ne sont pas respectées, la nullité des actes peut être encourue. Il faut savoir que l'inobservation des règles de forme est rarement sanctionnée par la nullité de l'acte. **La jurisprudence ne prononce la nullité de l'acte qu'en cas de violation de formalités essentielles ou substantielle**s :

- la rédaction par un officier d'état civil non compétent (par exemple, un employé municipal célèbre un mariage) ;
- la rédaction sur une feuille volante et non sur un registre.

C) La publicité des actes d'état civil

Des tiers peuvent avoir intérêt à connaître l'état d'une personne, ce dernier ne présentant aucun caractère confidentiel. Plusieurs moyens de publicité des actes de l'état civil existent.

On peut citer en premier lieu le **livret de famille**. Celui-ci est remis aux époux au moment de la célébration de leur mariage. Il doit contenir un extrait de l'acte de mariage des époux ; puis y seront inscrits les extraits des actes de décès des époux, les extraits des actes de naissance des enfants…

En dehors du livret de famille destiné aux seuls époux, **des tiers peuvent demander et obtenir des copies ou extraits du registre d'état civil**. La délivrance des copies intégrales ou extraits est différente selon qu'il s'agit d'un acte de décès ou des actes de naissance et de mariage. La copie d'un acte de décès peut être demandée par tout le monde. En revanche, lorsqu'il s'agit d'un autre acte (naissance ou mariage), la copie intégrale ne peut être communiquée qu'à la personne en cause, ses ascendants, ses descendants, l'époux ou le procureur de la République. Mais n'importe qui peut obtenir un extrait de ces actes.

Il faut enfin connaître la fonction du **répertoire civil**. Nous avons vu que figurent sur le registre d'état civil les actes de naissance, de reconnaissance d'enfant, de mariage, de décès… mais le registre d'état civil ne contient aucune indication relative aux incapacités éventuelles de l'individu. Ces indications figurent au répertoire civil : **on y inscrit la mise en tutelle ou en curatelle mais également les modifications de régime matrimonial et l'absence**. Le répertoire civil permet à un tiers de se renseigner sur la capacité d'une personne. Cette démarche peut être très utile lorsque l'on passe un contrat pour savoir si l'autre personne (le cocontractant) est capable de contracter. On peut demander une copie du répertoire civil au secrétariat-greffe du tribunal de grande instance dans le ressort duquel l'individu est né.

§ 2. Le contentieux de l'état civil

Il est avant tout nécessaire de faire quelques remarques sur la force probante des actes d'état civil. Nous savons que l'officier d'état civil est un officier ministériel et que **les actes de l'état civil** sont des actes authentiques. Cela signifie qu'ils **font foi jusqu'à inscription en faux**, procédure longue et périlleuse.

Toutefois, il faut distinguer entre les **mentions où l'officier d'état civil rapporte ce qu'il a constaté** (date, identité des parties…) et les **mentions dans lesquelles l'officier d'état civil reproduit les déclarations des parties.** Les premières font foi jusqu'à inscription en faux tandis que les secondes font foi jusqu'à preuve du contraire.

En ce qui concerne le contentieux proprement dit, il faut distinguer deux actions en justice.

A) Les jugements rectificatifs des actes de l'état civil

Les articles 99 à 101 du Code civil et 1046 et suivants du Code de procédure civile réglementent ces jugements. **Pour réparer une erreur sur le registre de l'état civil, il faut un jugement, une décision judiciaire ; l'officier d'état civil ne peut pas agir seul.** Il existe **deux actions en rectification différentes, selon que l'erreur dont on demande la rectification est purement matérielle** (simple étourderie) **ou selon qu'elle ne l'est pas**.

Dans le premier cas, la rectification est simple et s'effectue de manière administrative ; en fait, le parquet ordonne cette rectification.

Dans le second cas, la procédure est un peu plus complexe ; la rectification n'est plus administrative mais judiciaire. La personne qui souhaite obtenir une rectification sur le registre d'état civil doit en faire la demande au président du tribunal de grande instance.

B) Les jugements supplétifs des actes de l'état civil

De tels jugements peuvent être rendus **lorsqu'aucun acte n'a eu lieu ou lorsqu'il a été perdu**. Par exemple, une naissance doit être déclarée dans les trois jours. Si la déclaration n'a pas eu lieu dans ce délai, un jugement est nécessaire pour que la naissance soit enregistrée sur les registres de l'état civil. Un jugement doit également intervenir lorsqu'il n'y a pas d'acte d'état civil pour des raisons de force majeure (art. 46 C. civ.) ou lorsqu'un acte de décès n'a pu être dressé faute d'avoir retrouvé le cadavre.

§ 3. Le transsexualisme et l'indisponibilité de l'état des personnes

L'indisponibilité de l'état des personnes est une règle absolue en droit français. Un individu ne peut pas, en dehors des cas où la loi l'y autorise expressément, modifier son état. L'article 323 du Code civil rappelle très clairement ce principe à propos de la filiation : « Les actions relatives à la filiation ne peuvent faire l'objet de renonciation. » La jurisprudence interdit également la modification de l'état par un changement volontaire de la situation de fait qui se trouve à la base de cet état.

Le problème s'est posé en matière de transsexualisme : **lorsqu'une personne modifie son sexe par une intervention chirurgicale, quelles sont les conséquences sur le plan juridique ?**

La question est délicate. Le droit de changer de sexe, que font valoir certains, n'est reconnu par aucun texte d'origine interne ou internationale. Le phénomène du transsexualisme touche cependant à des principes essentiels tels l'intégrité physique, les bonnes mœurs, l'indisponibilité de l'état des personnes, le respect de la vie privée et le droit de disposer librement de son corps.

Sur le plan de la licéité de l'intervention chirurgicale, la jurisprudence y a souvent vu des mutilations pénalement répréhensibles. Pour les tribunaux, de telles interventions n'étaient justifiées qu'à condition de répondre à un besoin thérapeutique. En d'autres termes, de telles opérations étaient licites lorsque la personne éprouvait le sentiment irrésistible d'appartenir à l'autre sexe et qu'elle manifestait le besoin obsédant et impérieux de changer de sexe, tant pour des raisons psychologiques que physiques.

Sur la conduite à tenir vis-à-vis d'une action en réclamation de sexe (c'est-à-dire une demande de modification du sexe sur l'état civil), **la jurisprudence a connu une évolution notable.** Dans un premier temps, les tribunaux français se sont montrés inflexibles face à l'action en modification de l'état civil par un individu ayant changé de sexe à la suite d'une intervention chirurgicale (CA Paris, 14 janvier 1974, D. 1974, p. 196). Jusqu'en 1975, la jurisprudence avait recours à l'analyse chromosomique pour trancher la question ; par conséquent, les demandes de changement d'état étaient systématiquement rejetées. **De 1975 à 1992, la jurisprudence acceptait une modification de l'état, mais posait deux conditions cumulatives :**

- l'intéressé(e) devait avoir psychiquement la conviction d'appartenir au sexe opposé ;
- il ou elle devait avoir connu une modification physique naturelle de sa morphologie avant de subir l'intervention chirurgicale de changement de sexe.

Ces deux conditions étaient très restrictives et il a fallu attendre **la condamnation de la France par la Cour européenne des droits de l'homme** (par exemple CEDH, 25 mars 1992, *B. c/France*, 57/1990/248/319, D. 1993, p. 101, note J.-P. Marguénaud) pour que la position des tribunaux français change véritablement. En effet, dans plusieurs arrêts de 1986 à 1992, la Cour européenne des droits de l'homme a obligé les États à reconnaître la nouvelle identité sexuelle d'un transsexuel. Elle se fondait sur l'article 8 de la Convention européenne des droits de l'homme au terme duquel « Toute personne a droit au respect de sa vie privée et familiale ».

La Cour de cassation, soucieuse d'éviter une nouvelle condamnation de la France, **a alors réagi et abandonné sa jurisprudence antérieure** dans deux arrêts de principe du 11 décembre 1992. Aujourd'hui, l'état civil doit prendre en compte le changement de sexe dès lors qu'« à la suite d'un traitement médico-chirurgical, subi dans un but thérapeutique, une personne présentant le syndrome du transsexualisme ne possède plus tous les caractères de son sexe d'origine et a pris une apparence physique la rapprochant de l'autre sexe, auquel correspond son comportement social » (Cass. Ass. plén., 11 décembre 1992, 1er arrêt, Bull., n° 13 ; JCP 1993, II, 21991, concl. Jeol, note Mémeteau ; vous trouverez un commentaire de cet article dans *Réussir ses TD 1*, éd. Paradigme).

Un droit au transsexualisme est donc bel et bien consacré, les conditions posées pour que l'état civil prenne en compte le changement de sexe étant maintenant plus faciles à remplir (conviction psychique, traitement chirurgical thérapeutique, apparence physique, comportement social).

Les conséquences d'une telle position sont encore difficiles à imaginer. En toute logique, le transsexuel peut faire valoir tous les droits qui résultent de la modification de la mention de son sexe sur son acte de naissance. Qu'en sera-t-il sur le plan du mariage, la Cour européenne des droits de l'homme affirmant que le droit de se marier garanti par l'article 12 de la convention ne vise « que les mariages traditionnels entre deux personnes de sexe biologiquement différent » ? (voir sur la question du droit au mariage des transsexuels, le revirement de jurisprudence opéré par la Cour européenne des droits de l'homme, le 11 juillet 2002 ; p. 149 de ce manuel). Qu'en sera-t-il sur le plan de la filiation ?

La Cour de justice de Luxembourg (CJCE) s'est saisie de la question du transsexualisme en statuant sur le fondement de l'article 141 du traité CE relatif à l'égalité entre hommes et femmes. Elle affirme que la législation nationale qui refuse à la concubine d'un transsexuel le bénéfice d'une pension de réversion méconnaît ce texte (CJCE, 7 juillet 2004, *K.B. c/National Health service pension Agency*).

Du point de vue médical, un décret du 8 février 2010 a supprimé « les troubles précoces de l'identité de genre » de l'article annexe à l'article D. 322-1 du Code de la Sécurité sociale relatif aux affections psychiatriques de longue durée. Le transsexualisme n'est donc plus une maladie mentale.

CHAPITRE 3
Les droits de la personnalité

Les droits de la personnalité sont des prérogatives qui appartiennent à chaque personne. Chacun est doté de droits de la personnalité. On rapproche souvent les droits de la personnalité des droits de l'homme. La différence est pourtant grande : la théorie des droits de l'homme permet de protéger chaque personne contre l'arbitraire de l'État et de la puissance publique. L'étude des droits de l'homme relève donc essentiellement du droit public. En revanche, **la théorie des droits de la personnalité assure la protection de chaque individu contre les autres membres de la société** : ce sont des rapports de droit privé.

Les droits de la personnalité, autrement dit les prérogatives essentielles de chaque individu sur les éléments de sa personnalité juridique, présentent des caractéristiques communes : **ils sont généraux,** cela veut dire que chaque individu est doté de ces droits ; **ils sont attachés à chaque personne, donc intransmissibles, insaisissables et imprescriptibles** ; enfin, **ils n'ont pas de valeur patrimoniale** (on parle aussi de droits extrapatrimoniaux).

L'absence de valeur économique des droits extrapatrimoniaux signifie qu'ils ne peuvent pas être monnayés, c'est-à-dire que leur titulaire ne peut pas en tirer un profit. En revanche, et cela n'est pas incompatible avec leur caractère extrapatrimonial, la violation des droits de la personnalité peut donner lieu à une réparation financière, c'est-à-dire à des dommages et intérêts. Cette absence de valeur économique résulte du caractère indisponible des éléments (corps humain, vie privée, nom) sur lesquels portent les droits de la personnalité. Ainsi, un individu ne peut pas théoriquement décider de vendre ou de donner son corps, son nom, son image, sa voix. **Tout acte juridique portant sur un élément de la personnalité est en principe frappé de nullité absolue**. Mais ce caractère indisponible semble parfois théorique et fait l'objet de certaines critiques. En pratique, certains éléments de la personnalité, tels le nom ou l'image font bien l'objet de conventions et possèdent une réelle valeur économique. Certains auteurs évoquent ainsi la notion de « droits patrimoniaux de la personnalité » (Grégoire Loiseau, *Le nom, objet d'un contrat,* thèse Paris, LGDJ 1997, bibliothèque de droit privé).

Les droits de la personnalité s'éteignent avec la personne de leur titulaire, parce qu'ils sont subordonnés à l'existence de la personnalité juridique. Ils sont en principe par nature intransmissibles. Une personne décédée n'a plus de personnalité juridique et ne peut donc pas être titulaire de droits de la personnalité.

Le droit impose toutefois de respecter la dignité et l'intégrité physique et morale des morts. Le droit pénal sanctionne les atteintes portées à l'intégrité du cadavre : « Toute atteinte à l'intégrité du cadavre, par quelque moyen que ce soit, est punie d'un an d'emprisonnement et de 15 000 euros d'amende » (art. 225-17 al. 1er C. pén.). La loi du 6 août 2004 relative à la bioéthique interdit qu'une identification génétique soit réalisée sur un mort (dans l'hypothèse où un juge est saisi d'une action tendant soit à l'établissement ou la contestation d'un lien de filiation, soit à l'obtention ou la suppression de subsides), sauf si le défunt avait expressément autorisé cette identification (voir p. 222). Cette interdiction résulte de la rédaction de l'article 16-11 alinéa 2 du Code civil (voir p. 40). Le législateur se montre soucieux de protéger le défunt contre l'établissement *post mortem* d'une filiation qu'il ne voulait pas voir établir. Cette prohibition permet d'éviter que l'exhumation du cadavre ne traumatise la famille « officielle » du défunt. Elle conduit à reconnaître le droit de garder secret un élément de la vie privée d'une personne décédée.

De manière traditionnelle, on répartit les droits de la personnalité en deux groupes : le droit à l'intégrité physique et le droit à l'intégrité morale.

SECTION I
Le droit à l'intégrité physique

Le principe du droit à l'intégrité physique repose sur les caractères inviolable et indisponible du corps humain. « Le corps humain est inviolable. » (art. 16-1 al. 2 C. civ.) « Le corps humain, ses éléments et ses produits ne peuvent faire l'objet d'un droit patrimonial » (art. 16-1 al. 3 C. civ.). Chaque individu a le droit de protéger son corps contre toute atteinte.

En raison de son caractère indisponible, **le corps humain est hors du commerce**. Il ne peut pas faire l'objet de conventions. Cependant, ce principe comporte des exceptions. **Le corps humain et ses organes peuvent, sous certaines conditions, faire l'objet de conventions** (voir p. 41, les principes régissant les dons d'organes).

Si le corps humain est inviolable, la loi reconnaît que certaines hypothèses justifient qu'il soit exceptionnellement porté atteinte à son intégrité. L'article 16-3 alinéa 1er du Code civil dispose qu'« il ne peut être porté atteinte à l'intégrité du corps humain qu'en cas de nécessité médicale pour la personne ou à titre exceptionnel dans l'intérêt thérapeutique d'autrui ».

L'atteinte non justifiée à l'intégrité physique d'une personne est passible de **sanctions pénales**.

Nous étudierons, dans les paragraphes qui suivent, comment le principe du droit à l'intégrité physique se concilie avec l'obligation de soins imposée au corps médical, avec le développement des examens génétiques, mais aussi avec la pratique des dons d'organes et d'éléments du corps humain. Nous terminerons la section par la délicate question du droit à l'intégrité physique de l'embryon et du fœtus.

§ 1. Droit à l'intégrité physique et obligations de soins

Comment concilier le droit de chaque individu au respect de son intégrité physique avec l'obligation de soins imposée aux médecins ?

Corollaire du droit à l'intégrité physique, le principe du consentement du patient aux soins est affirmé comme une liberté fondamentale (art. 16-3 al. 2 C. civ., loi du 4 mars 2002 relative aux droits des malades ; ordonnance du Conseil d'État du 16 août 2002, n° 249552). Le corps médical est cependant tenu d'une obligation de soins. Cette obligation entre parfois en conflit avec le principe du respect de la liberté du patient, lorsque ce dernier manifeste expressément sa volonté de ne pas bénéficier de soins médicaux.

Cette contradiction met en lumière deux problèmes particulièrement délicats : celui de l'euthanasie et celui du refus du patient de bénéficier de soins médicaux.

Revendiqué par certains comme un droit au respect de la vie privée, **le droit à la mort** soulève des questions d'ordre éthique et donne lieu à un véritable débat de société. La jurisprudence interne, comme celle de la Cour européenne des droits de l'homme (CEDH, arrêt *Pretty c/Royaume-Uni*, 29 avril 2002, requête n° 2346/02), et le corps médical refusent de reconnaître l'existence d'un droit à la mort. Ils estiment que l'interdiction de l'euthanasie ne contredit pas le droit au respect de la vie privée et font prévaloir le droit à la vie. **Au regard du droit pénal français, l'euthanasie constitue un homicide.** Le législateur français n'a pas choisi de légaliser l'euthanasie. La loi n° 2005-370 du 22 avril 2005 relative aux droits des malades et à la fin de vie tend à garantir aux patients atteints d'un mal incurable le droit de mourir dans la dignité. Les actes médicaux ne doivent pas être poursuivis « par une obstination déraisonnable » (art. L. 1110-5 CSP). « Lorsqu'une personne, en phase avancée ou terminale d'une affection grave et incurable, quelle qu'en soit la cause, décide de limiter ou d'arrêter tout traitement, le médecin respecte sa volonté après l'avoir informée des conséquences de son choix (...) » (art. L. 1111-10 al. 1er CSP). Deux pays de l'Union européenne, la Belgique et les Pays-Bas, ont légalisé l'euthanasie active sous certaines conditions.

En ce qui concerne l'attitude des médecins face à l'**opposition d'un patient à une intervention chirurgicale ou à une transfusion sanguine**, il convient de distinguer deux situations :

- **si l'intervention n'est pas indispensable à la survie du patient, le consentement de celui-ci est nécessaire.** Ainsi, face au refus des Témoins de Jéhovah de bénéficier d'une transfusion sanguine, les médecins doivent s'incliner si celle-ci n'est pas indispensable à la survie du patient et demander à ce dernier de leur signer une décharge de responsabilité. Le Code de déontologie médicale prévoit en effet que le médecin est tenu de renoncer à une transfusion si la vie du patient n'est pas menacée. **Cette obligation de s'assurer du consentement libre et éclairé du patient suppose que ce dernier ait bénéficié d'une information préalable sur sa pathologie, les avantages et les inconvénients des soins envisagés.** « Lorsque le malade, en état d'exprimer sa volonté, refuse les investigations ou le traitement proposés, le médecin doit respecter ce refus après avoir informé le malade de ses conséquences » (art. R. 4127-36 CSP). Le médecin est donc contractuellement obligé d'informer le patient de tous les risques qui pourraient résulter de l'intervention (voir, en matière de chirurgie esthétique, Cass. civ. 1re, 17 février 1998, Bull. civ. I, n° 148), sauf si le patient refuse cette information ou si le médecin estime que cette dernière est impossible à fournir ou peut nuire à la santé du malade. Cette obligation d'information s'ajoute à l'obligation principale du médecin qui consiste à mettre tous les moyens en œuvre pour parvenir à la guérison du malade (obligation contractuelle de moyens). Le non-respect par le médecin de ses obligations (soins, information et respect de la volonté du patient) engage sa propre responsabilité contractuelle ou celle de l'établissement ;

– toutefois, comme l'a rappelé le Conseil d'État, saisi d'un référé-liberté fondamental après l'adoption de la loi du 4 mars 2002 relative aux droits des malades, **le médecin peut se dispenser du consentement du patient lorsque l'intervention est indispensable à sa survie et proportionnée à son état.** Ainsi, en cas d'urgence, le médecin peut opérer sans avoir préalablement recueilli l'autorisation du patient ou de ses représentants légaux. Il peut et doit transfuser de force le patient dont la vie est menacée. Le Conseil d'État a refusé d'engager la responsabilité de l'hôpital dans cette dernière hypothèse, jugeant que le médecin qui transfuse de force un patient ne commet pas de faute (CE, 26 octobre 2001, *Sananayaké*, JCP 2002, éd. G., II, n° 10025).

§ 2. Droit à l'intégrité physique et examen des caractéristiques génétiques

Les articles 16-10 et 16-11 du Code civil concernent respectivement l'examen des caractéristiques génétiques d'une personne et l'identification d'une personne par ses empreintes génétiques.

Selon l'article 16-10 du Code civil : « L'examen des caractéristiques génétiques d'une personne ne peut être entrepris qu'à des fins médicales ou de recherche scientifique. (al. 1) Le consentement exprès de la personne doit être recueilli par écrit préalablement à la réalisation de l'examen, après qu'elle a été dûment informée de sa nature et de sa finalité. Le consentement mentionne la finalité de l'examen. Il est révocable sans forme et à tout moment. » (al. 2)

L'article 16-11 du Code civil concerne l'identification d'un individu par ses empreintes génétiques. Cette identification permet notamment d'établir la culpabilité de l'auteur d'un homicide ou d'un viol mais aussi de déterminer avec certitude la maternité ou la paternité d'une personne. L'alinéa 1er de l'article 16-11 du Code civil autorise une telle identification, lorsqu'elle est effectuée dans le cadre d'une procédure judiciaire pour les besoins de l'enquête ou de l'instruction ou lorsqu'elle est réalisée à des fins médicales ou de recherche scientifique.

L'article 16-11 alinéa 2 du Code civil **exige le consentement préalable de l'intéressé lorsque l'identification génétique est réalisée en matière civile, dans le cadre d'une action relative à la filiation ou d'une action relative à l'obtention ou à la suppression de subsides.** La loi du 6 août 2004 a ajouté, *in fine*, qu'aucune identification par empreintes génétiques ne peut être réalisée après la mort, sauf accord exprès de la personne, manifesté de son vivant.

La loi du 6 août 2004 a également modifié l'alinéa 3 de l'article 16-11 du Code civil relatif à l'identification à des fins médicales ou de recherche scientifique. Celui-ci s'attache à renforcer l'information et les droits de l'intéressé. « Lorsque l'identification est effectuée à des fins médicales ou de recherche scientifique, le consentement exprès de la personne doit être recueilli préalablement à la réalisation de l'identification, après qu'elle a été dûment informée de sa nature et de sa finalité. Le consentement mentionne la finalité de l'identification. Il est révocable sans forme et à tout moment. » (art. 16-11 al. 3 C. civ.).

E2 **L'« affaire » Yves Montand**

En 1997, les juges de la cour d'appel de Paris (CA Paris, 6 novembre 1997, JCP 1998, éd. G., I, 101) ont autorisé l'exhumation du cadavre d'Yves Montand afin d'établir s'il était ou non le père d'une jeune fille. Ils ont relevé que le consentement propre de l'intéressé ne pouvait plus être recherché, que les héritiers du défunt ne s'y opposaient pas et, enfin, qu'il était de l'intérêt essentiel des parties d'aboutir à une certitude biologique. Cette décision a été doublement critiquée car si elle choquait moralement en portant atteinte à l'intégrité d'un cadavre, elle reposait aussi sur une interprétation critiquable de l'article 16-11 alinéa 2 du Code civil. Elle ne tenait pas compte du refus expressément exprimé par Yves Montand, de son vivant, de procéder à une telle identification.

Les rédacteurs de la loi du 6 août 2004 ont pris le contre-pied de cette décision jurisprudentielle en posant dans la nouvelle rédaction de l'article 16-11 alinéa 2 du Code civil que, « sauf accord exprès de la personne manifestée de son vivant, aucune identification par empreintes génétiques ne peut être réalisée après sa mort » en matière civile.

§ 3. Droit à l'intégrité physique et don d'organes

La loi du 29 juillet 1994 a fixé les règles générales relatives au don et à l'utilisation des éléments du corps humain. Ces règles ont été modifiées par la loi relative à la bioéthique du 6 août 2004 (loi n° 2004-800, JO 7 août 2004, p. 14035).

L'objectif affirmé du titre III de la loi du 6 août 2004 est de pallier la pénurie de greffons disponibles, tout en encadrant strictement la protection des donneurs.

A) Le prélèvement d'organe sur une personne vivante

Afin d'augmenter les possibilités de prélèvements d'organes (rein, poumon...) sur une personne vivante, l'article 16-3 du Code civil prévoit qu'il peut être porté atteinte à l'intégrité du corps humain pour nécessité médicale mais aussi, et cela est une nouveauté introduite par la loi du 6 août 2004, « à titre exceptionnel dans l'intérêt thérapeutique d'autrui ».

Le don d'organe est toujours gratuit. Le corps humain ne peut pas faire l'objet de convention à titre onéreux en raison de son caractère extrapatrimonial. On ne peut pas faire le commerce de son corps.

Afin d'étendre le nombre de donneurs vivants, le législateur crée une nouvelle catégorie de donneurs : celle du patient qui se fait retirer un organe dans son propre intérêt. Désormais **toute personne majeure capable qui subit, lors d'une opération chirurgicale pratiquée dans son propre intérêt médical, l'ablation d'un organe, est présumée accepter de donner cet organe pour l'intérêt thérapeutique d'autrui ou pour la recherche scientifique** (art. L. 1235-2 CSP). Il en est de même pour les tissus, cellules et produits du corps humain prélevés dans l'intérêt du malade qui subit le prélèvement.

Cette catégorie de donneurs mise à part, la loi exige que le donneur ait un lien familial avec le receveur d'organe.

Conditions relatives aux liens familiaux entre le donneur et le receveur
Principe : le donneur doit être le père ou la mère du receveur (art. L. 1231-1 al. 1 CSP). *Exceptions :* les personnes suivantes peuvent aussi être donneurs mais il leur faut l'autorisation préalable d'un comité d'experts : les frère et sœur du receveur, les fils et fille, les grands-parents, les oncle et tante, les cousins germains, la conjointe du père du receveur ou le conjoint de la mère du receveur, ou encore le conjoint du receveur à condition qu'il y ait au moins deux années de vie commune entre le donneur et le receveur (art. L. 1231-1 al. 2 CSP).
Conditions relatives à la capacité juridique du donneur
Les prélèvements sont en principe interdits sur les majeurs incapables et sur les mineurs. À titre d'exception, un prélèvement de moelle osseuse peut être effectué sur un mineur consentant au bénéfice de son frère ou de sa sœur, de son cousin germain, de sa cousine germaine, de son oncle, de sa tante, de son neveu ou de sa nièce (art. L. 1241-3 CSP).
Conditions relatives au consentement du donneur
Le consentement du donneur doit être exprimé de manière libre et éclairée devant le président du TGI ou devant le magistrat désigné par lui après une information préalable des risques et des conséquences du prélèvement. Si le donneur est une personne dont la qualité exige que le prélèvement soit autorisé par un comité d'experts (voir ci-avant), le consentement doit précéder la délivrance de l'autorisation. En cas d'urgence, le consentement peut être donné devant le procureur de la République par tout moyen. Le consentement peut toujours être révoqué (art. L. 1231-1 CSP).

B) Le prélèvement d'organe sur une personne décédée

La loi du 6 août 2004 conforte le principe du consentement présumé pour les prélèvements pratiqués à des fins scientifiques ou à des fins thérapeutiques (art. 1232-1 CSP).

Avant d'opérer un tel prélèvement, l'équipe médicale consulte le Registre national automatisé des refus de prélèvements et demande aux proches du défunt s'ils ont eu connaissance d'une opposition expresse de ce dernier au prélèvement de ses organes.

Pour les mineurs, le consentement de chacun des titulaires de l'autorité parentale ou du représentant légal est exigé.

Les dons et prélèvements d'organes sont soumis au principe de l'anonymat (art. 16-8 C. civ.). Si les médecins sont informés, pour des raisons médicales, de l'origine du don, ils sont tenus au secret médical et ne doivent pas divulguer l'identité du donneur.

Le législateur envisage distinctement les prélèvements effectués lors d'une autopsie médicale, c'est-à-dire pour déterminer les causes d'un décès (à ne pas confondre avec l'autopsie réalisée pour les besoins d'une enquête ou d'une instruction) (art. L. 1211-2 al. 3 CSP). Les médecins peuvent, dans cette hypothèse particulière, réaliser un prélèvement même si le défunt s'y est opposé, lorsque la santé publique exige que la cause du décès soit connue (risques épidémiologiques).

§ 4. La question du statut de l'embryon et du fœtus

L'étude du droit à l'intégrité physique de l'enfant à naître renvoie à la question controversée de son statut juridique. **L'embryon et le fœtus constituent-ils des sujets de droits et bénéficient-ils, à ce titre, du droit au respect de leur intégrité physique ?**

L'enjeu de la réponse est crucial. Il s'agit, d'une part, d'encadrer juridiquement, c'est-à-dire de légaliser, d'interdire ou de limiter les manipulations et les recherches sur l'embryon humain, le clonage thérapeutique, la destruction des embryons surnuméraires produits *in vitro*..., de se positionner sur le droit à naître de l'enfant conçu (problème de l'interruption volontaire de grossesse) et, d'autre part, d'ouvrir ou de fermer la porte aux actions en responsabilité pénale pour homicide involontaire contre les responsables du décès d'un fœtus. Les progrès considérables des biotechnologies et la multiplication des procès en responsabilité ont appelé une intervention du législateur.

Transposé en termes juridiques, le problème est de déterminer si l'embryon et le fœtus sont des objets ou des sujets de droit, s'ils doivent être traités comme des choses ou comme des personnes. Décider que l'enfant non né est une chose revient théoriquement à le priver des droits attachés à la personnalité juridique et, par conséquent, à légitimer les atteintes à son intégrité. Cela interdit également de poursuivre pénalement pour homicide le responsable du décès d'un fœtus ; cette infraction étant une atteinte à la personne humaine. Inversement, reconnaître le statut de personne à l'enfant à naître suppose d'assurer juridiquement le respect de son intégrité. Cette reconnaissance condamnerait les manipulations embryonnaires (conservation, manipulation, destruction d'embryons) et contredirait la législation autorisant, sous certaines conditions, l'interruption volontaire de grossesse.

Le tribunal administratif d'Amiens s'est prononcé sur le statut juridique de l'embryon, le 9 mars 2004 (TA Amiens, 9 mars 2004, D. 2004, Jurisp. p. 1051), jugeant que l'embryon congelé est certes une chose mobilière, mais ne peut pas être considéré comme « une chose comme une autre ». Il a accordé 10 000 euros de dommages et intérêts au couple dont les embryons congelés avaient été accidentellement détruits. Cette décision a été réformée par la cour administrative de Douai, le 6 décembre 2005 (CAA Douai, 6 décembre 2005, D. 2006, Jurisp. p. 1200).

La réforme des lois de 1994 (loi n° 2004-800 du 6 août 2004 relative à la bioéthique, JO 7 août 2004, p. 14035) **ne dote pas l'enfant à naître d'un véritable statut juridique.** Elle offre en revanche un cadre législatif à la recherche sur les embryons et les cellules souches et condamne fermement le clonage et l'eugénisme.

La principale innovation du titre Ier de la loi du 6 août 2004 relative à la bioéthique est la **création de l'Agence de la biomédecine**, établissement public administratif dont les missions sont nombreuses (art. L. 1418-1 et suiv. CSP). L'Agence de la biomédecine se voit investie d'une large compétence dans le domaine de la procréation médicalement assistée, de la recherche et des dons d'organes, de tissus, de cellules et gamètes. Son rôle consiste principalement à contrôler les divers processus, à veiller à la bonne santé des personnes qui s'y livrent et à délivrer des autorisations. Elle est également chargée de surveiller la santé des enfants qui naissent d'une procréation médicalement assistée (voir p. 233). C'est aussi elle qui délivre l'autorisation de procéder à des recherches sur les embryons humains surnuméraires ne faisant plus l'objet d'un projet parental (voir ci-après). L'Agence de la biomédecine est également compétente pour surveiller les dons d'organes, de cellules, de tissus et de gamètes. Elle remplace l'Établissement français des greffes.

A) Les dispositions normatives

En droit interne, aucune disposition normative ne définit actuellement le statut juridique de l'enfant à naître. Les conventions adoptées dans le cadre du Conseil de l'Europe n'en comportent pas non plus de définition : ni la Convention européenne sur les droits de l'homme et la biomédecine adoptée en 1997, ni la Convention européenne de sauvegarde des droits de l'homme et des libertés fondamentales ne contiennent une définition du statut juridique de l'embryon et du fœtus. En revanche, certaines dispositions permettent de protéger ces derniers et encadrent strictement toute atteinte susceptible d'être portée à la dignité et à l'intégrité de l'embryon.

1) L'ambiguïté du statut juridique

La question du statut juridique de l'embryon et du fœtus renvoie à la question du début de la personnalité juridique.

Selon un principe classique déduit des articles 318 et 725 du Code civil, l'attribution de la personnalité juridique, donc l'aptitude à acquérir des droits subjectifs, suppose d'être né vivant et viable. Mais l'interprétation de certains textes (art. 725, al. 1 du Code civil, interprété *a contrario*, art. 906 C. civ.), fondée sur l'adage latin *infans conceptus pro nato habetur quoties de commodis ejus agitur* (l'enfant est réputé né dès lors qu'il y va de son avantage) confère à l'enfant simplement conçu le droit d'hériter et de recueillir une donation.

La loi Veil du 17 janvier 1975, relative à l'interruption volontaire de grossesse, proclame dans son article 1er : « La loi garantit le respect de tout être humain dès le commencement de la vie. Il ne saurait être porté atteinte à ce principe qu'en cas de nécessité et selon les conditions définies par la présente loi. » Cette disposition reconnaît la qualité d'être humain à « l'enfant » dès sa conception mais admet qu'il soit porté atteinte à son intégrité sous le respect de certaines conditions. Oscillant entre personnalisation et réification de l'enfant à naître, ce texte cristallise les contradictions de notre droit positif. L'allongement du délai de l'interruption de la grossesse pour cause de détresse de la femme (à 12 semaines de grossesse) par la loi du 4 juillet 2001 (voir encadré p. 49), réformant la loi Veil, confirme le statut incertain de l'enfant à naître.

Face à l'ambiguïté des dispositions internes (art. 16 C. civ.) et internationales (art. 2 de la Convention européenne des droits de l'homme, art. 16 du Pacte international relatif aux droits civils et politiques) sur la question du statut juridique de l'enfant à naître, la doctrine s'affronte (voir Byk, *L'embryon jurisprudentiel*, Gaz. Pal., 1997, 2, doctr., p. 1391), la jurisprudence se contredit et le législateur semble éviter le problème en reconnaissant à l'enfant en devenir la qualité d'être humain, sans toutefois le qualifier explicitement de personne (art. 1er de la loi Veil, art. 16 C. civ.). Une telle qualification induit en effet en droit la jouissance des droits de la personnalité juridique parmi lesquels figure le droit à l'intégrité physique. Or, reconnaître ce droit à l'enfant en devenir contredirait la législation sur l'avortement et condamnerait certaines pratiques scientifiques. Appréhender la question du statut juridique de l'enfant non né selon la dichotomie traditionnelle entre les choses et les personnes (la *summa divisio*) conduit nécessairement à des contradictions. **L'enfant non né semble relever d'une catégorie intermédiaire : il est, dès sa conception, un être humain digne de respect mais certaines atteintes à son intégrité physique sont licites au nom d'impératifs jugés supérieurs.**

Le législateur a saisi l'occasion de protéger l'embryon et le fœtus lors de la révision des lois bioéthiques du 29 juillet 1994 (loi n° 94-653 relative au respect du corps humain ; loi n° 94-654 relative au don et à l'utilisation des éléments et produits du corps humain, à l'assistance médicale, à la procréation et au diagnostic prénatal ; Rapport au projet de loi, Doc. AN, 2001, n° 3308, p. 69). **La loi du 6 août 2004** relative à la bioéthique qui opère cette révision **ne donne** cependant **pas de définition du statut juridique de l'enfant à naître**. Les questions relatives à la protection de l'embryon (diagnostics et recherches sur l'embryon, prohibitions du clonage et de l'eugénisme) sont traitées dans le titre VI de la loi du 6 août 2004. Ce titre aborde également la procréation médicalement assistée (voir p. 233).

La loi du 6 août 2004 apporte une réponse aux problèmes du sort du stock inutilisé d'embryons produits *in vitro*, de l'utilisation de l'embryon comme matériau de recherche et d'expériences et du clonage thérapeutique. Ces problèmes ont été au centre des débats. Au-delà des considérations morales et philosophiques soulevées, la nécessité de trouver un consensus au niveau européen a rendu la tâche du législateur particulièrement complexe. Il devait, dix ans après les lois du 29 juillet 1994 rendues obsolètes par les progrès de la science, répondre aux demandes formulées par les « patients », les chercheurs et le corps médical. Il importait, au nom de la dignité humaine, de poser des barrières aux avancées de la biologie qui permettent des techniques éthiquement condamnables, comme le clonage reproductif. Mais il ne s'agissait pas de freiner la recherche scientifique française en prohibant systématiquement les manipulations et recherches sur l'embryon ou les cellules reproductives. Le législateur a tenté de trouver un juste équilibre en effectuant des choix éthiques, donc des choix susceptibles d'être discutés, afin que les progrès scientifiques contribuent au bien-être de chacun et à celui de l'humanité. La nécessité de trouver ce juste équilibre explique l'ambiguïté persistante du statut juridique de l'embryon. La loi du 6 août 2004 (voir aussi le décret n° 2006-121 du 6 février 2006, JO 7 février 2006, p. 1974) ouvre la voie à certaines possibilités de recherches et de manipulations sur l'embryon, considérant ainsi ce dernier comme un instrument et par conséquent comme une chose, selon la *summa divisio*. Mais les strictes limites posées et l'instauration du contrôle de l'Agence de la biomédecine créée à cette fin témoignent qu'il s'agit d'une chose très particulière, digne du plus grand des respects car il s'agit des prémices de la vie. « Le législateur s'est donc situé sur le plan du devoir à l'égard de l'embryon et non de son être (...) en ne se déterminant pas sur ce qu'est l'embryon mais en disant comment on doit le traiter » (J. F. Mattéi, audition au Sénat, 12/02/2002 ; citation extraite de la note *L'embryon humain aux prises avec le droit*, Myriam Blumberg-Mokri, Petites affiches, 7 mars 2003, p. 12).

Initialement prévue en 2009, la révision de la loi du 6 août 2004 relative à la bioéthique ne devrait finalement intervenir qu'en 2010 ou 2011.

2) La reconnaissance d'une protection

La loi du 6 août 2004 constitue une indéniable avancée car elle consacre de nombreuses dispositions à l'encadrement ou à la prohibition des pratiques dont l'embryon peut être l'objet.

Le législateur autorise à titre exceptionnel la recherche sur les embryons congelés surnuméraires, conçus dans le cadre d'un projet parental, en cas d'abandon de ce projet, si les deux membres du couple y consentent expressément (art. L. 2151-5 CSP). En revanche, **il proscrit que des embryons humains soient conçus pour la seule recherche** : « La conception *in vitro* d'embryon ou la constitution par clonage d'embryon humain à des fins de recherche est interdite » (art. L. 2151-2 CSP), sous peine de lourdes sanctions pénales (art. 511-7 et suiv. C. pén.). Un embryon humain ne peut être conçu que dans le cadre d'un projet parental et jamais à d'autres fins. Si les parents maintiennent leur projet de procréation et bénéficient d'une nouvelle fécondation *in vitro*, ils devront nécessairement utiliser les embryons surnuméraires congelés. Si les parents abandonnent le projet, ces embryons seront automatiquement détruits en cas de désaccord du couple sur leur sort ou si les conditions exigées ne sont plus réunies (séparation du couple ou décès de l'un des membres du couple).

La loi nouvelle élargit le champ du diagnostic préimplantatoire, c'est-à-dire la possibilité d'effectuer un diagnostic biologique sur les cellules avant l'implantation de l'embryon. Soucieux d'éviter toute dérive vers l'eugénisme, autrement dit l'élimination d'embryons porteurs de caractères jugés défavorables selon des critères discutables, le législateur prévoit que l'Agence de la biomédecine doit obligatoirement autoriser ce diagnostic puis veiller à sa mise en œuvre. Les hypothèses dans lesquelles ce diagnostic est permis sont strictement définies. La loi du 29 juillet 1994 l'autorisait dans la seule hypothèse où l'enfant avait une forte probabilité d'être atteint d'une maladie génétique incurable. Désormais, lorsqu'un enfant est atteint d'une maladie génétique incurable, l'Agence de la biomédecine peut autoriser le corps médical à procéder à un diagnostic préimplantatoire qui permettrait aux parents de l'enfant malade de donner naissance à un autre enfant non malade et dont les éléments ou produits du corps humain seraient compatibles avec ceux de son frère ou de sa sœur. Le législateur français ouvre ainsi la voie au « bébé médicament », c'est-à-dire au bébé dont la naissance permettrait de sauver la vie de son frère ou de sa sœur malade. Il pose cependant des conditions très strictes et impose à l'Agence de la biomédecine de s'assurer notamment que les parents ont vraiment le projet d'avoir et d'élever un autre enfant et pas seulement le désir de soigner l'enfant malade.

C'est au nom du respect de la vie humaine que **le législateur a prohibé et condamné pénalement le clonage d'humains**. Les expériences réussies sur la brebis *Dolly*, en 1997, ont fait craindre que certains cherchent à appliquer les techniques de clonage sur l'espèce humaine. Si l'interdiction sans réserve du clonage reproductif répond à une condamnation unanime, en revanche, la prohibition du clonage thérapeutique (destiné à traiter des maladies) a soulevé davantage de polémiques.

B) La position des juges

La position ambiguë des juges sur la question du statut juridique de l'enfant à naître illustre les contradictions de notre droit positif. Quant à la Cour européenne des droits de l'homme, saisie de la question le 8 juillet 2004, elle refuse de se prononcer sur le statut de l'enfant à naître, témoignant ainsi de son embarras sur le sujet (CEDH, 8 juillet 2004, requête n° 53924/00, *VO c/France*).

	Clonage reproductif	Clonage thérapeutique	Eugénisme
Dispositions de la loi du 6 août 2004	Interdit « Est interdite toute intervention ayant pour but de faire naître un enfant génétiquement identique à une autre personne vivante ou décédée. » (art. 16-4 al. 3 C. civ. ; art. L. 2151-1 CSP)	Interdit « Est également interdite toute constitution par clonage d'un embryon humain à des fins thérapeutiques. » (art. L. 2151-4 CSP)	Interdit « Toute pratique eugénique tendant à l'organisation de la sélection des personnes est interdite. » (art. 16-4 al. 2 C. civ.)
Qualification pénale par la loi du 6 août 2004	Crime contre l'espèce humaine (art. 214-2 et suiv. C. pén.) 7 500 000 euros d'amende et 30 ans de réclusion criminelle	Délit (art. 511-18-1 C. pén.) 7 ans d'emprisonnement et 100 000 euros d'amende	Crime contre l'espèce humaine (art. 214-1 C. pén.) 7 500 000 euros d'amende et 30 ans de réclusion criminelle

1) Sur le plan pénal

L'Assemblée plénière a confirmé à plusieurs reprises (Cass. Ass. plén., 29 juin 2001, JCP 2001, éd. G., II, n° 10569 ; Crim. 25 juin 2002, JCP 2002, éd. G., II, 10155 ; Crim. 4 mai 2004, Bull. crim. 2004, n° 108, p. 418) que le **délit d'homicide involontaire**, réprimé par l'article 221-6 du Code pénal, **ne peut pas être constitué sur un fœtus *in utero***. Par un arrêt du 30 juin 1999, la formation criminelle de la Haute juridiction avait déjà rejeté la qualification d'homicide involontaire à l'encontre d'un gynécologue, présumé responsable de la mort d'un fœtus de 20 à 22 semaines (Crim., 30 juin 1999, Bull. crim. n° 174). Un doute subsistait toutefois sur la portée de cette décision, la viabilité du fœtus étant très incertaine. En 2000, la cour d'appel de Reims (CA Reims, 3 février 2000, Gaz. Pal. 28, 29 juin 2000, p. 16, D. 2000, II, p. 873) avait, au contraire, estimé le délit d'homicide involontaire constitué à l'encontre du responsable de la mort accidentelle d'un fœtus de huit mois. Malgré certaines décisions contraires des juges du fond, la Haute juridiction refuse d'admettre que le délit d'homicide involontaire puisse être constitué sur un fœtus. **Le fœtus n'est donc pas considéré pénalement comme une personne.** Seul un enfant né vivant et viable a la personnalité juridique. La position des juridictions françaises n'est pas contraire au respect du droit à la vie (CEDH, 8 juillet 2004, n° 53924/00 *VO c/France*).

Comme l'illustre une décision récente, l'auteur d'une faute commise sur une femme enceinte ayant entraîné le décès du bébé est, par conséquent, traité différemment selon le moment auquel intervient le décès. La chambre criminelle de la Cour de cassation a été saisie le 2 décembre 2003 (Crim., 2 décembre 2003, Bull. crim. n° 230, JCP 2004, éd. G., II, 10054) d'une affaire relative au décès d'un enfant une heure après sa naissance. Ce décès a été causé par un accident de voiture au cours duquel la mère, enceinte de huit mois, a été grièvement blessée. Le décès du bébé est donc directement imputable à la faute de l'automobiliste qui a causé l'accident. Mais, à la différence des affaires traitées par la Cour de cassation les 29 juin 2001 et 30 juin 1999, le décès de l'enfant, autrement dit le préjudice subi, est intervenu après la naissance et non *in utero*. L'enfant avait donc, en l'espèce, la personnalité juridique car il a été considéré comme né vivant et viable. La chambre criminelle, dans son arrêt rendu le 2 décembre

2003, considère par conséquent que le délit d'homicide involontaire sur la personne du nouveau-né est constitué et condamne pénalement l'automobiliste. Ainsi, si le décès de l'enfant survient *in utero*, la jurisprudence refuse de condamner pour homicide involontaire l'auteur de la faute ayant causé ce décès, car l'enfant non encore né ne jouit pas de la personnalité juridique. En revanche, si le décès survient après la naissance, l'auteur de la faute qui a causé le décès est condamné, le nouveau-né jouissant de la personnalité juridique. Cette distinction peut sembler critiquable, faisant dépendre le sort de l'auteur de la faute et la prise en compte du préjudice subi par la mère et l'enfant, du seul moment de la survenance du décès.

2) Sur le plan civil

Si la Haute juridiction a refusé de condamner pénalement le responsable du décès d'un fœtus, elle a en revanche réservé un **sort favorable aux actions en responsabilité civile formées contre des médecins dont les fautes ont « condamné un enfant à naître »**. On peut ainsi relever le paradoxe entre les solutions pénales et civiles, « est puni civilement celui par la faute duquel le fœtus est arrivé à la vie et n'est pas puni pénalement celui par la faute duquel il est arrivé à la mort » (J. Hauser, RTD civ. 2001, p. 561). Selon le principe dégagé par l'arrêt *Perruche* (Cass. Ass. plén., 17 novembre 2000, Bull. n° 9, JCP 2000, éd. G., n° 50), l'enfant né handicapé doit être indemnisé dès lors qu'en raison d'une faute médicale, sa mère n'a pas pu être informée d'une anomalie, et avoir ainsi pu recourir à une interruption volontaire de grossesse. Par trois décisions particulièrement attendues (Cass. Ass. plén., 13 juillet 2001, Bull. n° 10, 3 arrêts, JCP 2001, éd. G., II, n° 10601, RTD civ. oct-déc. 2001, n° 4, p. 850, note J. Hauser), l'Assemblée plénière a confirmé ce principe, malgré un rejet des trois pourvois pour absence de lien de causalité entre les fautes médicales et les préjudices invoqués.

Ces arrêts d'Assemblée plénière (dont l'étude relève du droit des obligations) **ont suscité un véritable débat sur le caractère préjudiciable de naître handicapé**. Certains commentateurs ont profité de ce contexte pour ouvrir une réflexion de fond sur les questions du droit de l'enfant à naître et du droit de la femme à avorter. Les spécialistes de la médecine prénatale ont très mal accueilli ces décisions. Craignant de voir leur responsabilité civile systématiquement engagée en cas de malformation fœtale non détectée, certains d'entre eux ont menacé de cesser leur activité.

Le législateur est intervenu afin, notamment, de rassurer le corps médical, inquiet pour sa sécurité juridique. Issu de la loi n° 2002-303 du 4 mars 2002, relative aux droits des malades et à la qualité du système de santé, l'amendement *Perruche* (article 1er de la loi, devenu l'article L. 114-5 du Code de l'action sociale et des familles) dispose : « **Nul ne peut se prévaloir d'un préjudice du seul fait de sa naissance** » (al. 1er). Le texte poursuit : « La personne née avec un handicap dû à une faute médicale peut obtenir la réparation de son préjudice lorsque l'acte fautif a provoqué directement le handicap ou l'a aggravé, ou n'a pas permis de prendre les mesures susceptibles de l'atténuer. » (al. 2) « Lorsque la responsabilité d'un professionnel ou d'un établissement de santé est engagée vis-à-vis des parents d'un enfant né avec un handicap non décelé pendant la grossesse à la suite d'une faute caractérisée, les parents peuvent demander une indemnité au titre de leur seul préjudice. Ce préjudice ne saurait inclure les charges particulières découlant, tout au long de la vie de l'enfant, de ce handicap. La compensation de ce dernier relève de la solidarité nationale. »

Ce texte protège les praticiens contre les actions en réparation dirigées par des personnes nées handicapées en raison d'une erreur de diagnostic prénatal. En effet, le seul fait d'être né handicapé ne peut plus constituer un préjudice réparable. L'enfant né handicapé en raison du non-dépistage de l'anomalie qui a causé son handicap ne peut plus demander réparation. Le handicap ne peut être réparé qu'à la seule condition qu'il soit directement causé par une faute médicale, conformément au droit commun de la responsabilité civile. Or l'erreur de diagnostic prénatal ne peut pas être la cause directe du handicap (ce n'est pas parce que le médecin n'a pas repéré l'anomalie que celle-ci existe), elle ne peut être que la cause du fait d'être né puisqu'elle a privé les parents de la connaissance de la pathologie et de la possibilité d'interrompre la grossesse pour éviter la naissance. Or la loi nouvelle dispose que le fait d'être né ne constitue pas un préjudice réparable.

E3 **La réforme de la loi Veil**

La loi n° 2001-588 du 4 juillet 2001, relative à l'interruption volontaire de grossesse et à la contraception, a réformé la loi Veil du 17 janvier 1975 sur l'IVG et la loi Neuwirth du 28 décembre 1967 sur la contraception.

Le délai de l'avortement pour cause de détresse (art. L. 2212-1 CSP) est allongé de 10 à 12 semaines de grossesse.

Une mineure non émancipée peut désormais recourir à l'avortement sans avoir obtenu préalablement l'autorisation de l'un des titulaires de l'autorité parentale ou de son représentant légal (art. L. 2212-7 CSP). Elle est tenue cependant de se faire accompagner par la personne majeure de son choix. Le médecin doit s'efforcer de convaincre la mineure d'informer ses parents de son intention.

L'avortement pour motif thérapeutique peut être pratiqué, comme auparavant, sans condition de délai, c'est-à-dire, à tout moment de la grossesse, lorsque la poursuite de celle-ci met en péril grave la santé de la femme ou lorsqu'il existe une forte probabilité que l'enfant à naître soit atteint d'une affection d'une particulière gravité reconnue comme incurable au moment du diagnostic (art. L. 2213-1 CSP). L'expression pour motif thérapeutique est remplacée par les termes : « pour motif médical ».

Le médecin qui refuse de pratiquer l'avortement (clause de conscience) est tenu d'informer la patiente du nom de praticiens susceptibles de réaliser l'intervention dans les conditions prévues par la loi (art. L. 2212-8 CSP).

Des cours sur la sexualité et la contraception seront régulièrement dispensés dans les établissements scolaires.

Le fait d'empêcher ou de tenter d'empêcher une interruption volontaire de grossesse constitue un délit pénal, puni de deux ans d'emprisonnement et de 30 000 euros d'amende (art. L. 2223-2 CSP). Le législateur a ainsi augmenté l'amende en cas d'entrave à l'interruption volontaire de grossesse de 30 000 francs à 200 000 francs, convertis en 30 000 euros.

En revanche, les parents (mais pas l'enfant lui-même) d'un enfant né handicapé en raison d'une faute caractérisée de diagnostic prénatal peuvent demander une indemnité pour leur seul préjudice (et non celui de leur enfant handicapé). Mais ce préjudice ne peut pas inclure les frais matériels engagés pour s'occuper de l'enfant, ces derniers relevant de la solidarité nationale. Cela devait rassurer les praticiens car si la jurisprudence *Perruche* n'avait pas été stoppée par l'amendement du même nom, leurs primes d'assurances pour responsabilité professionnelle auraient considérablement augmenté et atteint un seuil au-delà duquel ils n'auraient pu faire face. **Mais certaines décisions inquiètent encore les praticiens.**

Un jugement du tribunal de Reims (TGI Reims, 19 juillet 2005, Juris-data n° 2005-281292) a reconnu que le médecin qui n'avait pas décelé le risque élevé de trisomie 21 lors du diagnostic prénatal d'une petite fille devait réparer le préjudice causé par la naissance de la petite fille trisomique aux deux frères de cette dernière. Le tribunal a justifié sa position en affirmant que « la loi n'a pas expressément exclu l'indemnisation des préjudices par ricochet des frères aînés de l'enfant handicapé ».

E4 **Les propositions du rapport Leonetti**

Initialement prévue pour 2009, la réforme des lois de bioéthique doit intervenir en 2010 ou 2011. Le dernier rapport avant le débat parlementaire, le rapport Leonetti, remis en janvier 2010, maintient les grands principes de 2004 : indisponibilité du corps humain, respect de la dignité de la personne ; maintien de l'interdiction de la recherche sur l'embryon (sauf dérogation), du clonage et de la création d'embryon pour la recherche ; maintien de la gratuité et de l'anonymat des dons, avec toutefois la possibilité de dons croisés d'organes.

SECTION II
Le droit à l'intégrité morale

Parallèlement au droit à l'intégrité physique, il existe un droit à l'intégrité morale. On regroupe sous ce terme le droit au respect de la vie privée, le droit à l'image, le droit à l'honneur et aussi le droit au respect de la présomption d'innocence.

§ 1. Le droit au respect de la vie privée

Chaque personne a une vie privée, une intimité qu'elle a le droit de garder secrète. C'est ce qui résulte de l'article 9 du Code civil : « Chacun a droit au respect de sa vie privée. » L'article 8 alinéa 1er de la Convention européenne de sauvegarde des droits de l'homme et des libertés fondamentales dispose : « Toute personne a droit au respect de sa vie privée et familiale, de son domicile et de sa correspondance. »

A) La notion de vie privée

En l'**absence de définition normative** – ni l'article 9 du Code civil ni l'article 8 de la Conv. EDH ne précisent le contenu et l'acception de la notion de vie privée –, la jurisprudence interne, relayée par celle de la Cour européenne des droits de l'homme, a défini les contours de cette notion. L'influence de la Cour européenne est considérable dans ce domaine.

Définir les contours de la notion de vie privée s'est révélé particulièrement difficile et ce, pour trois raisons :

– il s'agit d'une **notion relative** qui recouvre un nombre important de composantes. Faut-il inclure dans la vie privée la vie familiale, sentimentale, la santé, le patrimoine… ?

– la **notion** de vie privée est **évolutive**, ses composantes varient selon le contexte temporel et spatial ;
– il s'agit enfin d'une **notion subjective**, la vie privée faisant l'objet d'une appréciation au cas par cas.

Aujourd'hui, la jurisprudence et la doctrine s'accordent à reconnaître que la vie privée recouvre : la vie familiale, la vie sentimentale et sexuelle, le domicile, les convictions religieuses et morales, la santé et les loisirs. Tous ces éléments n'ont pas à être divulgués, ils constituent la sphère d'intimité de chaque individu. Les personnes morales ont également droit au respect de leur « vie privée », notamment droit au respect de leur siège social, considéré comme leur domicile (CEDH, 16 avril 2002, *Stés Colas Est et autres c/France*). La voix constitue également un élément de la vie privée et bénéficie, à ce titre, de la protection prévue par l'article 9 du Code civil. La jurisprudence exige cependant que la voix puisse être rattachée à une personne et permette de l'identifier (CA Pau, 22 janvier 2001, Jurisdata n° 02-117).

La protection de vie privée pose de nombreuses questions auxquelles la jurisprudence s'efforce de répondre.

1) La distinction entre la vie privée et la vie publique

Il convient d'apprécier la sphère d'intimité à protéger en fonction des circonstances. Ainsi, les loisirs d'une personne peuvent constituer un élément de la vie privée mais, dès lors qu'ils sont exercés en public, il ne s'agit plus de vie privée au sens de l'article 9 du Code civil. Relèvent de la vie publique d'un individu ses faits et gestes attestant d'une participation à des événements et manifestations publiques.

La **frontière entre vie privée et vie publique est ténue**, la ligne de partage entre les deux vies est difficile à établir. La vie publique s'étend souvent au détriment de la vie privée, surtout chez les vedettes et les stars du petit et grand écran, dont les déboires sentimentaux sont largement étalés dans les médias. Est-ce à dire que les personnes publiques n'ont pas de vie privée ? Il n'y a qu'un pas à franchir, ce dont la jurisprudence s'est abstenue. **Les personnes dites publiques ont également une vie privée et droit à ce qu'elle soit respectée.** La Cour de cassation l'a maintes fois rappelé, notamment dans un arrêt de la deuxième chambre civile du 5 janvier 1983. Cette affaire opposait l'actrice Isabelle Adjani et le journal *Le Matin de Paris* qui avait affirmé que l'actrice attendait un enfant. La Cour de cassation a estimé qu'Isabelle Adjani avait droit à réparation et en a profité pour déclarer que « comme toute personne, les artistes avaient droit au respect de leur vie privée » (Cass. civ. 2e, 5 janvier 1983, *aff. Isabelle Adjani*, Bull. civ. II, n° 4).

Dans son ordonnance de référé du 18 janvier 1996, le président du tribunal de grande instance de Paris a affirmé **« que toute personne, quels que soient son rang, sa naissance, ses fonctions, a droit au respect de sa vie privée »** (TGI Paris, ord. réf, 18 janvier 1996, *Mme Mitterrand et a. c/Gubler et a.*, JCP 1996, éd. G., n° 22589).

Certains événements de la vie privée des personnes publiques peuvent être cependant considérés comme des faits publics. Le but d'information poursuivi par ceux qui les divulguent doit être proportionné au regard de la lésion de l'intérêt personnel de la personne visée. Les journalistes peuvent ainsi divulguer de tels faits sans porter atteinte à la vie privée des personnes citées. La Cour de cassation a d'ailleurs reconnu que l'incartade de l'époux d'une princesse monégasque constituait un événement d'actualité. Mais elle a en revanche estimé que les détails qui accompagnaient cette information et les appréciations portées par le journaliste, telle : « la princesse meurtrie hésite encore » constituaient « une extrapolation non nécessaire à l'information et un détournement de l'objectif d'information ». Les magistrats ont ajouté que l'atteinte portée au droit au respect de la vie privée est « indépendante du mode compassionnel, bienveillant ou désobligeant sur lequel elle est opérée » (Cass. civ. 1re, 23 avril 2003, Bull. civ. I, n° 98, JCP 2003, éd. G., II, n° 10085). La première chambre civile de la Cour de cassation (Cass. civ. 1re, 3 avril 2002, Bull. civ. I, n° 110, JCP 2002, éd. G., IV, 1871) a aussi considéré que **la révélation de la rupture conjugale d'une princesse « constituait non plus une révélation sur la vie privée, mais la relation de faits publics »**. Les juges ont également précisé que l'atteinte à l'intimité de la vie privée était exclue par le caractère anodin des indications parues dans la presse (en l'espèce, la mention d'une rencontre au restaurant de la princesse avec son époux).

2) Le patrimoine d'une personne est-il un élément de sa vie privée ?

Cette question s'est posée à l'occasion des enquêtes effectuées par plusieurs journaux concernant les Français les plus riches ou les mieux payés. Jusqu'à la fin des années 1980, la jurisprudence considérait que les ressources financières ou le patrimoine d'un individu et de sa famille faisaient partie intégrante de la vie privée. À ce titre, le patrimoine d'un individu devait bénéficier de la protection de l'article 9 du Code civil. Puis, par une série d'arrêts rendus à partir de la fin des années 1980, la Cour de cassation a renversé sa jurisprudence. Elle a affirmé dans plusieurs arrêts que **« le respect dû à la vie privée de chacun n'est pas atteint par la publication de renseignements d'ordre purement patrimonial, ne comportant… aucune allusion à la vie et à la personnalité de l'intéressé »** (voir notamment Cass. civ. 1re, 28 mai 1991, Bull. civ. I, n° 173). Pour la Cour de cassation, pouvaient être constitutifs d'atteinte à la vie privée les détails environnant les révélations d'ordre patrimonial et non ces révélations elles-mêmes (Cass. civ. 1re, 9 décembre 2003, Bull. civ. I, n° 254). En 2007, la Haute juridiction a précisé que si le salaire de celui qui n'est pas une personne publique et ne jouit d'aucune notoriété particulière ressortit de sa vie privée, sa publication nominative est possible lorsqu'elle participe de l'actualité et du droit du public à être informé (Cass. civ. 1re, 15 mai 2007, Bull. civ. I, n° 191). Dans cette affaire, un hebdomadaire avait publié un article relatif au plan social adopté par une société de télévision et à la grève qui suivit, intitulé : « Personnel licencié, direction augmentée, que les gros salaires lèvent le doigt ». Il indiquait le montant des salaires perçus par certaines personnes et mettait en évidence des multiplications par deux, trois, voire dix, tandis que d'autres subissaient d'amples réductions. Les magistrats ont estimé qu'il n'y avait pas d'atteinte à la vie privée dès lors que les difficultés de l'entreprise étaient notoires et participaient de l'actualité économique et du droit du public à être informé.

3) Le droit à accoucher sous X est-il un aspect de la vie privée ?

L'origine du droit de la mère à accoucher sans révéler son identité est ancienne. Elle remonte à l'époque de Saint Vincent de Paul (XVIIe siècle) où des tourniquets étaient installés dans le mur des hospices pour permettre aux femmes en difficultés d'abandonner leurs enfants. Sa proclamation date de 1793, les députés de la Convention ont affirmé le caractère inviolable du secret de l'accouchement. La loi n° 93-22 du 8 janvier 1993 (réformée par la loi n° 2002-93 du 22 janvier 2002) a consacré la notion d'accouchement sous X et posé ses conséquences en matière de filiation (voir p. 224) : l'accouchement sous X n'établit pas de lien de filiation entre la mère et l'enfant. La volonté de la mère de ne pas dévoiler son identité interdisait à l'enfant de former une action en recherche de maternité naturelle. La loi n° 2009-61 du 16 janvier 2009 ratifiant l'ordonnance du 4 juillet 2005 portant réforme de la filiation a supprimé cette interdiction qui figurait dans l'ancien article 325 du Code civil.

Le droit français est particulièrement attaché au droit pour la mère d'enfanter sans révéler son identité et considère que **toute violation du secret de l'identité de la mère, sans l'autorisation de cette dernière, constitue une violation de l'article 9 du Code civil. Le droit à accoucher sous X est un des aspects de la vie privée.** Ce droit est une spécificité française, les voisins européens, hormis l'Italie et le Luxembourg, l'ignorent.

Ce droit à l'accouchement anonyme est cependant difficilement conciliable avec le droit à connaître ses origines, proclamé par le premier alinéa de l'article 7 de la Convention internationale des droits de l'enfant (« l'enfant est enregistré aussitôt sa naissance et a dès celle-ci le droit à un nom, le droit d'acquérir une nationalité et, dans la mesure du possible, le droit de connaître ses parents et d'être élevé par eux »). Cette proclamation imposait, selon certains une réforme de l'accouchement sous X, selon d'autres la suppression de ce dispositif.

La loi du 22 janvier 2002 relative à « l'accès aux origines des personnes adoptées et pupilles de l'État » aménage la loi du 8 janvier 1993 dans le souci de mieux prendre en considération l'intérêt de l'enfant né sous X. Sans supprimer le droit à accoucher sous X, elle invite la mère à laisser son identité lors de l'accouchement. Le CNAOP (Conseil national pour l'accès aux origines personnelles), institué par la loi de 2002, lève le secret de l'accouchement s'il est saisi par l'enfant né sous X, à condition d'avoir préalablement recueilli l'autorisation de la mère ou, s'il est saisi par cette dernière, à condition que l'enfant ait préalablement demandé à accéder à ses origines.

Le droit de connaître ses origines constitue-t-il un aspect du droit au respect de la vie privée et de la vie familiale ?

Selon la Cour européenne des droits de l'homme (CEDH, *affaire Odièvre c/ France*, 13 février 2003, Requête n° 42326/98), l'atteinte à la vie familiale suppose que des relations familiales aient existé. Ce n'était pas le cas dans l'espèce jugée le 13 février 2003, la requérante n'ayant jamais eu de relations personnelles avec sa mère biologique.

En revanche, « la naissance, et singulièrement les circonstances de celle-ci relève de la vie privée de l'enfant, puis de l'adulte, garantie par l'article 8 de la Convention (…) ». Les États sont cependant libres d'organiser la mise en œuvre de ce droit.

L'ingérence de l'État, par l'organisation du dispositif de l'accouchement sous X, est jugée proportionnelle à l'atteinte portée à l'exercice du droit à connaître les circonstances de sa naissance. Cette ingérence est justifiée par la nécessité de préserver le droit de la mère à accoucher sous X. Elle tend par ailleurs à assurer le respect du droit à la vie en limitant le nombre d'avortements clandestins (après le délai légal de douze semaines de grossesse).

Après la réforme du 22 janvier 2002, la législation française semble, selon les juges, avoir trouvé un juste équilibre dans la protection de deux droits contradictoires. La Cour européenne des droits de l'homme a débouté la requérante de sa requête dirigée contre la France, jugeant que le secret qui lui était imposé sur ses origines et l'impossibilité de le lever ne constituaient pas une violation de l'article 8 de la Convention européenne des droits de l'homme.

B) L'atteinte à la vie privée

L'atteinte à la vie privée est, en principe, constituée dès lors que des tiers s'immiscent arbitrairement dans la sphère privée d'une personne physique ou morale. **L'atteinte n'existe pas si la personne a consenti d'une manière éclairée à cette intrusion en autorisant, notamment, la publication d'éléments intéressant sa sphère d'intimité.** « La personne privée a seule le droit de fixer les limites de ce qui peut être publié ou non sur sa vie intime en même temps que les conditions et circonstances dans lesquelles ces publications peuvent intervenir » (CA Paris, 17 mars 1966, D. 1966, p. 749). Certaines publications non autorisées peuvent cependant être justifiées par le droit à l'information. Le droit au respect de la vie privée entre souvent en conflit avec la liberté de la presse. Il appartient alors à la jurisprudence de trouver un juste équilibre entre ces deux libertés fondamentales dotées d'une valeur constitutionnelle.

1) Droit au respect de la vie privée et liberté de la presse

La liberté de la presse est protégée par la loi du 29 juillet 1881 qui s'attache également à en définir et réprimer les abus. Le délit de diffamation est prévu par les articles 29 et suivants et le délit d'injure par l'article 33 de la loi de 1881. Le devoir des journalistes est de livrer des informations vérifiées, sans contre-vérités, de respecter la vie privée, la présomption d'innocence (art. 9-1 C. civ.) des personnes citées et de ne pas entraver le secret de l'instruction.

La liberté de la presse est également garantie par l'article 10 de la Convention européenne de sauvegarde des droits de l'homme et des libertés fondamentales (voir texte en annexe, p. 271). Garantie de l'État de droit, cette liberté fondamentale entre parfois en conflit avec le droit au respect de la vie privée et le droit à l'image de chacun.

Après avoir, sans doute d'une manière excessive, privilégié la protection du droit au respect de la vie privée au détriment du droit à l'information, la jurisprudence tend désormais à mieux préserver ce dernier. Plusieurs décisions attestent de ce « rééquilibrage ». Cette évolution de la jurisprudence vers l'affirmation d'un **principe de proportionnalité** entre l'atteinte et le préjudice créé se manifeste par deux aspects : d'une part un changement de position relatif à l'autorisation donnée par la personne citée, d'autre part une appréciation plus étroite de la notion de vie privée.

L'autorisation de publier des informations concernant sa vie privée peut être expresse ou tacite. Elle ne se présume pas. Les juges estimaient auparavant que le fait que la personne, citée dans un article, ait autorisé une fois la divulgation d'informations concernant sa vie privée ou révélé elle-même ces éléments n'autorisait pas la reprise de ces derniers par d'autres journalistes (CA Paris, 27 janvier 1989, JCP 1989, éd. G., II, 21325, note Agostini). Néanmoins, ils ont précisé que si la complaisance dont une personne avait fait preuve, par le passé, à l'égard de la presse, ne faisait pas présumer qu'elle avait permis à tout périodique, définitivement et sans restriction, de rassembler et de reproduire des informations parues dans d'autres journaux, un tel comportement était de nature à diminuer l'étendue du préjudice et le montant des dommages et intérêts (Cass. civ. 2e, 6 janvier 1971, Bull. civ. I, n° 6).

À présent, il semble que la redivulgation de fait est licite si elle est justifiée par un intérêt légitime, telle l'actualité (CA Toulouse, 10 décembre 2002, JCP 2003, éd. G, I, 126), et illicite si elle n'est pas justifiée par un événement nouveau et public (CA Paris, 6 mars 2003, CCE 2004, n° 47).

2) Droit au respect de la vie privée et informatique

La constitution de fichiers informatisés pose des problèmes délicats en matière de protection de la vie privée. Aujourd'hui, de nombreux fichiers contenant des informations relatives à la vie privée des particuliers circulent. Le développement d'Internet facilite le transfert des données hors des frontières. La tentation et la facilité d'accéder à des bases de données permettant d'obtenir des informations sur la vie privée présentent un risque.

Face à ce nouvel enjeu, la **loi « informatique et libertés » du 6 janvier 1978** a précisé que « L'informatique doit être au service de chaque citoyen » et qu'elle « ne doit porter atteinte ni à l'identité humaine, ni aux droits de l'homme, ni à la vie privée, ni aux libertés individuelles ou publiques ». La loi « informatique et libertés » du 6 janvier 1978 (loi n° 78-17 du 6 janvier 1978 relative à l'informatique, aux fichiers et aux libertés) a été réformée par la loi n° 2004-801 du 6 août 2004 relative à la protection des personnes physiques à l'égard des traitements de données à caractère personnel. Le législateur est intervenu afin de transposer une directive européenne du 24 octobre 1995. Cette réforme vise à améliorer la protection des données à caractère personnel face au développement des nouvelles technologies de l'information et de la communication.

Le législateur améliore la protection des données collectées dans le secteur privé en l'harmonisant avec la protection des données collectées dans le secteur public. Toute collecte et toute utilisation de données sont soumises à une déclaration préalable auprès de la CNIL (Commission nationale informatique et libertés). Mais la loi prévoit un régime de déclaration simplifiée lorsqu'il n'y a pas de risque d'atteinte aux libertés ou à la vie privée. La CNIL est une autorité administrative indépendante, instaurée par la loi du 6 janvier 1978. Son rôle consiste notamment à veiller à la protection des données et à permettre aux citoyens d'accéder aux données collectées qui les concernent. Le législateur renforce les prérogatives de la CNIL en lui conférant le droit de perquisitionner dans les entreprises et autres organismes qui collectent des données et le droit d'accéder aux programmes informatiques. La CNIL dispose du pouvoir de sanctionner le non-respect des dispositions qui protègent les données à caractère personnel.

Cette loi a suscité certaines critiques car elle permet aux entreprises d'échapper aux formalités de déclaration à la CNIL en nommant en leur sein un correspondant de protection des données. Ce dernier est chargé de surveiller le respect des dispositions relatives à la protection des données à caractère personnel.

De son côté, **le Code pénal a créé des délits d'atteinte aux droits de la personne résultant des fichiers ou des traitements informatiques**. Il résulte en effet de l'article 226-19 de ce Code que « Le fait, hors les cas prévus par la loi, de mettre ou de conserver en mémoire informatisée, sans l'accord exprès de l'intéressé, des données nominatives qui, directement ou indirectement, font apparaître les origines raciales ou les opinions politiques, philosophiques ou religieuses ou les appartenances syndicales ou les mœurs des personnes est puni de cinq ans d'emprisonnement et de 300 000 euros d'amende.

Est puni des mêmes peines le fait, hors les cas prévus par la loi, de mettre ou de conserver en mémoire informatisée des informations nominatives concernant des infractions, des condamnations ou des mesures de sûreté. »

L'important est l'accord exprès de l'intéressé. Ce délit est un délit continu (voir, dans la même collection, *Droit pénal général*, 2e partie, ch. 3) et la prescription de l'action publique ne commence à courir que lorsqu'il a cessé (Crim., 4 mars 1997, JCP 1997, éd. G., IV, 1612).

De plus, la protection de la vie privée face à l'informatique nécessite un arsenal juridique dépassant le cadre des frontières nationales. Aussi, la réforme de la loi « informatique et libertés » permet-elle d'étendre le bénéfice de la protection qu'elle reconnaît aux personnes dont les données ont été transférées hors de l'Union européenne.

La convention du Conseil de l'Europe adoptée à Strasbourg le 28 janvier 1981 a fait l'objet, en France, d'une publication par le décret n° 85-1203 du 15 novembre 1985 (JO, 20 novembre 1985, p. 13436) ; elle appartient aujourd'hui à notre droit positif. L'article 1 de cette convention précise : « Le but de la présente convention est de garantir sur le territoire de chaque partie, à toute personne physique, quelles que soient sa nationalité ou sa résidence, le respect de ses droits et de ses libertés fondamentales, et **notamment de son droit à la vie privée, à l'égard du traitement automatisé des données à caractère personnel la concernant**. »

Ce texte constitue assurément une garantie pour les particuliers mais, aujourd'hui, les « autoroutes de l'information » appellent une protection internationale ne se limitant pas au seul cadre européen.

3) L'action en réparation

Il convient tout d'abord de rappeler que les actions relatives aux abus de la liberté de la presse prévus par la loi du 29 juillet 1881 doivent être fondées sur cette loi. Ces abus ne peuvent pas être réparés sur le fondement de l'article 1382 du Code civil (Cass. civ. 2e, 13 novembre 2003, 2 espèces ; Bull. civ. II, n° 334). Dans les procès civils relatifs aux délits prévus par la loi de 1881, l'action se prescrit dans un délai de trois mois à compter soit du jour où l'infraction a été commise, soit du jour du dernier acte de procédure.

Hors des actions relatives aux délits de presse, **l'atteinte à la vie privée est, depuis 1970, réparée civilement sur le fondement de l'article 9 du Code civil.** En revanche, l'atteinte au droit à l'image doit être réparée sur celui de l'article 1382 du Code civil lorsqu'elle n'est pas en même temps constitutive d'une atteinte au droit au respect de la vie privée. L'article 1382 du Code civil dispose : « Tout fait quelconque de l'homme qui cause à autrui un dommage, oblige celui par la faute duquel il est arrivé, à le réparer. » Il s'agit du droit commun de la responsabilité civile délictuelle, c'est-à-dire que ce texte s'applique, en cette matière, toutes les fois qu'un texte spécial n'est pas applicable, ce qui n'est pas le cas pour les actions en réparation d'atteinte au droit au respect de la vie privée.

L'article 9 du Code civil, issu de la loi n° 70-643 du 17 juillet 1970, dispose : « Chacun a droit au respect de sa vie privée (al. 1er). Les juges peuvent, sans préjudice de la réparation du dommage subi, prescrire toutes mesures, telles que séquestre, saisie et autres, propres à empêcher ou faire cesser une atteinte à l'intimité de la vie privée ; ces mesures peuvent, s'il y a urgence, être ordonnées en référé. »

L'application de l'article 9 alinéa 1er du Code civil présente un avantage essentiel pour la victime : **la seule constatation par le juge de l'atteinte à la vie privée suffit pour ouvrir droit à réparation** (Cass. civ. 1re, 5 novembre 1996, Bull. civ. I, n° 378). **La victime est ainsi dispensée de rapporter la preuve de l'existence d'une faute**, comme l'impose au contraire l'article 1382 du Code civil. La réparation prend la forme de dommages et intérêts.

L'alinéa 2 de l'article 9 du Code civil prévoit la possibilité, pour la victime, de demander des mesures préventives ou de nature à faire cesser l'atteinte. Ces mesures efficaces (séquestres, saisies et autres ; insertion d'un encart ; publication de la décision de justice ; suppression d'un passage d'un livre ou d'un film) peuvent être, en cas d'urgence, ordonnées en référé. Toutefois, en raison du risque d'atteinte à la liberté d'expression et à la liberté de la presse, la loi encadre strictement la mise en œuvre de telles mesures. Elles ne peuvent être prononcées qu'en cas d'atteinte à l'intimité de la vie privée, notion plus restreinte que celle d'atteinte à la vie privée. La jurisprudence se montre très stricte dans la mise en œuvre de ces mesures. Elle admet, par exemple, la saisie lorsque l'atteinte est extrêmement grave et qu'aucune autre mesure ne permet de protéger la victime contre une agression dont les conséquences seraient, sans cette mesure, au moins en partie irrémédiables (CA Paris, 24 octobre 1991, D. 1992, p. 244).

La loi de 1970 prévoit également la mise en œuvre de sanctions pénales contre le responsable de l'atteinte à la vie privée : un an d'emprisonnement et 45 000 euros d'amende selon les articles 226-1 à 226-7 du Code pénal.

§ 2. Le droit à l'image

Chacun a droit à ce que son image ne soit ni reproduite ni publiée sans son autorisation. Le droit protège l'atteinte à l'**image de la personne**. Il est en revanche réticent à admettre la protection de l'atteinte à l'**image d'un bien**. Le propriétaire d'une chose ne dispose pas d'un droit exclusif sur l'image de celle-ci. Il peut cependant s'opposer à l'utilisation non autorisée de cette image, si cette utilisation lui cause un trouble anormal (Cass. Ass. plén., 7 mai 2004, Bull. n° 10).

Le droit à l'image est un droit autonome, distinct du droit au respect de la vie privée. Une atteinte au droit à l'image peut ainsi être constituée indépendamment d'une atteinte au respect de la vie privée. Publier la photographie d'une personne publique à des fins commerciales ou publicitaires, sans son autorisation, constitue ainsi une **atteinte au droit à l'image** de cette personne et non une atteinte à la vie privée. Une telle atteinte est **réparée sur le fondement de l'article 1382 du Code civil**, droit commun de la responsabilité civile délictuelle.

L'application de l'article 9 du Code civil suppose que **l'atteinte au droit à l'image se cumule avec une atteinte à la vie privée**. Cette hypothèse est extrêmement fréquente. La jurisprudence est souvent saisie de litiges relatifs à des photographies surprenant des stars dans leur intimité. La publication de telles photos, prises sans autorisation, constitue une atteinte au droit à l'image et une violation du droit au respect de la vie privée des personnes qui y figurent.

La jurisprudence a fixé une condition pour pouvoir reproduire l'image d'autrui sans porter atteinte au droit que chaque personne possède sur son image : **la reproduction de l'image d'autrui par une photographie, un dessin... nécessite l'autorisation de cette personne. Comme pour le droit au respect de la vie privée, cette autorisation peut être expresse ou tacite mais ne se présume pas.** L'autorisation est tacite pour les personnes publiques paraissant dans un lieu public, si la publication de leur image participe utilement à l'illustration d'une actualité. Comme l'a précisé la cour d'appel de Paris : « la diffusion d'un cliché par voie de presse représentant les artistes du spectacle dans leur activité professionnelle ne requiert aucune autorisation spéciale dès lors que la publication ne constitue pas un détournement » (CA Paris, 25 mai 1987, D. 1987, som., p. 384). Selon la Cour de cassation (Cass. civ. 1re, 10 mai 2005, Bull. civ. I, n° 206, p. 175), « est licite la publication dans la presse, d'une photographie, prise dans un lieu public pour illustrer un article consacré à l'actualité à propos de la reconstitution sur laquelle figurent, d'une manière accessoire, les personnes qui se trouvaient impliquées dans l'événement par l'effet des circonstances tenant exclusivement à leur vie professionnelle ».

En dehors de cette hypothèse d'une personne publique paraissant dans un lieu public, le droit à l'image permet à toute personne, fût-elle artiste du spectacle, de s'opposer à la diffusion, sans son autorisation expresse, de son image, attribut de sa personnalité. Ainsi, la Cour de cassation a eu l'occasion de rappeler qu'un monarque a, comme toute autre personne, droit au respect de sa vie privée et peut s'opposer à toute diffusion de son image dès lors qu'elle ne le représente pas dans l'exercice de la vie publique. (Cass. civ. 1re, 13 août 1988, JCP 1989, II, 21320).

L'autorisation de la personne ne vaut que pour une situation bien précise. La jurisprudence interprète strictement la portée de l'autorisation. Ainsi, la diffusion d'un cliché en dehors du contexte dans lequel l'autorisation avait été donnée peut constituer une atteinte au droit à l'image. Appliquant ce principe, la jurisprudence a estimé qu'une actrice qui avait accepté de poser nue pour la publicité d'un produit cosmétique était fondée à poursuivre pour atteinte à l'intimité de la vie privée, sur le fondement de l'article 9 du Code civil, un périodique spécialisé dans le nu qui avait reproduit les clichés de cette actrice à des fins étrangères : la promotion publicitaire. La publication dans une brochure électorale d'une photographie, prise dans le cadre d'une manifestation sportive et publiée avec autorisation dans la presse locale, constitue une atteinte au droit à l'image, dès lors qu'elle n'a pas été expressément autorisée à cette fin (CA Besançon, 11 octobre 2001, Juris-data n° 2001-16). En revanche, lorsqu'un mannequin cède à un photographe le droit d'utiliser des clichés d'elle, sans limitation de durée et de lieu, par tous procédés, pour tout usage et sur tous supports (à l'exception d'articles pouvant lui porter préjudice : prostitution, SIDA), il n'y a pas d'atteinte au droit à l'image lorsque les photographies sont insérées dans des disques, à des fins publicitaires, dès lors que l'autorisation donnée n'était pas illimitée et portait sur des clichés précisément identifiés (Cass. civ. 1re, 28 janvier 2010, pourvoi n° 08-70.248).

Les mêmes règles valent pour la voix. L'individu possède un droit sur son image, mais également un **droit au respect de sa voix**. Ainsi, toute utilisation de la voix d'autrui sans autorisation peut être interdite et sanctionnée.

Par un arrêt du 16 juillet 1998 (Cass. civ. 1re, 16 juillet 1998, Bull. civ. I, n° 259), la Cour de cassation a fait application, dans une espèce particulière, du droit qu'a toute personne physique de s'opposer à l'utilisation de son image. La Haute juridiction a en effet énoncé que **chacun a le droit de s'opposer à l'utilisation de son image dans un jeu vidéo.** Elle a en outre précisé que « L'utilisation, dans un sens volontairement dévalorisant, de l'image d'une personne justifie que soient prises par le juge toutes mesures propres à faire cesser l'atteinte ainsi portée aux droits de la personnalité ».

Lorsque l'atteinte au droit à l'image se cumule avec une atteinte à la vie privée, les sanctions sont celles de l'article 9 du Code civil. Lorsque la publication d'une photographie ne porte atteinte qu'au droit à l'image de la personne, des dommages et intérêts seront accordés à la victime sur le fondement de l'article 1382 du Code civil.

La protection de la vie privée et particulièrement du droit à l'image est extrêmement efficace en France, comparée notamment aux pays anglo-saxons. **Cette protection est également assurée par des dispositions pénales** aux termes desquelles :

« Est puni d'un an d'emprisonnement et de 45 000 euros d'amende le fait, au moyen d'un procédé quelconque, volontairement de porter atteinte à l'intimité de la vie privée d'autrui :

1° En captant, enregistrant ou transmettant sans le consentement de leur auteur, des paroles prononcées à titre privé ou confidentiel.

2° En fixant, enregistrant ou transmettant, sans le consentement de celle-ci, l'image d'une personne se trouvant dans un lieu privé… » (art. 226-1 C. pén.).

E5 Les droits des héritiers en matière d'atteinte à la vie privée et d'atteinte au droit à l'image

Lorsque des révélations concernant la vie privée ou la publication sans autorisation d'une photographie interviennent alors que la personne visée est décédée et n'est donc plus en mesure de se protéger, les héritiers sont-ils en droit de former une action au nom du droit au respect de la vie privée ou du droit à l'image du défunt ?

La question posée est celle de la transmissibilité aux héritiers du droit au respect de la vie privée et du droit à l'image. La différence de nature entre le droit au respect de la vie privée et le droit à l'image impose, pour certains, une solution différente pour chacun de ces deux droits.

Le droit au respect de la vie privée est un droit de nature extrapatrimoniale, par conséquent, il n'appartient qu'à son titulaire et **n'est pas transmissible, en tant qu'élément du patrimoine, aux héritiers.** « Le droit au respect de la vie privée n'est pas transmissible aux héritiers qui ne sont recevables à agir que lorsque l'atteinte portée à la vie privée de leur auteur est de nature à porter atteinte à leurs propres sentiments, de manière certaine et caractérisée, et à créer un préjudice qui leur est personnel » (CA Metz, 12 avril 2000, D. 2000, 817). Le droit au respect de la vie privée est un droit réservé aux vivants. Il s'éteint avec le décès de la personne.

En revanche, **le droit à l'image présente une double nature.** S'il est reconnu comme un droit de la personnalité, **il présente également un caractère patrimonial.** Il faudrait déduire de ce caractère la **transmissibilité du droit à l'image du défunt aux héritiers.** Telle n'est pas la position de la jurisprudence. Selon un arrêt du 15 février 2005 (Cass. civ. 1re, 15 février 2005, Bull. civ. I, n° 66 ; vous trouverez un commentaire de cet arrêt dans *Réussir ses TD 1*, éd. Paradigme), le droit d'agir pour le respect de l'image, comme le droit d'agir pour le respect de la vie privée, s'éteint au décès de la personne concernée, seule titulaire de ce droit. La Haute juridiction a précisé que « si les proches d'une personne peuvent s'opposer à la reproduction de son image après son décès, c'est à la condition d'en éprouver un préjudice personnel établi, déduit le cas échéant d'une atteinte à la mémoire ou au respect dû au mort » (Cass. civ. 1re, 22 octobre 2009, Bull. civ. I, n° 211 ; Cass. civ. 1re, 1er juillet 2010, pourvoi n° 09-15479).

§ 3. Le droit à l'honneur

Toute personne a le droit d'exiger que les tiers respectent son honneur. **L'atteinte au droit à l'honneur est constituée lorsqu'une personne est victime d'injures et de diffamation.** On entend par injure « toute expression outrageante, terme de mépris ou invective qui ne renferme l'imputation d'aucun fait » (loi sur la presse du 29 juillet 1881, art. 29). Il y a diffamation dans toute allégation ou imputation d'un fait qui porte atteinte à l'honneur ou à la considération. La loi française est particulièrement sensible aux atteintes au droit à l'honneur. **Notre droit a mis en place une réglementation sévère destinée notamment à lutter contre toutes les formes de racisme** ; par exemple, la loi punit la diffamation commise envers une personne ou un groupe de personnes en raison de leur origine ou de leur appartenance ou de leur non-appartenance à une ethnie, une nation, une race ou une religion.

Par un arrêt en date du 24 juin 1998, la Cour de cassation a donné un exemple de faits caractéristiques de diffamation publique (Cass. civ. 2e, 24 juin 1998, Bull. civ. II, n° 212).

Une personne avait déclaré au cours d'une manifestation publique que « X est le fils spirituel d'Hitler ». Pour la Cour de cassation, « le reproche fait à une personne d'adhérer à cette idéologie (*l'idéologie nazie*), traduit par la formule "fils spirituel d'Hitler", comporte l'allégation ou l'imputation de faits portant atteinte à l'honneur ou à la considération ». On rappellera que la Cour de cassation qualifie d'injure toute expression outrageante qui ne renferme l'imputation d'aucun fait.

L'atteinte à l'honneur d'une personne constitue dans certains cas (diffamation, par exemple) **un délit correctionnel**. À côté de cette sanction pénale, l'auteur d'une atteinte à l'honneur peut être condamné civilement à verser des dommages et intérêts.

Dans un arrêt en date du 2 décembre 1998, la deuxième chambre civile de la Cour de cassation a affiné la définition de la diffamation : aux termes de l'article 29 de la loi sur la presse du 29 juillet 1881, il y a diffamation dans « toute allégation ou imputation d'un fait qui porte atteinte à l'honneur ou à la considération ». La Cour de cassation a indiqué : « toute expression qui contient l'imputation d'un fait précis et déterminé, de nature à porter atteinte à l'honneur ou à la considération de la personne visée, constitue une diffamation, même si elle est présentée sous une forme déguisée ou dubitative ou par voie d'insinuation » (Bull. civ. II, n° 286 ; voir aussi : Cass. Ass. plén., 25 juin 2010, pourvoi n° 08-86891).

TITRE II

Les personnes morales

Les personnes physiques ne sont pas les seuls acteurs de la vie juridique. Il y a aussi les personnes morales.
Les personnes morales sont des groupements qui permettent de mettre en commun des biens, des connaissances, une activité ou un savoir-faire.
Les personnes morales ont également la personnalité juridique ; elles possèdent donc un patrimoine propre, distinct de celui de leurs membres, et peuvent agir en justice. Elles sont titulaires de droits et d'obligations.

L'étude des personnes morales dépasse largement le cadre du droit civil. Cette étude fait appel au droit des sociétés, au droit commercial, au droit administratif, au droit fiscal…
L'objet de ce titre sera donc modeste : nous nous limiterons à aborder tout d'abord la classification des personnes morales puis nous décrirons leurs régimes juridiques.

CHAPITRE 1

La classification des personnes morales

Les personnes morales sont aussi nombreuses que diverses. **La première classification, dominante dans le système juridique français, distingue les personnes morales qui relèvent du droit public de celles qui relèvent du droit privé.** Au sein des personnes morales de droit privé (celles qui nous intéressent au premier chef), d'autres distinctions doivent être faites selon qu'elles sont un groupement de personnes ou de biens.

SECTION I

Les personnes morales de droit public et les personnes morales mixtes

§ 1. Les personnes morales de droit public

Les personnes morales de droit public sont des groupements qui obéissent aux règles du droit public. Ces personnes morales ont une condition différente de celle des personnes morales de droit privé car elles détiennent souvent une parcelle de puissance publique.

Les premières personnes morales de droit public sont les collectivités territoriales. **L'État, les régions, les départements et les communes sont des personnes morales de droit public.** Mais il faut également citer les établissements publics : l'exemple le plus classique est celui des universités. Comme les collectivités locales, les établissements publics ont une autonomie administrative et financière : autonomie administrative car ils possèdent un centre de décision propre, autonomie financière car ils possèdent un patrimoine autonome.

La distinction entre personnes morales de droit public et personnes morales de droit privé est essentielle, les règles qui leur sont applicables étant sensiblement différentes. **Les personnes morales de droit public sont soumises au droit public, régime privilégié par rapport aux personnes morales de droit privé.**

Par exemple, si une institution est une personne publique, ses biens et deniers sont insusceptibles de faire l'objet de voies d'exécution. Cela signifie que l'on ne peut pas pratiquer de saisie contre une personne publique. Une personne privée qui a une créance contre l'État ne pourra pas saisir un bien du patrimoine de l'État pour recouvrer sa créance.

La qualité de personne publique ouvre également des possibilités exclues aux organismes de droit privé. Ainsi, les agents d'une personne publique peuvent être des agents publics, soumis à un statut de droit public particulièrement intéressant. Ne dit-on pas souvent que le statut des fonctionnaires est plus intéressant que celui des salariés du secteur privé ?

Enfin, la nature publique ou privée d'une personne morale permet de définir la juridiction compétente en cas de conflit, les contentieux contre les personnes publiques ressortissant le plus souvent des juridictions administratives.

§ 2. Les personnes morales mixtes

Comme leur nom l'indique, il existe des personnes morales qui ont une nature hybride. Elles relèvent du droit public et du droit privé. Deux groupes de personnes peuvent entrer dans cette catégorie : les **personnes morales de droit public dont les activités sont régies par le droit privé** et les **personnes morales de droit privé détentrices de prérogatives de puissance publique qui obéissent, dans certains cas, aux règles du droit public.**

A) Les personnes morales publiques soumises au droit privé

Ce type de personne morale se rencontre généralement lorsqu'une collectivité publique – État, région, département, commune – veut exercer une activité industrielle ou commerciale. Dans cette hypothèse, la collectivité n'exercera pas elle-même cette activité mais le fera par l'intermédiaire d'une personne autonome. Cette personne peut revêtir des formes diverses : régie autonome, établissement public, société nationale, société d'économie mixte. **Pour accomplir ses interventions dans le domaine industriel et commercial, l'État** (ou une collectivité publique) **préfère adopter des formes plus souples et moins contraignantes relevant du droit privé.** L'exemple classique est celui de la SNCF, société anonyme dont l'État est l'actionnaire principal.

Les personnes morales publiques soumises au droit privé ont une nature particulière ; elles échappent aux règles de la comptabilité publique mais conservent des prérogatives de droit public (ainsi, elles ne peuvent pas être déclarées en faillite). Cette dernière prérogative est importante quand on connaît la situation financière difficile d'une entreprise comme la SNCF.

B) Les personnes morales de droit privé relevant du droit public

Dans ce cas, la situation est inversée : il s'agit de personnes morales de droit privé auxquelles sont confiées des prérogatives de puissance publique et qui, par conséquent, relèvent pour certains aspects du droit public. L'exemple typique est celui des ordres professionnels : le conseil de l'ordre des médecins est-il un établissement public ? Le Conseil d'État a répondu à cette question comme suit : « le législateur a entendu faire de l'organisation et du contrôle de la profession médicale un service public ; si le conseil supérieur de l'ordre des médecins ne constitue pas un établissement public, il concourt au fonctionnement dudit service » (CE Ass., 2 avril 1943, *Bouguen*, Rec., p. 86). Il s'agit donc d'un organisme de droit privé soumis à des règles de droit public dans l'accomplissement de sa mission de service public.

Les groupements privés obligatoires sont un autre exemple de personnes morales de droit privé soumises au droit public. Cet aspect obligatoire est un trait de droit public. Ainsi, les comités d'entreprise, obligatoires dans les entreprises de 50 salariés, sont des personnes morales de droit privé mais relèvent parfois du droit public.

SECTION II

Les personnes morales de droit privé

Les personnes morales de droit privé ont pour objet des intérêts privés. Elles peuvent revêtir des formes très diverses, selon qu'elles regroupent des individus ou des biens.

§ 1. Les groupements d'individus

Les personnes morales sont un moyen pour différentes personnes physiques de se regrouper pour agir ensemble. Plusieurs personnes physiques peuvent se réunir ou réunir leurs activités au sein d'une personne morale. Les formes les plus employées sont les sociétés et les associations.

A) Les sociétés

L'article 1832 du Code civil donne la définition suivante de la société : « La société est instituée par deux ou plusieurs personnes qui conviennent par un contrat d'affecter à une entreprise commune des biens ou leur industrie en vue de partager le bénéfice ou de profiter de l'économie qui pourra en résulter. » Il existe plusieurs formes de sociétés.

1) Les sociétés commerciales

Les sociétés commerciales ont pour objet une activité commerciale. Sont considérées comme commerciales les activités qui figurent à l'article L. 110-1 du Code de commerce. Il existe deux catégories essentielles de sociétés commerciales, les sociétés de personnes et les sociétés de capitaux :

– **les sociétés de personnes sont ainsi appelées parce que la personne des associés joue un rôle important.** Dans la société en nom collectif (art. L. 221-1 C. com.) et dans la société en commandite (art. L. 222-1 C. com.), les associés (ou certains d'entre eux pour la société en commandite) sont personnellement responsables des dettes de la société. En d'autres termes, ils sont responsables des dettes de la société sur leur propre patrimoine. La considération de la personne (*intuitu personae*) a des conséquences sur la cession des parts de la société : un associé d'une société de personnes ne peut pas céder librement ses parts, il faut le consentement de tous les associés ;
– **les sociétés de capitaux sont beaucoup plus opaques, la personne des associés étant indifférente.** Dans la société anonyme (art. L. 225-1 C. com.) et dans la société à responsabilité limitée (art. L. 223-1 C. com.), la cession des parts sociales se fait beaucoup plus librement, voire en toute liberté. Il serait inconcevable qu'un petit actionnaire d'une grande société de capitaux cotée en bourse s'assure du consentement de tous les autres actionnaires avant de vendre ses actions. Le fait que la considération de la personne soit indifférente dans les sociétés de capitaux limite la responsabilité des associés, des actionnaires. Ces derniers ne sont jamais personnellement tenus de tout le

passif de la société, leur responsabilité étant limitée au montant de leur apport ;
- il existe une autre forme de société commerciale, la société par actions simplifiée ou SAS (loi n° 94-1 du 3 janvier 1994). La SAS puise ses racines dans la société anonyme. Elle est constituée, dissoute, liquidée selon les mêmes règles et elle obéit aux mêmes obligations comptables et fiscales que cette dernière. En revanche, elle se sépare de la société anonyme sur deux points essentiels : **son organisation et son fonctionnement relèvent des statuts, c'est-à-dire de la seule volonté des associés.**

2) Les sociétés civiles

Par un raisonnement *a contrario*, on définit les sociétés civiles comme celles dont l'objet n'est pas une activité commerciale, celles dont l'objet ne relève pas de l'article L. 110-1 du Code de commerce. L'exemple classique de société civile est la société créée pour l'exploitation d'un immeuble : la société civile immobilière. Elles ressemblent aux sociétés de personnes mais, étant des sociétés civiles, elles échappent à certaines règles contraignantes du droit commercial : la comptabilité et la gestion obéissent à des règles plus simples.

B) Les associations

La seconde catégorie de groupements humains dotés de la personnalité morale est constituée par les associations. La vie associative est très développée en France et le nombre des associations ne cesse d'augmenter. Il convient de connaître le critère de distinction entre les sociétés et les associations avant d'examiner les différentes sortes d'associations

1) Le critère

Il faut avant tout connaître le grand principe posé par la **loi Waldeck-Rousseau du 1er juillet 1901 : le principe de la liberté d'association. Théoriquement, chacun est libre de créer une association.** Quant au critère de distinction avec les sociétés, il est également simple : **une association est un groupement désintéressé, donc un groupement dont l'objet n'est pas de faire des bénéfices, contrairement à la société.** Toutefois, ce principe connaît quelques atteintes. On a considéré que des groupements qui cherchent non à faire des bénéfices mais des économies pouvaient être des associations. Dans un arrêt célèbre, la Cour de cassation a décidé qu'une coopérative qui permettait à ses membres d'obtenir des prêts à des conditions plus avantageuses que celles des banques pouvait être considérée comme une association (Cass. ch. réun., 11 mars 1914, *Caisse rurale de la commune de Manigot*, S. 1918, I, p. 103).

Aujourd'hui, le critère est le suivant : si l'objet essentiel du groupement est de faire des bénéfices, on a affaire à une société ; en revanche, si cet objet est accessoire, il s'agit d'une association. Ce critère est important car, selon qu'un groupement est une société ou une association, le régime applicable sera différent. Par exemple, le régime fiscal est particulièrement intéressant et les règles de gestion plus souples pour les associations.

2) Les différentes associations

Il existe **différentes sortes d'associations qui ont plus ou moins de droits** :

- **l'association la plus simple, la plus rudimentaire, est l'association simplement déclarée.** Du seul fait qu'elle soit déclarée, elle bénéficie de la personnalité morale. Elle peut donc agir en justice, elle a un patrimoine propre… Si cette simple formalité permet à une association d'acquérir la personnalité morale, il ne s'agit que d'une « petite personnalité ». En effet, plusieurs opérations sont défendues à l'association (par exemple, une association simplement déclarée ne peut acquérir aucun bien à titre gratuit) ;
- une personnalité plus étendue est accordée aux **associations** lorsqu'elles sont **reconnues d'utilité publique.** Cette reconnaissance est accordée par un décret en Conseil d'État. Une enquête est menée pour aboutir à une telle reconnaissance, enquête qui portera sur l'objet de ladite association, son utilité, ses ressources… Cette association jouira de la **« grande personnalité »** et pourra donc recevoir des dons et des legs. Toutefois, elle ne peut pas conserver des immeubles s'ils ne sont pas nécessaires à son fonctionnement ;
- enfin, il existe une dernière catégorie d'associations : celles qui sont agréées. **Les associations agréées ont un droit d'agir en justice plus important, plus étendu, que les autres associations.** Cet agrément administratif permet aux associations qui en bénéficient d'exercer une action collective ayant pour objet un intérêt général.

C) Les groupements d'intérêt économique (GIE)

Les GIE constituent un cadre juridique intermédiaire entre la société et l'association (art. L. 251-1 et s. C. com.). La mise en commun de certaines activités par des entreprises de tailles différentes peut être difficile par voie de création d'une société (filiale commune) dont le but est avant tout la recherche et le partage des bénéfices. Pour répondre à cette nécessité, le législateur a instauré le groupement d'intérêt économique qui possède une personnalité morale et la pleine capacité de droit.

Le GIE présente par ailleurs les caractéristiques suivantes :

- il ne peut avoir pour objet que le prolongement de l'activité économique de ses membres ;
- il peut être constitué avec ou sans capital ;
- il ne peut pas rechercher la réalisation de bénéfices mais il ne lui est pas interdit d'en faire de façon accessoire ;
- ses membres sont indéfiniment et solidairement responsables de ses dettes.

Afin d'encourager le développement des activités économiques dans l'ensemble de l'Union européenne, le Conseil des Communautés européennes a institué un **groupement européen d'intérêt économique** (GEIE). Ce groupement, qui se présente comme un instrument de coopération transnationale, est régi par les articles L. 252-1 et suivants du Code de commerce et possède, comme le GIE, l'avantage majeur d'avoir un régime juridique très souple.

§ 2. Les groupements de biens

Le fait que plusieurs propriétaires réunissent leurs biens ne fait pas acquérir automatiquement la personnalité morale au groupement. Seules les fondations bénéficient de la personnalité morale. **La fondation est un acte juridique par lequel une masse de biens est affectée à une œuvre d'intérêt général et désintéressé.** La fondation n'emporte pas la création d'une personne morale distincte lorsqu'elle résulte d'une transmission de biens à une personne morale déjà existante. Toutefois, si le fondateur veut donner à sa fondation la personnalité morale, il doit solliciter une autorisation, une reconnaissance d'utilité publique.

Il faut enfin signaler, avant d'aborder le régime des personnes morales, qu'une masse de biens peut être constituée au profit d'une seule personne. La loi du 11 juillet 1985 a créé l'**entreprise unipersonnelle à responsabilité limitée (EURL).** La personne affecte alors certains biens à l'entreprise qu'elle veut exploiter seule. Ainsi, grâce à l'écran que constitue la personnalité morale, **les créanciers de l'EURL ne peuvent saisir les biens personnels de l'entrepreneur.** Toutefois, cette construction juridique qui déroge au principe de l'indivisibilité du patrimoine n'est qu'une illusion. La limitation de responsabilité de l'EURL est souvent réduite à néant, les créanciers de la société exigeant généralement que l'entrepreneur s'engage sur ses biens pour cautionner l'entreprise.

CHAPITRE 2

Le régime des personnes morales

Le régime des personnes morales présente des points communs avec les personnes physiques mais également de nombreuses différences. Nous étudierons successivement la création des personnes morales, leur fonctionnement et, enfin, leur dissolution.

SECTION I

La création des personnes morales

Il est difficile d'étudier de manière générale la création des personnes morales. Suivant le type de personne, le mode de création pourra être différent. Il existe toutefois des formalités essentielles dans tous les cas.

La création d'une personne morale suppose au départ une manifestation de volonté. Nous l'avons vu précédemment, la société se définit comme un **contrat** dont le but est de mettre en commun des biens ou une industrie en vue de partager des bénéfices. L'association suppose la volonté de se réunir et la fondation est, à l'origine, un acte juridique. Un contrat, un acte juridique quel qu'il soit, sont des manifestations de volonté mais la création d'une personne morale ne résulte pas uniquement de la volonté de ses membres fondateurs. **Il est nécessaire d'accomplir des formalités pour que le groupement acquière la personnalité morale. Ce sont, le plus souvent, des formalités de publicité.**

Ainsi, **une société**, qu'elle soit civile ou commerciale, de personnes ou de capitaux, **doit faire l'objet d'une publicité**. Par exemple, pour acquérir la personnalité morale, **une société commerciale doit être immatriculée au registre du commerce et des sociétés (RCS).** Pour être dotée de la personnalité morale, **une association doit absolument être déclarée à l'administration** (l'autorité préfectorale est compétente). De son côté, **une fondation doit recueillir une reconnaissance d'utilité publique** (décret en Conseil d'État).

La création d'une personne morale résulte donc de deux éléments : une manifestation de volonté et des formalités de publicité.

SECTION II

Le fonctionnement des personnes morales

Les personnes morales sont des personnes juridiques indépendantes des membres qui les composent. Lorsqu'une personne morale (une société, une association ou autre) **agit sur la scène juridique, elle doit agir grâce à des organes qui lui sont propres.** Étudier le fonctionnement des personnes morales revient à étudier leurs organes. Sans entrer dans le détail, on peut remarquer que la plupart des personnes morales comportent deux organes principaux : un organe d'administration et une assemblée générale :

- l'assemblée générale des membres ou des actionnaires (pour une société anonyme, par exemple) se réunit périodiquement. Elle regroupe généralement tous les membres. On dit qu'elle a un rôle législatif : elle fixe les grandes orientations de la personne morale ;
- l'organe d'administration porte des noms différents selon le type de personne morale. Le conseil d'administration, le bureau ou le conseil syndical… sont en charge de la gestion courante.

La répartition des pouvoirs entre ces deux organes est fixée par la loi et par les associés ou les membres eux-mêmes.

La loi encadre le fonctionnement des personnes morales ; par exemple, le Code de commerce établit les grandes règles à respecter pour la création et le fonctionnement d'une société. Mais **la loi n'est pas la seule source de droit,** une place très importante étant réservée à la volonté des membres du groupement. **Les associés, les membres d'une association organisent eux aussi le fonctionnement de la personne morale.** Ainsi, lors de la création d'une société, les associés fondateurs doivent rédiger des **statuts** qu'ils déposent au registre du commerce et des sociétés. Ces statuts constituent le texte de référence de l'organisation et du fonctionnement d'un groupement, d'une personne morale. Les rédacteurs des statuts doivent respecter impérativement les prescriptions légales mais, pour le reste, ils sont libres d'organiser leur groupement à leur guise. **Le fonctionnement et l'organisation d'une personne morale résultent donc d'un savant dosage entre la volonté individuelle des fondateurs et la loi.**

SECTION III
L'individualisation des personnes morales

Les personnes morales sont des personnes juridiques ; elles ont donc, pour l'essentiel, les mêmes droits extrapatrimoniaux que les personnes physiques. Elles possèdent un nom, un domicile, une nationalité et des droits sont attachés à leur personnalité.

§ 1. Le nom

Comme les personnes physiques, une personne morale a un nom ; on parle de raison sociale pour une société ou de titre pour une association. Quel que soit le terme employé, le nom des personnes morales est à la fois un élément d'individualisation et un élément d'appropriation. C'est un élément d'individualisation car il sert à reconnaître la personne morale ; il est librement choisi par les organes sociaux qui peuvent aussi en changer librement.

Le nom est un élément d'appropriation car une personne morale peut le faire protéger et interdire qu'un autre groupement porte le même nom s'il existe un risque de confusion.

§ 2. Le domicile

Chaque personne morale possède également un domicile ; **le domicile d'une personne morale est le lieu où se trouve son siège social, ce lieu étant déterminé par les statuts.** Normalement, le domicile d'une personne morale doit correspondre à une réalité, par exemple au lieu où la société est effectivement dirigée. Il arrive cependant que des sociétés se donnent un siège social fictif dans un pays fiscalement attrayant. C'est la raison pour laquelle on voit fleurir beaucoup de sociétés au Luxembourg ou dans les paradis fiscaux des Caraïbes. Toutefois, si la preuve est faite que ce siège social n'est pas le lieu où la société est dirigée, les tribunaux refusent de tenir compte de ce siège social fictif.

§ 3. La nationalité

En règle générale, **une personne morale est titulaire de la nationalité du pays où se trouve son siège social.** La nationalité d'une société ou de toute autre personne morale détermine à quelle loi ce groupement sera soumis. Une personne morale de nationalité française sera soumise à la loi française, une personne morale de nationalité allemande à la loi allemande.

Cette règle est artificielle dans la mesure où il arrive fréquemment que des sociétés commerciales ayant leur siège social en France soient composées d'associés ou d'actionnaires majoritairement étrangers.

§ 4. Les droits de la personnalité

La personne morale bénéficie des droits attachés à sa personnalité juridique. Elle a tous les droits qui ne sont pas exclusivement attachés à la personne humaine. Ainsi, une personne morale possède un droit à l'honneur au même titre qu'une personne physique. L'honneur d'une personne morale est distinct de l'honneur des personnes physiques qui la composent. La personne morale peut faire respecter ce droit par des actions en diffamation ou en responsabilité.

SECTION IV
La dissolution des personnes morales

La dissolution d'une personne morale peut s'apparenter à la mort d'une personne physique. Cependant, contrairement aux personnes physiques, les personnes morales ont une vocation à durer indéfiniment. Plusieurs causes peuvent toutefois entraîner leur dissolution.

§ 1. La transformation

La transformation d'une personne morale est susceptible d'entraîner la dissolution de la personne morale initiale et la création d'une personne morale nouvelle. Les transformations de personnes morales sont aujourd'hui fréquentes, elles permettent aux groupements de s'adapter aux changements de la vie économique et sociale. Ces transformations obéissent parfois à des considérations fiscales : on recherche la forme la plus intéressante fiscalement. **La transformation d'une personne morale entraîne une dissolution de la personne initiale lorsqu'il y a changement de nature.** Par exemple, une association ne peut pas se transformer en société anonyme sans qu'il y ait dissolution de l'association.

§ 2. La dissolution statutaire

Dans les statuts, les fondateurs du groupement peuvent prévoir la **durée de vie** qu'ils entendent donner à leur groupement. Une fois cette période écoulée, la personne morale est dissoute.

§ 3. La dissolution volontaire

Certains organes du groupement peuvent décider la dissolution. C'est le cas lorsqu'une personne morale a été créée pour accomplir une tâche déterminée. Quand le but que se sont fixé les fondateurs du groupement a été atteint, l'assemblée générale du groupement peut décider sa dissolution.

§ 4. La dissolution imposée

En cas de dysfonctionnement grave, la personne morale peut être dissoute. Par exemple, lorsqu'une mésentente particulièrement prononcée et durable entre les associés empêche une société de fonctionner normalement, les tribunaux peuvent prononcer sa dissolution. De même, lorsque la faillite d'une société conduit à une liquidation judiciaire ou une cession totale des actifs, il y a dissolution de la personne morale.

§ 5. La mise en œuvre de la dissolution

Une fois la personne morale dissoute, il faut procéder au partage de son patrimoine. Contrairement à une personne physique, une personne morale n'a pas d'héritier et le droit des successions ne s'applique pas en l'espèce. Il faut distinguer selon la nature du groupement :

- pour les sociétés, les associés ont un droit sur le patrimoine social. L'article L. 237-29 du Code de commerce fixe la règle suivante : « le partage des capitaux propres subsistant… est effectué entre les associés dans les mêmes proportions que leur participation au capital social » ;
- dans les associations, les règles diffèrent sensiblement. Du fait de leur caractère désintéressé, **aucune part d'actif ne peut revenir aux membres de l'association.** Les biens de l'association dissoute seront dévolus à un groupement qui poursuit un but analogue ;
- enfin, pour les fondations, les biens que la fondation dissoute a reçus sont soit dévolus à une autre fondation, soit transmis aux héritiers du fondateur, selon le vœu du fondateur à la création de sa fondation.

PARTIE II

Les personnes incapables

CHAPITRE 1

La protection des mineurs

CHAPITRE 2

La protection des majeurs

La capacité est un attribut de la personnalité juridique qui se définit comme l'aptitude à être sujet de droits et d'obligations et à les exercer. Toute personne qui acquiert la personnalité juridique est, en principe, capable. Elle peut donc accomplir seule tous les actes juridiques quelle qu'en soit la nature.

Cependant, le législateur français a prévu des exceptions à cette règle générale : certaines personnes peuvent ainsi être privées de leur pleine capacité juridique. L'étendue de cette privation varie selon qu'il s'agit d'une incapacité de jouissance ou d'une incapacité d'exercice.

- **Les différentes formes d'incapacité**

L'incapacité de jouissance se traduit par l'impossibilité absolue d'être sujet de droits et d'obligations sans qu'aucun mécanisme de représentation ne puisse s'y substituer. C'est la forme d'incapacité la plus grave.

Le droit positif français ne connaît plus d'incapacité de jouissance générale, c'est-à-dire d'incapacité privant un individu de l'ensemble de ses droits et obligations, car cela équivaudrait à nier l'existence même de sa personnalité juridique (art. 8 C. civ.). En revanche, il connaît des incapacités de **jouissance spéciale**, des interdictions absolues pour certaines catégories de personnes déterminées, d'acquérir des droits limitativement énumérés. Ainsi les médecins, les pharmaciens et, depuis la loi n° 2007-308 du 5 mars 2007 réformant la protection juridique des majeurs, les auxiliaires médicaux, qui ont traité une personne durant la maladie à l'origine de son décès ne peuvent bénéficier de dons ou de legs qui auraient été effectués en leur faveur pendant cette maladie (art. 909 C. civ.).

L'incapacité d'exercice entraîne, quant à elle, l'impossibilité pour un individu titulaire de droits et d'obligations de les exercer seul. Une telle incapacité repose généralement sur la volonté de protéger des individus qui, en raison de leur âge ou d'une altération de leurs facultés personnelles, sont susceptibles de ne pas agir dans leur intérêt.

Une personne frappée d'une **incapacité générale d'exercice** ne peut seule conclure des actes juridiques ou ester en justice. Tel est le cas du mineur non émancipé et du majeur en tutelle qui doivent être représentés pour conclure valablement un acte juridique.

Il existe également l'**incapacité d'exercice spéciale**, comme dans le cadre de la curatelle. L'incapable peut alors accomplir des actes juridiques, mais uniquement s'il est assisté et conseillé par une personne spécialement désignée à cet effet. Il n'est donc pas totalement libre d'exercer les droits dont il est titulaire.

Enfin, depuis la loi n° 68-5 du 3 janvier 1968, une **incapacité d'exercer conditionnelle** frappe les majeurs qui souffrent d'altérations mentales ou corporelles, légères ou temporaires. Le majeur est alors considéré comme capable, mais s'il a conclu des actes lésionnaires ou excessifs, ceux-ci peuvent être rescindés ou réduits (voir p. 105). Le contrôle de la capacité s'opère alors *a posteriori*.

Le régime de protection mis en place détermine les actes qu'un individu peut valablement accomplir, ainsi que les conditions dans lesquelles la personne chargée de sa protection peut intervenir. Trois catégories d'actes juridiques sont ainsi distinguées : les actes conservatoires, les actes d'administration et les actes de disposition. Un décret du 22 décembre 2008 relatif aux actes de gestion du patrimoine des personnes placées en curatelle ou en tutelle a été pris en application de la loi du 5 mars 2007. Ce décret établit une liste des actes d'administration et des actes de disposition, accompagnée d'une liste des actes qui *a priori* doivent être qualifiés d'actes d'administration ou d'actes de disposition, mais dont la qualification peut être modifiée en fonction des circonstances de l'espèce.

• **Les différentes catégories d'actes juridiques**

Les actes conservatoires sont des actes qui visent à prévenir un risque ou à éviter la perte d'un élément du patrimoine d'un individu, à savoir des actes nécessaires, urgents, de faible valeur et n'engageant pas l'avenir. Il peut s'agir, par exemple, du renouvellement d'une assurance ou d'une inscription hypothécaire.

Les actes d'administration portent sur la gestion courante du patrimoine d'un individu (art. 496, al. 3 C. civ.). Il s'agit : « d'actes d'exploitation ou de mise en valeur du patrimoine de la personne protégée dénués de risque anormal » (Décr. n° 2008-1484 du 22 décembre 2008, art. 1). Sont qualifiés comme tels, les actes qui visent au paiement d'une dette, au recouvrement d'une créance, les réparations d'entretien ou les grosses réparations, ou encore la conclusion d'un bail d'une durée inférieure à neuf ans.

Les actes de disposition se définissent comme les actes les plus graves qui engagent durablement l'avenir (art. 496, al. 3 C. civ.) et qui impliquent, le plus souvent, un transfert de propriété ou de droits réels. Ils modifient de façon permanente et irréversible le patrimoine de l'incapable. Par exemple, la vente d'un immeuble, de biens précieux ou de biens de valeur constituant une part importante du patrimoine du majeur protégé, ainsi que la conclusion d'un bail d'une durée supérieure à neuf ans sont des actes de disposition.

En parallèle, la jurisprudence a créé une quatrième catégorie d'actes, que l'on peut qualifier de transversale en ce sens qu'elle emprunte à la fois aux actes conservatoires et aux actes d'administration : il s'agit des **actes de la vie courante**. Ces derniers peuvent se définir comme des actes de faible valeur, qui sont effectués de manière régulière.

Le régime juridique applicable aux personnes incapables a été modifié par la loi du 5 mars 2007 réformant la protection juridique des majeurs, entrée en vigueur le 1er janvier 2009.

Au sein des personnes incapables, il convient de distinguer les mineurs, qui sont frappés d'une incapacité générale d'exercice, des majeurs qui, du fait d'une altération de leurs facultés personnelles, peuvent être placés sous un régime de protection dont l'étendue varie en fonction de la gravité de l'altération.

CHAPITRE 1

La protection des mineurs

Initialement fixée par les rédacteurs du Code civil à 21 ans, la majorité civile et politique a été abaissée à 18 ans par la loi n° 74-631 du 5 juillet 1974. Jusqu'à l'âge de la majorité, la protection de la personne du mineur, de sa santé, de sa sécurité et de sa moralité doit être assurée par les personnes qui exercent sur le mineur l'autorité parentale (voir p. 251). Quant à la protection de son patrimoine, les dispositions législatives créent à son égard une incapacité générale d'exercice. Les mineurs disposent donc des mêmes droits et obligations qu'un majeur mais se trouvent dans l'impossibilité de les exercer eux-mêmes.

La loi du 5 mars 2007 réformant la protection juridique des majeurs n'a apporté aucune modification à la condition juridique des mineurs et aux dispositions relatives à l'administration légale. En revanche, elle a fait évoluer le régime de la tutelle des mineurs.

SECTION I

La condition juridique des mineurs

§ 1. Les mineurs non émancipés

L'incapacité du mineur non émancipé est fondée sur l'idée de protection. Or, cette protection doit nécessairement évoluer avec l'âge de l'enfant et, en particulier, tenir compte de son aptitude à discerner ou non.

A) Mineurs dépourvus de discernement

Le discernement se définit traditionnellement comme la possibilité de distinguer le bien du mal, l'aptitude à se rendre compte de la portée d'un engagement. Aucune règle de droit ne définit précisément l'âge à compter duquel un mineur est pourvu de discernement. Il apparaît certain que l'*infans*, l'enfant en bas âge, n'en est pas doté. En revanche, cette période dépassée, généralement après sept ans, l'appréciation de l'aptitude à discerner devient plus subjective. C'est alors en fonction de la gravité de l'acte que le mineur souhaite accomplir que son pouvoir de discernement va être mesuré.

Le mineur non pourvu de discernement ne peut valablement effectuer aucun acte juridique et le droit français a longtemps considéré qu'un tel mineur était irresponsable civilement. Seule pouvait être engagée la responsabilité de ses père et mère du fait de leur enfant mineur sur le fondement de l'article 1384 alinéa 4 du Code civil. En 1968, le législateur a créé l'article 489-2 du Code civil (devenu l'article 414-3 avec la loi du 5 mars 2007) qui énonce que celui qui a causé un dommage à autrui alors qu'il était sous l'empire d'un trouble mental, n'en est pas moins obligé à réparation. La responsabilité d'un dément, non pourvu de discernement, pouvait donc être engagée. Cependant, ce texte ne concernait pas les mineurs. Ce n'est qu'une quinzaine d'années plus tard que la Cour de cassation, dans les arrêts Lemaire et Derguini, a affirmé qu'un mineur même privé de discernement peut commettre une faute susceptible d'engager sa responsabilité (Ass. Plén., 9 mai 1984, Bull. Ass. Plén. N° 2 et 3, D. 1984, p. 525, concl. Cabannes, note F. Chabas, JCP G, II, 20256, note P. Jourdain), mais également être qualifié de gardien d'une chose qui, si elle est à l'origine d'un préjudice réparable, entraîne la responsabilité du mineur (Ass. Plén., 9 mai 1984, arrêt Gabillet, Bull. Ass. Plén., n° 1).

B) Mineurs doués de discernement

Même lorsqu'un mineur est pourvu de discernement, le droit français le considère comme un incapable qui ne peut accomplir seul un acte juridique. Cependant, en raison de son aptitude au discernement, des exceptions ont été aménagées par le législateur, tant pour les actes patrimoniaux que personnels.

Pour les actes patrimoniaux, le Code civil vise les actes que la loi ou l'usage autorise (art. 389-3 C. civ.). Ainsi le législateur français permet à un mineur d'ouvrir seul un livret A ou un livret jeune, de tester à partir de 16 ans pour la moitié de sa quotité disponible (art. 904 C. civ.). Quant à l'usage, il autorise un mineur à effectuer les **actes conservatoires et les actes de la vie courante** sans être ni représenté, ni autorisé. Les actes de la vie courante sont des actes de faible valeur, effectués régulièrement, tels que de menus achats (DVD, CD, fournitures scolaires, etc.). En revanche, l'achat d'une voiture ne peut être qualifié d'acte de la vie courante (Cass. civ. 1re, 9 mai 1972, Bull. civ. I, n° 122).

Lorsqu'un mineur outrepasse les dispositions évoquées précédemment et conclut seul **un acte d'administration, l'acte peut être rescindé pour lésion. Il n'est pas nul de plein droit** (art. 1305 C. civ.). Le demandeur à l'action ne pourra donc se contenter d'établir la minorité de l'un des cocontractants, mais il devra prouver l'existence d'une lésion, c'est-à-dire d'une disproportion entre les prestations réciproques au détriment du mineur, ou d'une dépense inutile, excessive qui dépasse les moyens du mineur. Le seuil du déséquilibre n'est pas fixé par la loi. Il est donc laissé à la libre appréciation des juges du fond. En revanche, si l'acte est qualifié **d'acte de disposition, Il est frappé d'une nullité de plein droit** peu importe qu'il soit ou non lésionnaire. Il s'agit d'une nullité relative qui ne peut être invoquée que par le mineur ou son représentant légal et qui se prescrit par cinq ans.

Contrairement aux règles applicables en droit commun qui impliquent qu'en cas de nullité chacune des parties au contrat restitue à l'autre ce qu'elle a reçu, lorsqu'un acte accompli par un mineur est annulé, celui-ci ne **doit restituer que ce qui a constitué pour lui un enrichissement**. Il ne peut ainsi être tenu de rembourser les sommes qui n'ont pas tourné à son profit, celles, par exemple, déjà dépensées au moment où l'action est exercée (art. 1312 C. civ.). Une telle disposition tend à dissuader les tiers de contracter avec un mineur.

Le mineur pourvu de discernement peut également accomplir seul certains **actes personnels**. Sont visés les actes de déclaration de naissance d'un enfant, l'acte de reconnaissance, l'action en recherche de paternité (art. 328, al. 1 C. civ.), l'exercice de l'autorité parentale, la saisine du juge des enfants en vue de demander la mise en place d'une mesure d'assistance éducative (art. 375 C. civ.). En raison de l'importance de leur caractère personnel, ces actes ne peuvent en effet être effectués par une autre personne que le mineur concerné ; lui interdire de les accomplir équivaudrait à frapper le mineur d'une incapacité de jouissance (voir p. 74). Il est intéressant de souligner que plusieurs de ces actes sont qualifiés par le législateur, dans le cadre des dispositions relatives à la protection des majeurs, d'actes « strictement personnels » qui ne peuvent être accomplis que par le majeur lui-même, quel que soit son régime de protection (voir p. 110). Parallèlement, le Code de la santé publique dispose, d'une part, que la prescription, la délivrance ou l'administration d'un contraceptif aux personnes mineures en dehors du consentement des titulaires de l'autorité parentale est possible (art. L. 5134-1 CSP) et, d'autre part, qu'une mineure peut recourir librement à une interruption volontaire de grossesse, dès lors qu'elle est accompagnée par une personne majeure de son choix (art. L. 2212-7 CSP). Cette personne ne consent en aucune manière à l'acte médical.

Enfin, la loi prévoit que le mineur doit obtenir une autorisation préalable de ses représentants légaux avant d'accomplir certains actes de nature personnelle. Tel est le cas pour le mariage (art. 148 C. civ.), le contrat de mariage (art. 1398 C. civ.) ou encore le contrat de travail (art. D. 4153-5 C. trav.).

§ 2. Les mineurs émancipés

L'émancipation se définit comme l'acquisition par un mineur d'une capacité juridique identique à celle d'un majeur.

La loi du 5 mars 2007 réformant la protection juridique des majeurs a simplement modifié la numérotation des dispositions relatives à l'émancipation sans apporter de changements à la condition juridique des mineurs émancipés. À compter du 1er janvier 2010, en application de la loi n° 2009-526 du 12 mai 2009 de simplification et de clarification du droit et d'allégement des procédures, le juge aux affaires familiales exerce les fonctions du juge des tutelles des mineurs. Il connaît notamment des actions relatives à l'émancipation des mineurs.

A) Les conditions de l'émancipation

1) L'émancipation par décision judiciaire

Dès l'âge de 16 ans révolus, tout mineur, sur demande conjointe de ses parents, de l'un d'entre eux, ou du conseil de famille, s'il n'a pas ou plus ni père ni mère, peut s'adresser au juge des tutelles pour obtenir son émancipation.

Le juge dispose d'une appréciation sur les motifs qui ont conduit le mineur à demander son émancipation. Ainsi, après audition du mineur, le juge des tutelles du lieu où demeure le mineur prononce l'émancipation s'il lui a été présenté de justes motifs. Ces derniers sont en pratique assez rares. Lorsque la demande est présentée par un seul parent, le juge se prononce après avoir entendu l'autre, à moins que ce dernier soit dans l'impossibilité de manifester sa volonté (art. 413-2 C. civ. ; vous trouverez un commentaire de cet article dans *Réussir ses TD 1*, éd. Paradigme).

La décision du juge des tutelles est susceptible d'un recours devant le tribunal de grande instance.

2) L'émancipation par le mariage

L'émancipation du mineur s'opère automatiquement par le mariage, sans avoir à obtenir l'accord du juge des tutelles ou de ses parents (art. 413-1 C. civ.). Le législateur français considère que l'émancipation apparaît nécessaire pour permettre au mineur marié de fonder une famille et de disposer d'une totale indépendance juridique vis-à-vis de ses parents.

En cas de divorce alors que le conjoint est toujours mineur, l'émancipation n'est pas remise en cause.

B) Les effets de l'émancipation

Dès lors que l'émancipation est prononcée, l'autorité parentale prend fin (art. 413-7 C. civ.), de même que l'administration légale (voir p. 80) ou la tutelle (voir p. 84). Les parents ne sont alors plus responsables des dommages causés par le mineur et les comptes de l'administration ou de la tutelle doivent être présentés au mineur (art. 413-5 C. civ.).

En principe, le mineur émancipé est **capable de conclure tous les actes de la vie civile**, par exemple acquérir ou vendre seul un bien, conclure un bail quelle qu'en soit sa durée (art. 413-6 C. civ.). Il peut passer tout type de contrat, exercer toute action en justice sans avoir à obtenir une autorisation préalable. Cependant, il existe des exceptions : un mineur même émancipé ne peut ni conclure de pacte civil de solidarité (art. 515-1 C. civ.), ni être commerçant (art. 413-8 C. civ.). De plus, il doit obtenir l'accord de ses parents pour se marier ou se donner en adoption. Au regard de la loi, le mineur émancipé demeure un enfant. Par conséquent ses parents restent tenus à son égard d'une obligation d'entretien. Par exemple, ils doivent contribuer au financement de ses études.

Un mineur non émancipé est un incapable. Il ne peut pas, en principe, accomplir seul aucun acte juridique. Les rédacteurs du Code civil ont donc organisé deux régimes distincts de protection des biens du mineur en fonction de sa situation familiale : l'administration légale et la tutelle.

SECTION II
L'administration légale

Un mineur, en raison de son incapacité, est dans l'impossibilité d'administrer seul ses biens et d'accomplir la majorité des actes juridiques. La loi a donc désigné les personnes qui peuvent être chargées de le représenter. Dans le cadre de l'administration légale, il s'agit des parents. Il apparaît en effet opportun que ce soit la même personne qui éduque le mineur et gère ses biens. Comme en matière d'émancipation, à compter du 1er janvier 2010, le juge aux affaires familiales est compétent en matière d'administration légale (L. n° 2009-526, 12 mai 2009 de simplification et de clarification du droit et d'allégement des procédures).

§ 1. Le contenu de l'administration légale

A) Représentation et gestion des biens

L'administration légale est un **régime de représentation** et non d'assistance. Ce sont donc les **administrateurs légaux qui vont agir au nom et pour le compte du mineur**. L'administrateur légal représente le mineur dans tous les actes civils. C'est lui que la loi désigne pour accomplir les actes au lieu et place du mineur.

Parallèlement, l'administrateur légal est chargé **de gérer le patrimoine du mineur** en bon père de famille ou, comme l'affirme la loi du 5 mars 2007, en y « apportant des soins prudents, diligents et avisés » dans le seul intérêt du mineur (art. 496 C. civ.). Lorsqu'une faute commise dans la gestion des biens cause un préjudice au mineur, la responsabilité de l'administrateur peut être engagée. En cas de gestion collective, comme dans le cadre d'une administration légale pure et simple, la responsabilité est solidaire (art. 389-5 C. civ.). Le mineur dispose de cinq ans à compter de sa majorité, alors même que la gestion aurait continué au-delà, ou à compter de la fin de la mesure, si celle-ci a cessé avant, pour agir contre le ou les administrateurs légaux (art. 413 C. civ.).

L'administration légale cesse au jour de la majorité ou au jour de l'émancipation de l'enfant. Par conséquent, une banque, après les 18 ans d'un enfant, a l'interdiction d'exécuter un ordre de virement émis non pas par le mineur devenu majeur mais par sa mère, ancienne administratrice légale (Cass. 1re civ., 9 janvier 2008, JCP N 2008, 1157, note J.-M. Plazy, Dr. fam. 2008, Com. 47). L'administrateur légal doit, dans les trois mois qui suivent l'extinction de son mandat, présenter une copie des cinq derniers comptes de gestion soit à l'enfant, émancipé ou majeur, soit à ses héritiers, soit au tuteur qui lui succède (art. 514 C. civ.). Ce compte doit comporter l'ensemble des recettes et des dépenses avec les pièces justificatives et récépissés à l'appui.

B) Droit de jouissance légale

Les parents d'un enfant mineur disposent d'un droit de jouissance légale qui est attaché à leur pouvoir de représentation du mineur (l'administration légale). Ce droit appartient de manière conjointe aux deux parents dans le cadre de l'administration légale pure et simple, ou au seul parent administrateur dans le cadre de l'administration sous contrôle judiciaire (art. 383 C. civ.).

Le titulaire du droit de jouissance légale peut ainsi encaisser les revenus périodiques destinés au mineur, pension alimentaire ou prestations sociales et utiliser gratuitement les biens du mineur. La jouissance légale s'analyse généralement comme un usufruit portant sur l'ensemble du patrimoine de l'enfant. Cependant certains biens échappent au droit de jouissance légale : ceux que l'enfant acquiert par son travail, mais aussi ceux reçus par donation ou legs sous la condition expresse que les père et mère n'en jouiront pas (art. 387 C. civ.).

Le droit de jouissance cesse lorsque l'autorité parentale, et plus précisément l'administration légale, prend fin, ou lorsque le mineur a atteint l'âge de 16 ans (art. 384 C. civ.). Dans cette dernière hypothèse, la volonté du législateur est de permettre la constitution d'un certain capital dont le mineur pourra disposer à sa majorité.

§ 2. Les différentes formes d'administration légale

Au sein de l'administration légale, il convient de distinguer **l'administration légale pure et simple** lorsque les deux parents du mineur exercent l'autorité parentale et **l'administration légale sous contrôle judiciaire** lorsqu'un seul parent exerce l'autorité parentale.

A) L'administration légale pure et simple

1) Conditions

Lorsque **l'autorité parentale est exercée conjointement par les parents du mineur**, l'administration légale est pure et simple (art. 389-1 C. civ.). Ce régime s'applique donc, en principe, aux enfants nés pendant le mariage et à ceux adoptés par un couple. Il s'applique également aux enfants nés hors mariage, si les père et mère les ont reconnus avant l'âge d'un an, s'ils ont formulé une déclaration conjointe devant le greffier en chef du tribunal de grande instance, ou si le juge aux affaires familiales a rendu une décision leur octroyant l'administration pure et simple (art. 372, al. 3 C. civ.).

Lorsque l'un des parents décède, lorsqu'il a été privé de l'exercice de l'autorité parentale en raison d'une impossibilité de manifester sa volonté (art. 373 C. civ.) ou lorsqu'il s'est vu retirer l'autorité parentale (art. 389-2 C. civ.), le régime d'administration des biens passe sous contrôle judiciaire (voir p. 83).

2) Fonctionnement

Depuis la loi du 23 décembre 1985, entrée en vigueur le 1er juillet 1986, l'administration légale pure et simple est exercée conjointement par le père et la mère de l'enfant : ils sont l'un et l'autre administrateurs légaux. Les droits et pouvoirs de ces représentants légaux sont différents selon la nature de l'acte juridique à accomplir. Pour certains actes, ceux-ci pourront agir seuls, pour d'autres, il leur faudra obtenir une autorisation. Enfin, certains actes leur sont interdits.

Les administrateurs légaux peuvent accomplir seuls, sans aucune autorisation spécifique et sans avoir à obtenir l'accord exprès de l'autre administrateur, tous les **actes conservatoires** et les **actes d'administration**. En effet, la loi prévoit que chacun des représentants légaux est réputé à l'égard des tiers avoir reçu de l'autre le pouvoir de faire seul les actes qu'un tuteur peut accomplir sans autorisation du conseil de famille (art. 389-4 C. civ.). Sont visés, par exemple, l'inscription d'une hypothèque, l'interruption d'un délai de prescription, la conclusion d'un bail portant sur un immeuble dont le mineur est propriétaire dès lors que la durée de celui-ci est inférieure à neuf ans, l'aliénation de biens d'usage courant.

En ce qui concerne les **actes de disposition**, le Code civil distingue les actes de disposition dits ordinaires et les actes de disposition graves (art. 389-5 C. civ.).

Pour **les actes de disposition ordinaires**, les achats à tempérament, le placement de capitaux appartenant au mineur, ou encore la conclusion d'un bail d'une durée supérieure à neuf ans, la loi impose le **consentement des deux administrateurs légaux**. Les parents accomplissent alors ensemble les actes pour lesquels le tuteur doit obtenir l'autorisation du conseil de famille. En cas de désaccord, le juge des tutelles pourra autoriser l'un d'entre eux à effectuer l'acte (art. 505 C. civ.).

Quant aux **actes de dispositions graves**, c'est-à-dire les actes qui peuvent mettre en danger le patrimoine du mineur, ils ne peuvent être accomplis par les père et mère, administrateurs légaux seuls. Ces actes nécessitent une **autorisation préalable du juge des tutelles**. Il s'agit de la vente de gré à gré d'un immeuble ou d'un fonds de commerce, de l'apport en société d'un immeuble ou d'un fonds de commerce appartenant au mineur, d'un emprunt au nom de l'enfant, de la renonciation à un droit lui appartenant ou encore d'un partage amiable, l'état liquidatif devant être approuvé par le juge des tutelles (art. 389-5, al. 3 C. civ.). Les actes que les représentants légaux ont accomplis seuls alors qu'ils étaient soumis à l'autorisation du juge des tutelles sont nuls de plein droit, même si aucune lésion des intérêts du mineur n'est démontrée (Ass. Plén., 28 mai 1982, D. 1983, p. 117, concl. Cabanes).

Certains actes sont totalement interdits aux administrateurs légaux. Ainsi, ils ne peuvent ni consentir de libéralités portant sur les biens du mineur, ni exercer une activité commerciale au nom de celui-ci.

L'administration légale pure et simple **prend fin** lorsque le mineur est émancipé, lorsqu'il atteint l'âge de la majorité, lorsqu'il décède, ou lorsqu'un autre régime d'administration des biens (une administration sous contrôle judiciaire ou une tutelle) est mis en place.

B) L'administration légale sous contrôle judiciaire

1) Conditions

Lorsque l'autorité parentale n'est exercée que par un seul parent, l'administration légale est placée sous contrôle judiciaire (art. 389-2 C. civ.). La protection familiale ne présentant plus de caractère suffisant, le juge des tutelles est chargé de contrôler le fonctionnement de ce régime.

L'administration légale sous contrôle judiciaire s'ouvre directement lorsque le mineur n'a qu'un seul parent qui exerce l'autorité parentale. Elle succède ainsi à l'administration légale pure et simple lorsque l'un des parents du mineur décède, lorsque l'un de ses parents s'est vu retirer l'autorité parentale ou lorsqu'il en est privé car il est hors d'état de manifester sa volonté en raison de son incapacité, de son absence ou de toute autre cause (art. 373 C. civ.).

2) Fonctionnement

L'administrateur légal accomplit seul, sans autorisation particulière, les **actes conservatoires et d'administration** (art. 389-6, al. 2 C. civ.). Tel est le cas, par exemple, de la réception de capitaux échus.

En ce qui concerne les **actes de disposition**, la distinction évoquée dans le cadre de l'administration légale pure et simple entre actes graves et actes ordinaires disparaît. L'administrateur doit se pourvoir d'une **autorisation du juge des tutelles** pour accomplir les actes qu'un tuteur ne peut faire qu'avec une autorisation (art. 389-6, al. 1 C. civ.). Sont ainsi soumis à l'autorisation préalable du juge des tutelles tous les actes de disposition. Tel l'acte visant à grever de droits réels les immeubles du mineur. Le non-respect de cette disposition entraîne la nullité de plein droit de l'acte sans qu'il soit nécessaire de démontrer la lésion de l'intérêt du mineur.

L'administration légale sous contrôle judiciaire s'éteint au décès de l'enfant, à son émancipation, son accession à la majorité ou lorsque l'administrateur légal se voit retirer l'autorité parentale ou est privé de l'exercice de l'autorité parentale (voir p. 264). Elle peut également prendre fin en raison d'une décision judiciaire. En effet, le juge des tutelles, en vertu de l'article 391 alinéa 1 du Code civil, peut d'office, ou à la requête des parents ou alliés de l'enfant, ou du ministère public, substituer à l'administration légale un régime de tutelle, si l'intérêt de l'enfant le justifie. La tutelle ainsi ouverte ne concerne que la gestion des biens et non la direction de la personne, qui reste du ressort de ceux exerçant l'autorité parentale (Cass. 1re civ., 13 décembre 1994 : RTD civ. 1995, p. 599, obs. J. Hauser, Def. 1995, p. 325, obs. J. Massip).

SECTION III
La tutelle

La tutelle est un mode de représentation du **mineur, dénommé ici pupille**, plus complet que l'administration légale, car elle ne se limite pas à l'administration des biens du mineur, mais s'étend à la protection de la personne de celui-ci. En effet, l'autorité parentale et ses attributs sont exercés par des organes dits tutélaires.

La loi du 5 mars 2007 réformant la protection juridique des majeurs, entrée en vigueur le 1er janvier 2009, ne modifie pas les cas d'ouverture de la tutelle, mais apporte des changements importants, tant en ce qui concerne l'organisation que le fonctionnement de ce régime. Les règles de la tutelle des mineurs sont simplifiées, modernisées et restructurées. La réforme intègre notamment l'ensemble des dispositions consacrées à la tutelle dans une section distincte, incluse dans le chapitre relatif à la minorité. Désormais les mineurs en tutelle sont considérés comme des mineurs non émancipés comme les autres. Leur statut de mineur prédomine sur le régime d'administration de leurs biens.

§ 1. Cas d'ouverture et de fin de la tutelle

A) Ouverture de la tutelle

La tutelle **s'ouvre** dès lors que l'administration légale pure et simple ou sous contrôle judiciaire ne peut s'appliquer, c'est-à-dire **en l'absence de parent exerçant sur le mineur l'autorité parentale**. Ainsi, la tutelle s'exerce lorsque les père et mère du mineur sont tous deux décédés, ou qu'ils se trouvent privés de l'exercice de l'autorité parentale en raison de leur impossibilité de manifester leur volonté liée, par exemple, à une incapacité ou à une absence (art. 390 C. civ.), ou encore en raison d'une décision judiciaire leur retirant l'exercice de l'autorité parentale. Elle s'ouvre également pour les enfants qui n'ont aucun lien de filiation juridiquement établi.

La tutelle peut également **se substituer à une administration légale sous contrôle judiciaire** sur décision du juge des tutelles soit d'office, soit à la requête des parents ou alliés, ou de celle du ministère public. Une telle décision est prise lorsque le juge estime que l'administration légale ne protège pas suffisamment les biens du mineur. Dans une telle hypothèse, la loi impose au juge d'entendre ou au moins d'appeler l'administrateur légal sauf en cas de situation d'urgence (art. 391, al. 1 C. civ.).

Enfin, la tutelle peut s'appliquer en lieu et place de l'administration légale pure et simple, mais uniquement pour une cause grave et par décision du juge des tutelles (art. 391, al. 2 C. civ.).

B) Fin de la tutelle

La tutelle prend fin par l'émancipation (voir p. 79) ou l'accession du mineur à la majorité, ou en cas de décès de celui-ci. La tutelle cesse également en cas de jugement de mainlevée passé en force de chose jugée (art. 393 C. civ.). Il existe aussi des hypothèses de substitution d'un autre régime juridique à celui de la tutelle. Ainsi, l'article 392 du Code civil dispose que si un enfant vient à être reconnu par l'un de ses deux parents après l'ouverture de la tutelle, le juge des tutelles peut, à la requête de celui-ci, décider de substituer à la tutelle un régime d'administration légale sous contrôle judiciaire.

Dans les trois mois qui suivent la fin de la tutelle, **le tuteur doit rendre un compte définitif de son action** soit au mineur émancipé, soit au mineur devenu majeur, soit aux héritiers, soit au nouveau représentant du mineur, tel un administrateur légal. À ce titre, il doit remettre une copie des cinq derniers comptes de gestion (art. 514 C. civ., sur renvoi de l'art. 408 al. 3).

§ 2. Organisation et fonctionnement de la tutelle

La tutelle est un devoir incombant soit à la famille du mineur, elle est alors dite **tutelle familiale**, soit à la collectivité publique lorsque personne n'accepte la charge de tuteur, la tutelle est alors dénommée **tutelle vacante** ou **tutelle départementale**.

A) La tutelle familiale

Une tutelle familiale est nécessairement composée d'un **conseil de famille**, d'un **tuteur** et d'un **subrogé tuteur** (art. 398 C. civ.). Le Code civil précise que ne peuvent exercer les différentes charges de la tutelle : les mineurs non émancipés, sauf s'ils sont le père ou la mère du mineur en tutelle, les majeurs qui bénéficient d'une mesure de protection juridique, telle une mesure de tutelle ou de curatelle, les personnes à qui l'autorité parentale a été retirée, et les personnes à qui l'exercice des charges tutélaires a été interdit en raison d'une condamnation pénale (art. 395 C. civ.).

1) L'organe de décision : le conseil de famille

a) Composition du conseil de famille

Le conseil de famille est une assemblée de parents et d'amis désignés par le juge des tutelles. Peuvent en être membres, les parents et alliés des père et mère du mineur ainsi que toute personne, résidant en France ou à l'étranger, qui manifeste un intérêt pour le mineur. Ces différents membres sont désignés par le juge des tutelles qui les choisit en fonction de **l'intérêt du mineur et de leur aptitude à exercer cette charge**, mais aussi en considération des relations habituelles qu'ils entretenaient avec le père ou la mère de celui-ci, de leurs liens affectifs avec le mineur, ainsi que de leur disponibilité. Le juge des tutelles doit éviter, dans la mesure du possible, de laisser l'une des deux branches, paternelle ou maternelle, sans représentation (art. 399, al. 5 C. civ.). Les membres du conseil de famille sont, en principe, désignés pour la durée de la tutelle.

Jusqu'à la loi du 5 mars 2007, le conseil de famille devait comprendre quatre à six membres, parmi lesquels figurait le subrogé tuteur, mais sans y inclure le tuteur ni le juge des tutelles. Depuis le 1er janvier 2009, il est composé d'au moins quatre membres, y compris le tuteur et le subrogé tuteur, mais toujours sans compter le juge des tutelles (art. 399, al. 2 C. civ.).

b) Fonctionnement du conseil de famille

Le conseil de famille **se réunit** à la demande du juge des tutelles (voir p. 91), d'au moins deux membres du conseil de famille, du tuteur, du subrogé tuteur ou du mineur s'il a plus de 16 ans révolus, ou s'il a moins de 16 ans dès lors qu'il est pourvu de discernement. La convocation doit être adressée à l'ensemble des membres composant le conseil de famille au moins huit jours avant la réunion. Le conseil de famille est **présidé par le juge des tutelles**.

Ses délibérations sont adoptées par vote de ses membres à l'exclusion du tuteur. En cas de partage des voix, celle du juge des tutelles est prépondérante (art. 400 C. civ.).

Les décisions du conseil de famille doivent être **motivées et sont exécutoires par elles-mêmes**.

En cas de dol, de fraude ou de non-respect de certaines formalités, comme l'absence de convocation de l'un des membres du conseil de famille, ou le non-respect des délais de convocation, **une action en nullité** peut être intentée à l'encontre des décisions prises par le conseil de famille (art. 402, al. 1 C. civ.). Cette action peut être exercée par le tuteur, le subrogé tuteur, les autres membres du conseil de famille et le procureur de la République, en principe dans les deux années qui suivent la délibération. Elle peut également l'être par le mineur émancipé ou ayant atteint l'âge de la majorité. Le délai de deux ans commence alors à courir au jour de son émancipation ou de sa majorité. Le point de départ de cette action est cependant repoussé, en cas de dol ou de fraude, au jour de la découverte du dol ou de la fraude (art. 402, al. 1 C. civ.).

Parallèlement, **une action fondée sur l'opportunité de la décision du conseil de famille**, en cas de refus ou d'autorisation de conclure un contrat par exemple, peut être intentée par le tuteur, le subrogé tuteur, par les autres membres du conseil de famille ou encore par le juge des tutelles. Le délai du recours est alors de quinze jours. Il court de la date de la délibération, ou, contre les membres du conseil de famille, du jour où la délibération leur a été notifiée (art. 1222 CPC).

Ces deux actions s'exercent devant le tribunal de grande instance.

c) Pouvoirs du conseil de famille

Le conseil de famille est un organe prépondérant dans la tutelle des mineurs.

Il est toujours chargé de désigner le subrogé tuteur et peut également, dans certaines hypothèses, nommer le tuteur (voir p. 87).

Il statue d'une part sur les causes d'empêchement et les retraits du tuteur et du subrogé tuteur, après avoir entendu ou convoqué la personne concernée, et d'autre part sur les remplacements de l'un ou l'autre de ces organes (art. 397, al. 1 C. civ.). Le Code civil prévoit ainsi que toute charge tutélaire peut être **retirée** en raison de l'inaptitude, de la négligence, de l'inconduite ou de la fraude de celui à qui cette mission a été confiée, ou en cas de contradiction d'intérêts, empêchant l'individu concerné d'exercer cette mission dans l'intérêt du mineur (art. 396, al. 1 C. civ.). **Le remplacement**, quant à lui, peut être prononcé lors d'un changement important dans la situation du titulaire de la charge (art. 396, al. 2 C. civ.).

Le conseil de famille **règle le budget de la tutelle**. À ce titre, il fixe les conditions générales de l'entretien du mineur en respectant autant que possible la volonté qu'auraient exprimée ses père et mère. Il détermine, en fonction des biens du mineur, les sommes nécessaires à l'entretien et à l'éducation de ce dernier, ainsi que celles qui sont affectées au remboursement des frais d'administration de ses biens (art. 500 C. civ.). De plus, le conseil de famille apprécie le montant des indemnités qui peuvent être allouées au tuteur.

Le conseil de famille est un organe de type décisionnel qui donne au tuteur les autorisations nécessaires pour la gestion des biens du mineur (art. 401 C. civ.). Ainsi, par exemple, le conseil de famille est chargé d'autoriser ou non la vente d'un bien immobilier au nom et pour le compte du mineur, d'autoriser un emprunt pour le pupille. Parallèlement, le conseil de famille détermine la somme à partir de laquelle commence, pour le tuteur, l'obligation d'employer les capitaux liquides et l'excédent des revenus (art. 501 C. civ.).

Enfin, le conseil de famille autorise **des actes qui concernent la personne du mineur**. Il prend toutes les décisions relatives à son éducation. C'est également lui qui consent à l'adoption du mineur (art. 348-2 et 361 C. civ.), à son émancipation (art. 413-3 C. civ.) et à son mariage à défaut d'ascendants (art. 159 et 160 C. civ.).

2) L'organe d'exécution : le tuteur

a) Désignation du tuteur

Avant la loi du 5 mars 2007, le tuteur pouvait être désigné par testament par le dernier parent détenteur de l'autorité parentale (tutelle testamentaire). À défaut, le tuteur était désigné par la loi : il s'agissait de l'ascendant le plus proche du mineur (tutelle légale). En cas de pluralité d'ascendants de même degré, c'était le conseil de famille qui était chargé de se prononcer. À défaut d'ascendant proche, le conseil de famille désignait le tuteur parmi les membres de la famille ou une personne étrangère (tutelle dative).

La loi du 5 mars 2007 **a supprimé la tutelle légale** (voir encadré E6, p. 88). Désormais, l'article 403 du Code civil dispose que le droit de choisir un tuteur, qu'il soit ou non parent du mineur, n'appartient qu'au dernier vivant des père et mère s'il a conservé, au jour de son décès, l'exercice de l'autorité parentale. Cette désignation ne peut être faite que sous forme **d'un testament** ou d'une déclaration spéciale devant notaire. Peu importe que cet acte ait été établi avant ou après la naissance de l'enfant (Cass. 1re civ., 9 février 1988, Gaz. Pal 1988, 2, p. 854, note J. Massip). Elle s'impose au conseil de famille, à moins que l'intérêt du mineur ne commande de l'écarter. Cependant, le tuteur désigné par le père ou la mère n'est pas tenu d'accepter cette charge.

À défaut de tutelle testamentaire, le conseil de famille désigne un tuteur au mineur, la tutelle est alors qualifiée de **tutelle dative** (art. 404 C. civ.). Le conseil de famille nomme celui qui, sans avoir nécessairement un lien de parenté ou d'alliance, est estimé être le plus apte à remplir cette fonction. Le conseil de famille peut, en considération de la situation du mineur, des aptitudes des intéressés et de la consistance du patrimoine à administrer, désigner **plusieurs tuteurs** pour exercer en commun la mesure de protection. Ainsi, il est possible de désigner un tuteur chargé de la personne et un autre tuteur chargé de la gestion des biens du mineur, en raison des qualités différentes qui sont requises pour l'exercice de ces deux missions. Chaque tuteur est réputé, à l'égard des tiers, avoir reçu des autres le pouvoir de faire seul les actes pour lesquels un tuteur n'aurait besoin d'aucune autorisation, à savoir les actes conservatoires et d'administration (art. 405 C. civ.). À moins qu'il en ait été décidé autrement par le conseil de famille, les tuteurs désignés sont indépendants et ne sont pas responsables l'un envers l'autre dans l'exercice de leurs fonctions respectives. Néanmoins, ils doivent s'informer mutuellement des décisions qu'ils prennent.

E6 **Suppression de la tutelle légale**

Jusqu'en 2008, en l'absence de tuteur testamentaire, c'est-à-dire de tuteur désigné du vivant du dernier des père et mère, le conseil de famille ne pouvait désigner un tuteur, dénommé tuteur datif, qu'à défaut de tutelle légale ; c'est-à-dire à défaut d'ascendant le plus proche en degré de parenté à qui devait être dévolue obligatoirement la tutelle (art. 402 anc. C. civ.) : « Tenant sa vocation de la loi, l'ascendant ne peut être dépossédé de sa mission que pour les causes d'incapacité, d'exclusion, de destitution et de récusation prévues par le Code civil » (Cass. 1re civ., 17 janvier 1995 : D. 1995, p. 639, note J. Massip, JCP G 1995, I, 3874, n° 9, obs. B. Teyssier).

Ce droit exclusif des ascendants d'être désignés comme tuteur avant toute autre personne, au nom d'une certaine conception de la famille et sans tenir compte ni des capacités de cet ascendant, ni de l'intérêt de l'enfant, n'apparaissait plus conforme à l'évolution des situations familiales pour le législateur français. En supprimant la tutelle légale, la loi du 5 mars 2007 a ainsi consacré l'intérêt de l'enfant, un critère devenu essentiel lors de la désignation du tuteur.

b) Caractères des charges tutélaires

Le tuteur est désigné pour la durée de la tutelle.

La tutelle est une **charge personnelle** qui ne se transmet pas aux héritiers du tuteur (art. 407 C. civ.).

Toute charge tutélaire peut être **retirée** en raison de l'inaptitude, de la négligence, de l'inconduite ou de la fraude de celui à qui elle a été confiée. Il en est de même lorsqu'un litige ou une contradiction d'intérêts empêche le titulaire de la charge de l'exercer dans l'intérêt du mineur. Il peut également être procédé au **remplacement** de toute personne à qui une charge tutélaire a été confiée, lorsqu'un changement important dans sa situation s'est produit (art. 396 C. civ.). Tel peut-être le cas lorsqu'un tuteur doit quitter le territoire français pour des raisons professionnelles.

Enfin, la tutelle est, en principe, une **charge gratuite**. Cependant, le conseil de famille peut décider d'allouer une indemnité au tuteur, en particulier lorsque le patrimoine du mineur est important et que cela implique un travail de gestion conséquent. Cette indemnité est alors prélevée sur les revenus du patrimoine du mineur.

c) Fonctions du tuteur

En vertu de l'article 408 du Code civil, le tuteur est chargé à la fois de la personne du mineur et de la gestion des biens de celui-ci. La loi du 5 mars 2007 a unifié les règles relatives à la gestion des biens du mineur et celles portant sur la gestion des biens du majeur en tutelle, au sein d'un même titre intitulé : « De la gestion du patrimoine des mineurs et majeurs en tutelle ».

En ce qui concerne **la personne du mineur**, le tuteur est tenu de prendre soin de sa santé. Ainsi, même si la loi ne le précise pas, le domicile du mineur est, en principe, celui de son tuteur chez qui il vit habituellement. Le tuteur est doté de certaines prérogatives, traditionnellement attachées à l'exercice de l'autorité parentale. Si c'est le conseil de famille qui prend les décisions concernant l'entretien et l'éducation de l'enfant, c'est en revanche le tuteur qui les exécute. Ainsi, il assure l'éducation du mineur. Il peut également, si cela se révèle nécessaire, demander le prononcé de mesures d'assistance éducative (art. 375 C. civ.), et il peut voir sa responsabilité engagée en cas de dommage causé par le mineur.

Parallèlement, le tuteur **représente le mineur dans tous les actes de la vie civile**, sauf les cas dans lesquels la loi ou l'usage autorise le mineur à agir lui-même.

Le tuteur ne peut accomplir seul que **les actes conservatoires ou les actes d'administration**, tels que la perception de loyers versés pour un immeuble appartenant au mineur, ou la vente de meubles d'usage courant (art. 504 C. civ. sur renvoi 408, al. 3).

En revanche, concernant **les actes de disposition**, le tuteur doit obtenir une autorisation préalable du conseil de famille (art. 505 C. civ.). Il en est ainsi lorsqu'il veut transiger ou compromettre au nom du mineur, à savoir, terminer ou prévenir une contestation en consentant des concessions réciproques, ce qui était interdit avant la loi du 5 mars 2007 (art. 506 C. civ.), ou renoncer à une succession (art. 507-1, al. 2 C. civ.). En cas de vente d'un bien qui n'est pas d'usage courant, le conseil de famille doit également déterminer les stipulations contractuelles et, le cas échéant, le prix ou la mise à prix pour lequel l'acte est passé (art. 505, al. 2 C. civ. sur renvoi 408, al. 3). Cependant, en cas d'urgence, le juge peut se substituer au conseil de famille et autoriser la vente d'instruments financiers. Le conseil de famille décide alors du remploi de ces sommes (art. 505 al. 5 C. civ.), c'est-à-dire de la manière dont ces sommes seront réutilisées.

Certains actes sont interdits au tuteur car considérés comme particulièrement dangereux pour le patrimoine du pupille. Ainsi, le tuteur ne peut, même avec une autorisation, accomplir des actes qui emportent une aliénation à titre gratuit des biens de la personne protégée, tels que la remise de dette, la renonciation gratuite à un droit acquis, la mainlevée d'hypothèque ou de sûreté sans paiement, ou encore la constitution gratuite d'une servitude ou d'une sûreté pour garantir la dette d'un tiers. Le tuteur ne peut pas non plus acquérir d'un tiers un droit ou une créance que ce dernier détient contre le mineur, acheter les biens du pupille ainsi que les prendre à bail ou à ferme (art. 509 C. civ.).

Le tuteur **représente le mineur en justice**. Lorsque l'action porte sur des droits patrimoniaux, telle l'obtention de dommages-intérêts, le tuteur peut intenter ou défendre les intérêts du mineur ayant subi un préjudice, sans autorisation préalable du conseil de famille (art. 504 al. 2 C. civ.). En revanche, depuis la loi du 5 mars 2007, il ne peut agir, en demande ou en défense, pour faire valoir les droits extrapatrimoniaux qu'après autorisation ou sur injonction du conseil de famille (art. 475 C. civ.). Le conseil de famille peut également enjoindre au tuteur de se désister de l'instance ou de l'action, ou de transiger.

Enfin, le tuteur **gère les biens du mineur**. Dans les trois mois qui suivent sa nomination (avant la loi du 5 mars 2007 le délai était de dix jours), le tuteur doit, en présence du subrogé tuteur, procéder à l'inventaire des biens du mineur qu'il transmet ensuite au juge des tutelles (art. 503 C. civ. sur renvoi de l'article 408, al. 3). Il doit également déclarer les créances qui existent contre le mineur.

Le tuteur doit gérer les biens du pupille en bon père de famille, ou plutôt, depuis la loi du 5 mars 2007, en apportant à cette gestion tous les soins prudents, diligents et avisés dans le seul intérêt de la personne protégée (art. 496 C. civ.). Il a donc pour obligation de conserver ces biens, de les mettre en valeur, voire de les faire fructifier.

Chaque année, le tuteur doit établir un compte de sa gestion, auquel sont annexées toutes les pièces justificatives utiles qu'il transmet, d'une part, au subrogé tuteur qui fera part de ses observations et, d'autre part, au greffier en chef du tribunal d'instance (art. 510 et 511 C. civ. renvoi art. 408, al. 3).

3) Les organes de contrôle : le subrogé tuteur et le juge des tutelles

a) Le subrogé tuteur

1. Désignation du subrogé tuteur

La tutelle familiale comporte obligatoirement un subrogé tuteur. Il est nommé par le conseil de famille parmi ses membres. Si le tuteur est parent ou allié du mineur dans une branche, le subrogé tuteur est choisi, dans la mesure du possible, dans l'autre branche (art. 409 C. civ.). Par exemple, si le tuteur appartient à la ligne paternelle, le subrogé tuteur devra autant que possible être choisi parmi la branche maternelle et inversement.

2. Fonctions du subrogé tuteur

En vertu de l'article 410 du Code civil, le subrogé tuteur **représente le mineur** lorsque les intérêts de celui-ci sont en opposition avec ceux du tuteur. Tel peut être le cas lorsque le tuteur souhaite prendre à bail un bien immobilier dont le mineur est propriétaire.

Le subrogé tuteur est **informé et consulté** avant tout acte important accompli par le tuteur. De plus, il **assiste le tuteur**, en particulier lors de l'ouverture de la mesure de tutelle, pour dresser l'inventaire des biens du pupille.

Enfin, **il surveille les actes passés par le tuteur** et informe sans délai le juge des tutelles s'il constate des fautes dans l'exercice de la mission tutélaire. À défaut d'exercer cette surveillance et/ou d'informer le juge des tutelles, la responsabilité du subrogé tuteur peut être engagée.

La charge du subrogé tuteur s'arrête à la même date que celle du tuteur. Lorsque le tuteur cesse ses fonctions de manière anticipée, le subrogé tuteur ne le remplace pas de plein droit, mais il est tenu de provoquer la nomination d'un nouveau tuteur sous peine d'engager sa responsabilité. Si le conseil de famille souhaite renouveler le subrogé tuteur dans ses fonctions, il faudra procéder à une nouvelle désignation.

b) Le juge des tutelles

Jusqu'au 1er janvier 2010, le juge compétent était le juge des tutelles. Depuis cette date, cette fonction est exercée par le juge aux affaires familiales en application de la loi du 12 mai 2009 de simplification et de clarification du droit et d'allégement des procédures (art. L. 213-3-1 COJ).

Le juge des tutelles exerce une **surveillance générale** sur le tuteur et tous les membres du conseil de famille. À ce titre, il peut les convoquer, leur demander des précisions sur certains actes ou certaines décisions relatives à la gestion des biens, ou leur adresser des observations.

Il désigne les membres de ce conseil (art. 399, al. 1 C. civ.) et préside celui-ci. Sa voix y est prépondérante en cas d'égalité.

De plus, le juge des tutelles peut parfois **suppléer le conseil de famille**. En particulier, il peut autoriser la formation d'un acte si celui-ci porte sur un bien dont la valeur n'excède pas 50 000 euros (art. 502, al. 2 C. civ., Décr. n° 2008-1484 du 22 décembre 2008, art. 4), ou en cas d'urgence autoriser la vente d'instruments financiers, à condition qu'il en soit rendu compte sans délai au conseil de famille qui décide ensuite du réemploi des sommes perçues (art. 505, al. 4 C. civ.).

Le juge des tutelles assure également une **mission juridictionnelle**. Il statue ainsi sur les remplacements, survenus en raison d'un changement important dans la situation de la personne concernée (tuteur, subrogé tuteur, membre du conseil de famille) ; sur un éventuel retrait dans le cas d'une inaptitude, d'une négligence, d'une inconduite ou d'une contradiction d'intérêts avec le mineur ; enfin il se prononce sur les remplacements des membres du conseil de famille (art. 397, al. 2 C. civ.).

En cas de recours contre une décision du juge des tutelles, le demandeur devra s'adresser au tribunal de grande instance et non à la cour d'appel.

B) La tutelle vacante

Lorsque personne n'accepte d'assumer la fonction de tuteur, que ce soit dans le cadre d'une tutelle testamentaire ou d'une tutelle dative, la tutelle est déclarée **vacante** (art. 411 C. civ.). Dans cette hypothèse, le juge des tutelles la défère au service de l'aide sociale à l'enfance du département dans lequel le mineur a sa résidence principale.

Cette forme de tutelle administrative présente la particularité de ne comporter **ni conseil de famille ni subrogé tuteur**. La personne désignée pour exercer cette tutelle est le président du Conseil général, qui délègue ses fonctions au directeur départemental de l'aide sociale à l'enfance. Ce dernier dispose sur les biens du mineur des pouvoirs d'un administrateur légal sous contrôle judiciaire (voir p. 83), à savoir qu'il peut accomplir seul les actes conservatoires et d'administration et qu'il doit obtenir une autorisation du juge des tutelles pour pouvoir effectuer des actes de disposition.

§ 3. Les sanctions des règles de gestion

A) L'annulation des actes litigieux

Les actes d'administration accomplis par le mineur seul ne peuvent être annulés que s'ils lui ont été préjudiciables (art. 1305 C. civ.). En revanche, s'il s'agit d'un acte que le tuteur n'aurait valablement pu accomplir qu'avec une autorisation, c'est-à-dire **un acte de disposition**, la nullité est de plein droit. La restitution des prestations, en cas d'annulation d'un acte, ne se fait pas conformément au droit commun, dans la mesure où la loi n'impose au mineur de restituer que ce qui a tourné à son profit.

Les actes accomplis irrégulièrement par le tuteur, quelle que soit leur nature, sont annulables de plein droit, sans qu'il soit nécessaire de prouver l'existence d'un préjudice.

L'annulation des actes illégaux ne peut être demandée qu'au profit du mineur, dans **un délai de cinq ans** à partir du jour où l'incapacité a cessé (art. 1304 C. civ.).

B) La responsabilité des organes de la tutelle

Tous les organes de la tutelle (membres du conseil de famille, subrogé tuteur, tuteur) sont responsables des dommages résultant d'une faute quelconque née dans l'exercice de leur fonction. Lorsqu'une faute dans l'organisation et le fonctionnement de la tutelle a été commise par le juge des tutelles, le greffier en chef du tribunal d'instance ou le greffier, l'action en responsabilité est dirigée contre l'État qui dispose alors d'une action récursoire à l'encontre de ces derniers (art. 412 C. civ.).

L'action en responsabilité des organes de la tutelle se prescrit par cinq ans à compter de la majorité de l'intéressé, même si la gestion se poursuit au-delà ; ou à compter de la fin de celle-ci si elle cesse avant la majorité de l'intéressé, en cas d'émancipation du mineur par exemple (art. 413 C. civ.).

Tableau 1 **Actes juridiques et actions en justice pendant la minorité**

Mineur pourvu de discernement	Administration légale pure et simple	Administration sous contrôle judiciaire	Tutelle
	ACTES CONSERVATOIRES		
Valables (art. 389-3)	Un administrateur seul, présomption d'accord de l'autre administrateur (art. 389-4)	L'administrateur seul (art. 389-6, al. 2)	Le tuteur seul (art. 504)
	ACTES D'ADMINISTRATION		
Valables mais rescindables pour lésion (art. 1305)	Un administrateur seul, présomption d'accord de l'autre administrateur (art. 389-4)	L'administrateur seul (art. 389-6, al. 2)	Le tuteur seul (art. 504)
	ACTES DE DISPOSITION		
Nuls de plein droit	- Ordinaires : valables si accord des deux administrateurs (art. 389-5, al. 1) - Graves : valables si accord des deux administrateurs et autorisation du juge des tutelles (art. 389-5, al. 3)	L'administrateur avec autorisation du juge des tutelles (art. 389-6, al. 1)	Le tuteur avec autorisation du conseil de famille ou à défaut du juge des tutelles (art. 505) Si valeur du bien inférieure à 15 300 euros, possibilité d'une autorisation du juge des tutelles (art. 502)
	ACTIONS EN JUSTICE PATRIMONIALES		
Impossible	Un administrateur seul (art. 389-4)	L'administrateur seul (art. 389-6, al. 2)	Le tuteur seul (art. 475, al. 2)
	ACTIONS EN JUSTICE EXTRAPATRIMONIALES		
Impossible sauf action en recherche de paternité au nom de l'enfant mineur (art. 328, al. 1) et action en vue de mettre en place une mesure d'assistance éducative (art. 375)	Accord des deux administrateurs (art. 389-5 al. 1)	L'administrateur avec autorisation du juge des tutelles (art. 389-6 al. 1)	Le tuteur avec autorisation du conseil de famille ou à défaut du juge des tutelles (art. 475, al. 2)

CHAPITRE 2

La protection des majeurs

Alors que l'incapacité est le principe pour les mineurs, pour les majeurs la capacité est la règle. À dix-huit ans, une personne physique acquiert la majorité et, en principe, la pleine capacité juridique (art. 488, al. 1 C. civ.). Mais en raison des altérations pouvant frapper les facultés de certaines personnes, le législateur français a instauré des régimes de protection. Il peut s'agir de mesures durables ou ponctuelles.

Le droit des incapables a été modifié par des réformes successives. La loi n° 68-5 du 3 janvier 1968 portant réforme du droit des incapables a instauré et organisé les mesures de sauvegarde de justice, de curatelle et de tutelle, afin de mettre en place une protection adaptée et graduée en fonction de la gravité des altérations subies par la personne à protéger. Puis, la loi n° 2007-308 du 5 mars 2007 portant réforme de la protection juridique des majeurs a été adoptée ; elle est entrée en vigueur le 1er janvier 2009. Dix années ont été nécessaires à l'adoption de ce texte, qui a conduit à une réécriture totale de 137 articles du Code civil et de 38 articles du Code de l'action sociale et des familles. Cette réforme était indispensable pour **adapter les dispositions actuelles à l'évolution des personnes concernées** (voir encadré E7, p. 95). En effet, la loi de 1968 a été adoptée à une époque où le nombre d'incapables majeurs était évalué à environ 10 000 personnes, alors qu'aujourd'hui il est proche d'un million.

L'une des innovations majeures de cette réforme du 5 mars 2007 repose sur la prise en compte effective de **la protection de la personne et non plus de ses seuls biens**, et sur la volonté de recentrer le dispositif sur des individus souffrant d'une véritable altération de leurs facultés personnelles (voir p. 96). Parallèlement, le législateur a insisté sur la nécessité de tracer une ligne de partage claire entre les différentes mesures : d'une part, **les mesures juridiques de protection** que sont la sauvegarde de justice, la curatelle, la tutelle et le mandat de protection future et, d'autre part, **les mesures d'accompagnement social** que sont la mesure d'accompagnement social personnalisé et la mesure d'aide judiciaire. Le législateur souhaite ainsi éviter les dérives constatées sous l'empire de la loi de 1968, qui conduisaient à instaurer des régimes de protection juridiques pour des personnes en grande difficulté sociale ou morale, mais dont les facultés intellectuelles n'étaient pas altérées.

E7 **Des besoins nouveaux pour les personnes à protéger**

L'augmentation constante du nombre de personnes à protéger résulte de différents facteurs, parmi lesquels l'accroissement de la longévité, l'augmentation des exclus, des marginaux et des personnes dépendantes de l'alcool ou de la drogue. La loi de 1968 reposait en grande partie sur **la solidarité familiale** et sur une notion de la famille caractérisée par la stabilité. Or, le phénomène récent de l'éclatement de la cellule familiale, l'éloignement géographique, le désintérêt, le refus d'être dépendant de ses enfants conduisent de plus en plus d'individus à reporter leur confiance sur des personnes de leur choix en prévision du moment où ils ne seront plus aptes à s'occuper de leurs biens ou d'eux-mêmes.

La séparation des couples rend parfois également plus difficile la prise en charge d'un membre de la famille incapable, tel un frère handicapé ou un aïeul devenu sénile. Enfin, le fait que les deux membres du couple travaillent diminue le temps que l'on peut consacrer aux incapables de sa famille. Ainsi, en 2006, la moitié seulement des mesures de tutelle et de curatelle était assumée par un membre de la famille, l'autre moitié représentant des curatelles d'État ou des curatelles en gérance.

Enfin, il convient de souligner que la loi du 5 mars 2007 remplace autant que possible le terme « incapable » par celui de « personne protégée ».

Les mesures d'accompagnement social n'ayant aucune incidence sur la capacité juridique des majeurs concernés, seules les mesures juridiques seront traitées. En fonction du degré et de la durée de l'altération dont souffre un individu, le législateur français a créé deux formes de mesures de protection : des mesures permanentes et des mesures ponctuelles.

SECTION I
Les mesures de protection juridique permanente

Il apparaît opportun d'offrir à certains majeurs, selon le degré d'altération de leurs facultés mentales ou corporelles, un régime de protection permanent adapté. Bien qu'il existe trois régimes de protection distincts : la sauvegarde de justice, la curatelle et la tutelle, le législateur français a prévu des dispositions communes à ces régimes.

En ce qui concerne les mesures juridiques et d'accompagnement social, des dispositions communes ont été élaborées par les rédacteurs de la réforme du 5 mars 2007 (art. 415 à 424 C. civ.). La principale disposition consacre la **protection de la personne**. En effet, dans le cadre de la loi de 1968, la personne était peu présente, c'était d'abord et surtout son patrimoine qui était visé. La loi de 2007 affirme, quant à elle, que la protection juridique porte aussi sur la personne et plus seulement sur ses biens, tout en précisant que cette protection est instaurée et assurée dans le respect des libertés individuelles, des droits fondamentaux et de la dignité de la personne, avec pour finalité l'intérêt de la personne protégée (art. 415 C. civ.).

Des **dispositions générales spécifiques aux mesures juridiques conventionnelles comme judiciaires** sont énoncées aux articles 425 à 427 du Code civil. Elles concernent la protection du cadre de vie du majeur et le droit au maintien de ses comptes bancaires.

La loi du 5 mars 2007 a supprimé certains cas d'ouverture d'une mesure de protection juridique. Ce sont ceux où le majeur « par sa prodigalité, son intempérance ou son oisiveté, s'expose à tomber dans le besoin ou compromet l'exécution de ses obligations familiales » (art. 488 al. 3 et 508-1 anc. C. civ.). Les cas d'ouverture d'une mesure de protection judiciaire ont ainsi été réduits à deux hypothèses : **l'altération des facultés mentales et l'altération des facultés corporelles qui empêchent la personne d'exprimer sa volonté et la mettent ainsi dans l'impossibilité de pourvoir seule à ses intérêts**.

Parallèlement, le législateur a prévu différentes mesures pour **protéger le cadre de vie des majeurs protégés**. Ainsi, le logement du majeur comme les meubles meublant ce logement doivent être conservés le plus longtemps possible, et ce afin que le majeur après un séjour en hôpital, dans une maison de retraite ou dans un établissement spécialisé puisse retrouver un cadre familier. Cette disposition concerne tous les majeurs protégés, qu'ils soient propriétaires, locataires ou occupants de leur logement. Par conséquent, les représentants du majeur ne peuvent ni vendre ces biens, ni résilier le bail, ni conclure un bail sur le logement visé. Une exception est cependant prévue lorsque la conclusion d'un tel contrat est dans l'intérêt du majeur (art. 426 C. civ.). L'acte devra alors nécessairement être autorisé préalablement par le juge des tutelles ou le conseil de famille, s'il en a été constitué un. L'avis du médecin agréé est également requis lorsque l'acte a pour finalité l'accueil du majeur dans un établissement, telle une maison de retraite.

Enfin, la personne chargée de la mesure de protection ne peut procéder **ni à la modification des comptes ou livrets ouverts au nom de la personne protégée, ni à l'ouverture d'un autre compte ou livret auprès d'un établissement habilité à recevoir des fonds du public**. Le juge des tutelles, ou le conseil de famille s'il a été constitué, peut toutefois l'y autoriser si l'intérêt de la personne protégée le commande. Lorsque la personne protégée n'est titulaire d'aucun compte ou livret, la personne chargée de la mesure de protection lui en ouvre un. Les opérations bancaires d'encaissement, de paiement et de gestion patrimoniale, effectuées au nom et pour le compte de la personne protégée, sont réalisées exclusivement au moyen des comptes ouverts au nom de celle-ci. De même, les fruits, produits et plus-values générés par les fonds et les valeurs appartenant à la personne protégée lui reviennent exclusivement. En outre, si le majeur protégé a fait l'objet d'une interdiction d'émettre des chèques, la personne chargée de la mesure de protection peut néanmoins, avec l'autorisation du juge, ou du conseil de famille s'il a été constitué, faire fonctionner sous sa signature les comptes dont la personne protégée est titulaire et disposer de tous les moyens de paiement habituels.

Parmi les mesures de protection juridique permanente contenues dans la loi du 5 mars 2007 réformant la protection juridique des majeurs, une nouvelle mesure apparaît : le mandat de protection future qui présente la particularité d'être une mesure conventionnelle. Trois autres mesures sont confirmées : la sauvegarde de justice, la curatelle et la tutelle qui, elles, sont de nature judiciaire.

E8 **Conditions d'ouverture d'une mesure de protection juridique**

En vertu de la loi du 5 mars 2007, peut bénéficier d'une mesure de protection juridique, toute personne qui souffre d'une altération de ses facultés mentales ou de ses facultés corporelles qui l'empêche d'exprimer sa volonté et la met ainsi dans l'impossibilité de pourvoir seule à ses intérêts. L'altération des facultés mentales peut résulter d'une maladie, d'une infirmité ou d'un affaiblissement dû à l'âge. Il s'agit de toute situation où une personne est limitée durablement dans l'usage de ses facultés. Trois grands types de pathologies sont concernés : les pathologies dégénératives, celles qui touchent les capacités à vouloir, à comprendre, à discerner – de type maladie d'Alzheimer – ; les pathologies neurologiques, gênant ou empêchant totalement l'expression comme l'aphasie, l'incapacité de s'exprimer oralement à la suite d'un accident vasculaire ou d'un traumatisme crânien ; enfin, des pathologies psychiatriques telles les psychoses, les troubles bipolaires, les anxiétés. Quant à l'altération des facultés corporelles, elle vise l'hypothèse où le majeur est parfaitement capable de discernement, mais ne peut exprimer sa volonté en raison d'une atteinte corporelle. Tel est le cas d'une personne se trouvant dans le coma.

La loi impose donc d'établir non seulement l'existence d'une altération, mais aussi ses conséquences, c'est-à-dire un empêchement de pourvoir seul à ses intérêts et l'entrave à l'expression de sa propre volonté. Un certificat médical circonstancié est exigé dès la saisine du juge et ce, quelle que soit la mesure envisagée. Celui-ci devra désormais émaner d'un médecin généraliste ou spécialiste, inscrit sur une liste établie par le procureur de la République, le médecin traitant étant considéré comme insuffisamment indépendant par rapport à la famille, le rôle de ce dernier est désormais limité (art. 431 C. civ.). Le médecin agréé pourra néanmoins le consulter sur l'état du majeur concerné et sur l'opportunité d'une telle mesure de protection.

§ 1. La mesure de protection conventionnelle

Le mandat de protection future, créé par la loi du 5 mars 2007, était réclamé depuis longtemps. Il existe dans d'autres pays tels que l'Allemagne, le Québec, ou encore l'Espagne, dans lesquels il est fortement utilisé. Ce contrat permet à tout individu d'anticiper librement sa propre protection. Dans le cadre d'un mandat de protection future, une personne physique peut choisir un ou plusieurs mandataires chargés de gérer son patrimoine et/ou sa personne lorsque l'âge ou la maladie ne lui permettront plus de pourvoir seule à ses intérêts.

A) Les conditions de formation du mandat de protection future

1) L'objet du mandat de protection future

Le mandat de protection future consiste pour une personne physique, le mandant, à désigner une ou plusieurs personnes, le(s) mandataire(s), chargée(s) de la représenter dans les cas où elle ne pourrait plus pourvoir seule à ses intérêts. Il peut porter aussi bien sur la protection de la personne du mandant que sur la protection de l'ensemble de ses biens **(mandat général)**, ou encore sur la gestion d'un bien identifié **(mandat spécial)**.

Pour les actes patrimoniaux, l'étendue du mandat dépend de la forme de l'acte (voir p. 99). Si le mandat a été rédigé sous forme authentique, alors tous les actes à titre onéreux, quelle que soit leur nature, conservatoire, d'administration ou de disposition, peuvent être accomplis par le mandataire. Si, en revanche, l'acte a été dressé sous seing privé, seuls les actes conservatoires et de gestion courante peuvent être effectués par le mandataire seul. Pour les actes plus graves, ce dernier devra obtenir une autorisation du juge des tutelles.

Pour les actes personnels, il est possible que le mandataire les accomplisse, mais la loi prévoit qu'ils doivent en principe être effectués par la personne protégée. Cette dernière prend seule les décisions relatives à sa personne, dans la mesure où son état le permet (art. 459 C. civ.). Pour que le mandataire puisse accomplir les actes personnels, cette possibilité doit avoir été expressément prévue dans le mandat, et le médecin qui établit le certificat médical entraînant la prise d'effet du mandat (voir p. 100) doit avoir spécifié que l'incapacité du majeur s'étend aux actes personnels. De plus, certains actes demeurent strictement personnels et ne peuvent donc relever de la compétence du mandataire. Il s'agit de la déclaration de naissance, de la reconnaissance d'un enfant, de l'exercice de l'autorité parentale, de la déclaration de choix ou de changement de nom de famille et du consentement à l'adoption (art. 458 C. civ. sur renvoi de l'article 479).

Le mandat doit fixer les **modalités de contrôle de son exécution** (art. 479, al. 3 C. civ.). En vertu de l'article 1992 du Code civil, le mandataire engage sa responsabilité en cas de faute dans sa gestion (voir encadré E9, p. 121).

2) Les parties à l'acte

Le mandat de protection future est un contrat qui unit deux parties : le mandant et le mandataire. On distingue le mandat personnel et le mandat pour autrui.

En vertu de l'article 477 du Code civil, **un mandat personnel peut avoir pour mandant** toute personne majeure ou émancipée dont les facultés mentales ne sont pas altérées, et qui ne fait pas l'objet d'une mesure de tutelle. Si cette personne est placée en curatelle, elle ne peut conclure un tel acte qu'avec l'assistance de son curateur.

Peuvent également être mandants, **les parents ou dernier vivant des père et mère** ne faisant pas l'objet d'une mesure de curatelle ou de tutelle, **exerçant l'autorité parentale sur leur enfant mineur ou assumant la charge matérielle et affective de leur enfant majeur**, qui ne peuvent pourvoir seuls à leur intérêt en raison d'une altération de leurs facultés mentales ou corporelles. Dans ces deux hypothèses, le mandat est qualifié de **mandat pour autrui**.

Le mandataire peut être toute personne physique, capable juridiquement et choisie par le mandant, ou une personne morale, sous condition qu'elle soit inscrite sur la liste des mandataires judiciaires à la protection des majeurs (art. 480 C. civ.). Le mandataire accepte le mandat en y apposant sa signature.

Tant que le mandat n'a pas reçu exécution, le mandant peut le modifier ou le révoquer dans les mêmes formes, et le mandataire peut y renoncer en notifiant sa décision au mandant.

3) Les formes du mandat de protection future

Le mandat de protection future peut revêtir deux formes différentes : **sous seing privé ou sous forme authentique**, et les pouvoirs des mandataires ne sont alors pas les mêmes (voir ci-dessous). Lorsqu'il s'agit d'un mandat personnel, ce contrat peut être établi par acte notarié ou sous seing privé. En revanche, lorsqu'il s'agit d'un mandat pour autrui, il devra être passé devant notaire.

Le mandat établi sous seing privé est daté et signé de la main du mandant. Pour garantir la validité de son contenu, il est soit contresigné par un avocat, soit établi selon un modèle défini par décret en Conseil d'État (art. 492 C. civ.). Le mandat n'acquiert date certaine que dans les conditions fixées par l'article 1328 du Code civil, à savoir notamment au jour de son enregistrement.

Ce type de mandat est limité, quant à la gestion du patrimoine, aux actes qu'un tuteur peut effectuer sans autorisation, c'est-à-dire aux actes conservatoires et aux actes de gestion courante. Le mandataire dispose alors des mêmes

UNIVERSITÉ DE STRASBOURG S.C.D. Bibliothèque juridique

pouvoirs qu'un administrateur légal sous contrôle judiciaire (voir p. 83). Si l'accomplissement d'un acte qui est soit soumis à autorisation, soit non prévu par le mandat se révèle nécessaire dans l'intérêt du mandant, le mandataire peut saisir le juge des tutelles pour le voir ordonner (art. 493 C. civ.).

Le mandataire conserve l'inventaire des biens et ses actualisations, les cinq derniers comptes de gestion, ainsi que les pièces justificatives. Il est tenu de les présenter au juge des tutelles ou au procureur de la République qui exercent une mission de surveillance générale, prévue à l'article 416 du Code civil (art. 494 C. civ.).

Le mandat de protection future doit nécessairement revêtir **la forme notariée** lorsqu'il s'agit d'un mandat pour autrui ou lorsqu'il porte sur les actes graves. Il est aussi possible de recourir à la forme notariée dans les autres hypothèses : mandat personnel ou mandat portant sur la gestion courante. L'établissement du mandat de protection future sous cette forme lui fait acquérir date certaine.

Le mandat ainsi établi, même conçu en termes généraux, inclut tous les actes patrimoniaux que le tuteur a le pouvoir d'accomplir seul ou avec une autorisation. Toutefois, le mandataire ne peut accomplir un acte de disposition à titre gratuit, tel un don ou un legs, qu'avec l'autorisation du juge des tutelles (art. 490 C. civ.). Lorsque le mandat est établi par acte authentique, il est reçu par un notaire choisi par le mandant (art. 489 C. civ.).

Le mandataire **rend compte au notaire** qui a établi le mandat en lui adressant ses comptes, auxquels sont annexées toutes les pièces justificatives utiles. Celui-ci en assure la conservation ainsi que celle de l'inventaire des biens et de ses actualisations. Le notaire saisit le juge des tutelles à la suite de tout mouvement de fonds et de tout acte non justifié ou qui n'apparaîtrait pas conforme aux stipulations du mandat (art. 491 C. civ.).

B) L'exécution du mandat de protection future

1) Les conditions de mise en œuvre

L'exécution du mandat de protection future ne pourra avoir lieu qu'après **la démonstration de l'incapacité du mandant**. Le mandataire doit pour cela produire le mandat au greffe du tribunal d'instance du lieu du domicile du mandant, accompagné d'un **certificat médical** émanant d'un médecin choisi sur la liste dressée par le procureur de la République. Le certificat devra établir que le mandant se trouve dans l'impossibilité de pourvoir seul à ses intérêts, en raison d'une altération de ses facultés mentales ou corporelles de nature à empêcher l'expression de sa volonté. Le greffier vise le mandat et date sa prise d'effet, puis le restitue au mandataire (art. 481 C. civ.).

Tout intéressé peut saisir le juge des tutelles aux fins de contester la mise en œuvre du mandat, ou de le voir statuer sur les conditions et les modalités de son exécution (art. 484 C. civ.). Cependant, une telle action ne peut se dérouler qu'*a posteriori*. En effet, la loi ne prévoit pas de possibilité de s'opposer à la prise d'effet du mandat au moment de la demande faite auprès du greffier du tribunal d'instance.

2) Les effets

Lors de l'ouverture de la mesure, le mandataire fait procéder à **l'inventaire des biens du mandant**. Il en assure l'actualisation au cours de son mandat afin de maintenir à jour l'état du patrimoine. Il établit annuellement le compte de sa gestion qui est vérifié selon les modalités fixées au mandat (art. 486 C. civ.).

Le mandataire exécute personnellement le mandat. Il peut lui être substitué un tiers pour les actions de gestion du patrimoine mais seulement à titre spécial (art. 482 C. civ.). Le mandataire ne peut, pendant l'exécution du mandat, être déchargé de ses fonctions qu'avec l'autorisation du juge des tutelles (art. 480, al. 3 C. civ.).

Le mandat de protection future s'exerce en principe à titre gratuit, sauf stipulation contraire précisée dans le mandat (art. 419, al. 3 C. civ.).

Les actes passés et les engagements contractés pendant la durée du mandat de protection future, par la personne qui en fait l'objet, **peuvent être rescindés pour simple lésion ou réduits en cas d'excès**, mais peuvent également être annulés pour insanité d'esprit en vertu de l'article 414-1 du Code civil. Les tribunaux prennent notamment en considération l'utilité ou l'inutilité de l'opération, l'importance ou la consistance du patrimoine de la personne protégée et la bonne ou mauvaise foi de ceux avec qui le mandant a contracté. L'action n'appartient qu'à la personne protégée et est transmissible après sa mort à ses héritiers. Elle s'éteint par le délai de cinq ans prévu à l'article 1304 du Code civil (art. 488 C. civ.).

3) Les modalités et effets de l'extinction

En vertu de l'article 483 du Code civil, le mandat de protection future prend fin par le rétablissement des facultés personnelles de l'intéressé, constaté à la demande du mandant ou du mandataire ; par le décès de la personne protégée ou son placement en curatelle ou en tutelle, sauf décision contraire du juge qui ouvre la mesure ; par le décès du mandataire, son placement sous une mesure de protection ou sa déconfiture (l'état d'insolvabilité notoire d'un débiteur civil). Enfin, la révocation du mandat peut être prononcée par le juge des tutelles à la demande de tout intéressé, lorsqu'il apparaît que les conditions d'ouverture d'une mesure de protection juridique ne sont pas réunies. Ainsi, s'il est établi que le majeur peut pourvoir seul à ses intérêts, le mandat prend fin. Il en sera de même lorsque les règles du droit commun de la représentation, ou celles relatives aux droits et devoirs respectifs des époux et aux régimes matrimoniaux, apparaissent suffisantes pour qu'il soit pourvu aux intérêts du mandant par son conjoint avec lequel la communauté de vie n'a pas cessé. Le mandat cesse également lorsque son exécution est de nature à porter atteinte aux intérêts du mandant.

Lorsque le juge des tutelles prononce la fin du mandat de protection future, il peut alors ouvrir une autre mesure de protection juridique telle que la sauvegarde de justice, la curatelle ou la tutelle (art. 485, al. 1 C. civ.). Le juge peut également suspendre les effets du mandat pour le temps d'une mesure de sauvegarde de justice (voir p. 103).

De même, lorsque le mandat de protection future ne permet pas de protéger de manière suffisante les intérêts du mandant, le juge peut ouvrir une mesure de protection juridique complémentaire, ou autoriser le mandataire ou un mandataire *ad hoc* à accomplir un ou plusieurs actes déterminés qui ne sont pas couverts par le mandat. Il peut en être ainsi lorsque l'acte porte sur la vente d'un immeuble alors que le mandat ne revêt pas la forme notariée.

À l'expiration du mandat et dans les cinq ans qui suivent, le mandataire tient à la disposition de la personne qui est amenée à poursuivre la gestion, de la personne protégée si elle a recouvré ses facultés ou de ses héritiers, l'inventaire des biens et ses actualisations, ainsi que les cinq derniers comptes de gestion et les pièces nécessaires pour sa poursuite ou pour assurer la liquidation de la succession de la personne protégée (art. 487 C. civ.).

§ 2. Les mesures de protection judiciaire

A) Les dispositions communes aux mesures de protection judiciaire

Un certain nombre de **dispositions générales et de principes directeurs** contenus aux articles 428 à 432 du Code civil, relatifs aux mesures de protection judiciaire ont été énoncés dans le cadre de la loi du 5 mars 2007.

Le principe de nécessité est réaffirmé (art. 428 C. civ.). Il signifie qu'une mesure de protection judiciaire ne peut être ordonnée que lorsque certaines conditions précisées par la loi sont réunies : **l'altération des facultés mentales ou l'altération des facultés corporelles qui empêchent la personne d'exprimer sa volonté en la mettant ainsi dans l'impossibilité de pourvoir seule à ses intérêts** (voir encadré E8, p. 97). L'application de ce principe implique également de réexaminer régulièrement si la mesure prononcée est toujours nécessaire. Ainsi la loi du 5 mars 2007 maintient le délai d'un an pour les mesures de sauvegarde de justice et instaure celui de cinq ans pour les mesures de curatelle et de tutelle. À l'issue de ce délai, une reconduction de la mesure est possible après production d'un certificat médical et audition du majeur.

Le principe de subsidiarité est également réaffirmé et sa portée élargie (art. 428 C. civ.). En vertu de celui-ci, les juges ne doivent prononcer une mesure de protection juridique que lorsque des dispositifs juridiques moins contraignants ne peuvent être mis en œuvre, et lorsque l'intéressé n'a pas lui-même organisé sa protection juridique au moyen d'un mandat de protection future. Jusqu'à la loi du 5 mars 2007, ce principe ne s'appliquait qu'en cas d'ouverture d'une mesure de tutelle. Désormais, quelle que soit la mesure judiciaire de protection envisagée, celle-ci ne peut être ordonnée que lorsque les règles du droit commun se révèlent insuffisantes. Parmi ces règles, il est possible de citer les procurations, le mandat de protection future, ou encore les règles relatives aux régimes matrimoniaux qui peuvent, par exemple, permettre à l'un des époux de saisir le juge des tutelles pour être autorisé à représenter de manière durable, ou pour un acte particulier, son conjoint hors d'état de manifester sa volonté (art. 217 à 219 C. civ.).

Enfin, en vertu du **principe de proportionnalité**, les mesures judiciaires doivent être individualisées en fonction du degré d'altération des facultés personnelles de l'intéressé. Ainsi, la curatelle ne pourra être prononcée que si la sauvegarde de justice n'assure pas une protection suffisante du majeur ; la tutelle uniquement si la curatelle et la sauvegarde de justice se révèlent insuffisantes.

Depuis le 1er janvier 2009, **le majeur doit être entendu** ou au moins appelé. Le juge dresse un procès-verbal de carence en cas de refus du majeur d'être entendu. Néanmoins, une exception est prévue : si l'audition est de nature à porter atteinte à la santé de l'intéressé ou si celui-ci est hors d'état d'exprimer sa volonté, le juge peut décider d'écarter celle-ci par décision spécialement motivée, prise sur avis médical (art. 432 C. civ.).

Jusqu'au 1er janvier 2009, le juge des tutelles pouvait se saisir d'office en cas de simple signalement émanant d'un intervenant social ou d'un tiers, ce qui représentait un peu plus de la moitié des cas d'ouverture de dossiers. Désormais, **peuvent saisir le juge des tutelles** en vertu de l'article 430 du Code civil : la personne à protéger, les membres de sa famille (le conjoint, le partenaire ou le concubin, si la communauté de vie existe toujours, les parents, les alliés), les personnes ayant un lien étroit et stable avec elle, la personne qui exerce à son égard une mesure de protection juridique (son curateur, son tuteur, son mandataire) et, enfin, le procureur de la République soit d'office, soit à la demande de tiers. Le législateur a retiré au juge des tutelles la possibilité de se saisir d'office. C'est le procureur de la République qui reçoit toutes les demandes provenant de personnes ne pouvant pas saisir directement le juge des tutelles et qui, en fonction de leur pertinence, les transmet ou non au juge des tutelles.

B) Les différents régimes de protection

1) La sauvegarde de justice

La sauvegarde de justice a été introduite dans le Code civil par la loi du 3 janvier 1968 pour des malades dont les difficultés semblaient ne pas devoir durer, telles les hypothèses de comas réversibles. Elle se définit comme une mesure de protection juridique judiciaire temporaire ou nécessaire pour l'accomplissement de certains actes déterminés, qui n'altère pas, en principe, la capacité de celui qui y est soumis (art. 433, al. 1 C. civ.).

a) Conditions d'ouverture

Une mesure de sauvegarde de justice peut être adoptée quand les facultés mentales ou corporelles d'un majeur sont altérées et qu'une mesure de protection juridique temporaire apparaît suffisante, ou lorsqu'une représentation du majeur concerné est nécessaire pour l'accomplissement de certains actes juridiques déterminés. Cette mesure peut également être décidée avant que ne soit mis en place un régime plus protecteur, comme la curatelle ou plus fréquemment la tutelle, pour la durée de l'instance, afin de pouvoir prendre des mesures conservatoires (art. 433 C. civ.).

Préalablement à l'ouverture d'une mesure de sauvegarde de justice, **une requête doit être adressée au juge des tutelles** du lieu du domicile du majeur concerné, accompagnée **d'un certificat médical circonstancié** (art. 431 C. civ.). Le majeur doit, en principe, être entendu, mais par dérogation, en cas d'urgence, le juge des tutelles peut statuer, sans avoir à procéder à **l'audition de la personne**. Dans ce cas, il devra l'entendre dans les meilleurs délais, sauf si, sur avis médical, son audition est de nature à porter préjudice à sa santé ou si la personne est hors d'état d'exprimer sa volonté (art. 432 C. civ.).

Le procureur qui a reçu la déclaration aux fins de sauvegarde ou la décision du juge des tutelles mentionne l'une ou l'autre sur un répertoire spécialement tenu à cet effet (art. 1242 CPC).

b) Fonctionnement

En principe, **le majeur** placé sous sauvegarde de justice **conserve pleinement l'exercice de ses droits**, c'est-à-dire qu'il peut accomplir, sans être ni représenté ni assisté, des actes juridiques quelle qu'en soit leur nature (art. 435 C. civ.). Il n'est donc pas privé de sa capacité juridique. La sauvegarde de justice est un régime de protection *a posteriori* qui permet au majeur d'accomplir librement tous les actes, mais qui le protège en facilitant l'obtention de leur nullité.

Cependant, le juge des tutelles, lorsque la protection de la personne l'impose, peut désigner un mandataire et lui conférer le pouvoir d'accomplir certains actes (art. 437 C. civ.). Dans ce cas, la personne placée sous sauvegarde de justice ne peut, à peine de nullité, effectuer un acte pour lequel un mandataire spécial a été désigné. Il peut s'agir d'un **mandat général**, portant sur l'ensemble des actes relatifs à la gestion des biens du majeur et/ou sur l'ensemble des actes relevant de la protection de la personne du majeur (art. 438 C. civ.), ou d'un **mandat spécial**, qui autorise le mandataire à effectuer pour la personne certains actes déterminés par le juge. Jusqu'à la loi du 5 mars 2007, le juge ne pouvait désigner un mandataire spécial que pour les actes d'administration. Depuis le 1er janvier 2009, le juge peut confier au mandataire spécial la réalisation d'un acte de disposition (art. 437, al. 2 C. civ.). Le mandataire spécial est tenu de rendre compte de l'exécution de son mandat à la personne protégée et au juge des tutelles (art. 437, al. 3 C. civ.). Il doit, chaque année, établir un compte de sa gestion auquel sont annexées toutes les pièces justificatives utiles et soumettre ce compte au greffier en chef du tribunal d'instance en vue de sa vérification (art. 510 et 511 C. civ. sur renvoi de l'art. 437, al. 3).

Les actes accomplis par une personne placée sous sauvegarde de justice sont en principe valables, mais sont susceptibles de faire l'objet **d'actions en annulation, en rescision pour lésion ou en réduction pour excès**. Ces deux dernières actions peuvent être exercées alors même que les conditions de l'action en nullité, en particulier l'insanité d'esprit au moment de l'acte, ne sont pas réunies.

Pour obtenir **la nullité de l'acte** accompli par le majeur, il faut démontrer l'insanité d'esprit au moment de l'accomplissement de l'acte (art. 414-1 C. civ.). Or, l'existence d'une mesure de sauvegarde de justice facilite l'obtention de cette preuve tout en permettant d'élargir le champ de l'action, puisque contrairement au droit commun, cette action peut être intentée même après le décès de l'auteur, si celui-ci était placé sous sauvegarde de justice au moment de l'acte.

L'**action en rescision pour lésion** se définit comme l'anéantissement d'un acte entaché d'un déséquilibre entre les prestations réciproques des parties. Dans cette hypothèse, il n'est pas nécessaire d'établir l'altération des facultés mentales au moment de l'acte. Cette action ne concerne que les actes conclus à titre onéreux, quelle qu'en soit leur nature (vente, contrat de location, échange), accomplis postérieurement à l'ouverture de la mesure de sauvegarde de justice. L'action est donc recevable lorsque, d'une part, l'acte a été conclu postérieurement à la décision d'ouverture d'une mesure de sauvegarde de justice et, d'autre part, qu'un déséquilibre entre, par exemple, la valeur d'un bien et le prix payé ou la valeur d'un bien et le montant du loyer est démontré. L'existence de la lésion, qui se prouve par tous moyens, est laissée à la libre appréciation des juges du fond. L'action en rescision pour lésion a pour conséquence la restitution des prestations réciproques.

Quant à l'**action en réduction pour excès**, elle suppose un acte qui a provoqué une dépense disproportionnée par rapport aux ressources de l'individu protégé. Ce n'est donc plus l'équilibre de la prestation qui est appréciée, mais les possibilités financières que l'intéressé avait d'accomplir cet acte. *A priori*, cette action doit aboutir à une réduction du montant de l'opération à des proportions compatibles avec la situation financière de l'intéressé. Cependant, l'annulation de l'acte se révèle parfois indispensable.

Pour les actions en rescision pour lésion et en réduction pour excès, les tribunaux prennent notamment en considération l'utilité ou l'inutilité de l'opération, l'importance ou la consistance du patrimoine de la personne protégée et la bonne ou mauvaise foi de ceux avec qui elle a contracté (art. 435, al. 2, C. civ.).

L'article 435 alinéa 3 du Code civil dispose que l'exercice de ces différentes actions n'appartient qu'à la seule personne protégée, et est transmissible après sa mort à ses héritiers. Le tuteur du majeur, s'il en a été désigné un, pourra donc agir car il est son représentant, mais pas le curateur. Ces trois actions s'éteignent par le délai de cinq ans prévu à l'article 1304 du Code civil.

c) Fin du régime

La mesure de sauvegarde de justice devient **automatiquement caduque après une année**. Elle peut néanmoins être renouvelée une seule fois pour la même durée (art. 439 C. civ.). Ce renouvellement ne peut être prononcé qu'avec la production d'un certificat médical circonstancié, établi par un médecin agréé.

La fin de la mesure peut également résulter d'une décision de mainlevée émanant du juge des tutelles lorsque le besoin de protection temporaire a cessé.

Enfin, l'ouverture d'une mesure de curatelle ou de tutelle entraîne la cessation de la mesure de sauvegarde de justice à compter du jour où la nouvelle mesure de protection prend effet. La mise en place d'un régime de protection plus important peut résulter d'une volonté de n'appliquer la mesure de sauvegarde de justice que pendant l'instance (en attendant que soit instaurée la mesure de curatelle ou de tutelle), ou d'une aggravation des altérations dont souffre le majeur.

2) La curatelle

La curatelle assure à la personne une protection plus complète que celle fournie dans le cadre de la sauvegarde de justice, mais qui reste moins contraignante que la mesure de tutelle.

La curatelle a pour objet d'assister ou de contrôler le majeur qui, sans être hors d'état d'agir lui-même, a besoin d'être assisté, de façon continue, dans les actes les plus importants de la vie civile.

a) Conditions d'ouverture

Peut bénéficier d'une mesure de curatelle, toute personne qui souffre d'une altération de ses facultés mentales ou corporelles l'empêchant d'exprimer sa volonté, et pour qui la protection offerte par la sauvegarde de justice se révèle insuffisante. Le majeur concerné doit être suffisamment apte à communiquer et à échanger pour que le conseil et l'assistance du curateur suffisent à sa protection (art. 440, al. 1 et 2 C. civ.). En revanche, depuis la loi du 5 mars 2007, les majeurs, qui par leur prodigalité, leur intempérance ou leur oisiveté s'exposent à tomber dans le besoin ou compromettent l'exécution de leurs obligations familiales ne peuvent plus faire l'objet d'une mesure de curatelle (voir p. 96).

Depuis le 1er janvier 2009, la mise en place de cette mesure peut être demandée au juge des tutelles par la personne à protéger, les membres de sa famille (conjoint, partenaire ou concubin si la communauté de vie n'a pas cessé, parents, alliés), les personnes ayant un lien étroit et stable avec elle, la personne qui exerce à son égard une mesure de protection juridique, comme un mandataire spécial nommé dans le cadre d'une mesure de sauvegarde ou un mandataire désigné dans un mandat de protection future, ou encore le procureur de la république, soit d'office soit sur requête d'un tiers.

Les extraits du jugement ouvrant une mesure de curatelle sont conservés au répertoire civil, tenu par les greffiers du tribunal de grande instance. Sur l'acte de naissance de l'intéressé figure la mention « RC » (répertoire civil) en marge de l'acte. En cas de mainlevée du jugement ou de radiation cela est indiqué. La décision n'est opposable aux tiers que deux mois après l'inscription portée en marge des actes d'état civil, à moins qu'ils en aient eu personnellement connaissance (art. 444 C. civ.).

b) Organisation et fonctionnement

Jusqu'à la loi du 5 mars 2007, la curatelle ne comprenait qu'un seul organe : le **curateur**. Désormais, celui-ci peut être accompagné d'un **subrogé curateur** (voir p. 108).

Il convient cependant de préciser que ni l'un ni l'autre ne peuvent être membres de professions médicales, de la pharmacie, ou des auxiliaires médicaux si le majeur protégé est un de leurs patients (art. 445, al. 2 C. civ.). En outre, les dispositions relatives aux interdictions, retraits et remplacements sont les mêmes que celles applicables à la tutelle des mineurs, énoncées aux articles 395 à 397 du Code civil (art. 445 C. civ.) (voir p. 85).

1. Le curateur

a. *Désignation du curateur*

La désignation du curateur s'opère dans les mêmes conditions que celle du tuteur.

La loi du 5 mars 2007 prévoit ainsi que le **mandat de protection future** peut stipuler qu'en cas de protection insuffisante, un curateur désigné dans l'acte sera nommé. Le choix opéré par le mandant s'impose alors au juge, sauf dans trois hypothèses : si la personne désignée refuse la mission, si elle est dans l'impossibilité de l'exercer ou si l'intérêt de la personne protégée commande de l'écarter (art. 448 C. civ.). Le curateur peut également être désigné dans **un testament**.

Ainsi, les parents ou le dernier vivant des père et mère, ne faisant pas l'objet d'une mesure de curatelle ou de tutelle, qui exercent l'autorité parentale sur leur enfant mineur ou assument la charge matérielle et affective de leur enfant majeur, peuvent désigner une ou plusieurs personnes chargées d'exercer les fonctions de curateur à compter du jour de leur décès ou de leur incapacité.

En l'absence de telles désignations, **le juge des tutelles nomme** comme curateur le conjoint de la personne protégée, le partenaire avec qui elle a conclu un pacte civil de solidarité ou son concubin, à moins que la vie commune ait cessé entre eux ou qu'une autre cause empêche de lui confier cette charge. **La loi du 5 mars 2007 élargit donc le choix ouvert au juge des tutelles en permettant la désignation, non plus seulement du conjoint, mais également du concubin et du partenaire.** À défaut d'une telle nomination, le juge désigne un parent, un allié ou une personne résidant avec le majeur protégé et entretenant avec lui des liens étroits et stables (art. 449 C. civ.). Le juge doit alors prendre en considération les sentiments exprimés par le majeur, ses relations habituelles, l'intérêt porté à son égard, et les recommandations éventuelles de ses parents et alliés ainsi que de son entourage.

Lorsqu'aucun membre de la famille ou aucun proche ne peut assumer la curatelle, le juge désigne un curateur professionnel, dénommé **mandataire judiciaire à la protection des majeurs** (art. 450 C. civ.). Si l'intérêt de la personne hébergée ou soignée dans un établissement de santé ou dans un établissement social ou médico-social le justifie, le juge peut nommer, en qualité de curateur, une personne ou un service préposé de l'établissement inscrit sur la liste des mandataires judiciaires à la protection des majeurs (art. 451 C. civ.).

Le juge des tutelles peut désigner plusieurs curateurs, en considération de la situation de la personne protégée, des aptitudes des intéressés et de la consistance du patrimoine à administrer. Ceux-ci exercent alors en commun la mesure de protection. Le juge des tutelles peut ainsi diviser la mesure de protection entre un curateur chargé de la protection de la personne et un curateur chargé de la gestion patrimoniale. Il peut également confier la gestion de certains biens, tel un bien immobilier, à un curateur adjoint. Chaque curateur est réputé, à l'égard des tiers, avoir reçu des autres le pouvoir d'accomplir seul les actes conservatoires et d'administration. À moins que le juge n'en ait décidé autrement, les différents curateurs sont indépendants, et ne sont pas responsables les uns envers les autres. Ils s'informent toutefois des décisions qu'ils prennent.

b. *Missions*

La curatelle est une **charge personnelle**. Le curateur peut toutefois s'adjoindre, sous sa propre responsabilité, le concours d'un tiers, dès lors que celui-ci ne fait pas l'objet d'une mesure de protection juridique (art. 452 C. civ.).

À la différence du tuteur, **le rôle du curateur est d'assister et non de représenter le majeur**. Cela signifie que le curateur est présent lorsque le majeur doit prendre certaines décisions, mais qu'il ne peut pas se substituer à lui pour agir en son nom (art. 469, al. 1 C. civ.). La loi du 5 mars 2007 impose ainsi pour toute action en justice relative à des droits patrimoniaux, que ce soit en demande ou en défense, que le curateur assiste le majeur incapable (art. 475 C. civ. sur renvoi de l'article 467). La jurisprudence antérieure avait pourtant autorisé le majeur à exercer seul de telles actions (Cass. 1re civ., 5 octobre 1994, JCP G 1995, II, 22555, note *T. Fossier*). Cependant, la loi permet au curateur, lorsque le majeur compromet gravement ses intérêts, en refusant, par exemple, de conclure un contrat lui permettant d'accéder à un logement, de saisir le juge des tutelles afin que celui-ci l'autorise à accomplir au nom du majeur un acte déterminé. De plus, dans le jugement d'ouverture de la curatelle, le juge peut indiquer que le curateur représentera le majeur pour certains actes déterminés.

La mission confiée au curateur s'étend à la protection de la personne, sauf décision contraire du juge. La personne protégée reçoit du curateur **toute information sur sa situation personnelle, les actes concernés, leur utilité, leur degré d'urgence, leurs effets et les conséquences d'un refus de sa part** (art. 457-1 C. civ.).

Enfin, le curateur peut saisir le juge des tutelles afin de provoquer l'ouverture d'une mesure de tutelle.

Le curateur est nommé pour cinq ans et n'est pas tenu de conserver cette charge au-delà de ce délai, à l'exception du conjoint, du partenaire du pacte civil de solidarité et des enfants de l'intéressé, ainsi que des mandataires judiciaires à la protection des majeurs (art. 453 C. civ.). Le maintien de cette obligation pour le conjoint, le partenaire et les enfants est une traduction de l'obligation alimentaire qui les lie au majeur, ce qui explique qu'elle ne s'impose pas, notamment, au concubin.

2. **Le subrogé curateur**

a. *Désignation*

Le juge peut, lorsqu'il l'estime nécessaire au regard par exemple de l'importance du patrimoine du majeur, **désigner un subrogé curateur** (art. 454 C. civ.). Si le curateur est un parent ou un allié de la personne protégée dans une branche, le subrogé curateur est choisi, dans la mesure du possible, dans l'autre branche.

Lorsqu'aucun membre de la famille ou aucun proche ne peut assumer les fonctions de subrogé curateur, un mandataire judiciaire à la protection des majeurs est désigné.

b. *Missions*

En vertu de l'article 454 du Code civil, à peine d'engager sa responsabilité à l'égard de la personne protégée, le subrogé curateur **surveille les actes passés** par le curateur et informe **sans délai le juge** s'il constate des fautes dans l'exercice de sa mission.

Le subrogé curateur a également une mission d'**assistance à l'égard de la personne protégée** lorsque les intérêts de celle-ci sont en opposition avec ceux du curateur. Tel est le cas, par exemple, lorsqu'il faut procéder aux opérations de liquidation de droits et d'obligations d'un pacte civil de solidarité conclu par le majeur et que le curateur est le partenaire (art. 461 C. civ.), ou lorsque le curateur est le bénéficiaire d'une donation émanant du majeur (art. 470, al. 3 C. civ.)

Enfin, le subrogé curateur est **informé et consulté** par le curateur avant tout acte grave accompli par celui-ci, telle la vente d'un bien d'une valeur importante.

La charge du subrogé curateur cesse en même temps que celle du curateur. Lorsque le curateur cesse ses fonctions, le subrogé curateur ne le remplace pas de plein droit. Cependant, ce dernier est tenu de provoquer le remplacement du curateur, sous peine d'engager sa responsabilité à l'égard de la personne protégée.

3. Les pouvoirs du majeur placé en curatelle

a. *Les actes patrimoniaux*

Pour les actes patrimoniaux, il convient de distinguer la curatelle ordinaire de la curatelle renforcée, dans le cadre de laquelle les pouvoirs conférés au curateur sont plus importants. Un majeur soumis à un régime de curatelle ordinaire **peut accomplir seul les actes de la vie courante et les actes d'administration**. Depuis le 1er janvier 2009, il ne peut plus exercer seul **les actions en justice relatives à ses droits patrimoniaux** pour lesquelles l'assistance de son curateur sera requise (art. 467 et 475 C. civ). Néanmoins, si le curateur refuse cette assistance le majeur protégé peut demander au juge des tutelles une autorisation spécifique.

En revanche, pour les actes les plus graves qui nécessitent l'accord du juge des tutelles ou du conseil de famille en matière de tutelle, c'est-à-dire **les actes de disposition** : l'emprunt, la vente d'un appartement, la cession de meubles précieux, la donation, le majeur doit être assisté de son curateur qui appose son contreseing sur l'acte (art. 467 C. civ.). Il en est de même pour **la réception et l'emploi de capitaux** (art. 468 C. civ.). Le curateur conseille le majeur sur l'utilisation des fonds. Le majeur placé en curatelle peut tester librement, mais le testament peut être annulé s'il est établi que le majeur n'était pas sain d'esprit lors de sa rédaction (art. 470 C. civ.).

La **curatelle renforcée** prévue à l'article 472 du Code civil est une mesure plus contraignante et plus protectrice que la curatelle ordinaire ; le curateur joue non seulement un rôle d'assistance, mais dispose également d'un pouvoir de représentation, notamment pour la perception des revenus et le paiement des dépenses. En effet, dans le cadre d'une curatelle renforcée, le majeur n'a plus accès à ses revenus. C'est donc le curateur qui les gère, paye les factures, place les économies, et qui devient l'interlocuteur de la banque et des différents créanciers. La loi du 5 mars 2007 a même renforcé les pouvoirs du curateur en autorisant celui-ci à conclure seul un bail d'habitation ou une convention d'hébergement au nom du majeur protégé (art. 472, al. 2 C. civ.). De plus, les modalités du contrôle de sa gestion ont été précisées : le curateur est ainsi soumis à l'obligation d'établir l'inventaire des biens du majeur, et doit rendre compte chaque année de sa gestion auprès du greffier en chef du tribunal d'instance (art. 510 C. civ.). La curatelle renforcée devient de plus en plus fréquente en France. En effet, elle permet d'éviter la mise en place d'une tutelle, tout en assurant un certain contrôle des revenus de la personne protégée. La Cour de cassation a néanmoins précisé qu'un majeur ne peut être placé en curatelle renforcée que s'il est établi qu'il est inapte à percevoir ses revenus et à en faire une utilisation normale. Elle a sanctionné les juges du fond qui s'étaient contentés, pour justifier la mise en place d'un tel régime, de constater l'échec d'une tentative de plus grande autonomie laissée au majeur par l'instauration d'une curatelle simple (Cass. civ. 1re, 25 novembre 2009, pourvoi n° 08-19738).

En vertu de l'article 471 du Code civil, le juge des tutelles peut augmenter ou réduire la capacité du majeur en curatelle et ainsi déroger aux dispositions évoquées précédemment. Il dispose en effet d'un pouvoir souverain pour énumérer les actes que le majeur a la capacité de faire seul, ou à l'inverse exiger pour leur conclusion l'assistance du curateur.

La loi du 5 mars 2007 a apporté quelques modifications aux **sanctions applicables en cas d'irrégularité des actes** et distingue les actes accomplis postérieurement à la publicité du jugement d'ouverture et ceux réalisés dans les deux ans qui précédent la publicité de ce jugement.

Les obligations résultant des actes accomplis dans les deux ans qui ont précédé la publicité du jugement d'ouverture de la curatelle peuvent être réduites dès lors qu'il est prouvé que l'inaptitude du majeur, résultant de l'altération de ses facultés personnelles, était notoire ou connue du cocontractant au moment de l'acte. La nullité pourra également être prononcée si le majeur a subi un préjudice né de la conclusion de cet acte. Ces actions doivent être introduites dans les cinq ans de la date du jugement d'ouverture de la curatelle (art. 464 C. civ.).

Les actes accomplis postérieurement à la publicité du jugement d'ouverture de la mesure de curatelle, en particulier ceux que le majeur peut effectuer seul, peuvent être **rescindés pour lésion ou réduits pour excès**, comme dans le cadre d'une mesure de sauvegarde de justice. Si un acte a été effectué sans que le majeur ne bénéficie de l'assistance requise par la loi, celui-ci ou son curateur, avec l'autorisation du juge des tutelles, peut demander la nullité de l'acte conclu. Cependant, cette nullité n'est pas prononcée de plein droit, mais uniquement s'il est démontré que l'acte a été préjudiciable au majeur. De plus, elle ne peut plus être demandée lorsque le curateur a approuvé *a posteriori* l'acte. En revanche, si l'acte visé nécessitait la représentation du majeur, alors il est nul de plein droit. Il en est de même lorsque le curateur a accompli seul un acte qui aurait dû être effectué par la personne protégée seule, ou avec sa seule assistance, ou avec une autorisation préalable du juge des tutelles (art. 465 C. civ.). Ces différentes actions en nullité sont prescrites par cinq ans (art. 1305 C. civ.).

b. *Les actes personnels*

En ce qui concerne **les actes de nature personnelle**, la loi du 5 mars 2007 énonce, d'une part, des dispositions générales qui sont fonction de la gravité de l'acte et, d'autre part, des dispositions spécifiques applicables à certains actes personnels.

En vertu de l'article 458 du Code civil, et sous réserve des dispositions particulières prévues par la loi, l'accomplissement des actes dont la nature implique un consentement strictement personnel ne peut jamais donner lieu à assistance ou représentation de la personne protégée. **Sont réputés strictement personnels** : la déclaration de naissance d'un enfant, l'acte de reconnaissance, les actes de l'autorité parentale relatifs à la personne d'un enfant, la déclaration du choix ou du changement du nom d'un enfant et le consentement donné à sa propre adoption ou à celle de son enfant. De plus, la loi prévoit que la personne protégée prend seule les décisions relatives à sa personne dans la mesure où son état le permet (art. 459 C. civ.). Si tel n'est pas le cas, le juge des tutelles peut prévoir que le majeur bénéficiera, pour l'ensemble des actes relatifs à sa personne ou ceux qu'il énumère, de l'assistance de la personne chargée de sa protection. Cependant, cette dernière ne peut prendre à l'égard du majeur que **les mesures de protection strictement nécessaires pour mettre fin au danger** que l'intéressé ferait courir à lui-même du fait de son comportement. La personne chargée de la protection en informe sans délai le juge. Toutefois, sauf urgence, elle ne peut, sans l'autorisation du juge, prendre une décision ayant pour effet de porter gravement atteinte à l'intégrité corporelle de la personne protégée ou à l'intimité de sa vie privée.

Les dispositions spécifiques en matière d'actes personnels portent sur le lieu de résidence du majeur, le mariage, la conclusion d'un pacte civil de solidarité et sur l'exercice de l'autorité parentale.

La personne protégée choisit le **lieu de sa résidence**. Elle entretient librement des relations personnelles avec tout tiers, parent ou non. Elle a le droit d'être visitée et, le cas échéant, d'être hébergée par ceux-ci. En cas de difficulté, comme par exemple le refus de la maison de retraite d'autoriser le majeur à se rendre pour quelques jours chez l'un de ses enfants, le juge statue (art. 459-2 C. civ.).

Le mariage d'une personne en curatelle n'est permis qu'avec le consentement du curateur ou, à défaut, celui du juge des tutelles (art. 460, al. 1 C. civ.), comme cela était déjà prévu sous l'empire de la loi de 1968. Il convient également de rappeler que lorsqu'un époux est placé sous un régime de protection, aucune demande en divorce par consentement mutuel ou pour acceptation du principe de la rupture du mariage ne peut être présentée (art. 249-4 C. civ.). Seules des demandes en divorce pour altération définitive du lien conjugal ou des demandes en divorce pour faute peuvent être formées. Dans ces hypothèses, le majeur en curatelle exerce l'action lui-même avec l'assistance du curateur.

Les dispositions applicables en matière de **pacte civil de solidarité** ont été considérablement modifiées par la loi du 5 mars 2007. Jusqu'au 1er janvier 2009, aucune autorisation ou assistance du curateur pour la conclusion ou la modification d'un tel acte n'était nécessaire. Désormais, la personne en curatelle ne peut, sans l'assistance du curateur, signer la convention par laquelle elle conclut un pacte civil de solidarité ou modifie un tel contrat. Cependant, aucune assistance n'est requise lors de la déclaration conjointe au greffe du tribunal d'instance ou lors de la rupture d'un pacte civil de solidarité que ce soit par déclaration conjointe ou par décision unilatérale (art. 461 C. civ.). L'assistance du curateur n'est requise que pour procéder à la signification de la fin du pacte civil de solidarité. De plus, le curateur assiste le majeur pour procéder aux opérations de liquidation des droits et obligations résultant du pacte civil de solidarité et pour l'évaluation des créances.

Enfin, le majeur en curatelle continue à **exercer l'autorité parentale** sur ses enfants mineurs. En effet, son exercice n'est ni suspendu, ni retiré du seul fait de l'ouverture d'une mesure de curatelle (art. 458 C. civ.).

c) Fin du régime

Depuis le 1er janvier 2009, les mesures de curatelle, comme les mesures de tutelle, sont prononcées pour un temps déterminé qui **ne peut excéder cinq ans** (art. 441 C. civ.). À l'expiration du délai fixé par le jugement d'ouverture, la mesure prend fin, à moins qu'elle ne soit renouvelée par le juge pour une même durée (art. 442, al. 1 C. civ.). Cependant, si l'état du majeur n'est susceptible d'aucune amélioration, le renouvellement de la mesure peut s'effectuer pour une période plus longue, après avis conforme du médecin agréé.

Le juge peut, à tout moment, mettre fin à la mesure de curatelle, la modifier ou lui substituer une autre mesure, après avoir recueilli l'avis de la personne chargée de la mesure de protection (art. 442, al. 3 C. civ.).

Enfin, le décès du majeur (art. 443, al. 1 C. civ.), l'ouverture d'une mesure de tutelle ou à l'inverse la disparition des altérations dont souffrait le majeur et donc le prononcé d'une mainlevée de la mesure, entraînent la fin de ce régime de protection. La loi du 5 mars 2007 précise également que la mesure de curatelle peut cesser lorsque le majeur concerné quitte le territoire national, si l'éloignement empêche le suivi et le contrôle de la mesure (art. 443, al. 2 C. civ.).

3) La tutelle

La tutelle a pour objet de **protéger les individus qui souffrent des altérations les plus graves**. Par conséquent, ce régime met en place la protection la plus étendue dans les hypothèses où l'incapacité est la plus grande.

a) Conditions d'ouverture

Une mesure de tutelle peut être ouverte lorsque la personne concernée souffre d'une altération grave et durable de ses facultés mentales ou corporelles, tel un coma ou une maladie mentale profonde et doit, pour cette raison, être représentée d'une manière continue dans les actes de la vie civile (art. 440, al. 3 C. civ.).

Dans le respect du principe de proportionnalité, la tutelle peut être prononcée uniquement s'il est établi que ni la sauvegarde de justice, ni la curatelle ne peuvent assurer une protection suffisante (art. 440, al. 4 C. civ.). Comme pour les autres mesures de protection juridique permanente, un certificat médical établi par un médecin agréé devra constater, d'une part, la gravité de l'altération des facultés personnelles, d'autre part, que cette altération empêche le majeur d'exprimer sa volonté.

Depuis le 1er janvier 2009, peuvent demander l'ouverture d'une mesure de tutelle : la personne à protéger, les membres de sa famille (conjoint, partenaire d'un pacte civil de solidarité ou concubin si la communauté de vie est maintenue, parents et alliés), les personnes ayant un lien étroit et stable avec le majeur, la personne qui exerce à son égard une mesure de protection juridique, le curateur, par exemple, et le procureur de la République.

Les jugements d'ouverture d'une mesure de tutelle sont enregistrés au répertoire civil du tribunal de grande instance, et la mention des initiales RC (répertoire civil) est apposée en marge de l'acte de naissance de la personne protégée. La décision de tutelle devient opposable aux tiers deux mois après que la mention ait été portée en marge de l'acte de naissance de la personne concernée, à moins qu'ils en aient eu personnellement connaissance (art. 444 C. civ.).

La décision de refus comme celle d'ouverture d'une mesure de tutelle est susceptible d'un recours devant le tribunal de grande instance par les personnes ayant qualité pour agir (art. 1239 CPC).

b) Organisation et fonctionnement

1. Organisation

Avant le 1er janvier 2009, l'organisation de la tutelle pouvait revêtir quatre formes différentes : **la tutelle complète, l'administration légale sous contrôle judiciaire, la tutelle en gérance et la tutelle d'État**, ces trois dernières formes de tutelle ayant en commun de ne comprendre ni subrogé tuteur ni conseil de famille.

La loi du 5 mars 2007 a apporté des modifications substantielles à cette organisation puisque seules deux formes de tutelle subsistent : la tutelle complète et la tutelle simplifiée.

La tutelle complète comprend un organe d'État : le juge des tutelles, et trois organes familiaux : deux sont composés d'un seul individu, le tuteur et le subrogé tuteur, l'autre est collégial, le conseil de famille. Mais cette organisation n'est pas automatique, le législateur ne la prévoit que si « les nécessités de la protection de la personne ou la consistance de son patrimoine le justifient et si la composition de sa famille ou de son entourage le permet » (art. 456 C. civ.).

La tutelle simplifiée comprend un ou plusieurs tuteurs, mais pas de conseil de famille. En revanche, il est possible qu'un subrogé tuteur soit désigné afin d'aider et de surveiller le tuteur dans sa mission.

Les dispositions concernant **les interdictions d'exercer des charges tutélaires ainsi que celles relatives au retrait et au remplacement des organes de la tutelle sont identiques à celles exposées précédemment dans le cadre de la tutelle des mineurs** (art. 445, al. 1 C. civ., voir p. 85), auxquelles s'ajoute depuis la loi du 5 mars 2007, l'interdiction pour les membres des professions médicales et de la pharmacie ainsi que pour les auxiliaires médicaux d'exercer une charge tutélaire à l'égard de leur patient (art. 445, al. 2 C. civ.).

a. *Désignation et rôle du tuteur*

Les modalités de désignation du tuteur sont identiques à celles prévues pour la désignation du curateur (voir p. 106), à ceci près que si un conseil de famille a été constitué, c'est lui et non le juge des tutelles qui sera chargé de cette désignation (art. 456, al. 3 C. civ.). Ainsi, ce n'est qu'à défaut de désignation d'un tuteur dans un mandat de protection future et dans un testament, que le conjoint, le partenaire ou le concubin, si la communauté de vie a été maintenue, pourront être désignés en tant que tel (art. 449 C. civ.). À défaut, est désigné comme tuteur un parent, un allié ou une personne résidant avec le majeur protégé et entretenant avec lui des liens étroits et stables. Enfin, si aucun membre de la famille ou aucun proche ne peut assumer la tutelle, un professionnel, un mandataire judiciaire à la protection des majeurs, est nommé (art. 450 C. civ.).

Comme dans le cadre de la curatelle, le juge peut, en considération de la situation de la personne protégée, des aptitudes des intéressés et de la consistance du patrimoine à administrer, **désigner plusieurs tuteurs** chargés d'exercer en commun la mesure de protection ; cela permet, par exemple, de diviser la mesure de protection entre un tuteur chargé de la protection de la personne et un tuteur chargé de la gestion patrimoniale. Il peut également confier la gestion de certains biens à un tuteur adjoint (art. 454 C. civ.).

La tutelle, comme la curatelle, est une **charge personnelle** (art. 452 C. civ.). Cependant, le tuteur peut s'adjoindre le concours de tiers majeurs ne faisant pas l'objet d'une mesure de protection juridique pour l'accomplissement des actes conservatoires et des actes d'administration, sous réserve qu'ils n'emportent ni paiement ni encaissement de sommes d'argent par ou pour la personne protégée (Décr. n° 2008-1484 du 22 décembre 2008, art. 3).

En principe, un tuteur n'est pas tenu de conserver cette charge au-delà d'un délai fixé par la loi à cinq ans. Cependant, lorsque le tuteur est le conjoint ou le partenaire d'un pacte civil de solidarité ou l'un des enfants du majeur, cette obligation est maintenue en raison de l'obligation alimentaire qui existe entre le tuteur et le majeur protégé. Tel est également le cas lorsque le tuteur est un mandataire judiciaire à la protection des majeurs (art. 453 C. civ.).

En matière patrimoniale, **le rôle du tuteur** consiste à conserver les biens du majeur protégé en vue de leur restitution au terme de la mesure de protection. Par conséquent, tant que les actes ont pour objet d'assurer la conservation de ce patrimoine, il agit seul. En revanche, lorsque les actes ont pour objet de toucher à l'intégralité de ce patrimoine, des précautions entourent son action, comme la nécessité d'obtenir certaines autorisations. Le tuteur est aussi tenu d'apporter des « soins diligents et avisés, dans le seul intérêt de la personne protégée » dans la gestion du patrimoine du majeur.

Dans les trois mois de l'ouverture de la tutelle, le tuteur fait procéder, en présence du subrogé tuteur s'il a été désigné, à **un inventaire des biens de la personne protégée** qu'il transmet ensuite au juge. Il en assure l'actualisation tout au long de la mesure de protection. Le tuteur peut obtenir communication de tous renseignements et documents nécessaires à l'établissement de cet inventaire auprès de toute personne, publique ou privée, sans que puisse lui être opposé le secret professionnel ou le secret bancaire (art. 503 C. civ.).

Le tuteur établit chaque année un compte de sa gestion auquel sont annexées toutes les pièces justificatives utiles. À cette fin, il sollicite des établissements auprès desquels un ou plusieurs comptes sont ouverts au nom de la personne protégée, un relevé annuel de ceux-ci. Le tuteur soumet chaque année le compte de gestion, accompagné des pièces justificatives, au greffier en chef du tribunal d'instance en vue de sa vérification. Si ce dernier refuse d'approuver les comptes, il dresse un rapport de difficulté transmis au juge. Le juge peut libérer le greffier en chef de cette mission de vérification en transférant cette mission, soit au subrogé tuteur s'il en a été nommé un, soit au conseil de famille s'il a été désigné un mandataire judiciaire à la protection des majeurs. De plus, le juge peut dispenser le tuteur d'établir un compte annuel, dès lors que les revenus et le patrimoine de la personne protégée sont modiques. Enfin, à l'issue de la tutelle, les obligations comptables du tuteur sont allégées depuis le 1er janvier 2009 : le compte définitif de tutelle est supprimé, et la loi exige qu'il ne soit établi qu'un simple récapitulatif de l'ensemble des opérations intervenues entre le dernier compte annuel et la cessation de la tutelle (art. 514 C. civ.).

b. *Désignation et rôle du subrogé tuteur*

Le juge des tutelles peut, s'il l'estime nécessaire, et sous réserve des pouvoirs du conseil de famille s'il a été constitué, **désigner un subrogé tuteur**. La réforme opérée par la loi du 5 mars 2007 autorise, sur demande du juge, la désignation d'un subrogé tuteur même en l'absence de conseil de famille (art. 454 C. civ.). Si le tuteur est un parent ou allié de la personne protégée dans une branche, le subrogé tuteur est choisi, dans la mesure du possible, dans l'autre branche. Lorsqu'aucun membre de la famille ou aucun proche ne peut assumer les fonctions de subrogé tuteur, il peut être désigné un mandataire judiciaire à la protection des majeurs.

Le subrogé tuteur exerce **une mission identique à celle du subrogé curateur** (voir p. 108). Il joue à la fois un rôle de surveillant et de remplaçant du tuteur, chaque fois qu'il peut y avoir conflit d'intérêt entre ce dernier et le majeur. Ainsi, en cas de rupture d'un pacte civil de solidarité, lorsque le tuteur est lié au majeur protégé par ce pacte, c'est le subrogé tuteur qui sera chargé d'effectuer la signification de la rupture, si celle-ci est nécessaire, ainsi que d'accomplir l'ensemble des opérations de liquidation (art. 462, al. 8 C. civ.). Le subrogé tuteur est également tenu d'informer sans délai le juge s'il constate des fautes dans l'exercice de sa mission. Enfin, il est informé et consulté par le tuteur avant tout acte grave accompli par celui-ci (art. 454, al. 4 à 6 C. civ.).

La charge du subrogé tuteur cesse en même temps que celle du tuteur. Le subrogé tuteur est toutefois tenu de provoquer le remplacement du tuteur en cas de cessation des fonctions de celui-ci sous peine d'engager sa responsabilité à l'égard de la personne protégée (art. 454, al. 7 C. civ.).

c. *Désignation et rôle du conseil de famille*

Le conseil de famille a été conservé par les rédacteurs de la loi du 5 mars 2007 malgré sa très faible utilisation, mais d'importantes modifications ont été apportées.

Le juge des tutelles peut organiser une tutelle avec un conseil de famille, mais ce n'est en aucun cas une obligation. **À défaut de conseil de famille**, le juge organise une **tutelle dite simplifiée**. Le législateur a cependant précisé qu'il était souhaitable qu'un conseil de famille soit désigné lorsque cela était guidé par un souci d'une meilleure protection des intérêts du majeur, ou lorsque la consistance de son patrimoine le justifiait, et dans la mesure où cette constitution apparaît possible au regard de la composition de la famille et de l'entourage du majeur (art. 456, al. 1 C. civ.). La **tutelle** est alors dite **complète**.

Concernant la composition du conseil de famille, la référence aux « parents et amis », formule adaptée aux seuls mineurs a été supprimée. Le juge des tutelles doit à présent choisir les membres du conseil en tenant compte des sentiments exprimés par le majeur protégé au cours de son entretien lors de l'ouverture de la mesure, de l'intérêt porté à la personne et des recommandations formulées par les parents, les alliés et l'entourage. Le juge doit éviter, comme dans le cadre de la tutelle des mineurs, de laisser l'une des deux branches sans représentation (art. 399, al. 5 C. civ. sur renvoi art. 456, al. 4).

Le conseil de famille est composé d'au moins quatre membres, y compris le tuteur et le subrogé tuteur, mais sans compter le juge des tutelles.

Le conseil de famille joue un rôle particulièrement important dans le cadre de la tutelle complète, puisqu'il est chargé de donner au tuteur toutes les autorisations requises par la loi pour la gestion des biens du majeur, à charge pour le tuteur de les exécuter. C'est également lui qui peut décider d'allouer des indemnités au tuteur. Autre nouveauté de la loi du 5 mars 2007, le juge peut autoriser le conseil de famille à se réunir et à délibérer hors de sa présence, lorsqu'il a désigné un mandataire judiciaire à la protection des majeurs comme tuteur ou subrogé tuteur.

En cas de dol, de fraude ou de non-respect de certaines formalités, comme l'absence de convocation de l'un des membres du conseil de famille, **une action en nullité** contre les décisions prises par le conseil de famille peut être intentée (art. 402, al. 1 C. civ. sur renvoi art. 456, al. 3). Cette action peut être exercée par le tuteur, le subrogé tuteur, les autres membres du conseil de famille ou le procureur de la République, en principe dans les deux années qui suivent la délibération. Elle peut également l'être par le majeur protégé à compter du jour où la mesure de protection prend fin (art. 456, al. 3 C. civ.). Le point de départ du délai de cette action est cependant repoussé, en cas de dol ou de fraude, au jour de la découverte du dol ou de la fraude (art. 402, al. 1 C. civ.).

2. Fonctionnement

La tutelle a pour objet de **rendre incapable le majeur pour tous les actes juridiques** (art. 473 C. civ.). Cette incapacité est de droit, c'est-à-dire qu'elle résulte du jugement d'ouverture de la tutelle, et continue. Peu importe que le majeur soit dans certains intervalles parfaitement lucide et conscient. Les actes juridiques devront par conséquent être conclus par le tuteur parfois seul, parfois avec l'accord du conseil de famille, et parfois avec une autorisation préalable du juge des tutelles. La liste des actes qu'un tuteur peut accomplir seul, établie par la loi du 5 mars 2007, a été complétée par un décret du 22 décembre 2008 relatif aux actes de gestion du patrimoine des personnes placées en curatelle ou en tutelle.

La loi du 5 mars 2007 précise que le tuteur est tenu d'apporter dans **la gestion du patrimoine** des soins prudents, diligents et avisés dans le seul intérêt de la personne protégée (art. 496, al. 2 C. civ.).

Actes que le tuteur accomplit sans autorisation. Le tuteur accomplit **seul les actes conservatoires** ainsi que les actes d'administration nécessaires à la gestion du patrimoine de la personne protégée, tels la perception des revenus, l'exercice d'une action en justice relative à un droit patrimonial, la conclusion et la rupture d'un contrat de travail en qualité d'employeur (art. 504 C. civ. sur renvoi de l'article 474 ; Décr. n° 2008-1484 du 22 décembre 2008). Le tuteur peut aussi **conclure un bail portant sur un bien appartenant au majeur**. Cependant, les baux consentis par le tuteur ne confèrent au preneur, à l'encontre de la personne protégée devenue capable, aucun droit au renouvellement ou droit à se maintenir dans les lieux à l'expiration du bail, quand bien même il existerait des dispositions légales contraires. Ces dispositions (art. 504 C. civ. sur renvoi de l'article 474 ; D. n° 2008-1484 du 22 décembre 2008) ne sont toutefois pas applicables aux contrats de location conclus avant l'ouverture de la tutelle et renouvelés par le tuteur.

Actes que le tuteur accomplit avec une autorisation. Les principaux actes qui nécessitent une autorisation du conseil de famille ou, à défaut, du juge des tutelles, sont les actes de vente d'un bien d'une valeur importante, la vente ou l'achat d'immeuble, d'un fonds de commerce, d'objets précieux ou encore les apports en société (art. 505 C. civ.). À titre exceptionnel et dans l'intérêt de la personne protégée, le tuteur qui n'est pas mandataire judiciaire à la protection des majeurs peut, sur autorisation du conseil de famille ou, à défaut, du juge, acheter les biens de celle-ci ou les prendre à bail ou à ferme (art. 508 C. civ.). De même, le juge des tutelles doit donner son accord à la conclusion d'une transaction ou d'un compromis (art. 506 C. civ.), au partage amiable effectué par un notaire qui est désigné par le conseil de famille ou le juge (art. 507 C. civ.). Enfin, le tuteur ne peut exercer seul une action judiciaire, que ce soit en demande ou en défense, pour faire valoir des droits extrapatrimoniaux du majeur, qu'après autorisation du juge ou du conseil de famille dans le cadre d'une tutelle complète (art. 475 C. civ.). Pour chacun de ces actes, le tuteur doit donc obtenir une autorisation. La loi précise le contenu de cette autorisation, telles par exemple les conditions d'une vente. Cependant, en cas d'urgence, le juge peut, par décision spécialement motivée prise à la requête du tuteur, autoriser, en lieu et place du conseil de famille, la vente d'instruments financiers, à charge qu'il en soit rendu compte sans délai au conseil qui décide de leur remploi.

Actes que le tuteur ne peut pas accomplir. En vertu de l'article 509 du Code civil, le tuteur ne peut, même avec une autorisation, accomplir des actes qui emportent une aliénation gratuite des biens ou des droits de la personne protégée. Ainsi, il ne peut pas acquérir d'un tiers un droit ou une créance que ce dernier détient contre la personne protégée, il ne peut pas exercer un commerce ou une profession libérale au nom de la personne protégée ou encore acheter les biens de la personne protégée ainsi que les prendre à bail ou à ferme.

Actes que le majeur peut accomplir seul (art. 473 C. civ.). Le majeur en tutelle est autorisé à accomplir seul les actes que la loi ou l'usage l'autorise. En vertu de l'usage, un majeur en tutelle peut accomplir seul les actes de la vie courante, c'est-à-dire des actes de faible montant, répétés fréquemment. La loi du 5 mars 2007 étend les hypothèses où le majeur peut agir seul. Le juge peut ainsi l'autoriser à accomplir seul un certain nombre d'actes, énumérés dans le jugement de tutelle. Il peut également prévoir que pour certains actes, le tuteur ne représentera pas le majeur protégé, mais l'assistera uniquement. Lorsque l'acte est passé par un majeur seul en violation des dispositions contenues dans le jugement de tutelle, il est frappé d'une nullité de plein droit.

Actes accomplis par le majeur avec autorisation (art. 476 C. civ.). Le majeur en tutelle peut effectuer des donations en étant assisté ou représenté par le tuteur, s'il y a été autorisé par le juge ou le conseil de famille s'il a été constitué. La loi du 5 mars 2007 supprime l'ancienne référence aux destinataires de la donation qui étaient précisés par la loi du 23 juin 2006 portant réforme des successions et des libéralités au profit de son conjoint, de ses descendants ou de ses frères et sœurs. L'autorisation est également requise avant la rédaction d'un testament, mais sans qu'aucune assistance ou représentation ne puisse être imposée, contrairement à ce qu'énonçait la loi du 23 juin 2006 portant réforme des successions et des libéralités.

Sanctions des actes irréguliers. Une personne qui est placée en tutelle bénéficie d'un régime de protection, **même pour les actes passés avant l'ouverture de cette mesure**, en particulier dans les deux ans qui ont suivi la publicité de l'ouverture du jugement de tutelle. La réforme de 2007 dispose ainsi que les obligations résultant de ces actes peuvent être réduites, dès lors qu'il est possible de prouver que l'inaptitude du majeur provoquée par l'altération de ses facultés personnelles était notoire ou connue du cocontractant au moment de l'acte. Quant à la nullité de ces actes, elle pourra être prononcée si le majeur a subi un préjudice né de la conclusion de cet acte (art. 464 C. civ.).

Les actes accomplis postérieurement à la publication du jugement d'ouverture de la tutelle pourront être annulés sous certaines conditions (art. 465 C. civ.). Lorsqu'il s'agit d'un acte que le majeur pouvait accomplir seul, il pourra être rescindé pour lésion ou réduit pour excès dans les conditions prévues dans le cadre d'une mesure de sauvegarde de justice (voir p. 104). En revanche, lorsqu'un acte est accompli par le majeur seul, alors qu'il nécessitait la représentation de son tuteur, il est nul de plein droit sans qu'il soit nécessaire d'établir que cet acte a été préjudiciable pour le majeur. Le tuteur peut engager seul ces différentes actions, après autorisation du juge des tutelles ou du conseil de famille s'il existe. Enfin, lorsque **le tuteur a excédé ses pouvoirs** et a accompli seul un acte pour lequel il devait simplement assister le majeur, comme lors de la conclusion d'un pacte civil de solidarité, ou lorsqu'il a agi sans l'autorisation préalable requise, les actes sont nuls de plein droit.

Ces actions se prescrivent par cinq ans et peuvent être exercées par le majeur s'il a recouvré sa capacité juridique, par son tuteur ou ses héritiers après son décès. Le point de départ du délai est fixé au jour où le majeur a eu connaissance de l'acte et qu'il est capable de refaire valablement cet acte, ou lorsque l'action est intentée par les héritiers au jour du décès du majeur si le délai n'avait pas commencé à courir avant.

Dispositions générales relatives aux actes personnels. Comme en matière de curatelle, l'accomplissement des actes dont la nature implique un consentement strictement personnel ne peut jamais donner lieu à assistance ou représentation de la personne protégée. **Sont réputés strictement personnels** : la déclaration de naissance d'un enfant, sa reconnaissance, les actes de l'autorité parentale relatifs à la personne d'un enfant, la déclaration du choix ou du changement du nom d'un enfant et le consentement donné à sa propre adoption ou à celle de son enfant (art. 458 C. civ.).

De plus, la loi prévoit que la personne protégée prend seule les décisions relatives à sa personne, dans la mesure où son état le permet. Dans le cas contraire, le juge, ou le conseil de famille s'il a été constitué, peut prévoir qu'elle bénéficiera de l'assistance du tuteur pour l'ensemble des actes relatifs à sa personne ou pour ceux d'entre eux qu'il énumère. Au cas où cette assistance ne suffirait pas, il peut, le cas échéant après l'ouverture d'une mesure de tutelle, autoriser le tuteur à représenter l'intéressé (art. 459 C. civ.). Le tuteur peut alors prendre à l'égard du majeur toutes les mesures de protection strictement nécessaires pour mettre fin au danger que, du fait de son comportement, l'intéressé ferait courir à lui-même. Il en informe sans délai le juge ou le conseil de famille s'il a été constitué. Toutefois, sauf urgence, la personne chargée de la protection du majeur ne peut, sans l'autorisation du juge ou du conseil de famille s'il a été constitué, prendre une décision ayant pour effet de porter gravement atteinte à l'intégrité corporelle de la personne protégée ou à l'intimité de sa vie privée.

Enfin, le tuteur est tenu d'informer le majeur, en tenant compte de son état de santé, concernant sa situation personnelle et les actes à accomplir, en particulier au regard de leur utilité, de leur urgence, de leurs effets et des conséquences qui résulteraient de leur non-accomplissement (art. 457-1 C. civ.).

Dispositions spécifiques aux actes personnels. **Le mariage** d'une personne en tutelle n'est permis qu'avec l'autorisation du juge ou du conseil de famille s'il a été constitué et après audition des futurs conjoints et recueil, le cas échéant, de l'avis des parents et de l'entourage (art. 460 C. civ.). La loi du 5 mars 2007 supprime l'exigence de l'avis du médecin traitant et transforme le consentement des parents en un simple avis. Comme pour les majeurs en curatelle, aucune demande en divorce par consentement mutuel ou pour acceptation du principe de la rupture du mariage ne peut être présentée lorsque l'un des époux est soumis à un régime de tutelle. Par conséquent, seule une demande en divorce pour altération définitive du lien conjugal ou une demande en divorce pour faute peut être formée (art. 249-4 C. civ.). La demande est alors présentée par le tuteur, avec l'autorisation du conseil de famille ou du juge des tutelles, après avis médical et, dans la mesure du possible, audition du majeur (art. 249, al. 2 C. civ.).

Avant le 1er janvier 2009, un majeur en tutelle ne pouvait pas conclure de pacte civil de solidarité. Désormais, la conclusion d'un tel contrat est possible, mais soumise à l'autorisation du juge des tutelles ou du conseil de famille s'il a été constitué, après audition des futurs partenaires et le recueil, le cas échéant, de l'avis des parents et de l'entourage. Le majeur est assisté, et non représenté, de son tuteur lors de la signature ou de la modification de la convention. Comme pour le majeur en curatelle, aucune représentation, aucune assistance, n'est exigée lors de la déclaration conjointe devant le greffier du tribunal d'instance. Une personne faisant l'objet d'une mesure de tutelle pourra rompre seule un pacte civil de solidarité, par déclaration conjointe ou décision unilatérale. En revanche, la signification de la rupture du pacte au partenaire devra être effectuée par le tuteur. La rupture pourra aussi résulter d'une demande du tuteur, après autorisation du conseil de famille s'il a été constitué, audition du majeur et recueil de l'avis des parents et de l'entourage. Enfin, toutes les opérations de liquidation seront effectuées par le tuteur (art. 462 C. civ.).

c) Fin du régime

Depuis le 1er janvier 2009, les mesures de tutelle, comme les mesures de curatelle, doivent être prononcées pour **une durée déterminée qui ne peut excéder cinq ans** (art. 441 C. civ.). À l'expiration du délai fixé par le jugement d'ouverture, la mesure cesse, à moins qu'elle ne soit renouvelée par le juge pour une même durée (art. 442, al 1 C. civ.). Cependant, lorsque selon les données scientifiques, aucune amélioration de l'altération des facultés personnelles du majeur ne peut être envisagée, le juge des tutelles peut, par décision spécialement motivée et après avis conforme du médecin, renouveler la mesure pour une durée plus longue.

La mesure de tutelle prend fin automatiquement au décès du majeur (art. 443 C. civ.).

Le juge peut mettre un terme à une mesure de tutelle à tout moment, en particulier lorsqu'une amélioration de l'état du majeur est constatée, mais également lorsque cette personne réside hors de France et que cet éloignement empêche le suivi et le contrôle de la mesure (art. 443, al. 2 C. civ.).

Tableau 2 **Mesures de protection pour majeurs**

<table>
<tr><th>SAUVEGARDE DE JUSTICE</th><th>CURATELLE</th><th>TUTELLE</th></tr>
<tr><td colspan="3">ACTES ACCOMPLIS PAR LE MAJEUR SEUL</td></tr>
<tr><td>Tous les actes de la vie civile
(art. 435, al. 1)</td><td>Actes conservatoires
(art. 467, al. 2, a contrario)</td><td>Actes conservatoires</td></tr>
<tr><td><u>Exception</u> :
pour certains actes particuliers
si désignation
d'un mandataire spécial
par le juge des tutelles
(art. 435, al. 1)</td><td>Actes d'administration
(art. 467, al. 2, a contrario)</td><td>Actes de la vie courante</td></tr>
<tr><td colspan="3">ACTES ACCOMPLIS PAR LA PERSONNE CHARGÉE DE LA PROTECTION DU MAJEUR</td></tr>
<tr><td>Exceptionnellement,
pour certains actes particuliers
si désignation
d'un mandataire spécial
par le juge des tutelles
(art. 435, al. 1)</td><td><u>Curatelle ordinaire</u>
Aucune représentation

Assistance nécessaire pour :
- les actes de disposition
- la réception et l'emploi de capitaux
- les actions relatives aux droits patrimoniaux
(art. 467, al. 2)

<u>Curatelle renforcée</u> :
Représentation pour perception des revenus et paiement des dépenses</td><td>Actes d'administration
par le tuteur seul
(art. 504, al. 1)

Actes de disposition
par le tuteur avec l'autorisation
du conseil de famille
ou, à défaut,
par le juge des tutelles
(art. 505)</td></tr>
<tr><td colspan="3">SANCTIONS EN CAS D'IRRÉGULARITÉ DES ACTES ACCOMPLIS PAR LE MAJEUR</td></tr>
<tr><td rowspan="2">Action en rescision
pour lésion
(art. 435, al. 2)

Action en réduction
pour excès
(art. 435, al. 2)

Action en nullité :
- pour insanité d'esprit
(art. 414-1)
- si violation des pouvoirs
de l'administrateur spécial
(art. 435)</td><td colspan="2">Dans les deux ans précédant le jugement d'ouverture :
si inaptitude notoire
ou connue du cocontractant au moment de l'acte :
- Action en réduction
- Action en nullité (art. 464)

Après le jugement d'ouverture :
Actions en rescision pour lésion
ou en réduction pour excès
(art. 435, al. 2)</td></tr>
<tr><td>Action en nullité si préjudice
(art. 465, al. 3)</td><td>Nullité de plein droit
des actes
d'administration
et de disposition
(art. 465, al. 3)</td></tr>
</table>

E9 **La responsabilité des différents organes de protection**

Les différents organes intervenant dans le cadre d'une mesure de protection – mandat de sauvegarde, mandat de protection future, curatelle, tutelle, mesures d'accompagnement social – sont responsables du dommage résultant d'une faute quelconque commise dans l'exercice de leur fonction (art. 421 à 424 C. civ.). Mais les conditions de mise en œuvre de cette responsabilité varient selon les organes concernés.

Ainsi, la responsabilité du curateur ou du subrogé curateur du fait des actes accomplis avec leur assistance, implique la preuve d'un dol ou d'une faute lourde, sauf cas de curatelle renforcée. Lorsque la faute à l'origine du dommage a été commise dans l'organisation et le fonctionnement de la mesure de protection par le juge des tutelles, le greffier en chef du tribunal d'instance ou le greffier, l'action en responsabilité diligentée par la personne protégée ou ayant été protégée ou par ses héritiers est dirigée contre l'État qui dispose d'une action récursoire. Lorsque la faute à l'origine du dommage a été commise par le mandataire judiciaire à la protection des majeurs, l'action en responsabilité peut être dirigée contre celui-ci ou contre l'État qui dispose d'une action récursoire.

L'action en responsabilité se prescrit par cinq ans à compter de la fin de la mesure de protection alors même que la gestion aurait continué au-delà. Toutefois, lorsque la curatelle a cessé par l'ouverture d'une mesure de tutelle, le délai ne court qu'à compter de l'expiration de cette dernière. La loi du 5 mars 2007 n'énonce aucune responsabilité particulière du procureur de la République.

SECTION II

Les mesures de protection ponctuelles

Lorsqu'aucun régime de protection juridique permanente n'est institué alors que le majeur a commis un acte sous l'empire d'une altération de ses facultés personnelles, il convient de s'interroger, d'une part, sur la validité des actes qu'il a conclus, d'autre part, sur la réparation des dommages qu'il a pu causer.

Les principes existant ont été largement repris par la loi du 5 mars 2007 réformant la protection juridique des majeurs. Seules les modalités d'exercice de l'action en nullité ont été modifiées.

§ 1. Le sort des actes passés par un majeur souffrant d'une altération de ses facultés personnelles

En dehors de tout régime de protection permanente, certaines mesures de protection ponctuelle sont énoncées par le Code civil. Celles-ci peuvent concerner des personnes qui souffrent d'une altération passagère de leurs facultés mentales ou corporelles et pour lesquelles la mise en place d'un régime durable n'aurait aucune justification, mais également des personnes qui souffrent d'une altération durable de leurs facultés mais pour lesquelles aucun régime permanent n'a encore été mis en place.

L'article 414-1 du Code civil dispose que « pour faire un acte valable, il faut être sain d'esprit ». Ainsi, même en l'absence d'un régime de protection permanente, le majeur qui a effectué un acte sous l'empire d'un trouble mental peut en demander la nullité. Cet article précise que c'est à celui qui agit en nullité d'apporter à la fois la preuve de l'existence d'un trouble mental, et la preuve que ce trouble s'est produit au moment de l'acte.

Il n'existe **pas de définition légale générale de la notion de trouble mental**. L'existence en est donc laissée à la libre appréciation des juges. Peu importe l'origine du trouble : excès ou maladie, et la durée de celui-ci : quelques heures ou plusieurs années. En revanche, il est nécessaire que ce trouble présente une certaine gravité de nature à affecter l'aptitude du majeur à exprimer sa volonté. La jurisprudence donne de nombreux exemples de cette notion : l'absorption excessive d'alcool, certaines maladies comme des troubles psychiatriques graves entraînant des dépenses inconsidérées, l'infirmité et l'affaiblissement dû à l'âge, le moment de folie, un état de déficience intellectuelle. Ces altérations peuvent être prouvées par tous moyens, en particulier par des témoignages de médecins, mais l'acte en lui-même peut parfois apporter cette preuve. Néanmoins, **la seule preuve du trouble mental est insuffisante**, il faut également **prouver qu'il s'est manifesté au moment de la formation de l'acte**, ce qui est souvent difficile à établir.

Lorsque les conditions de l'article 414-1 du Code civil sont réunies, la nullité de l'acte, c'est-à-dire l'**anéantissement rétroactif de l'acte**, est prononcée. Cette nullité peut concerner des actes qui présentent un caractère patrimonial (vente, location, transaction, etc.) comme des actes de nature extrapatrimoniale, telle la reconnaissance d'un enfant. Les personnes pouvant exercer cette action sont différentes selon que l'action est introduite du vivant ou après le décès du majeur auteur de l'acte. Depuis le 1er janvier 2009, seul le majeur, de son vivant, peut former une action en nullité. Le tuteur et le curateur sont donc privés de toute possibilité d'agir, contrairement à ce que prévoyait l'ancienne législation (art. 414-2, al. 1 C. civ., art. 489, al. 2 anc. C. civ.). La loi du 5 mars 2007 n'a apporté aucune précision sur une éventuelle possibilité de confirmer un tel acte. Il est vrai que, s'agissant d'une nullité relative et en l'absence de disposition contraire, une telle confirmation semble possible dès lors que le majeur a recouvré l'ensemble de ses facultés au moment de la confirmation. L'action se prescrit par cinq ans. La Cour de cassation a néanmoins précisé qu'un majeur atteint d'un trouble mental avant son placement en tutelle se trouve dans l'impossibilité d'agir en nullité des conventions passées sous l'empire de ce trouble jusqu'au jour de son placement. Ainsi, la prescription quinquennale de l'action en nullité de ces conventions est suspendue jusqu'au jour de l'ouverture de la tutelle (Cass. civ. 1re, 1er juillet 2009, Bull. civ. I, n° 150).

Après la mort du majeur, les actes conclus alors que ce dernier souffrait d'une altération de ses facultés, excepté les donations entre vifs et le testament, pourront être attaqués par ses héritiers, mais à des conditions particulières qui n'ont quasiment pas été modifiées par la loi du 5 mars 2007. Ainsi, il faut que l'acte porte en lui-même la preuve intrinsèque du trouble mental, qu'il ait été fait alors que le majeur était placé sous sauvegarde de justice, ou qu'une action ait été ouverte avant le décès en vue d'ouvrir une tutelle, une curatelle ou de donner effet à un mandat de protection future (art. 414, al. 2 C. civ.).

Il convient également de rappeler que la loi du 5 mars 2007 prévoit un **régime de protection particulier pour les actes accomplis dans les deux ans qui ont précédé l'ouverture d'une mesure de tutelle ou de curatelle**. En effet, les obligations résultant de ces actes peuvent être réduites sur la seule preuve que l'inaptitude du majeur à défendre ses intérêts, par suite de l'altération de ses facultés personnelles, était notoire ou connue du cocontractant à l'époque où les actes ont été passés. De plus, ces actes peuvent, dans les mêmes conditions, être annulés s'il est justifié d'un préjudice subi par la personne protégée. Ces actions doivent être introduites dans les cinq ans de la date du jugement d'ouverture de la mesure.

§ 2. La réparation du dommage causé par un majeur souffrant d'une altération de ses facultés mentales

L'article 414-3 du Code civil dispose : « celui qui a causé un dommage à autrui alors qu'il était sous l'empire d'un trouble mental, n'en est pas moins obligé à réparation ». Cette disposition a été introduite dans le Code civil par la loi du 3 janvier 1968 et est reprise dans des termes identiques par la loi du 5 mars 2007. Les règles de droit commun de la responsabilité civile vont donc s'appliquer alors que le droit pénal prévoit des dispositions spécifiques lorsque la personne est atteinte, au moment des faits, de troubles psychiques ou neuropsychiques (art. L. 122-1 et L. 122-2 C. pén.).

S'il est démontré que l'acte commis par un dément ou que la chose dont ce dément est gardien est à l'origine d'un préjudice réparable, la personne responsable sera tenue de réparer intégralement le préjudice qu'elle a commis sans pouvoir s'exonérer en démontrant l'existence d'un trouble mental. Cette solution est justifiée par la volonté de ne pas laisser une victime sans indemnisation : quel que soit l'auteur de son préjudice, celle-ci doit pouvoir obtenir une réparation.

PARTIE III

La famille

TITRE I

Les différentes situations familiales

CHAPITRE 1

Le concubinage

CHAPITRE 2

Le PACS

CHAPITRE 3

Le mariage

CHAPITRE 4

Le divorce et la séparation de corps

TITRE II

La filiation

CHAPITRE 1

La filiation par procréation charnelle

CHAPITRE 2

La filiation « artificielle »

TITRE III

Les conséquences du lien familial

CHAPITRE 1

L'autorité parentale

CHAPITRE 2

L'obligation alimentaire

Les bouleversements que connaît le droit de la famille depuis le milieu des années 1960 ont été imposés, d'une part, par **l'évolution des comportements familiaux** et, d'autre part, par la **jurisprudence de la Cour européenne des droits de l'homme**. Celle-ci interprète d'une manière extensive l'article 8 de la Convention européenne des droits de l'homme imposant le droit au respect de la vie privée et familiale, et censure, sur le fondement de l'article 14, toutes les dispositions incluant une discrimination fondée sur l'identité sexuelle, le statut de la famille ou la nature de la filiation.

Les chiffres (www.ined.fr) témoignent de l'évolution des comportements familiaux et de l'existence de nouvelles structures familiales avec lesquelles le droit doit composer.

Le nombre de mariages recule, il est passé de 334 000 en 1980 à 256 000 en 2009 (chiffre provisoire de l'INSEE). Il en résulte une augmentation croissante du nombre de couples vivant en union libre et d'enfants issus de ces unions (près de 50 % des enfants naissent aujourd'hui hors mariage). Afin de répondre à une demande de reconnaissance des couples homosexuels, le législateur a instauré le PACS, par la loi du 15 novembre 1999. Ce nouveau contrat a rencontré un certain succès et a aussi séduit des couples hétérosexuels désireux de bénéficier de certaines garanties juridiques et de certains avantages sociaux ou professionnels. Pour les couples hétérosexuels, la signature d'un PACS est parfois considérée comme un préalable au mariage et se substitue ainsi aux traditionnelles fiançailles, aujourd'hui en perte de vitesse. La part des couples homosexuels parmi les signataires d'un PACS est ainsi très minoritaire (5 % en 2008).

Vivre en couple ne signifie plus être marié. Mais le droit au mariage est conçu et garanti comme une liberté fondamentale dont les couples homosexuels revendiquent d'ailleurs le bénéfice.

Le nombre de naissances a baissé durant les années 1990 puis augmenté depuis les années 2000 (821 000 naissances en 2009).

Le nombre des divorces est en constante augmentation : 129 400 divorces ont été prononcés en 2008.

Enfin, de nouveaux types de famille sont apparus à côté du schéma traditionnel : la famille monoparentale et la famille recomposée.

Le droit a évolué afin de s'adapter aux transformations de la structure familiale. Son évolution témoigne d'un relâchement du lien familial au bénéfice de l'idée de liberté individuelle. La tendance récente est donc d'accorder davantage d'autonomie aux individus au sein de la famille. La difficulté est de concilier la liberté de chacun des membres de la famille avec la nécessaire cohésion du lien familial.

À titre préliminaire, il convient de recenser les juridictions compétentes en droit de la famille.

- **Le juge aux affaires familiales (JAF)**[1]

« Surveillant en chef » des intérêts de la famille, le JAF est un juge du tribunal de grande instance, délégué aux affaires familiales. C'est un juge unique, mais il peut renvoyer l'affaire devant une formation collégiale du TGI.

La loi de 1975 a institué le juge aux affaires matrimoniales. Le juge aux affaires familiales lui a succédé en 1993 avec une compétence élargie :

- en matière de **divorce** (art. 228 C. civ.) et de séparation de corps, il est chargé de la procédure de divorce tout entière et est normalement compétent pour prononcer le divorce. Le JAF est également appelé à connaître des conséquences du divorce. Enfin, il est compétent pour le contentieux postérieur au divorce ;
- en matière d'**autorité parentale** (sauf en ce qui concerne le retrait de l'autorité parentale confié au TGI) ;
- en matière d'**attribution du nom de l'enfant** et de **changement de prénom de l'enfant** ;
- en matière de **liquidation des intérêts patrimoniaux** des personnes liées par un PACS ou en concubinage (sauf en cas de décès ou de déclaration d'absence) ;
- enfin le JAF est compétent dans tous les cas d'urgence, chaque fois que les **intérêts de la famille** sont menacés.

La loi du 4 mars 2002 a précisé et élargi la compétence du juge aux affaires familiales en matière d'autorité parentale. Le législateur a consacré un paragraphe entier à son intervention (§ 3 De l'intervention du juge aux affaires familiales) regroupant les articles 373-2-6 à 373-2-13 du Code civil. La mission du juge est exclusivement tournée vers la sauvegarde de l'**intérêt de l'enfant** : protéger l'enfant en danger, prévenir et sanctionner les parents qui ne respectent pas les droits et obligations inhérents à l'exercice de l'autorité parentale, assister les parents en difficulté et apaiser les litiges familiaux. Le législateur insiste sur deux points :

- la nécessité de garantir à l'enfant le droit d'entretenir des relations personnelles et régulières avec chacun de ses parents. Il autorise le JAF à prendre toutes les mesures à cet effet ;
- la recherche d'un exercice consensuel de l'autorité parentale (rôle de conciliation du juge, mesure de médiation).

La loi n° 2009-526 du 12 mai 2009 a confié au JAF l'administration légale et la tutelle du mineur afin que la gestion de la personne du mineur et celle de ses biens soient entre les mains d'un unique magistrat, dans l'intérêt du mineur. L'administration légale et la tutelle du mineur relevaient auparavant de la compétence du juge des tutelles.

---

1. Rebaptisé juge des affaires familiales en 2001, mais la dénomination étant fluctuante, nous conservons le juge aux affaires familiales.

Le juge aux affaires familiales est, en principe, saisi selon les formes prévues pour les référés ou par simple requête. Ses décisions sont exécutoires de plein droit à titre provisoire. Elles sont susceptibles d'appel dans un délai de quinze jours.

• **Le tribunal de grande instance (TGI)**

Le TGI est le tribunal de droit commun. Certaines matières relèvent exclusivement de sa compétence. **Ainsi, le tribunal de grande instance est seul compétent en matière de filiation et d'adoption.** Il prononce l'adoption simple ou plénière de tout mineur, qu'il soit français ou étranger. Il peut aussi prononcer l'adoption simple d'un majeur ou reconnaître les effets d'une décision étrangère d'adoption.

Le TGI est également compétent pour le contentieux relatif à la nullité du mariage. En matière d'autorité parentale, si le JAF est normalement compétent, le TGI l'est en ce qui concerne le retrait ou la déchéance de l'autorité parentale.

• **Le juge des enfants**

Créé par une ordonnance du 2 février 1945, le juge des enfants est un magistrat professionnel spécialisé du TGI. Il a une compétence mixte : civile (assistance éducative) et pénale.

Son rôle est de protéger les enfants en danger. Deux conditions doivent être réunies pour que le juge des enfants intervienne :

– il faut que soit en cause un mineur non émancipé ;
– il faut que ce mineur soit en danger.

En matière civile, la saisine du juge des enfants est très largement ouverte : les père et mère, conjointement ou non, la personne ou le service à qui l'enfant a été confié, le tuteur, le mineur lui-même, le ministère public. Le juge peut également se saisir d'office à titre exceptionnel.

En pareil cas, le juge des enfants peut ordonner des mesures d'assistance éducative. Il peut soustraire l'enfant de son milieu et le placer dans un autre qui offre plus de garanties pour assurer son éducation. Un principe doit toutefois guider le juge des enfants : ne pas rompre le lien de l'enfant avec sa famille. Il faut, dans la mesure du possible, maintenir l'enfant dans sa famille et conserver aux parents l'exercice de l'autorité parentale. Ainsi, le juge aura la possibilité de désigner une personne qui aidera les parents. Ce n'est que de manière tout à fait exceptionnelle que le juge des enfants retirera l'enfant de sa famille pour le confier soit à un autre membre de sa famille, soit à un établissement d'éducation, soit à la DASS (Direction de l'action sanitaire et sociale).

• **Le juge des tutelles** veille au respect des droits des majeurs protégés. Il connaît des actions relatives à l'exercice du mandat de protection future et de la constatation de la présomption d'absence. Le juge des tutelles est le juge d'instance.

E10 **Quatre décennies de réforme**

- La loi du 11 juillet 1966 sur l'adoption.
- La loi du 3 janvier 1972 sur la filiation.
- La loi du 11 juillet 1975 sur le divorce.
- La loi du 22 décembre 1976 sur l'adoption.
- La loi du 22 juillet 1987 sur l'autorité parentale.
- La loi du 8 janvier 1993 sur l'autorité parentale et portant création du juge aux affaires familiales (JAF).
- La loi du 15 novembre 1999 sur le PACS.
- La loi du 30 juin 2000 sur la prestation compensatoire.
- La loi du 3 décembre 2001 sur les droits du conjoint survivant et des enfants adultérins.
- La loi du 22 janvier 2002, sur l'accès aux origines des personnes adoptées et des pupilles de l'État.
- La loi du 4 mars 2002, réformant l'autorité parentale.
- La loi du 4 mars 2002, relative au nom de famille (modifiée par la loi n° 2003-516 du 18 juin 2003).
- La loi n° 2004-1 du 2 janvier 2004 relative à l'accueil et à la protection de l'enfance.
- La loi n° 2004-439 du 26 mai 2004 relative au divorce.
- L'ordonnance n° 2005-759 du 4 juillet 2005 portant réforme de la filiation.
- La loi n° 2006-728 du 23 juin 2006 portant réforme des successions et des libéralités (modifie le PACS).
- La loi n° 2007-293 du 5 mars 2007 sur la protection de l'enfance.
- La loi n° 2007-308 du 5 mars 2007 portant réforme de la protection juridique des majeurs.
- La loi n° 2009-61 du 16 janvier 2009 ratifiant l'ordonnance du 4 juillet 2005 portant réforme de la filiation.

TITRE I

Les différentes situations familiales

CHAPITRE 1

Le concubinage

La loi n° 99-944 du 15 novembre 1999, instituant le pacte civil de solidarité, a reconnu juridiquement la notion de concubinage, union libre non contractualisée.

Cependant, cette reconnaissance n'est que formelle : le législateur se contente de définir le concubinage, sans le réglementer. Aux termes de l'article 515-8 du Code civil, **« le concubinage est une union de fait, caractérisée par une vie commune présentant un caractère de stabilité et de continuité, entre deux personnes, de sexe différent ou de même sexe qui vivent en couple »** (vous trouverez un commentaire de cet article dans *Réussir ses TD 1*, éd. Paradigme). Cette définition du concubinage ne vise pas à réglementer les rapports des concubins entre eux ou avec les tiers. Son principal intérêt est symbolique, il consiste à reconnaître l'existence de l'union libre homosexuelle.

Contrairement au mariage et au PACS, le concubinage est une situation de fait et non de droit. Les concubins ne sont pas unis par un lien juridique et ne sont en principe tenus d'aucune obligation juridique réciproque. La justice est toutefois parfois saisie de litiges nés entre les concubins. Le plus souvent ces litiges sont provoqués par la séparation du couple. En l'absence de dispositions spécifiques, les juges recourent au droit commun.

Nous envisagerons dans un premier temps les rapports des concubins entre eux puis les rapports des concubins avec les tiers.

SECTION I

Les rapports des concubins entre eux

Dans les rapports entre concubins, la liberté prévaut. Les couples qui vivent en union libre ne sont pas liés par un régime matrimonial.

§ 1. L'absence de statut légalement organisé

Le régime matrimonial primaire (voir p. 162) **ne s'applique pas aux concubins.** On ne peut pas imposer à ces derniers des règles propres au mariage, et cela même si le couple, par sa stabilité et sa durée, donne l'apparence d'un couple marié. La Cour de cassation a ainsi précisé que l'obligation de contribuer aux charges du ménage imposée aux époux par **l'article 214 du Code civil ne s'applique pas aux concubins** (Cass. civ. 1re, 17 octobre 2000, Bull. civ. I, n° 244). La Haute juridiction a censuré une décision d'appel qui avait condamné un homme à rembourser à une femme la moitié des dépenses effectuées par celle-ci pendant leur cohabitation. Il s'agissait, en l'espèce, du paiement des loyers, de charges et d'achat de mobilier. Rappelant à l'ordre certaines juridictions du fond favorables à l'extension des règles du mariage au concubinage, **la Cour de cassation a également écarté en matière de concubinage l'application de l'article 220 du Code civil** (Cass. civ. 1re, 2 mai 2001, Bull. civ. I, n° 111 ; JCP 2002 éd. G., II, n° 10009, note Cabrillac ; Cass. civ. 1re, 27 avril 2004, Bull. civ. I, n° 113, RTD civ. 2004, n° 3, p. 487). Cet article 220 instaure de plein droit la solidarité des époux pour les dettes contractées pour l'entretien du ménage ou l'éducation des enfants. Le législateur a en revanche étendu cette solidarité aux partenaires d'un PACS pour les dettes contractées pour les « besoins de la vie courante » (art. 515-4 al. 2 C. civ). Les magistrats de la Cour de cassation refusent toutefois de l'appliquer par analogie aux concubins. Cette position est conforme à la nature de l'union libre dont le choix implique d'échapper aux droits et obligations inhérents à un statut légalement organisé.

§ 2. Les libéralités entre concubins

On appelle libéralité toute disposition consentie à titre gratuit : une donation, un legs sont des actes de disposition à titre gratuit, donc des libéralités.

Dans les rapports entre concubins, il n'existe aucune incapacité à donner ou à recevoir à titre gratuit. Conformément au droit commun, les donations entre vifs sont en principe irrévocables (l'auteur de la donation ne peut pas revenir sur sa décision).

■ **Le cas particulier du concubinage adultérin**

Jusqu'en 1999, une libéralité faite par une personne mariée au bénéfice de son amant ou de sa maîtresse était nulle lorsqu'elle avait une cause immorale. La jurisprudence estimait qu'une libéralité avait une cause immorale si elle était faite dans l'intention d'entretenir des relations sexuelles. En revanche, les libéralités étaient valables si elles avaient pour but l'exécution d'un devoir de conscience tel l'entretien d'un enfant (voir Cass. civ. 1re, 6 octobre 1959, *Venutolo*, Bull. civ. I, n° 383).

En 1999, compte tenu de l'évolution des mœurs et de la difficulté de faire la différence entre une libéralité faite dans le but d'entretenir des relations sexuelles et les autres libéralités, la Cour de cassation a opéré un revirement de jurisprudence. Elle considère désormais que « n'est pas contraire aux bonnes mœurs la cause de la libéralité dont l'auteur entend maintenir la relation adultère qu'il entretient avec le bénéficiaire » (Cass. civ. 1re, 3 février 1999, Bull. civ. I, n° 43 ; JCP 1999, I, 10083 ; voir également Cass. Ass. plén., 29 octobre 2004, Bull. n° 12). Le caractère adultérin du concubinage n'est donc plus une cause de nullité de la libéralité faite en faveur de l'amant ou de la maîtresse.

§ 3. La rupture du concubinage

La rupture du concubinage est libre. **Cette liberté de rompre est justifiée par l'absence d'engagement juridique des concubins.** Celui qui est délaissé, même après de nombreuses années de vie commune, ne pourra en principe rien réclamer à l'autre. La cour d'appel d'Orléans a ainsi rappelé, dans un arrêt du 25 avril 2000 (Dr. fam. 2000, Com. 125), que **la rupture du concubinage ne saurait en elle-même ouvrir droit à des dommages et intérêts,** et cela, même si les circonstances de la rupture se révèlent catastrophiques pour le concubin délaissé.

Le principe de la libre rupture est, cependant, comme en matière de rupture de fiançailles (voir p. 146), atténué par la jurisprudence qui, se fondant sur la théorie de l'abus de droit, accorde, en application de l'article 1382 du Code civil, des dommages et intérêts au concubin délaissé lorsque les circonstances de la rupture révèlent une faute imputable à son auteur. **La faute ne peut pas naître de la rupture en elle-même mais des circonstances dans lesquelles cette rupture s'est produite.** Les tribunaux imposent que la rupture soit conduite avec un minimum de loyauté et de délicatesse. L'appréciation du caractère fautif de ces circonstances relève du pouvoir souverain des juges du fond. La faute est ainsi constituée lorsque les circonstances révèlent une volonté de nuire, par exemple lorsqu'un concubin fait couper l'eau et l'électricité du logement qu'il occupait avec sa concubine peu de temps après l'avoir quittée et alors que cette dernière vit encore dans ce logement. Les juges considèrent également que le fait d'entretenir chez son concubin la croyance légitime d'une vie commune avant de le laisser tomber brutalement est un comportement fautif : « Après avoir fait croire à la dame T... qu'il était disposé à fonder un foyer, et l'avoir entretenue dans cet espoir pendant des mois, P... l'a brusquement abandonnée, moralement et matériellement quelques jours avant la naissance de leur enfant » (Cass. civ. 1re, 3 novembre 1976, Bull. civ. I, n° 258). Dans cette espèce, la faute était constituée par la séduction dolosive et le caractère brutal de la rupture. Les magistrats s'attachent particulièrement au caractère brutal et inattendu d'une rupture pour la qualifier de fautive. Certes, ce caractère est plus facilement établi lorsque la durée de vie commune a été longue, mais la longévité de la vie commune n'est pas suffisante en elle-même pour établir le caractère fautif de la rupture : « attendu que si la rupture du concubinage ne peut en principe donner lieu à l'allocation de dommages-intérêts, il en est autrement lorsqu'il existe des circonstances de nature à établir une faute de son auteur ; (...) que son départ intervenu sans concertation, après quarante ans de vie commune, a été brutal ; que de ces constatations, (...) M. Y... avait commis une faute de nature à engager sa responsabilité civile » (Cass. civ. 1re, 3 janvier 2006, pourvoi n° 04-11016).

§ 4. La liquidation des rapports pécuniaires entre concubins

Lorsque les concubins se séparent, se pose le problème du sort des biens acquis pendant la durée de la vie commune. **Le principe est que chacun est propriétaire de ce qu'il a acheté.**

La question la plus délicate, en cas de séparation conflictuelle, est celle de la preuve de la propriété des biens mobiliers. Les factures des achats permettent souvent de déterminer à qui appartient le bien. Mais une difficulté surgit lorsque l'un prétend que tel bien lui a été donné en cadeau par l'autre. Cette question est celle de la preuve d'un don manuel. L'article 2276 alinéa 1er du Code civil dispose : « En fait de meubles, la possession vaut titre. » Celui qui est en possession du bien est donc présumé en être le propriétaire. Mais l'autre peut renverser la présomption en prouvant que la possession est équivoque, c'est-à-dire douteuse. Dans une espèce jugée par la cour d'appel de Riom, le 24 septembre 2002 (Dr. fam. 2003, Com., p. 21), le possesseur d'un chien prétendait que l'animal lui avait été offert par son ex-concubine. Cette dernière tentait de renverser la présomption de propriété en argumentant que la possession du chien était équivoque car le chien avait été acquis durant la vie commune. Mais les juges ont estimé que « la communauté d'habitation n'étant pas un élément de nature à rendre, à lui seul et de plein droit, la possession équivoque, la preuve [n'était] pas rapportée par G. A. de l'absence de don du chien Mozart à V. E. et au contraire celle-ci établissant par les documents versés aux débats que Mozart lui avait été donné en cadeau par son ex-compagnon en mars 1997 ».

Lorsque les biens ont été acquis à deux, les règles de l'indivision jouent dans les proportions indiquées dans l'acte d'achat.

Le problème est plus délicat **lorsqu'un bien a été acheté au nom d'un seul des concubins mais payé par les deux ou lorsque l'un des concubins exploite une entreprise** commerciale ou agricole avec l'aide de l'autre sans qu'il y ait une quelconque rémunération. Deux théories sont alors applicables :

- **la théorie de la société de fait**. Si une telle société existe, chacun peut récupérer ses apports. **Trois conditions doivent être réunies pour qu'il y ait une société créée de fait : des apports mutuels, une contribution aux bénéfices et aux pertes, l'intention de s'associer pour la gestion du fonds.** La jurisprudence se montre très stricte quant à l'exigence de ces trois conditions cumulatives pour admettre une société créée de fait entre concubins (Cass. com. 23 juin 2004, Bull. IV, n° 134) ;
- si cette théorie ne peut pas être appliquée, on peut utiliser **les règles de l'enrichissement sans cause** : par exemple, si la concubine a travaillé dans l'intérêt commun de l'exploitation (commerce ou exploitation agricole), elle peut démontrer que son concubin s'est enrichi à ses dépens alors qu'elle-même s'est appauvrie corrélativement en ne travaillant pas à l'extérieur. Cette théorie est appliquée par les tribunaux (Cass. civ. 1re, 8 juin 2004, pourvoi n° 02-10492) dans des cas exceptionnels.

SECTION II
Les rapports des concubins avec les tiers

Les tiers peuvent-ils invoquer le concubinage ? Les concubins peuvent-ils s'en prévaloir ?

§ 1. Le concubinage invoqué par les tiers

A) La théorie de l'apparence

On applique la théorie de l'apparence dans les cas où des concubins se présentent comme mari et femme aux yeux des tiers. Dans ce cas, le tiers peut légitimement penser avoir affaire à un couple marié et la jurisprudence accepte de sanctionner l'attitude des concubins en appliquant des solutions identiques à celles du mariage. Par exemple, le concubin pourra être tenu de payer les dettes de la concubine (ou inversement).

B) La prise en compte des ressources résultant du concubinage

Lorsqu'un parent est tenu de verser une pension alimentaire à son enfant, faut-il tenir compte du fait que le créancier (celui à qui est versée la pension alimentaire) vit en concubinage ? La jurisprudence répond par l'affirmative : **les ressources résultant du concubinage sont donc prises en compte**.

§ 2. Le concubinage invoqué par les concubins eux-mêmes

Fiscalement, les concubins sont imposés séparément pour l'impôt sur le revenu et ne sont pas solidaires pour le paiement. En revanche, ils peuvent être imposés communément pour l'impôt de solidarité sur la fortune si leur concubinage est notoire.

En droit successoral, les concubins sont considérés comme des étrangers l'un envers l'autre. Ils n'ont pas vocation à hériter l'un de l'autre. Si une personne souhaite transmettre une partie de son patrimoine à son concubin, elle doit le prévoir par testament. Le concubin bénéficiaire est fiscalement considéré comme un tiers. Il ne bénéficie pas, à ce titre, de l'exonération totale des droits de succession qui existe désormais entre époux et entre partenaires d'un PACS.

En droit social, la situation est – schématiquement – identique entre les concubins et les personnes mariées ou pacsées. Mais le concubin ne peut bénéficier d'une pension de réversion s'il se retrouve seul.

CHAPITRE 2

Le PACS

Le pacte civil de solidarité (PACS) est entré en vigueur le 15 novembre 1999. Il connaît un succès grandissant (6 139 PACS ont été signés en 1999, 175 000 en 2009 (soit presque deux PACS pour trois mariages – source : www.ined.fr). Le PACS a été initialement conçu comme une réponse à la question du droit au mariage des couples homosexuels. Hostile à l'ouverture du mariage à ces derniers, le législateur a fait le choix d'un contrat de partenariat organisant principalement les rapports patrimoniaux des partenaires. La loi du 15 novembre 1999 ne prévoyait pas de régime primaire semblable à celui qui s'impose aux personnes mariées (voir p. 162). Le PACS n'avait donc pas vocation à devenir un mariage *bis*. Il s'en distinguait par son objet et par sa nature juridique. Le mariage demeure une institution dont la vocation est la création d'une famille. Le PACS est, quant à lui, un « contrat conclu par deux personnes physiques majeures, de sexe différent ou de même sexe, pour organiser leur vie commune » (art. 515-1 C. civ.).

Le régime juridique du PACS s'est vite révélé inadapté et insuffisamment protecteur des intérêts patrimoniaux des partenaires. **La loi n° 2006-728 du 23 juin 2006 portant réforme des successions et des libéralités a corrigé les lacunes de la loi du 15 novembre 1999 et a rapproché les effets du mariage et du PACS**. Le nouveau régime concerne les PACS conclus à partir du 1er janvier 2007 (sauf certaines dispositions particulières applicables à tous les PACS en cours). Les personnes ayant conclu un PACS avant cette date peuvent demander à bénéficier des nouvelles dispositions.

Le PACS est prévu par les articles 515-1 à 515-7-1 du Code civil.

SECTION I

La conclusion du PACS

Aux termes de l'article 515-1 du Code civil, **« Un pacte civil de solidarité est un contrat conclu par deux personnes physiques majeures, de sexe différent ou de même sexe, pour organiser leur vie commune »**.

§ 1. Les conditions de forme

Le PACS ne pouvait initialement être passé que par acte sous signature privée. La réforme issue de la loi du 23 juin 2006 portant réforme des successions et des libéralités prévoit à présent que le PACS peut résulter d'un acte sous signature privée ou d'un acte authentique (art. 515-3 al. 2 C. civ.). Les partenaires peuvent ainsi désormais passer leur convention devant un notaire.

La conclusion du PACS est peu solennelle et assez simple. **Elle se fait par déclaration conjointe au greffe du tribunal d'instance** dans le ressort duquel les partenaires entendent fixer leur résidence commune. Les candidats au PACS doivent présenter au greffe du tribunal d'instance le projet de convention et joindre leurs pièces d'état civil. **Le greffier enregistre la convention.** Il n'a aucun pouvoir d'appréciation sur le contenu de celle-ci. **Le greffier procède ensuite aux formalités de publicité.** Ces dernières sont prévues par la réforme du 23 juin 2006 et corrigent l'une des plus grosses lacunes de la loi 15 novembre 1999. Ces mesures de publicité consistent en la mention de la déclaration de PACS en marge de l'acte de naissance de chacun des partenaires avec l'identité de l'autre partenaire (art. 515-3-1 al. 1er C. civ.). Cette mesure de publicité est essentielle pour l'information des tiers.

Aux termes de l'article 515-3-1 alinéa 2 du Code civil, l'enregistrement de la convention confère date certaine au pacte civil de solidarité. Le PACS prend effet entre les parties à compter de son enregistrement. Son opposabilité aux tiers est retardée à la date du jour de l'accomplissement des formalités de publicité, c'est-à-dire de la mention en marge de l'acte de naissance de chacun des partenaires.

Les conventions modificatives obéissent aux mêmes règles de forme que celles qui s'imposent au contrat initial.

La loi n° 2009-526 du 12 mai 2009 a introduit une disposition de droit international privé (art. 515-7-1 du Code civil) afin de permettre aux partenariats civils conclus à l'étranger d'être reconnus en France. Le principe posé est celui de soumettre le partenariat civil aux règles de l'État dans lequel il a été enregistré.

§ 2. Les conditions de fond

Le PACS est soumis aux conditions de validité des conventions prévues par l'article 1108 du Code civil. Les contractants doivent être majeurs. Leur consentement doit être libre et éclairé. L'article 515-2 du Code civil énumère négativement les personnes qui peuvent conclure un PACS. Si les personnes placées en tutelle peuvent conclure un PACS depuis le 1er janvier 2009, avec l'autorisation du juge ou du conseil de famille s'il en existe un, une personne placée en curatelle doit se faire assister de son curateur pour signer une convention de PACS. **Il ne peut pas y avoir de pacte civil de solidarité entre les ascendants et descendants en ligne directe, les alliés en ligne directe et les collatéraux jusqu'au troisième degré.** On remarque que l'article 515-2 du Code civil exclut les fratries. Ce point avait été largement débattu et finalement abandonné par le législateur en 1999. De plus, les personnes dont l'une au moins est déjà engagée dans les liens du mariage ou liée par un pacte de solidarité ne peuvent pas conclure de PACS.

SECTION II
Le contenu du PACS

Le contenu du PACS résulte de la convention passée par les partenaires. La loi prévoit toutefois certaines obligations auxquelles la convention ne peut pas déroger.

§ 1. Les dispositions relatives aux relations personnelles

A) Les obligations personnelles des partenaires

La loi du 15 novembre 1999 se contentait d'organiser la situation patrimoniale des partenaires. Le texte ne prévoyait pas d'obligations personnelles semblables à celles qui s'imposent entre époux (obligations de vie commune, de fidélité et de secours).

Le Conseil constitutionnel, saisi de l'examen de la constitutionnalité de la loi du 15 novembre 1999 (décision du 9 novembre 1999, n° 99-419 DC), **est cependant venu préciser l'étendue des devoirs réciproques des partenaires** :

- la vie commune qui conditionne la conclusion du PACS « ne couvre pas seulement une communauté d'intérêts et ne se limite pas à l'exigence d'une simple cohabitation entre deux personnes (...) **la vie commune** (...) **suppose**, outre une résidence commune, **une vie de couple** » ;
- les partenaires ne peuvent pas déroger à certains principes énoncés dans la loi, notamment « la condition relative à la vie commune (...) **l'aide mutuelle et matérielle** que les partenaires doivent s'apporter, ainsi [qu'aux] conditions de cessation du pacte » ;
- « serait nulle toute clause méconnaissant le caractère obligatoire » de l'aide mutuelle et matérielle que doivent s'apporter les partenaires.

La loi du 23 juin 2006 portant réforme des successions et des libéralités a consacré la position du Conseil constitutionnel. L'article 515-4 du Code civil dispose : « Les partenaires liés par un pacte civil de solidarité s'engagent à une **vie commune**, ainsi qu'à une **aide matérielle** et une **assistance réciproque**. Si les partenaires n'en disposent autrement, l'aide matérielle est proportionnelle à leurs facultés respectives.

Les partenaires sont **tenus solidairement à l'égard des tiers des dettes contractées par l'un d'eux pour les besoins de la vie courante**. Toutefois, cette solidarité n'a pas lieu pour les dépenses manifestement excessives. »

Ni les textes ni la décision du Conseil constitutionnel ne précisent si les partenaires sont tenus à une **obligation de fidélité**. Seule une décision de première instance s'est prononcée en faveur de l'existence d'un devoir de fidélité entre les pacsés (TGI Lille, 5 juin 2002, Dr. fam. 2003, Com., p. 21).

Le PACS ne confère **pas le droit d'adopter conjointement**. Il n'autorise **pas l'usage du nom de famille** du partenaire. Un PACS conclu entre un Français et un étranger ne produit **aucun effet spécifique en matière de nationalité ou de titre de séjour**.

B) Les effets du PACS en matière sociale et de logement

Un décret du 3 février 2002 a étendu aux pacsés les dispositions applicables aux concubins **en matière d'allocation de logement familial et d'allocation aux adultes handicapés**. Une personne pacsée est considérée comme l'ayant droit de son partenaire **en matière de prestations sociales et de sécurité sociale**. Les partenaires bénéficient de congés exceptionnels en cas de décès de l'un d'eux.

En matière de logement, le bail consenti par un seul des pacsés est transféré de plein droit à son partenaire en cas d'abandon du domicile ou du décès de ce dernier (art. 14 modifié de la loi n° 89-462 du 6 juillet 1989).

La loi du 23 juin 2006 a étendu aux pacsés deux dispositions initialement réservées aux couples mariés : en cas de décès de l'un des partenaires, le survivant bénéficie de plein droit du droit de la jouissance gratuite du logement commun pendant un délai d'un an (art. 763 et 515-6 C. civ.) et peut également demander l'attribution préférentielle de ce logement si le défunt l'avait expressément prévue dans son testament.

§ 2. Les dispositions relatives aux relations patrimoniales

Le régime patrimonial des partenaires a été considérablement modifié par la loi du 23 juin 2006.

A) La solidarité des partenaires

La loi du 15 novembre 1999 prévoyait la solidarité des partenaires à l'égard des tiers pour les dettes contractées par l'un d'eux pour les besoins de la vie courante et pour les dépenses relatives au logement commun. Mais, à la différence du mariage, cette solidarité était maintenue, sauf dispositions contraires du PACS, pour les achats à tempérament et pour les dépenses manifestement excessives.

La loi du 23 juin 2006 a apporté deux modifications relatives à cette solidarité qui joue de plein droit entre les partenaires. L'article 515-4 alinéa 2 du Code civil supprime la solidarité à l'égard des dépenses relatives au logement commun et écarte la solidarité en cas de dépenses excessives. **Désormais les partenaires sont solidaires des dépenses relatives aux besoins de la vie courante à moins que celles-ci ne se révèlent manifestement excessives**. Le régime de la solidarité entre les partenaires semble ainsi se rapprocher de celui des personnes mariées. Le législateur n'a toutefois pas prévu d'écarter la solidarité en cas d'achat à tempérament.

B) Le régime des biens acquis par les partenaires

La loi du 15 novembre 1999 avait instauré une présomption d'indivision entre les partenaires pour les biens meubles et immeubles achetés après l'enregistrement du PACS. Les biens meubles meublants (servant au logement commun) étaient présumés indivis, c'est-à-dire appartenir pour moitié à chaque partenaire, sauf dispositions contraires du PACS. Cette présomption d'indivision pouvait concerner les biens achetés avant l'enregistrement du PACS si leur propriétaire n'était pas en mesure d'apporter la preuve qu'il avait acquis seul le bien.

Les meubles non meublants (par exemple, un fonds de commerce) **et les immeubles acquis à titre onéreux postérieurement à l'enregistrement du pacte étaient eux aussi présumés indivis par moitié. Les partenaires pouvaient toutefois écarter cette solidarité dans l'acte d'acquisition du bien.**

Cette situation paraissait complexe à gérer. En effet, à la lecture de l'ancien article 515-5 du Code civil, il n'existait aucune présomption d'acquisition d'un bien en propre. Il appartenait donc à chaque partenaire qui désirait acquérir seul un bien de le mentionner expressément dans l'acte d'acquisition. Or ce « réflexe » n'était pas automatique. Certains partenaires ignoraient l'existence de la présomption d'indivision n'ayant pas consulté un professionnel du droit lors de la rédaction du contrat de PACS.

La loi du 23 juin 2006 a remplacé cette présomption d'indivision par un régime comparable au régime matrimonial de la séparation de biens (art. 515-5 C. civ.). Chaque partenaire est ainsi propriétaire des biens qu'il a acquis avant ou qu'il acquiert seul après la conclusion du PACS. La preuve de la propriété d'un bien peut être apportée par tous les moyens (factures ou autres). Le bien dont la propriété ne peut être prouvée est présumé appartenir pour moitié à chaque partenaire.

Ce nouveau régime est applicable sauf dispositions contraires du PACS. Les parties peuvent en effet choisir dans la convention initiale ou par une convention modificative de soumettre les biens qu'ils acquièrent au régime de l'indivision (art. 515-5-1 C. civ.). Mais ce régime de l'indivision ne peut pas concerner les biens énumérés par l'article 515-5-2 qui demeurent la propriété exclusive du partenaire qui les a acquis (par exemple les biens reçus par donations ou successions). **Le régime à caractère communautaire n'est donc désormais applicable que si les partenaires l'ont expressément choisi.**

C) L'imposition des partenaires

Les partenaires peuvent rédiger une **déclaration commune de revenus** dès l'année de la conclusion du PACS. Ils peuvent également être imposés communément au titre de l'ISF (impôt de solidarité sur la fortune) dès la première année du PACS. Les droits de succession et de donation applicables entre pacsés sont strictement identiques à ceux des personnes mariées. Le régime fiscal des pacsés s'est donc aligné sur celui des personnes mariées.

Il n'existe pas de vocation héréditaire entre pacsés. Une personne pacsée doit rédiger un testament si elle souhaite léguer en faveur de son partenaire. Un contrat de PACS ne peut pas contenir de dispositions testamentaires, un testament constitue un acte juridique unilatéral alors que le PACS est un contrat synallagmatique.

SECTION III
La dissolution du PACS

Les causes et les modalités de dissolution du PACS sont prévues par l'article 515-7 du Code civil. Il existe trois causes de dissolution : le décès de l'un des partenaires, le mariage de l'un des partenaires ou des deux partenaires ensemble et la rupture par décision unilatérale ou conjointe.

Le décès et le mariage mettent automatiquement fin au PACS qui cesse à compter de la date de l'évènement.

Le PACS peut être rompu **par déclaration conjointe écrite** au greffe du tribunal d'instance du lieu d'enregistrement (art. 515-7 C. civ.).

Il peut également être rompu unilatéralement. Dans cette hypothèse, le partenaire qui décide de rompre le PACS doit en informer l'autre par voie de signification, c'est-à-dire par acte d'huissier. Il doit également adresser une copie de la signification au greffe du tribunal d'instance du lieu d'enregistrement. Comme lors de la conclusion du PACS, le greffier n'a aucun pouvoir de contrôle et d'appréciation. Une simple décision unilatérale d'un des cocontractants suffit pour mettre fin au PACS. Certains y voient une forme de répudiation.

La dissolution du PACS est enregistrée par le greffier du tribunal d'instance du lieu d'enregistrement. Elle est mentionnée en marge de l'acte de naissance de chaque partenaire. Lorsque la dissolution résulte d'une rupture par décision unilatérale ou conjointe, la fin du PACS prend effet entre les partenaires à la date de l'enregistrement de la dissolution au greffe. Si le PACS cesse par décès ou par mariage, la dissolution prend effet entre les partenaires à la date de l'événement qui y met fin.

La dissolution du PACS prend effet à l'égard des tiers à la date des mesures de publicité (mention en marge de l'acte de naissance).

CHAPITRE 3
Le mariage

Le mariage est l'union d'un homme et d'une femme dans l'intention de vivre ensemble. L'aspect fondamental du mariage est le projet de vie commune.

Le mariage est une institution solennelle. Plus qu'une simple liberté, le mariage est, si l'on en juge les textes internationaux et particulièrement l'article 12 de la Convention européenne des droits de l'homme, un véritable droit. Cet article dispose en effet : « À partir de l'âge nubile, l'homme et la femme ont le droit de se marier et de fonder une famille selon les lois nationales régissant l'exercice de ce droit. »

Ce chapitre fera l'objet de trois développements consacrés respectivement aux fiançailles, à la formation du mariage et aux effets du mariage.

SECTION I
Les fiançailles

Préalable facultatif au mariage, les fiançailles désignent l'**engagement réciproque d'un homme et d'une femme de s'unir par les liens du mariage.** Souvent motivées par des raisons sociales et religieuses, elles visent notamment à annoncer publiquement le projet de mariage et à assurer la présentation des familles. L'engagement des futurs époux est souvent matérialisé par la remise d'une bague à la fiancée.

Ignoré par le Code civil de 1804, le rite des fiançailles tend à disparaître aujourd'hui. La publication des bans suffit à assurer la publicité du mariage.

§ 1. La valeur juridique des fiançailles

Le droit accorde-t-il une valeur juridique à cet engagement bilatéral ? Les fiancés sont-ils liés par un lien de droit, c'est-à-dire titulaires de droits et tenus d'obligations juridiques ou, au contraire, unis par un simple lien de fait qu'ils peuvent rompre librement et sans conséquences ?

Le droit canonique accordait une valeur juridique importante aux fiançailles. En tant que promesse de se prendre plus tard pour mari et pour femme, elles ouvraient au(à la) fiancé(e) délaissé(e) une action spéciale en cas de rupture unilatérale.

En revanche, le Code civil napoléonien ne dit mot de cet engagement. Ce silence prive les fiançailles de toute valeur juridique, préservant ainsi la solennité et la liberté du mariage. Accorder une force obligatoire aux fiançailles reviendrait en effet à méconnaître le principe du libre consentement au mariage en anticipant l'échange des consentements. La liberté du mariage, garantie notamment par l'article 12 de la Convention européenne des droits de l'homme (voir texte de la Convention en annexe, à la fin de ce manuel), implique que les futurs époux s'engagent en pleine indépendance devant l'officier d'état civil et interdit qu'un engagement préalable n'entrave cette liberté.

Les fiançailles ne constituent donc pas une institution juridique mais créent une simple situation de fait. La jurisprudence a d'ailleurs très tôt nié la nature contractuelle de cet engagement, confirmant ainsi son absence de force obligatoire. **N'étant pas conçues comme un contrat, les fiançailles peuvent en principe être librement rompues. La responsabilité contractuelle de l'auteur de la rupture ne peut en aucun cas être engagée.**

§ 2. Le droit à réparation en cas de rupture abusive

Libre d'intervenir à tout moment, **la rupture des fiançailles n'ouvre pas en elle-même un droit à réparation pour le(la) fiancé(e) délaissé(e). Toutefois, il est apparu inique de ne pas allouer de réparation au(à la) fiancé(e) victime d'une rupture totalement inattendue et injustifiée.** Par souci d'équité, la Cour de cassation (30 mai et 11 juin 1838, S. 1838, I, p. 492) a très tôt accepté d'accorder, sous certaines conditions, une réparation financière au(à la) fiancé(e) délaissé(e). La rupture des fiançailles est ainsi susceptible de produire des effets de droit, au même titre que la rupture de concubinage, autre situation de fait qui coexiste d'ailleurs souvent avec la première.

Les fiançailles n'étant pas un contrat, **le fondement de l'action en réparation est délictuel et non contractuel.**

Le(la) fiancé(e) délaissé(e) qui souhaite obtenir réparation doit agir sur le fondement de l'**article 1382 du Code civil**, droit commun de la responsabilité délictuelle (voir, dans la même collection, *Droit des obligations*, partie I, titre I).

Il(elle) doit ainsi rapporter la preuve :

- d'une faute ;
- d'un préjudice ;
- d'un lien de causalité entre la faute et le préjudice.

Il incombe naturellement au demandeur de **prouver préalablement l'existence des fiançailles**. Pendant de nombreuses années, la jurisprudence exigeait une preuve par écrit. Cette position est désormais logiquement abandonnée, les fiançailles, constituant un fait juridique, peuvent être prouvées **par tous moyens**.

La jurisprudence, se fondant sur la **théorie de l'abus de droit** (voir, dans la même collection, *Droit des obligations*, partie I, titre I), estime que **la faute est constituée par le caractère abusif d'une rupture**. Si les fiancés disposent du droit de rompre leurs fiançailles à tout moment, ils ne peuvent cependant pas abuser de ce droit. L'auteur d'une rupture jugée abusive peut ainsi voir sa responsabilité civile délictuelle engagée à condition que la victime démontre que cette rupture lui a causé un préjudice.

L'appréciation du caractère fautif de la rupture relève du pouvoir souverain des juges du fond. Ces derniers prennent en considération les circonstances dans lesquelles la rupture est intervenue (proximité de la date du mariage, attente d'un enfant…) et la manière dont elle s'est effectuée (brutalement, sans égards…). À titre d'exemple, est considéré comme fautif le brusque avis de rupture tranchant avec le ton enflammé des lettres qui débordaient d'affection ou le fait d'abandonner sa fiancée pour se marier immédiatement avec une autre sans apporter la moindre explication à cette volte-face. Celui qui rompt les fiançailles par simple lettre huit jours avant la célébration du mariage commet également une faute et pourra être condamné à réparation. La faute peut enfin résulter du manque de franchise de la part de son auteur. **Les juges imposent** ainsi au(à la) fiancé(e) qui souhaite éconduire son partenaire **un comportement loyal et respectueux** que l'on pourrait analyser comme une obligation de rompre de bonne foi.

Les tribunaux se livrent parfois au **contrôle des motifs déterminants de la rupture, déduisant la faute de l'absence de motifs sérieux et légitimes**. Une rupture par pur caprice ou motivée par des considérations financières est ainsi jugée fautive. En revanche, l'établissement en vue du mariage d'un contrat de séparation de biens constitue un motif de rupture légitime pour celle qui s'y refuse (CA Paris, 25 janvier 2002, Juris-data, n° 167061). Il en est de même de la découverte d'une lettre amicale adressée au fiancé par une autre femme à la date proche du mariage. Ce contrôle judiciaire des motifs de la rupture, nécessairement subjectif et particulièrement délicat, semble contraire au principe de la libre rupture des fiançailles. Exiger un motif sérieux et légitime de rupture, n'est-ce pas reconnaître à cet engagement une force obligatoire et le considérer comme un contrat ? Cette exigence, comme le devoir de rompre de bonne foi qui semble transposer en matière délictuelle une notion propre à la responsabilité contractuelle (« Elles [les conventions] doivent être exécutées de bonne foi. » art. 1134 al. 3 C. civ.), dénote finalement une ambiguïté sur la nature juridique des fiançailles.

Outre la faute de l'auteur de la rupture, **le(la) fiancé(e) délaissé(e) doit également apporter la preuve d'un dommage**. En l'absence de dommage, point de réparation. **Ce dommage peut être matériel ou moral.**

Le **dommage matériel** était autrefois souvent indemnisé. Les femmes ayant aujourd'hui acquis leur indépendance financière, les réparations sur cette base sont maintenant assez modiques. Le plus souvent, il s'agira de rembourser les dépenses qu'aura pu faire le futur conjoint délaissé en vue du mariage (frais de la cérémonie ou achat d'un appartement pour l'établissement des futurs époux).

Le **dommage moral** résulte le plus souvent de l'atteinte à la réputation dont est victime le(la) fiancé(e) délaissé(e).

Pour prétendre à une indemnité, **le demandeur à l'action doit enfin établir un lien de causalité entre la faute du fiancé auteur de la rupture et son propre dommage**. En matière de dommage matériel, la jurisprudence ne retient donc que les dépenses dont le(la) fiancé(e) éconduit(e) fait état et qui ont un lien étroit et nécessaire avec le mariage.

Enfin, il faut noter qu'**en cas de décès d'un des fiancés, l'autre peut obtenir réparation contre le tiers responsable de la mort de son ex-futur conjoint**. La jurisprudence a longtemps jugé cette action irrecevable. Cependant, depuis un arrêt de 1970 qui mit fin à plusieurs années d'incertitude, concernant les concubins mais à portée générale, les tribunaux accueillent favorablement une telle action (Cass. ch. mixte, 27 février 1970, Bull., n° 1). L'application de l'article 1382 du Code civil n'est pas subordonnée à l'existence d'un lien de droit entre la victime et le demandeur en réparation.

§ 3. Le sort des cadeaux et de la bague de fiançailles

À la rupture des fiançailles se pose la question du sort des cadeaux et de la bague de fiançailles.

Le plus souvent, la restitution des cadeaux s'opère en bonne intelligence, selon les règles de l'équité et la coutume. Mais les tribunaux sont parfois appelés à se prononcer et, dans ce cas, appliquent l'article 1088 du Code civil, aux termes duquel « Toute donation faite en faveur du mariage sera caduque, si le mariage ne s'ensuit pas ».

Ainsi, **les cadeaux offerts dans la perspective du mariage devront être restitués.** ***A contrario*, les cadeaux dictés par des élans d'affection et de courtoisie, les cadeaux dits d'usage, pourront être conservés.** Certains auteurs sont même favorables à une restitution des cadeaux d'usage, à moins que ceux-ci n'aient une valeur particulièrement faible.

Le **sort de la bague de fiançailles** est plus délicat, sa qualification étant plus difficile. S'agit-il d'une donation ou d'un cadeau d'usage ?

Il semble que la réponse à cette question dépende étroitement de la valeur et de la provenance de la bague. **Lorsque celle-ci est de grande valeur et de caractère familial, il convient qu'elle demeure dans la famille dont elle provient.** Elle doit donc être considérée comme une donation (voir Cass. civ. 1re, 23 mars 1983, Bull. civ. I, n° 111 ; JCP 1984, II, n° 20202 pour une remise de bijoux de famille après un divorce). En revanche, **la bague qui n'est pas un souvenir de famille et dont la valeur n'excède pas les ressources des fiancés** et de leurs familles doit être regardée comme un présent d'usage et **peut être conservée par la fiancée délaissée**. Il semble enfin que la jurisprudence permette parfois à la fiancée qui n'a rien à se reprocher et a été abandonnée brusquement de conserver la bague (CA Paris, 3 décembre 1976, D. 1978, jur., p. 339).

SECTION II
La formation du mariage

Le mariage est un **acte juridique solennel**. Il requiert des **conditions de forme particulièrement exigeantes**. Les futurs époux prennent l'engagement de vivre ensemble : la gravité de l'engagement nécessite des **conditions de fond très strictes**.

§ 1. Les conditions de fond du mariage

La loi n° 2006-399 du 4 avril 2006 renforçant la prévention et la répression des violences au sein du couple ou commises contre les mineurs (JO 5 avril 2006) comporte notamment certaines dispositions modifiant les conditions de fond du mariage. Ces dispositions ont pour objectif d'améliorer la lutte contre les mariages forcés et de complaisance. Le législateur a ainsi modifié l'article 144 du Code civil relatif à l'âge minimum pour contracter mariage et l'article 180 du même code concernant la nullité du mariage.

A) Les conditions d'ordre physique

La première condition, à la différence du PACS et du concubinage, **est la différence de sexe**.

Cette condition ne figure pourtant dans aucun texte du Code civil. La doctrine et la jurisprudence la déduisent de l'article 144 du Code civil (« L'homme et la femme ne peuvent contracter mariage avant dix-huit ans révolus »). L'article 12 de la Convention européenne de sauvegarde des droits de l'homme fait référence à la différence de sexe des époux en disposant : « À partir de l'âge nubile, l'homme et la femme ont le droit de se marier et de fonder une famille selon les lois nationales régissant l'exercice de ce droit. » En revanche, l'article 9 de la Charte des droits fondamentaux de l'Union européenne ne pose pas de condition de différence de sexe : « Le droit de se marier et le droit de fonder une famille sont garantis selon les lois nationales qui en régissent l'exercice ». Cette Charte a été signée et proclamée par les présidents du Parlement européen, du Conseil et de la Commission, lors du Conseil européen de Nice, le 7 décembre 2000. Elle n'a pas en France de force obligatoire. La différence de sexe sera-t-elle encore longtemps imposée en France ? Certains de nos voisins européens (les Pays-Bas, l'Espagne) ont déjà admis le mariage entre personnes de même sexe. Après l'annulation par la plus haute juridiction judiciaire française du mariage de deux homosexuels à Bègles (Cass. civ. 1re, 13 mars 2007, Bull. civ. I, n° 113), la question du droit au mariage des homosexuels sera à nouveau posée à la Cour européenne des droits de l'homme.

La deuxième condition, d'ordre physique, **porte sur l'âge des époux**. Aucun âge maximum n'est fixé par la loi. L'âge minimum du mariage était, jusqu'à la loi du 4 avril 2006, de 18 ans pour les garçons mais de 15 ans pour les jeunes femmes. La loi n° 2006-399 du 4 avril 2006 renforçant la prévention et la répression des violences au sein du couple ou commises contre les mineurs a porté à 18 ans l'âge minimum du mariage pour les femmes, afin de protéger les adolescentes contre les mariages forcés. L'article 145 du Code civil prévoit toutefois la possibilité d'obtenir des dispenses d'âge accordées par le procureur de la République pour des motifs graves. Le motif le plus souvent invoqué est la grossesse prématurée de la femme.

Reste enfin la **question de la santé des futurs époux.** Le principe de la liberté du mariage conduit à reconnaître à toute personne le droit de fonder une famille, sans distinction fondée sur l'état de santé. Une réserve peut cependant être faite en ce qui concerne les majeurs placés sous un régime de protection (voir p. 111).

E11 **La question du droit au mariage des transsexuels**

La différence de sexe doit-elle être entendue par rapport au sexe d'origine, c'est-à-dire au sexe enregistré à la naissance, ou doit-elle prendre en compte le sexe modifié par une intervention chirurgicale ? L'enjeu de cette question est de déterminer avec qui les transsexuels peuvent se marier.

La jurisprudence française a « sous la contrainte » de la Cour européenne des droits de l'homme, accepté de modifier l'état civil des transsexuels (Cass. Ass. plén., 11 décembre 1992, JCP 1993, II, n° 21991) (voir p. 34). Elle a cependant omis de préciser les conséquences de ce changement d'état civil en matière de mariage. Il semble logique de déduire que ce changement autorise le transsexuel à épouser une personne de son sexe d'origine. Un tel mariage est toutefois susceptible d'être annulé pour erreur sur les qualités essentielles de la personne (voir *infra*, p. 152) si le conjoint n'a pas été informé du changement de sexe. Certains auteurs nient au transsexuel le droit de se marier. Cette position semble contredire la liberté du mariage et introduire une discrimination entre les citoyens.

Jusqu'à présent, la Cour européenne des droits de l'homme affirmait que le droit de se marier obéissait aux lois nationales des États contractants et que ces derniers pouvaient le limiter sans l'atteindre dans sa substance même. Elle refusait de condamner, pour violation de l'article 12, les législations, telle la législation anglaise, qui interdisaient aux transsexuels d'épouser une personne du sexe opposé à leur nouveau sexe (arrêt *Rees c/ Royaume-Uni*, 17 octobre 1986). Elle entendait donc la différence de sexe par rapport au sexe biologique.

Par deux arrêts rendus le 11 juillet 2002 (*Goodwin c/ Royaume-Uni*, requête n° 28957/95 ; *I. c/ Royaume-Uni*, requête n° 25680/94), la Cour a opéré un revirement de jurisprudence en affirmant que le droit anglais portait atteinte à la substance même de la liberté du mariage en exigeant qu'il fût célébré entre deux personnes dont le sexe enregistré à la naissance est différent.

La législation du Royaume-Uni qui ne reconnaît aucun effet juridique au transsexualisme est donc condamnée. La situation des transsexuels anglais est paradoxale car ils peuvent changer de nom et prénom – le droit anglais, libéral en matière de nom, reconnaît à tout citoyen le droit de changer de nom – mais pas d'identité sexuelle. Celle-ci demeure celle qui a été enregistrée à la naissance.

Ce revirement de jurisprudence autorise deux personnes dont le sexe est identique, selon leur état civil, à se marier. Cela revient à autoriser le mariage entre homosexuels. Or, certains pays, dont la France, s'y opposent. La nouvelle position de la Cour européenne des droits de l'homme pourrait avoir une autre conséquence : permettre l'adoption aux couples d'homosexuels. L'adoption est autorisée, dans certains pays membres comme la France, aux seuls couples mariés. Si on reconnaît aux homosexuels le droit de se marier, ne faudra-t-il pas en déduire qu'ils ont droit d'adopter conjointement un enfant ? La Cour, opposée à la reconnaissance de ce droit (CEDH, arrêt *Fretté c/ France*, 26 février 2002) a pris le soin, dans les arrêts du 11 juillet 2002, de dissocier le droit de se marier de celui de fonder une famille.

B) Le consentement des époux

L'officier d'état civil ne marie pas les époux : ils se marient eux-mêmes et l'officier d'état civil recueille leur consentement. **L'échange de consentements est une condition fondamentale du mariage.** La loi est très attachée au principe de la liberté du mariage et fait en sorte d'éviter toute pression sur un des futurs époux pour l'inciter à se marier ou limiter son droit à se marier. Pour cette raison, la jurisprudence a annulé certaines clauses de célibat dans des contrats de travail. Ainsi, la cour d'appel de Paris a déclaré illicite une clause du règlement d'Air France qui prévoyait qu'en cas de mariage, une hôtesse de l'air devait soit démissionner, soit effectuer ses services à terre. Selon la cour d'appel de Paris, **« la clause de célibat doit être déclarée nulle comme attentatoire à un droit fondamental de la personnalité »** (CA Paris, 30 avril 1963, D. 1963, p. 428, note A. Rouast).

Comme pour tous les contrats, le consentement des époux doit exister et ne pas être vicié.

1) L'existence du consentement

Selon l'article 146 du Code civil, **« Il n'y a pas de mariage lorsqu'il n'y a point de consentement »**. L'absence de consentement des époux est sanctionnée par la nullité absolue du mariage. En principe, il est facile de vérifier l'existence des consentements mais certaines situations sont délicates. Le mariage d'une personne dont les capacités mentales sont altérées n'est valable que s'il a lieu dans un intervalle de lucidité. Si la personne est placée sous un régime de protection (curatelle, tutelle), certaines règles sont prévues (voir p. 111).

Le mariage *in extremis* est le mariage d'une personne à l'article de la mort. Dans ce cas, il appartient aux tribunaux de vérifier que l'époux proche de la mort a véritablement donné son consentement (attitude, larmes, regard…) et que ce dernier n'est pas vicié ; il s'agit d'éviter les captations d'héritages.

Dans le **mariage simulé**, l'intention conjugale fait défaut ; les époux n'ont pas l'intention de vivre ensemble et projettent de se séparer après avoir obtenu l'avantage souhaité. La question se pose principalement pour les « mariages blancs ». De tels mariages sont contractés dans l'intention de permettre à l'un des époux de pouvoir acquérir la nationalité française ou un titre de séjour.

La lutte contre les « mariages blancs » est un souci permanent du législateur qui tente, par diverses mesures relatives aux conditions d'acquisition de la nationalité française ou concernant l'action en nullité du mariage (art. 180 C. civ.), de dissuader les candidats au mariage simulé. La loi n° 2003-1119 du 26 novembre 2003 relative à la maîtrise de l'immigration, au séjour des étrangers en France et à la nationalité avait déjà restreint l'accès à la nationalité française pour les étrangers ayant épousé un Français. La loi n° 2006-911 du 24 juillet 2006 relative à l'immigration et à l'intégration (JO 25 juillet 2006 p. 11047) a encore durci les exigences d'obtention de la nationalité française par mariage avec un Français. L'article 21-2 du Code civil dispose désormais :

- « L'étranger ou apatride qui contracte mariage avec un conjoint de nationalité française peut, après un **délai de quatre ans à compter du mariage,** acquérir la nationalité française par déclaration à condition qu'à la date de cette déclaration la **communauté de vie tant affective que matérielle** n'ait pas cessé entre les époux depuis le mariage et que le conjoint français ait conservé sa nationalité ;
- « **Le délai de communauté de vie est porté à cinq ans** lorsque l'étranger, au moment de la déclaration, soit ne justifie pas avoir résidé de manière ininterrompue et régulière pendant au moins trois ans en France à compter du mariage, soit n'est pas en mesure d'apporter la preuve que son conjoint français a été inscrit pendant la durée de leur communauté de vie à l'étranger au registre des Français établis hors de France. En outre, le mariage célébré à l'étranger doit avoir fait l'objet d'une transcription préalable sur les registres de l'état civil français ;
- « Le conjoint étranger doit en outre justifier d'une connaissance suffisante, selon sa condition, de la langue française. »

Afin de décider si le mariage est valable ou non, la jurisprudence distingue selon le but que poursuivent les époux. **Le mariage est nul, faute de consentement, lorsque les époux se sont mariés dans l'unique dessein d'atteindre un résultat accessoire au mariage** (par exemple l'acquisition de la nationalité française). **Au contraire, le mariage est valable si les époux ont poursuivi au moins un des effets principaux du mariage** (par exemple, la légitimation d'un enfant). La jurisprudence relative aux **mariages légitimants** ne présente plus d'intérêt pratique aujourd'hui, la légitimation ayant été supprimée par l'ordonnance du 4 juillet 2005 portant réforme de la filiation. Toutefois, il faut retenir le célèbre arrêt *Appietto*, de la première chambre civile de la Cour de cassation, du 20 novembre 1963. En l'espèce, des époux s'étaient mariés dans le but de légitimer leur enfant à naître et avaient conclu l'accord de divorcer après la cérémonie à la mairie. La première chambre civile a rejeté l'action en nullité du mariage faite par l'un des époux (la femme refusant de divorcer, le mari a dévoilé la convention et demandé la nullité du mariage) : « Si le mariage est nul, faute de consentement, lorsque les époux ne se sont prêtés à la cérémonie qu'en vue d'atteindre un résultat étranger à l'union matrimoniale, il est au contraire valable lorsque les conjoints ont cru pouvoir limiter ses effets légaux et notamment n'ont donné leur consentement que dans le but de conférer à l'enfant commun la situation d'enfant légitime. » **Le mariage est donc valable parce que les parties poursuivaient un des effets légaux du mariage** (Cass. civ. 1re, 20 novembre 1963, Bull. civ. I, n° 506).

2) Un consentement non vicié

Le mariage résulte d'un accord de volontés. Comme toute convention, il doit être contracté librement. **Seuls deux vices du consentement sont pris en considération : la violence et l'erreur, le dol étant exclu.** Il est logique d'exclure le dol car il permettrait à beaucoup de personnes déçues par leur conjoint, de demander l'annulation de leur mariage, solution absurde et inutile car le divorce permet de sortir du lien conjugal. De plus, il ne faut pas oublier un vieil adage de l'ancien droit : « En matière de mariage, trompe qui peut. » De toute façon, le dol n'est rien d'autre qu'une erreur provoquée.

a) L'erreur

L'erreur est une fausse appréciation de la réalité ; elle consiste à croire vrai ce qui est faux ou inversement.

En 1804, les rédacteurs du Code civil n'avaient prévu l'annulation du mariage pour cause d'erreur que dans la mesure où celle-ci portait sur l'identité civile ou civique du conjoint. Très vite, la jurisprudence a été conduite à aborder une question majeure : **peut-on annuler un mariage en cas d'erreur sur une qualité substantielle de la personne ?** La Cour de cassation a d'abord répondu par la négative dans le célèbre arrêt *Berthon* (Cass. ch. réun., 24 avril 1862, S. 1862, I, p. 342). Ayant découvert que son mari avait été condamné aux travaux forcés pour complicité d'assassinat, la femme se prétendait victime d'une erreur sur les qualités substantielles de son mari et demandait l'annulation du mariage. Pour la Cour de cassation, « l'erreur dans la personne (...) ne s'entend (...) que d'une erreur portant sur la personne elle-même (...), la nullité pour erreur dans la personne reste sans extension possible aux simples erreurs sur des conditions ou des qualités de la personne, sur des flétrissures qu'elle aurait subies et spécialement de l'erreur de l'époux qui a ignoré la condamnation à des peines afflictives et infamantes prononcées contre son conjoint et la privation des droits civils et civiques qui s'en est suivie ». Les juges du fond ont tenté de résister à cette jurisprudence.

La loi du 11 juillet 1975 portant réforme du divorce a modifié les termes de l'article 180 du Code civil : **« S'il y a eu erreur dans la personne, ou sur des qualités essentielles de la personne, l'autre époux peut demander la nullité du mariage ».** Les qualités essentielles sont celles qui sont inhérentes au projet matrimonial. Il y a ainsi erreur sur les qualités essentielles lorsque l'un des époux est inapte à avoir des rapports conjugaux ou est déjà engagé dans une autre relation qu'il n'a pas l'intention de rompre. Ces éléments sont en effet incompatibles avec le mariage qui engage les époux à l'accomplissement du devoir conjugal et à la fidélité. La virginité n'a pas été retenue comme une qualité essentielle de la personne : la première chambre civile de la cour d'appel de Douai (CA Douai, 17 novembre 2008, arrêt publié sur legifrance.gouv.fr) a infirmé le jugement rendu en première instance par le tribunal de Lille (TGI Lille, 1er avril 2008) relatif à l'annulation d'un mariage pour non-virginité de l'épouse : le mari, demandeur en nullité, soutenait que cette virginité prétendue avait été déterminante dans son consentement. Les juges du premier degré avaient prononcé la nullité du mariage, sur le fondement de l'article 180 du Code civil, considérant qu'il y avait eu erreur sur les qualités essentielles de l'épouse puisque la virginité de la femme était pour l'époux une condition déterminante sans laquelle il ne se serait pas engagé maritalement.

La cour d'appel de Douai, saisie sur recours du ministère public, a désavoué le tribunal de Lille en refusant de prononcer la nullité du mariage pour erreur sur les qualités essentielles de l'épouse. Elle estime que la virginité ne peut pas être considérée comme une « qualité essentielle de la personne » au sens où l'entend l'article 180 du Code civil car la non-virginité « n'a pas d'incidence sur la vie matrimoniale. (...) En toute hypothèse, le mensonge qui ne porte pas sur une qualité essentielle n'est pas un fondement valide pour l'annulation d'un mariage. Tel est particulièrement le cas quand le mensonge prétendu aurait porté sur la vie sentimentale passée de la future épouse et sur sa virginité. »

L'erreur doit exister au moment du mariage et présenter un caractère déterminant. Cela signifie que l'époux trompé ne se serait pas marié s'il avait connu la vérité. La nullité pour erreur ne peut être demandée que par l'autre conjoint (art. 180 al. 3 C. civ.). **Le demandeur doit apporter la preuve de la réalité de l'erreur et de son caractère déterminant.**

L'arrêt de la première chambre civile de la Cour de cassation du 13 décembre 2005 (Cass. civ. 1re, Bull. I, n° 495 ; vous trouverez un commentaire de cet arrêt dans *Réussir ses TD 1*, éd. Paradigme) illustre parfaitement les exigences de la nullité du mariage pour erreur sur les qualités essentielles : une épouse ayant appris, le soir de son mariage, que son mari la trompait depuis sept ans, a demandé que soit prononcée la nullité de son mariage pour erreur sur les qualités essentielles de son conjoint. Elle invoquait, devant la Cour de cassation, qu'en donnant son consentement à quelqu'un qu'elle croyait fidèle et loyal, elle s'était trompée sur ses qualités substantielles et qu'en raison de ses propres convictions religieuses, cette erreur revêtait un caractère déterminant, c'est-à-dire qu'elle n'aurait pas contracté cette union si elle avait connu la vérité. Elle avançait également, à l'appui de son pourvoi, que l'infidélité et le manque de loyauté de son mari étaient incompatibles avec le lien matrimonial. La Cour de Cassation a rejeté le pourvoi de la demanderesse au motif que, cette dernière ne prouvant pas que le mari avait l'intention de poursuivre la liaison « adultérine » après le mariage, il ne pouvait pas y avoir erreur sur les qualités essentielles. D'autre part, la Cour de cassation reconnaît qu'il doit être tenu compte des convictions religieuses pour apprécier le caractère déterminant de l'erreur. Les juges retiennent ainsi que l'**erreur doit être appréciée de manière subjective**, c'est-à-dire en considération de la personnalité de celui qui l'invoque et de ce qu'il considère comme essentiel. Mais la Cour a estimé qu'en l'espèce, les convictions religieuses de la demanderesse ne suffisaient pas à prouver le caractère déterminant de l'erreur ; or la preuve du caractère déterminant de l'erreur appartient au demandeur : « les convictions religieuses de Mme Y... ne permettaient pas d'établir que celle-ci n'aurait pas contracté mariage si elle avait eu connaissance de cette liaison passée de son mari dans la mesure où les aspirations de M. X... à une union durable n'étaient nullement mises à mal par cette circonstance ».

b) La violence

La violence morale est plus souvent invoquée que la violence physique. C'est la menace d'un mal grave, considérable, imminent et illicite ayant déterminé le consentement. Il appartient aux juges du fond d'apprécier la réalité de la violence. La pression exercée par les parents (crainte révérencielle) peut-elle être retenue comme une cause d'annulation du mariage lorsqu'elle n'est pas accompagnée de violences physiques ? L'article 1114 du Code civil relatif au droit des contrats semble exclure la crainte révérencielle des causes de nullité du mariage (« La seule crainte révérencielle envers le père, la mère, ou autre ascendant, sans qu'il y ait eu de violence exercée, ne suffit point pour annuler le contrat. »). Cependant la jurisprudence a retenu, dans certaines hypothèses, que la pression morale exercée par les ascendants pouvait constituer une cause de nullité du mariage (CA Colmar, 28 avril 2005, Juris-data, n° 283869).

La loi du 4 avril 2006 renforçant la prévention et la répression des violences au sein du couple ou commises contre les mineurs, dont l'un des objectifs est de protéger les jeunes filles contre les mariages arrangés et imposés par leurs parents, a confirmé cette position en modifiant l'alinéa 2 de l'article 180 du Code civil : **« L'exercice d'une contrainte sur les époux ou l'un d'eux, y compris par crainte révérencielle envers un ascendant, constitue un cas de nullité du mariage »**.

C) Les conditions de moralité

1) La prohibition de la bigamie

Traditionnellement, dans les sociétés occidentales, le mariage est monogame. Le Code civil a donc exclu la bigamie. L'article 147 précise qu'« On ne peut contracter un second mariage avant la dissolution du premier ». La bigamie entraîne la nullité absolue du second mariage.

Pour vérifier cette condition, chaque futur époux doit remettre à l'officier d'état civil une copie intégrale de son acte de naissance. L'officier d'état civil peut ainsi contrôler si les futurs époux ont déjà été mariés. Toutefois, cette mesure préventive est d'une efficacité discutée, la bigamie étant la principale cause d'annulation des mariages dans notre pays. Il y a environ 30 annulations de mariages pour bigamie chaque année en France. La situation la plus fréquente est la suivante : un étranger déjà marié dans son pays d'origine contracte un nouveau mariage en France. Dans ce cas, il est difficile de savoir si cette personne est ou non déjà mariée.

2) La prohibition de l'inceste

La loi française interdit le mariage entre proches parents. L'inceste est un tabou quasi universel. Le Code civil posant des prohibitions, il convient de distinguer les prohibitions absolues des prohibitions avec dispense.

a) Les prohibitions absolues

Le mariage est interdit entre ascendants et descendants (art. 161 C. civ.). On étend cette prohibition entre adopté et adoptant. Ainsi, un enfant adopté ne pourra en aucun cas se marier avec son parent adoptif.

Le mariage est également interdit de manière absolue **entre frère et sœur** (art. 162 C. civ.). Il semble que la nouvelle rédaction de l'article 162 du Code civil par l'ordonnance n° 2005-759 du 4 juillet 2005 portant réforme de la filiation exclue la possibilité d'un mariage entre un frère et une sœur adoptifs. L'ancien article 162 du Code civil disposait : « En ligne collatérale, le mariage est prohibé, entre le frère et la sœur légitimes ou naturels ». Or il dispose désormais : « En ligne collatérale, le mariage est prohibé, entre le frère et la sœur. » (Ordonnance n° 2005-759 du 4 juillet 2005 art. 17 I, JO 6 juillet 2005).

b) Les prohibitions avec dispense

Certaines interdictions peuvent être levées par une dispense du Président de la République. En principe, le mariage est prohibé entre l'oncle et la nièce, la tante et le neveu (art. 163 C. civ.). Toutefois, le Président de la République peut lever l'interdiction pour une cause grave (art. 164 C. civ.). Le mariage est également interdit entre la belle-mère et son gendre, le beau-père et la belle-fille. Mais une dispense peut intervenir si le mariage qui créait l'alliance a été dissous par décès (art. 164 C. civ.).

3) L'accord des parents

Cette condition a été posée en 1804. L'accord parental était imposé lors du mariage d'une personne mineure. Le mariage de mineurs était relativement fréquent jusqu'en 1974. La majorité était alors fixée à 21 ans. Depuis la loi du 5 juillet 1974, l'âge de la majorité a été abaissé à 18 ans. Le mariage de personnes mineures est désormais beaucoup plus rare. Il le sera d'ailleurs de plus en plus puisque la loi du 4 avril 2006 a porté de 15 à 18 ans l'âge minimum du mariage pour les jeunes filles. Désormais, les filles, comme les garçons, doivent avoir 18 ans pour contracter mariage ; la question de l'accord parental ne présente donc plus guère d'intérêt si ce n'est lors du mariage d'un mineur autorisé par une dispense du procureur de la République (art. 145 C. civ.). Dans ce cas, le mineur doit recueillir le consentement de ses parents. **Il faut et il suffit qu'un seul des deux parents donne son accord.** Le consentement peut être donné oralement le jour du mariage ou par écrit avant la célébration du mariage.

§ 2. Les conditions de forme du mariage

On distingue les formalités préalables à la cérémonie de la célébration proprement dite du mariage.

A) Les formalités préalables à la cérémonie

Le but de ces formalités préparatoires est de permettre à l'officier d'état civil de vérifier si les conditions de fond sont réunies et de contrôler la réalité de l'intention matrimoniale afin d'améliorer la lutte contre les mariages « blancs » et les mariages forcés. Deux formalités essentielles doivent être respectées : la **publication** et la **remise de certains documents**.

La publication se fait par voie d'affiche. On parle souvent de publication des bans. Ce vieux terme désignait la proclamation publique et officielle d'un futur mariage à l'église. Aujourd'hui, le système a été laïcisé. La publication des bans se fait par affichage du projet de mariage à la mairie. Cet affichage doit durer 10 jours ouvrés. Le but originaire de cette formalité était de faire connaître le projet de mariage afin que les personnes intéressées puissent éventuellement faire opposition.

Les époux doivent remettre un certain nombre de pièces à l'officier d'état civil. La remise des documents permet à ce dernier de vérifier que les conditions d'un mariage sont bien réunies. Le dossier de mariage (art. 63 C. civ.) doit comprendre la justification de l'identité des époux, de l'identité des témoins, l'original du jugement de divorce (le cas échéant). L'officier de l'état civil peut demander à s'entretenir avec les futurs époux, ensemble ou séparément. Il n'y a plus lieu, depuis 2008, de produire un certificat prénuptial attestant que les futurs époux ont subi un examen médical.

B) La célébration du mariage

En règle générale, c'est-à-dire dans sa forme ordinaire, le mariage est célébré dans la commune où l'un des époux a son domicile (lieu où une personne habite en droit) ou sa résidence (lieu où une personne habite en fait) à la date de la publication des bans. Pour se marier, il faut être au moins cinq : les deux époux, l'officier d'état civil et deux témoins. L'officier d'état civil célèbre le mariage ; il recueille le consentement des époux, les informe sur le droit de la famille (lecture des dispositions du Code civil relatives aux noms des époux et de leurs enfants, aux droits et devoirs respectifs des époux, à l'autorité parentale) et déclare qu'ils sont unis par le mariage. Le jour même, il est dressé un acte de mariage.

En France, le mariage est laïc. Les mariages religieux ne sont pas reconnus par la loi.

Dans certains cas, le mariage est célébré dans des formes beaucoup plus simples. C'est le cas du **mariage posthume** et du **mariage *in extremis*.**

Le **mariage posthume** a été autorisé suite à la catastrophe de Fréjus, lors de la rupture du barrage de Malpasset en 1959 : parmi les 423 victimes se trouvait un jeune homme qui devait se marier quinze jours plus tard avec sa fiancée enceinte. Les circonstances justifiaient que soit accordée une dispense exceptionnelle. L'article 171 du Code civil fixe trois conditions pour la célébration d'un mariage posthume : la certitude du consentement matrimonial du fiancé, une dispense de la part du Président de la République et un motif grave (généralement la grossesse de la fiancée). Le mariage posthume est le seul cas où il peut y avoir mariage sans que l'officier d'état civil recueille le consentement des époux physiquement présents.

Enfin, **en cas de péril imminent de mort de l'un des époux**, l'officier d'état civil peut se déplacer pour célébrer un **mariage *in extremis*** chez l'un des futurs époux. Le mariage aura lieu en forme simplifiée.

C) Les mariages de Français célébrés à l'étranger

La loi n° 2006-1376 du 14 novembre 2006 relative au contrôle de la validité des mariages a modifié les conditions de forme des mariages de Français célébrés à l'étranger. Un nouveau chapitre intitulé *Chapitre II bis – Du mariage des Français à l'étranger* est inséré dans le Code civil. Il comprend les articles 171-1 à 171-8 du Code civil. Les Français qui souhaitent s'unir devant des autorités étrangères doivent préalablement obtenir des autorités consulaires françaises **un certificat de capacité à mariage**. La délivrance de ce certificat est subordonnée à la constitution d'un dossier administratif, à l'audition des époux en cas de suspicion de « mariage blanc », et à la publication obligatoire des bans. L'obtention du certificat de capacité à mariage facilite les formalités de transcription de l'acte du mariage étranger sur les registres de l'état civil français. Cette transcription est obligatoire pour que le mariage soit opposable aux tiers en France. Faute d'être transcrite, l'union maritale contractée à l'étranger n'a d'effet qu'entre les époux eux-mêmes et à l'égard de leurs enfants.

§ 3. Les sanctions de l'inobservation des conditions du mariage

Pour limiter le nombre d'annulations, on distingue les empêchements simplement prohibitifs des empêchements dirimants (dirimant vient du latin *dirimere* qui signifie annuler). **Un empêchement simplement prohibitif est un empêchement qui fait obstacle au mariage.** Si le mariage est déjà célébré, il n'y aura pas d'autres sanctions que la condamnation de l'officier d'état civil à une amende. Le mariage est intégralement maintenu. **En revanche, l'empêchement dirimant conduit à la nullité du mariage.** Il a donc fallu instituer des mesures préventives, les dérivatifs.

A) Les sanctions dérivatives

1) Les empêchements prohibitifs

Les empêchements prohibitifs n'entraînent pas l'annulation du mariage si celui-ci est déjà célébré. Lorsque certaines conditions ou formalités ne sont pas respectées, le mariage n'est pas annulé et reste valable. Ainsi, un mariage célébré sans publication préalable ne sera pas annulé. Il en est de même si le mariage a eu lieu malgré l'existence d'une opposition.

2) Les oppositions à mariage

L'opposition à mariage est un acte officiel par lequel on fait connaître à un officier d'état civil qu'il existe une raison de ne pas célébrer le mariage. Les personnes capables de former une opposition à mariage sont limitativement énumérées par la loi.

Seuls les père et mère sont autorisés à former opposition au mariage de leurs enfants quel qu'en soit le motif. À défaut de père et mère, le frère ou la sœur, l'oncle ou la tante, le cousin ou la cousine germains majeurs peuvent faire opposition mais dans deux cas seulement :

- lorsque le conjoint est atteint de démence ;
- lorsque le consentement du conseil de famille requis pour le mariage d'un majeur en tutelle ou d'un mineur n'a pas été obtenu.

Si l'un des futurs époux est déjà marié, son conjoint non divorcé peut faire opposition en invoquant la bigamie (art. 172 C. civ.).

La loi du 24 août 1993 réglementant le Code de la nationalité précise, dans l'article 175-1 du Code civil, que « Le ministère public peut former opposition pour les cas où il pourrait demander la nullité du mariage ». Cette loi avait un objectif très clair : reconnaître au ministère public la possibilité de faire obstacle à la célébration d'un mariage blanc.

L'opposition se fait par exploit d'huissier (acte judiciaire rédigé et signifié par un huissier). Celui-ci doit indiquer les motifs de l'opposition et reproduire les textes de loi sur lesquels se fonde cette opposition.

En ce qui concerne les effets de l'opposition, s'il n'appartient pas à l'officier d'état civil de prendre parti sur le bien-fondé de l'opposition, cette dernière lui interdit de célébrer le mariage. Le mariage ne sera possible qu'une fois l'opposition levée par le tribunal de grande instance, seul compétent en la matière. Ce tribunal est saisi par les futurs époux lorsqu'ils considèrent que l'opposition est infondée.

B) Les nullités du mariage

1) La nullité relative

Le régime de la nullité relative est prévu par les articles 180 à 183 du Code civil.

La première cause de nullité relative est le **vice du consentement**. La nullité pour erreur dans la personne ou sur les qualités essentielles de la personne ne peut être demandée que par l'autre conjoint. En revanche, la nullité pour violence (contrainte, crainte révérencielle) peut être demandée par les époux ou par celui des époux dont le consentement a été forcé mais aussi par le ministère public depuis la loi n° 2006-399 du 4 avril 2006. L'ouverture de l'action en nullité du mariage pour violence au ministère public semble transformer cette nullité en nullité absolue car il ne s'agit plus seulement de sauvegarder les intérêts privés des époux mais aussi de protéger la société contre les mariages forcés.

La seconde cause de nullité relative est le **défaut de consentement** des père et mère, des ascendants, du conseil de famille ou du curateur, lorsque ce consentement était requis. Cette hypothèse vise le mariage d'un mineur ou celle d'un majeur placé en tutelle ou en curatelle. L'action en nullité du mariage peut être formée par les personnes dont le consentement était nécessaire ou « par celui des époux qui avait besoin de ce consentement » (art. 182 C. civ.). Mais l'action ne peut plus être engagée dès lors que les personnes dont le consentement était requis ont approuvé tacitement ou expressément le mariage.

La loi du 4 avril 2006 a allongé et unifié les **délais d'action en nullité relative du mariage**. Le délai de l'action en nullité est désormais de cinq ans, conformément au droit commun de la nullité relative prévu par l'article 1304 du Code civil. Ce délai court, en cas de vice du consentement, « à compter du mariage ou depuis que l'époux a acquis sa pleine liberté ou que l'erreur a été par lui reconnue » (art. 181 C. civ.). En cas de défaut de consentement des personnes dont le consentement était requis, l'action est prescrite dans un délai de cinq ans après la connaissance du mariage. L'époux dont le consentement était requis peut également agir dans les cinq ans qui suivent « l'âge compétent pour consentir lui-même au mariage » (art. 183 C. civ.).

2) La nullité absolue

En cas de nullité absolue, ce n'est pas seulement le conjoint qui peut demander la nullité du mariage, mais éventuellement d'autres personnes intéressées. **Toutefois, parmi ces personnes, il faut opérer une distinction. Certaines peuvent agir de manière inconditionnelle sans qu'il soit nécessaire qu'elles démontrent leur intérêt à agir.** L'époux et les ascendants appartiennent à cette première catégorie. **Une deuxième catégorie de personnes ne peut agir que si elle a un intérêt pécuniaire** : les collatéraux (frères et sœurs) et les créanciers, les premiers agissant souvent en nullité du mariage à l'occasion d'un conflit successoral (ils cherchent à exclure le conjoint d'une succession en annulant le mariage). Enfin, le ministère public possède un droit d'action lorsqu'un intérêt d'ordre public est en jeu (art. 190 C. civ.). **Les causes de nullité absolue du mariage sont la bigamie (intérêt d'ordre public), le défaut d'âge légal, l'inceste, l'absence de consentement, l'incompétence de l'officier d'état civil ou la clandestinité.**

Les causes de nullité du mariage sont strictes. La jurisprudence prononce rarement la nullité d'un mariage.

3) Les effets de l'annulation

Une fois le mariage annulé, il faut appliquer la règle classique qui veut que l'acte soit considéré comme n'ayant jamais existé. Les époux sont censés avoir vécu en concubinage. Toutefois, il est apparu indispensable de tempérer cette solution. **La jurisprudence a créé une théorie dite du mariage putatif** (*putare* signifie croire en latin) **qui consiste à reconnaître le mariage contracté en toute bonne foi par un époux.** Cette théorie joue lorsqu'un des époux ou les deux croyaient que les conditions de validité du mariage étaient remplies. **La règle permet au mariage déclaré nul de produire des effets à l'égard de l'époux de bonne foi** (seule condition retenue par le législateur pour qualifier le mariage putatif) : **la rétroactivité de l'annulation est supprimée à l'égard de cet époux.** L'époux de bonne foi peut ainsi invoquer à son profit les règles du régime matrimonial. En revanche, si les deux époux sont de mauvaise foi, la théorie classique des nullités s'applique et le mariage est considéré comme n'ayant jamais eu lieu.

Pour l'avenir, le mariage annulé ne produit aucun effet (qu'il soit putatif ou non).

§ 4. La preuve du mariage

Le mariage est un acte formaliste car l'officier d'état civil le célèbre et doit conserver une trace de cette célébration en rédigeant un acte de l'état civil. La règle veut que **la preuve se fasse par l'acte de mariage** lui-même.

Le Code civil interdit expressément aux époux d'apporter la preuve de leur mariage par la possession d'état d'époux. La possession d'état d'époux est le fait de se comporter comme des époux. Il serait en effet trop facile de prouver le mariage par le comportement. Le but est d'empêcher les concubins qui se comportent comme mari et femme de prouver un prétendu mariage en invoquant leur situation de vie maritale.

SECTION III
Les effets du mariage

Le mariage implique l'adhésion à un statut. Ceci est vrai tant sur le plan personnel que patrimonial.

§ 1. Les rapports d'ordre personnel entre les époux

Le mariage entraîne des devoirs pour chacun des époux. Chaque époux sera tenu envers l'autre à certaines obligations. Cependant, les époux ont aussi des obligations qu'ils exercent conjointement.

A) Les devoirs réciproques des époux

L'idée majeure des textes modernes est celle d'**égalité entre les époux**. Il n'y a plus de hiérarchie entre l'homme et la femme. Les époux se donnant l'un à l'autre, ils ont donc des devoirs réciproques. **« Les époux se doivent mutuellement respect, fidélité, secours, assistance »** (art. 212 C. civ.).

1) Le devoir de fidélité

Le conjoint qui ne respecte pas le devoir de fidélité commet un adultère. Depuis la loi de 1975 sur le divorce, l'adultère n'est plus une infraction pénale, mais demeure une faute civile. **L'adultère peut être sanctionné par un divorce pour faute** si les conditions de l'article 242 du Code civil sont réunies (aux torts exclusifs du conjoint ayant violé l'obligation de fidélité) (voir p. 179 et s.). La Cour de cassation impose aux juges du fond de motiver le prononcé du divorce pour faute, c'est-à-dire de vérifier que, conformément à l'article 242 du Code civil, l'adultère constitue une violation grave ou renouvelée du devoir de fidélité imputable à l'autre conjoint, rendant intolérable le maintien de la vie commune.

Il est parfois difficile de rapporter la preuve d'un adultère sans porter atteinte au droit au respect de la vie privée du « fautif » : l'huissier ne peut pas entrer dans un domicile à l'improviste pour faire un constat d'adultère. Il doit y être autorisé par une ordonnance du juge.

2) Le devoir de cohabitation

Selon l'article 215 du Code civil, **« Les époux s'obligent mutuellement à une communauté de vie »**. C'est une obligation essentielle du mariage ; elle implique la communauté de toit, l'unité de foyer. Il arrive toutefois que des époux ne vivent pas sous le même toit. Il n'est pas rare que le mari et la femme travaillent dans deux villes distinctes, parfois éloignées de plusieurs centaines de kilomètres. Qu'en est-il alors du devoir de cohabitation ? Ce devoir de cohabitation n'implique pas systématiquement de vivre tous les jours ensemble. **Pour qu'il y ait communauté de vie, il faut une intimité de vie et une unité de budget.**

Le devoir de cohabitation est-il un devoir impératif ? Certaines situations permettent de nuancer la réponse.

Il arrive que des époux concluent des pactes de séparation amiable. Théoriquement, ces pactes sont nuls, les époux ne pouvant se dispenser de vie commune. En pratique, si les deux époux respectent leur pacte, nul ne pourra les obliger à vivre ensemble. En réalité, lorsque l'on dit que de tels pactes sont nuls, cela signifie que si un des époux ne respecte plus le pacte, l'autre ne pourra pas l'invoquer.

Il arrive également qu'un des époux rompe unilatéralement la vie commune. Cette rupture unilatérale de vie commune est-elle toujours constitutive d'une faute ? Là encore, il faut nuancer la réponse. En principe, quand un conjoint quitte la résidence de la famille, il commet une faute. Néanmoins, la jurisprudence apporte des tempéraments. Il arrive que la fuite du foyer soit une solution salutaire et inévitable : par exemple, lorsqu'une femme battue fuit le foyer conjugal. **Il n'y aura pas de faute à rompre unilatéralement le devoir de cohabitation si le conjoint peut démontrer l'existence d'une excuse valable.** On peut également se munir d'une autorisation judiciaire préalable. **Le juge peut dispenser les époux du devoir de cohabitation dans des hypothèses exceptionnelles.**

Lorsque le devoir de cohabitation n'est pas respecté, les sanctions applicables sont les mêmes que pour le devoir de fidélité. Contraindre les époux à vivre ensemble serait aussi absurde qu'inefficace. Ce serait surtout une grave atteinte aux libertés fondamentales. L'issue classique est donc le divorce.

3) Le devoir d'assistance

Le devoir d'assistance se définit comme le soutien moral, l'aide apportée dans les moments difficiles de la vie. Cette aide se manifeste surtout en cas de maladie. Le devoir d'assistance se manifeste aussi par l'obligation de travailler, c'est-à-dire de contribuer à l'entretien du foyer sur un pied d'égalité. Souvent, il arrive que ce soit la femme qui assure cette part de coopération quand l'homme travaille. Peut-elle exiger une compensation financière ? En principe, la réponse est négative tant que la femme ne dépasse pas ce que l'on fait normalement dans un foyer.

B) Les obligations conjointes des époux

1) La direction générale de la famille

Depuis la loi du 4 juin 1970, il n'y a plus de chef de famille mais une codirection de la famille par les deux époux. Selon l'article 213 du Code civil, « Les époux assurent ensemble la direction morale et matérielle de la famille. Ils pourvoient à l'éducation des enfants et préparent leur avenir ».

Qu'en est-il en cas de désaccord ? Si la crise est passagère ou touche un problème mineur, le droit n'intervient pas, laissant le soin aux époux de résoudre eux-mêmes leurs difficultés. En revanche, si la crise perdure et débouche sur une situation de blocage, l'issue sera la séparation ou le divorce. Le juge aux affaires familiales, saisi d'une demande en divorce, pourra proposer, voire imposer une médiation familiale pour régler le conflit.

2) Le choix de la résidence de la famille

Avant la loi du 11 juillet 1975, le choix de la résidence de la famille incombait au mari. **Aujourd'hui, « La résidence de la famille est au lieu qu'ils** [les époux] **choisissent d'un commun accord ».** À nouveau, des problèmes peuvent surgir en cas de désaccord. Les solutions sont les mêmes que pour le devoir de direction de la famille : un blocage profond et prolongé peut-il aboutir à autre chose qu'un divorce ? C'est très rare. Le vrai problème est en fait celui du devoir de cohabitation. Des conflits sur la résidence de la famille naissent généralement lorsque l'un des époux ne veut plus vivre avec l'autre.

§ 2. Les règles relatives à la gestion du ménage

Il existe deux catégories de règles : celles qui relèvent du **statut primaire ou statut matrimonial de base** (règles qui s'appliquent à tous les gens mariés) et celles qui relèvent du **régime secondaire ou régime matrimonial** que chaque couple peut choisir au moment du mariage pour la gestion de ses biens.

A) Le statut matrimonial de base

Ce sont les règles minimums qui s'imposent à tous les gens mariés. Nous étudierons successivement les rapports des époux entre eux puis les rapports des époux avec les tiers.

1) Les rapports des époux entre eux

a) Le devoir de secours et la contribution aux charges du mariage

Selon l'article 212 du Code civil, « Les époux se doivent mutuellement (...) secours (...) » et l'article 214 impose aux époux de contribuer aux charges du mariage. Apporter son secours à quelqu'un, c'est l'aider financièrement en cas de besoin.

Le devoir de secours apparaît très rarement à l'état pur. L'article 214 impose aux époux de participer aux dettes contractées par le ménage. Pour que cette contribution aux charges existe, il n'est pas nécessaire qu'un époux soit dans le besoin. Dès lors, **tant que les époux vivent ensemble, le devoir de secours est en quelque sorte remplacé par la contribution aux charges du mariage.** Le devoir de secours n'apparaît réellement qu'en cas de séparation de corps (art. 303 C. civ.) (voir p. 202). Il s'exécute alors sous forme de pension alimentaire.

Chaque époux doit participer aux dépenses nécessaires à la vie du ménage. Les charges du ménage dépendent de son train de vie. En général, on classe dans les dépenses nécessaires les dépenses alimentaires, celles relatives au logement, à l'habillement ou aux loisirs. L'article 214 du Code civil fixe le principe de répartition : soit les époux prévoient de fixer la contribution dans leur régime matrimonial (hypothèse rare), soit ils contribuent à proportion de leurs facultés respectives. Lorsqu'un des deux époux ne gagne rien, l'autre contribue intégralement aux charges du ménage. On dit souvent que celui des deux époux qui est au foyer exécute sa contribution en nature.

b) L'indépendance pour les actes de la vie professionnelle

Le mari et la femme peuvent choisir leur profession sans autorisation préalable. Les règles des régimes matrimoniaux fixent le sort des gains et salaires ainsi que des biens que chaque époux peut engager par son activité professionnelle.

Selon l'article 223 du Code civil, chaque époux peut exercer une profession sans l'autorisation de l'autre et, pour les besoins de la profession, aliéner et obliger ses biens personnels. Chacun des époux perçoit ses gains et salaires et peut en disposer après s'être acquitté des charges du mariage.

2) Les rapports des époux avec les tiers

a) La solidarité des dettes du ménage

Supposons qu'un des époux passe un contrat (bail, achat d'un véhicule) avec un tiers. Dans ce cas, cet époux est-il seul engagé ou le tiers peut-il également demander le paiement à l'autre époux ? Concrètement, cette question est très importante pour les tiers. Pendant longtemps, le Code civil n'avait rien prévu et la jurisprudence avait protégé les tiers contractants par la technique dite du mandat tacite : la femme était censée avoir reçu un mandat de son mari pour faire les actes de la vie courante. L'argument juridique utilisé était médiocre car il conduisait à décider que seul le mari était engagé et non la femme.

Depuis 1965, la situation a été améliorée. **L'article 220 du Code civil pose le principe de la solidarité des dettes du ménage.** Selon ce texte, « **Chacun des époux a pouvoir pour passer seul les contrats qui ont pour objet l'entretien du ménage ou l'éducation des enfants : toute dette ainsi contractée par l'un oblige l'autre solidairement** ». Cette règle appelle deux remarques :

- **le texte joue même si les époux sont séparés de fait. Sa seule limite est la séparation légale, lorsque les époux ont été autorisés par décision de justice à ne plus résider ensemble ;**
- **la solidarité concerne toutes les dépenses d'entretien du ménage ou d'éducation des enfants :** dépenses de la vie courante (logement, nourriture, vêtements) et dépenses provoquées par l'éducation des enfants (scolarité, loisirs).

Cette même loi a apporté des limites à cette règle, l'article 220 excluant la solidarité dans deux cas :

- **la solidarité n'a pas lieu pour les dépenses manifestement excessives eu égard au train de vie du ménage, à l'utilité ou l'inutilité de la dépense** (par exemple, la solidarité ne joue pas en cas d'achat de meubles de style par l'un des époux alors que le ménage n'en a pas besoin et ne peut théoriquement pas se les offrir), **à la bonne foi du cocontractant** (ignorance de la situation matérielle des époux, de leur train de vie…) ;

– **la règle de la solidarité est également exclue pour les emprunts sauf s'ils portent sur des sommes modestes et si l'acquisition est nécessaire aux besoins de la vie courante.** La Cour de cassation a, par un arrêt du 27 novembre 2001 (Bull. civ. I, n° 294 ; JCP 2002, éd. G., II, n° 10138), cassé un arrêt de la cour d'appel de Pau au motif que les juges ayant constaté le caractère modeste de la somme empruntée, n'avaient pas justifié la nécessité de l'achat pour les besoins de la vie courante. Les hauts magistrats ont, dans cette espèce, écarté la solidarité de l'épouse pour l'emprunt contracté par le mari pour l'achat d'une voiture.

b) Le pouvoir de passer des actes concernant les meubles détenus individuellement

Cette règle s'applique dans l'hypothèse où un des époux accomplit seul un acte (par exemple une aliénation) qui concerne un meuble dont il est possesseur. **L'article 222 du Code civil pose alors le principe que l'époux est réputé, à l'égard des tiers de bonne foi, avoir le pouvoir de faire seul l'acte d'administration ou de disposition sur le bien qu'il détient individuellement.** Il existe toutefois des limites à cette présomption de pouvoir. Le même article 222 exclut cette présomption pour les meubles meublant le logement familial. L'exclusion joue également pour les meubles corporels dont la nature fait présumer la propriété de l'autre conjoint (par exemple le linge personnel).

Il faut toutefois savoir que ces limites sont de moins en moins respectées.

c) La protection du logement familial

Le législateur a toujours été conscient de l'importance cruciale du logement de la famille. Si on ne peut pas le rendre insaisissable, il est possible de limiter la liberté des époux. En ce sens, l'article 215 alinéa 3 du Code civil pose la règle suivante : **« Les époux ne peuvent l'un sans l'autre disposer des droits par lesquels est assuré le logement de la famille, ni des meubles meublants dont il est garni. »** Quels sont les actes concernés par cette règle ? Celle-ci s'applique bien entendu à l'aliénation de la pleine propriété du logement familial (par exemple, un époux ne peut pas vendre sans le consentement de l'autre l'appartement qu'habite la famille) mais aussi à la constitution d'une hypothèque ou d'un bail.

Si le logement appartient aux deux époux, la règle n'apporte rien. En revanche, si le logement est la propriété exclusive de l'un des époux, il faudra l'accord des deux soit pour vendre, soit pour hypothéquer.

Si l'autorisation n'a pas été donnée, celui qui n'a pas consenti peut demander l'annulation de l'acte. Il s'agit d'une nullité relative qui ne peut être invoquée que par l'époux dont le consentement n'a pas été obtenu, dès lors qu'il a intérêt à agir. Le délai de prescription est d'une année à partir du jour où cet époux a eu connaissance de l'acte et sans pouvoir être intentée plus d'un an après que le régime matrimonial soit dissous.

Un arrêt de la première chambre civile de la Cour de cassation, en date du 16 mai 2000 (Bull. civ. I, n° 144), est venu renforcer le principe de protection du logement familial : dans l'article 215 alinéa 3 du Code civil, le mot « disposer » doit-il être entendu de manière juridique (c'est-à-dire le fait de réaliser des actes de disposition) ou de manière courante ? Dans son arrêt du 16 mai 2000, la Cour de cassation donne au mot « disposer » un sens large, de manière à protéger pleinement le logement familial ; elle déclare en effet : « il résulte des termes généraux de l'article 215 alinéa 3 du Code civil instituant un régime de protection du logement familial que ce texte vise les actes qui anéantissent ou réduisent les droits réels ou les droits personnels de l'un des conjoints sur le logement de la famille. » Dans ce même arrêt, la Cour de cassation estime qu'un époux ne peut pas donner à bail le logement familial. Le bail d'habitation est pourtant, au sens juridique du terme, un acte d'administration et non un acte de disposition.

Cette décision montre la volonté de la Cour de cassation de renforcer la protection du logement familial.

3) Les règles spéciales aux périodes de crise

Il a fallu envisager des mesures au cas où un époux ne pourrait manifester sa volonté ou si ses actes devenaient dangereux pour la famille.

L'article 219 du Code civil envisage le cas d'un époux qui se trouverait hors d'état de manifester sa volonté et qui devrait accomplir un acte particulier (par exemple, la vente d'une maison qui lui est propre). Ce texte offre une possibilité au conjoint : ce dernier peut se faire habiliter à représenter son époux, soit d'une manière générale, soit pour un acte particulier.

L'article 217 vise le cas où un conjoint ne peut manifester sa volonté et où l'autre conjoint aurait besoin de son autorisation pour passer un acte. Dans ce cas, cet autre époux peut être autorisé par justice à passer seul l'acte concerné.

Il arrive également que le comportement d'un époux soit nuisible pour la famille. Dans ce cas, l'autre conjoint peut saisir le président du tribunal de grande instance (TGI) pour obtenir une mesure urgente. Trois conditions doivent être réunies pour que le président du TGI fasse droit à la demande :

- l'autre époux manque gravement à ses devoirs (par exemple, il a quitté le domicile) ;
- il met en péril les intérêts de la famille ;
- il y a urgence.

Le président peut alors interdire à l'époux concerné de faire, sans le consentement de l'autre, des actes de disposition, tant sur ses biens propres que sur ceux de la communauté.

B) Le régime matrimonial secondaire

Au régime primaire s'ajoutent les régimes matrimoniaux. Sans insister longuement, car l'étude des régimes matrimoniaux fait l'objet d'un cours spécial en deuxième cycle, nous passerons en revue les différents régimes existants.

Les régimes matrimoniaux sont laissés au choix des époux. La loi impose un régime si les époux n'ont rien choisi : le régime légal. Le régime légal est celui de la **communauté réduite aux acquêts**. Ce régime distingue les biens communs, acquis par les époux pendant le mariage, des biens propres (les biens dont chaque époux était propriétaire avant de se marier et les biens acquis à titre gratuit par chaque époux pendant le mariage). Chacun gère ses biens propres. Pour les biens communs, on applique les règles de la gestion concurrente (les deux époux peuvent participer à la gestion des biens communs). En ce qui concerne les dettes et sous réserve de l'article 220 du Code civil, l'idée générale est que chaque époux, par ses activités, engage ses biens propres et les biens communs sauf les gains et salaires de l'autre.

Parallèlement au régime légal, il existe des régimes conventionnels que les époux peuvent choisir :

- **la communauté universelle**. Dans ce régime, tout est mis en commun ;
- **le régime de la séparation de biens**. Tout se passe comme si les époux n'étaient pas mariés, il n'y a que des biens personnels à chaque époux et pas de masse commune ;
- **le régime de participation aux acquêts**. D'origine allemande, ce régime tente de concilier les avantages des régimes existants. Jusqu'à la dissolution du mariage, tout se passe comme dans le régime de la séparation de biens. Au moment de la dissolution, on applique le régime de la communauté et la masse commune est divisée en deux.

Le choix du régime matrimonial est une décision délicate qui dépend de plusieurs critères : la profession des époux, leurs fortunes respectives...

CHAPITRE 4

Le divorce et la séparation de corps

Le divorce était admis sous l'Empire romain, il a ensuite été longtemps interdit en France, en raison de la forte influence de l'Église qui n'a jamais reconnu la dissolution du lien conjugal et a toujours considéré le mariage comme une institution sacrée.

Les Révolutionnaires, hostiles par principe aux prohibitions de l'Ancien Régime, ont admis le divorce d'une manière très large (par exemple, le divorce pour incompatibilité d'humeur). De nombreux divorces ont d'ailleurs été prononcés pendant la période révolutionnaire.

Napoléon et les rédacteurs du Code civil ont certes prévu le divorce mais dans des cas limités. La Restauration de la monarchie par Louis XVIII en 1814 a été fatale au divorce. La loi de Bonald, votée en 1816, le supprima purement et simplement. Il a fallu attendre la loi Naquet du 27 juillet 1884 (Troisième République) pour que le divorce soit définitivement rétabli. Mais cette loi ne prévoyait qu'un seul cas de divorce : le divorce pour faute. Cette conception du divorce-sanction ne convenant plus aux mœurs de la société française, **le droit du divorce a été totalement réformé en 1975**. La loi du 11 juillet 1975 sur le divorce est sans doute l'une des plus importantes réformes du droit français de la famille. Elle a créé plusieurs cas de divorce et en a réglé les effets dans le souci de limiter les conflits postérieurs à la séparation.

Avec l'augmentation du nombre de séparations (aujourd'hui autour de 130 000 divorces par an) qui a engendré l'apparition de familles monoparentales et recomposées, le divorce a progressivement cessé d'être considéré comme un fait déshonorant et dramatique. Face à la transformation des comportements familiaux (voir p. 126), la législation de 1975 s'est révélée trop formaliste et trop complexe (voir schéma ci-après). Elle n'est pas parvenue à éviter des conflits postérieurs au divorce. Si personne n'a contesté la nécessité de réformer le droit du divorce, le contenu de la réforme a en revanche soulevé de vives polémiques. Les longs et nombreux débats qui ont précédé son adoption ont pris une tournure très idéologique, comme c'est le cas pour chaque réforme touchant à la famille et particulièrement au divorce.

Amorcée sous le gouvernement Jospin, la réforme du divorce a avorté en raison du changement de législature intervenu au printemps 2002. La proposition de loi, adoptée par l'Assemblée nationale en 2001, prévoyait notamment la suppression du divorce pour faute. Cette disposition avait suscité la vive opposition des sénateurs qui ont argué, à juste titre, que le mariage impose aux conjoints des droits et des obligations réciproques (fidélité, secours et assistance) et que, par conséquent, supprimer le divorce pour faute revient à ne plus sanctionner la violation des obligations matrimoniales. Maintenir ces obligations en supprimant les sanctions en cas de non-respect semble manquer de cohérence. Certains estiment que cela dénaturerait le mariage. Le

Les différentes procédures de divorce avant la loi du 26 mai 2004 et leur durée

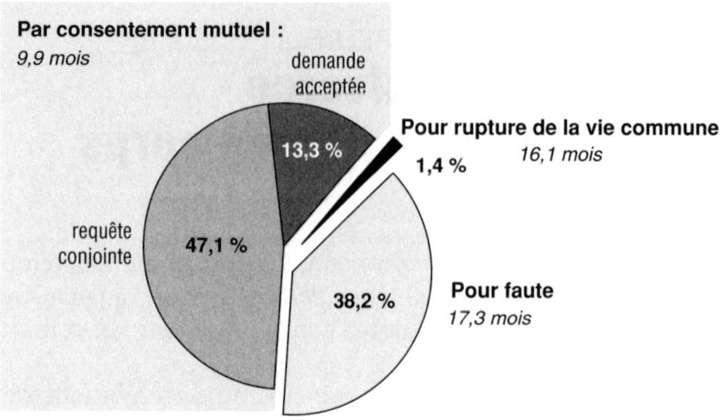

Source : ministère de la Justice, 2001

renouvellement de l'Assemblée nationale au printemps 2002 a rendu caduque cette proposition de loi. Dès le début de l'année 2003, le gouvernement Raffarin a donc mis en place un groupe de travail chargé de réfléchir aux grandes lignes d'une future réforme. En avril 2003, ce groupe a remis un avant-projet traduisant finalement les mêmes objectifs (simplifier et pacifier) que la précédente tentative de réforme mais maintenant le divorce pour faute. Il a fallu attendre le 12 mai 2004 pour que la réforme du divorce soit enfin adoptée (loi n° 2004-439 du 26 mai 2004). **La loi du 26 mai 2004 relative au divorce a été complétée par deux décrets** : le décret n° 2004-1158 du 29 octobre 2004 portant réforme de la procédure en matière familiale et le décret n° 2004-1157 du 29 octobre 2004 pris en application des articles 276-4 et 280 du Code civil et fixant les modalités de substitution d'un capital à une rente allouée au titre de la prestation compensatoire.

La philosophie du texte est de « simplifier, pacifier, protéger ». Ces trois objectifs peuvent sonner tel un slogan aux oreilles de certains mais il est indéniable que **le texte voté réalise certains progrès**. Répondant aux aspirations des couples, le législateur simplifie le divorce par consentement mutuel, facilite le divorce en cas de cessation de vie commune, encourage à tout moment de la procédure la recherche d'un accord entre les époux, incite le juge à proposer une médiation familiale et améliore considérablement la protection de l'époux victime de violences conjugales.

La prestation compensatoire a subi également de nouvelles retouches, après la grande réforme du 30 juin 2000 (voir p. 190 et s.). Les modalités d'application de la loi du 30 juin 2000 ont en effet soulevé certaines difficultés pratiques et généré quelques critiques. La loi du 26 mai 2004 tempère le principe du caractère forfaitaire de la prestation compensatoire, affirmé avec force par la loi du 30 juin 2000. Les magistrats du fond se sont souvent montrés opposés à la systématisation du caractère forfaitaire de la prestation et ont apprécié largement les articles 274 et 276 du Code civil (modifiés par la loi du 26 mai 2004 relative au divorce) qui permettaient, à titre exceptionnel, de déroger au principe du versement en capital. Les juges des tribunaux et des cours d'appel ont ainsi souvent accordé des versements mixtes, c'est-à-dire à la fois sous forme de rentes mensuelles et de capital (voir p. 193). Par ailleurs, la loi du 26 mai 2004 limite à l'actif successoral la transmissibilité de la prestation compensatoire aux héritiers du débiteur.

Il faut noter que **la loi n° 2004-439 du 26 mai 2004 est entrée en vigueur le 1er janvier 2005.** Elle est applicable à toutes les procédures en cours à cette date sauf :

- dans les divorces sur requête conjointe, si la convention temporaire a déjà été homologuée ;
- dans les autres formes de divorce, si l'assignation a été délivrée avant le 1er janvier 2005 ;
- si un appel ou un pourvoi en cassation a été formé contre une décision rendue sous l'empire de l'ancienne loi.

Nous étudierons les quatre cas de divorce et leurs procédures (section I) avant de présenter les effets du divorce (section II). Nous terminerons par un exposé rapide de la séparation de corps (section III), procédure rescapée de la loi du 26 mai 2004 (le législateur ayant pensé la supprimer avant de se raviser).

SECTION I
Les différentes formes de divorce

La pluralité de voies d'accès au divorce date de 1975. La loi du 11 juillet 1975 prévoyait quatre procédures de divorce : le divorce sur requête conjointe et le divorce sur demande acceptée, qui étaient tous les deux des divorces par consentement mutuel ; le divorce pour rupture de la vie commune et le divorce pour faute.

La loi n° 2004-439 du 26 mai 2004 maintient le principe de ces quatre cas de divorce, mais simplifie et unifie leur procédure.

E12 **Article 229 du Code civil**

« Le divorce peut être prononcé en cas :
- soit de consentement mutuel ;
- soit d'acceptation du principe de la rupture du mariage ;
- soit d'altération définitive du lien conjugal ;
- soit de faute. »

Le divorce sur demande acceptée, qui est désormais le divorce pour acceptation du principe de la rupture du mariage, est envisagé distinctement du divorce par consentement mutuel (voir art. 229 C. civ., ci-avant).

§ 1. Le divorce par consentement mutuel

Le divorce par consentement mutuel correspond au cas où les époux sont d'accord sur le principe d'un divorce. Il est le moins traumatisant et le plus rapide. Il suppose une certaine maturité des époux. Ceux-ci vont conclure ensemble un accord destiné à régler leur divorce et ses conséquences. Pour éviter qu'un conjoint ne fasse pression sur l'autre, ce divorce est **interdit aux majeurs protégés** (art. 249-4 C. civ.).

A) Les conditions

Le divorce par consentement mutuel est demandé conjointement par les deux époux. Ceux-ci vont conclure un véritable contrat relatif à l'organisation de leur divorce. Le principe même de ce divorce est que les parties n'ont pas à faire connaître au juge les raisons de leur décision. C'est ce que précise l'article 230 du Code civil : « Le divorce peut être demandé conjointement par les époux lorsqu'ils s'entendent sur la rupture du mariage et ses effets en soumettant à l'approbation du juge une convention réglant les conséquences du divorce. » Les époux doivent avoir organisé entièrement les conséquences de leur divorce. Dès le début de la procédure, ils vont présenter au juge la convention qui réglemente ces conséquences.

Le juge n'a qu'un rôle de contrôle. Il examine le projet et ne peut prononcer le divorce que s'il homologue en même temps la convention définitive. Le juge prononce le divorce et donne force exécutoire à la convention dans une seule décision de justice. Selon l'article 232 du Code civil, « Le juge homologue la convention et prononce le divorce s'il a acquis la conviction que la volonté de chacun des époux est réelle et que leur consentement est libre et éclairé ». Pour pouvoir homologuer la convention et prononcer le divorce, le juge doit vérifier que la convention préserve suffisamment les intérêts des enfants et des époux.

Face au projet présenté, **le juge ne peut pas de lui-même opérer des modifications**. S'il estime que la convention proposée ne préserve pas suffisamment les intérêts des enfants ou de l'un des époux, il ne peut qu'inciter les époux à la modifier ; si ceux-ci refusent, la demande de divorce est rejetée.

Est-il possible de remettre en cause cette convention lorsqu'elle a été homologuée par le juge sans remettre en cause le divorce ? Dans la mesure où le juge a homologué la convention, on conçoit mal qu'elle puisse être annulée postérieurement. **Il existe un principe d'indivisibilité entre le prononcé du divorce et l'homologation de la convention.** Cette question a donné lieu à une grande controverse mais, finalement, la Cour de cassation a tranché : **« le prononcé du divorce et** [celui] **de l'homologation de la convention définitive ont un caractère indissociable et ne peuvent plus être remis en cause, hors des cas limitativement prévus par la loi »** (Cass. civ. 2e, 6 mai 1987, Bull. civ. II, n° 103). La jurisprudence interdit donc de demander l'annulation d'une convention définitive pour absence de consentement ou vice du consentement.

Il est également impossible d'invoquer l'erreur ou de demander la rescision pour cause de lésion. C'est alors sur le terrain de la révision de la convention qu'il faut se placer.

Toute **demande en révision de la convention est irrecevable** lorsque celle-ci a été homologuée **sauf concernant la prestation compensatoire ou les dispositions relatives aux enfants** :

- si elle concerne la prestation compensatoire, la demande en révision est recevable en cas de changement important dans les ressources ou les besoins des parties (voir p. 195) ;

– en ce qui concerne les enfants, toutes les dispositions sont révisables si des circonstances nouvelles l'imposent, même en cas de divorce sur requête conjointe. La pension alimentaire peut donc être modifiée en fonction de l'évolution des ressources et des besoins respectifs de chacun. Le JAF est compétent en cas de révision de la pension alimentaire.

Hors de ces hypothèses particulières, la convention – qui une fois homologuée a la même force exécutoire qu'une décision de justice – ne peut pas être modifiée. **Les époux devront obligatoirement, s'ils souhaitent compléter ou revenir sur une clause de la convention qui a été homologuée lors du prononcé de leur divorce, passer une nouvelle convention et la soumettre à homologation** (art. 279 al. 2 C. civ.).

B) La procédure

Cette procédure, modifiée par la loi du 26 mai 2004 relative au divorce, est privilégiée par le législateur. **Les époux souhaitant divorcer sont en effet fortement incités à s'engager dans cette voie consensuelle** puisqu'ils peuvent la choisir même s'ils se sont dirigés vers une autre procédure. Cette modification du fondement de la demande initiale en divorce est possible à n'importe quel moment de la procédure : **« Les époux peuvent, à tout moment de la procédure, demander au juge de constater leur accord pour voir prononcer leur divorce par consentement mutuel en lui présentant une convention réglant les conséquences de celui-ci »** (art. 247 C. civ.).

Les époux peuvent avoir recours à un seul avocat. En effet, la procédure est entièrement gracieuse puisque, par définition, il n'y a pas de désaccord entre les époux. En pratique, cela n'est pas souhaitable : l'élaboration définitive donne souvent lieu à d'âpres négociations et un avocat unique peut difficilement représenter les deux parties dans les meilleures conditions.

Les époux adressent leur demande de divorce au juge aux affaires familiales (JAF). Le JAF est un juge délégué du TGI, lequel est toujours compétent en matière de divorce. L'affaire relève de la compétence d'un juge unique. Il examine la demande avec chacun des époux puis avec les deux époux et, enfin, avec le ou les avocats.

La loi du 26 mai 2004 relative au divorce a simplifié et accéléré la procédure de divorce par consentement mutuel. À présent, **le juge** aux affaires familiales **peut**, s'il estime que la convention passée par les époux préserve les intérêts de chacun d'eux et des enfants, **prononcer le divorce lors d'une unique audience** (art. 232 C. civ.). L'ancienne procédure prévoyait deux audiences afin de laisser aux époux un délai de réflexion suffisant (trois mois). La suppression de ce délai de réflexion a été fortement vilipendée et a donné lieu à de vifs débats durant la discussion du texte. Le juge se voit pourtant investi d'une véritable mission de contrôle afin que la rapidité de la procédure ne contraigne pas les époux à négliger le règlement des conséquences de leur divorce et que le conjoint le plus fragile ou les enfants ne soient pas lésés, sans possibilité de recours. Si le juge ne dispose d'aucun pouvoir d'investigation et ne peut lui-même compléter la convention ou en imposer une modification, il a toutefois le pouvoir d'en refuser l'homologation s'il estime que l'un des époux ou les enfants ne sont pas suffisamment protégés et préservés (art. 232 et 278 C. civ.). Or, l'homologation étant indissociable du prononcé du divorce, les époux ne peuvent pas divorcer par consentement mutuel si leur convention n'est pas homologuée par le juge.

En cas de refus du juge d'homologuer la convention, les époux disposent d'un délai de six mois pour présenter une nouvelle convention davantage soucieuse des intérêts de chacun. Le juge peut cependant, malgré son refus, accepter d'homologuer les mesures provisoires qui organiseront la vie des époux et celle des enfants jusqu'à ce que le jugement de divorce puisse être prononcé et soit passé en force de chose jugée (art. 250-2 C. civ.).

La demande en divorce est caduque si, à l'expiration de ce délai de six mois, les époux ne présentent pas une nouvelle convention qui satisfasse le juge ou ne présentent tout simplement pas de nouvelle convention. Il en est de même si le juge refuse une seconde fois l'homologation. Les époux doivent donc reformer une demande en divorce.

Quelles sont les voies de recours contre l'ordonnance du JAF ? Il convient de distinguer selon qu'il y a eu ou non homologation :

- **si le JAF a prononcé et homologué la convention, seul le pourvoi en cassation** (en cas de violation de la règle de droit) est possible. Ce pourvoi doit être formé dans les 15 jours à compter du prononcé de la décision. La tierce opposition est également possible, notamment de la part du ministère public, dans l'année suivant la décision du juge. La tierce opposition est une voie de recours extraordinaire qui permet à un tiers (une personne qui n'est pas partie au procès) de demander que la décision de justice qui lui fait grief soit réformée ou rétractée dans la mesure où elle lui porte préjudice ;
- si le juge a refusé de prononcer le divorce et d'homologuer la convention, un **appel** est possible dans les 15 jours, puis un pourvoi en cassation dans un délai de 15 jours.

Les articles 1086 et 1087 du Code de procédure civile alignent le régime du pourvoi en cassation dans le cadre d'un divorce par consentement mutuel sur celui des divorces contentieux. Désormais l'effet suspensif du pourvoi ne s'applique qu'au divorce et à la prestation compensatoire. Il ne concerne plus les mesures accessoires (autorité parentale, pensions, entretien des enfants...).

§ 2. Le divorce pour acceptation du principe de la rupture du mariage

Sous l'empire de la loi du 11 juillet 1975, ce type de divorce était appelé divorce sur demande acceptée ou sur double aveu. La loi du 26 mai 2004 en fait le divorce pour acceptation du principe de la rupture du mariage (art. 233 C. civ.). Son principe demeure celui d'un **accord des époux sur le fait de divorcer mais d'un désaccord sur les conséquences du divorce. Sa procédure est unifiée avec celle du divorce pour faute et du divorce pour altération irrémédiable du lien conjugal**. Le législateur a souhaité un tronc procédural commun à ces trois types de divorce (seul le divorce par consentement mutuel dispose d'une procédure spécifique).

Les époux qui se sont d'ailleurs engagés dans un divorce pour faute ou dans un divorce pour altération irrémédiable du lien conjugal peuvent, à tout moment de la procédure, transformer leur demande initiale en divorce pour acceptation de la rupture du mariage (art. 247-1 C. civ.). Le législateur est en effet particulièrement soucieux de favoriser le rapprochement des époux afin d'éviter tout conflit destructeur et d'inciter ceux-ci à régler eux-mêmes, sous le contrôle du juge, les conséquences de leur divorce. La mise en place d'un tronc procédural commun, l'élargissement des passerelles vers les divorces les plus pacifiques (voir art. 247 et 247-1 C. civ.), le développement de la médiation familiale et la possibilité pour les époux, quel que soit le type de divorce, de conclure des conventions réglant les effets du divorce, sont autant de mesures qui permettent ce rapprochement et contribuent à dédramatiser le divorce.

Le divorce pour acceptation du principe de la rupture du mariage peut être demandé par l'un des époux ou les deux. **L'acceptation donnée par les époux au principe du divorce ne peut pas être rétractée, elle est irrémédiable** (art. 233 al. 2 C. civ.). **L'acceptation doit intervenir lors de la tentative de conciliation.** L'instance devra donc être obligatoirement engagée sur ce fondement. Le juge, au terme d'une procédure identique à celle du divorce pour faute ou du divorce pour altération définitive du lien conjugal, s'assurera de l'existence du consentement libre et éclairé de chacun des époux avant de prononcer le divorce (voir pour le détail de ce tronc commun procédural, p. 182). Il statuera sur les effets du divorce pour lesquels les époux n'ont pas réussi à s'entendre. Les époux peuvent en effet présenter au juge, à n'importe quel moment de la procédure, une convention réglant les points sur lesquels ils ont pu trouver un accord. Cette convention sera homologuée par le juge lors du prononcé du divorce, si elle préserve les intérêts des époux et des enfants. Le rôle du juge dans le règlement des effets est donc subsidiaire mais essentiel quant à la protection des parties.

§ 3. Le divorce pour altération définitive du lien conjugal

La procédure permettant à l'un des époux, séparé de fait, de divorcer sans l'accord de l'autre conjoint et sans avoir à prouver une quelconque faute contre ce dernier, a été instaurée par la loi du 11 juillet 1975. Il s'agissait du divorce pour rupture de la vie commune. Cette innovation importante a été vivement critiquée. Certains ont reproché à ce type de divorce de permettre à l'un des époux de se prévaloir de son propre comportement fautif (par exemple son départ du domicile conjugal) ou de la folie de son conjoint pour obtenir le divorce. Ses détracteurs l'ont souvent assimilé à une forme de répudiation, c'est-à-dire à une rupture du mariage par décision unilatérale. Mais l'on peut objecter à de tels propos que la loi de 1975 offrait de sérieuses garanties au défendeur : le demandeur assumait toutes les charges du divorce et, à la différence des autres divorces, le devoir de secours était maintenu en faveur du défendeur. Ce devoir de secours s'exécutait sous la forme d'une pension alimentaire. Le législateur de 1975 permettait aussi au défendeur d'invoquer une clause d'exceptionnelle dureté (art. 240 C. civ., abrogé par la loi du 26 mai 2004) afin d'empêcher le prononcé du divorce.

Le divorce pour rupture de la vie commune a connu peu de succès (moins de 2 % des divorces prononcés), ses conséquences étant trop lourdes à assumer pour le demandeur. Son successeur, **le divorce pour altération définitive du lien conjugal, est en revanche appelé à connaître un franc succès pour trois raisons principales** : il répond à un réel besoin des couples, la durée de la séparation exigée est raccourcie de 6 à 2 ans et les effets du divorce sont davantage équilibrés. **Ce succès permettra,** concourant ainsi à la « pacification » des séparations, **de limiter le recours au divorce pour faute.** La durée exigée par la loi de 1975 était si longue qu'elle conduisait l'époux séparé, qui souhaitait divorcer sans attendre six années avant de pouvoir refaire sa vie mais qui n'arrivait pas à obtenir l'accord de l'autre pour divorcer, à se lancer dans une procédure de divorce pour faute en « inventant » éventuellement une faute. Cela engendrait des conflits inutiles et préjudiciables aux enfants comme aux époux.

Il existait, jusqu'au 31 décembre 2004, deux formes de divorce pour rupture de la vie commune : le divorce pour séparation de fait depuis six ans et le divorce pour altération des facultés mentales depuis cette même durée. Avec la loi n° 2004-439 du 26 mai 2004, l'altération des facultés mentales de l'autre conjoint n'est plus une cause spécifique de divorce. L'ancien dispositif exigeait du demandeur la preuve d'une grave altération depuis six années sans espoir d'amélioration (art. 238 ancien C. civ.). **Depuis le 1er janvier 2005, il suffit que la cessation de la communauté de vie depuis deux ans au jour de l'assignation ait été constatée par le juge pour que le divorce soit prononcé.**

A) Les conditions du divorce pour altération définitive du lien conjugal

Le législateur a reconnu, par ce nouveau type de divorce dont les effets sont très différents de ceux de l'ancien divorce pour rupture de la vie commune, un **véritable droit à divorcer unilatéralement.**

Le divorce pour altération définitive du lien conjugal peut être demandé par un seul des époux dès lors que **le couple ne vit plus ensemble depuis deux ans.** Le législateur définit en effet l'altération définitive du lien conjugal comme « la cessation de la communauté de vie ». Le divorce pour altération définitive du lien conjugal peut également être prononcé en cas de rejet d'une demande en divorce pour faute, lorsqu'une demande reconventionnelle a été formée à cette fin.

1) La séparation de fait depuis deux années

La jurisprudence a précisé ce qu'il convenait d'entendre par séparation de fait et quelles étaient les conséquences d'une éventuelle reprise temporaire de la vie commune. Les solutions dégagées sous l'empire de la loi de 1975 sont également applicables sous le nouveau dispositif, la condition d'une séparation de fait des époux étant également posée. Seule change la durée de la séparation.

Il est évident que **la séparation de fait suppose nécessairement la non-cohabitation des époux.** Ces derniers ne doivent pas vivre sous le même toit. Le problème est de déterminer si, en plus de cet élément matériel, la séparation de fait exige un élément intentionnel : faut-il tenir compte de la cause de la séparation (raisons professionnelles, prison ou mésentente) ? Les juges comme les auteurs sont divisés sur cette question. Pour la Cour de cassation, il faut déterminer si les époux ont maintenu des contacts affectifs en dépit de leur absence de cohabitation (Cass. civ. 2e, 30 janvier 1980, Bull. civ. II, n° 17). Si c'est le cas, le juge ne pourra pas constater leur séparation de fait et devra rejeter la demande en divorce pour altération définitive du lien conjugal.

Le délai de séparation est-il suspendu ou interrompu en cas de reprise temporaire de la vie commune ou des contacts affectifs ? Là encore, les auteurs et les magistrats sont divisés sur la réponse à apporter. Toutefois, leur position est unanime lorsque la reprise de la vie commune est brève, fortuite ou uniquement motivée par le maintien des relations avec les enfants : le délai n'est, dans ce cas, ni interrompu ni suspendu.

L'ancien article 239 du Code civil (abrogé par la loi du 26 mai 2004) disposait que la demande en divorce pour rupture de la vie commune était recevable uniquement si le demandeur s'engageait dans la demande initiale à assumer toutes les charges du divorce. Il s'agissait d'éviter que le divorce impose des frais et mette dans le besoin le défendeur qui, pour le législateur de 1975, est avant tout une victime délaissée.

Le nouveau dispositif rompt avec l'idée que le demandeur est « coupable » et doit assumer toutes les charges du divorce. **Les dispositions de l'ancien article 239 du Code civil**, subordonnant la recevabilité de la demande de divorce à l'engagement d'assumer toutes les charges du divorce et à l'obligation de préciser dans la demande initiale les moyens par lesquels il entend les assumer, **sont supprimées**.

2) Le rejet d'une demande en divorce pour faute

Le divorce pour altération définitive du lien conjugal peut aussi être prononcé dans une hypothèse autre qu'après une séparation de deux ans au jour de l'assignation. L'article 238 alinéa 2 dispose qu'il est prononcé dans la situation suivante : l'un des époux a formé une demande en divorce pour faute, l'autre, autrement dit le défendeur, a formé une demande reconventionnelle en divorce pour altération définitive du lien conjugal ; **si le juge rejette la demande initiale pour faute, il prononcera automatiquement le divorce pour altération définitive du lien conjugal, et ce même si les époux ne sont pas séparés depuis deux années au jour de l'assignation.** Le législateur a en effet considéré qu'une demande en divorce pour faute rompait en elle-même le lien conjugal. Selon l'article 64 du Code de procédure civile, « constitue une demande reconventionnelle la demande par laquelle le défendeur originaire prétend obtenir un avantage autre que le simple rejet de la prétention de son adversaire ».

B) Les effets et la procédure spécifiques du divorce pour altération définitive du lien conjugal

Le législateur s'est attaché à rééquilibrer les effets du divorce demandé par un seul époux en cas de séparation. Le dispositif prévu par la loi de 1975 considérait que l'époux demandeur était fautif et devait, par conséquent, assumer l'entière responsabilité du divorce. Les conséquences financières pouvaient ainsi se révéler très lourdes pour le demandeur, ce qui explique le nombre très faible de divorces prononcés par le biais de cette procédure (moins de 2 % des divorces en 2001). Le texte de 2004 témoigne au contraire d'une approche très différente, en détachant les effets de la cause du divorce. Ce cas de divorce n'est ainsi plus envisagé comme un divorce entièrement « à la charge » du demandeur. Les effets et la procédure du divorce pour altération définitive du lien conjugal sont rééquilibrés et alignés sur ceux des autres divorces (hormis la procédure propre au divorce par consentement mutuel).

1) L'alignement des effets du divorce pour altération définitive du lien conjugal sur les autres divorces

La loi du 11 juillet 1975 prévoyait des effets très spécifiques au divorce pour rupture de la vie commune, le différenciant ainsi des autres divorces. Par souci d'équité, mais aussi de simplification procédurale, la loi du 26 mai 2004 a supprimé les dispositions qui faisaient porter tout le poids de ce type de divorce sur le demandeur et accordaient au défendeur des droits très spécifiques (invoquer une clause d'exceptionnelle dureté, toucher une pension alimentaire du fait du maintien du devoir de secours, conserver le nom de l'ex-conjoint...).

a) La fin du maintien exceptionnel du devoir de secours

L'article 270 alinéa 1er du Code civil dispose : « Le divorce met fin au devoir de secours entre époux ». L'ancien article 281 du Code civil qui prévoyait le maintien du devoir de secours après un divorce pour rupture de la vie commune est abrogé. La réforme du divorce en finit donc avec le maintien exceptionnel du devoir de secours pour ce cas particulier de divorce. Désormais, le devoir de secours disparaît dans tous les cas de divorce.

b) La fin du droit d'user du nom de l'ex-conjoint sans autorisation

La loi du 11 juillet 1975 autorisait le défendeur d'un divorce pour rupture de la vie commune à conserver de plein droit l'usage du nom de son ex-conjoint une fois le divorce prononcé (ancien art. 264 C. civ.). Cette disposition dérogeait au principe selon lequel le droit d'user du nom du conjoint cesse avec le divorce sauf si l'usager a obtenu l'autorisation du titulaire du nom ou une autorisation du juge. L'article 264 du Code civil, issu de la loi du 26 mai 2004, ne prévoit plus d'exception à ce principe. Le défendeur d'un divorce pour altération définitive du lien conjugal doit donc, comme tout divorcé, abandonner le nom d'usage qu'il portait éventuellement ou obtenir l'autorisation nécessaire pour le conserver.

c) La possibilité pour le défendeur de réclamer des dommages et intérêts sur le fondement de l'article 266 du Code civil

Sous l'empire de la loi du 11 juillet 1975, la Cour de cassation avait exclu la possibilité pour le défendeur d'un divorce pour rupture de la vie commune de former, à l'occasion de l'action en divorce, une demande en dommages et intérêts sur le fondement de l'article 266 du Code civil (Cass. civ. 2e, 23 janvier 1980, Bull. civ. II, n° 15). Cet article (selon la rédaction de 1975) visait expressément le défendeur d'un divorce pour faute, à qui il ouvrait une action en dommages et intérêts pour réparation du préjudice matériel ou moral subi par le divorce. Des dommages et intérêts pouvaient toujours être demandés sur le fondement de l'article 1382 du Code civil, en réparation d'un préjudice d'une autre nature que celle résultant du divorce.

L'article 266 du Code civil, issu de la loi du 26 mai 2004, ouvre au conjoint défendeur d'un divorce pour altération définitive du lien conjugal la possibilité de demander, à l'occasion de l'action en divorce, des dommages et intérêts pour réparer les conséquences d'une « particulière gravité » qui résultent du divorce. Cette demande peut être accueillie même si le défendeur obtient le versement d'une prestation compensatoire.

d) La possibilité de demander une prestation compensatoire

Tous les cas de divorce ouvrent désormais droit à une prestation compensatoire si la rupture du lien conjugal crée une disparité entre les conditions de vie respectives des ex-époux. Sous l'empire de la loi du 11 juillet 1975, le divorce pour rupture de la vie commune maintenait le devoir de secours qui s'exécutait, le cas échéant, sous la forme d'une pension alimentaire. En revanche, ce cas de divorce excluait la possibilité pour l'un des époux de demander une prestation compensatoire à l'autre.

La loi du 26 mai 2004 relative au divorce a modifié l'article 270 du Code civil afin de permettre aux personnes qui divorcent pour altération définitive du lien conjugal de demander une prestation compensatoire. Le juge peut toutefois refuser d'accorder la prestation si l'équité le commande (art. 270 al. 2).

e) La fin de la possibilité d'invoquer la clause d'exceptionnelle dureté

Auparavant, le juge pouvait rejeter la demande en divorce pour rupture de la vie commune si le défendeur prouvait que le divorce allait avoir, pour lui ou pour les enfants, des conséquences d'exceptionnelle dureté (ancien art. 240 C. civ.). Les arguments généralement invoqués étaient l'état de santé, les convictions religieuses du défendeur ou la situation socialement déshonorante de divorcé. L'article 240 du Code civil a été abrogé. Le législateur a ainsi consacré un droit unilatéral au divorce.

2) L'unification de la procédure de divorce pour altération définitive du lien conjugal avec celle des autres divorces

La loi du 26 mai 2004 et le décret n° 2004-1158 du 29 octobre 2004 ont mis fin à la spécificité de la procédure pour ce type de divorce. Le souci du législateur a été de mettre en place un **tronc procédural commun** (voir p. 182) **à tous les divorces** (sauf pour consentement mutuel) qui, selon l'ancien garde des Sceaux Dominique Perben, « facilite l'accès au juge et préserve les chances de rapprochement des époux pendant la phase de conciliation ».

a) L'examen de la demande

Le juge aux affaires familiales doit prononcer le divorce sur le seul constat de la séparation des époux depuis deux ans au jour de l'assignation ou, en cas de rejet d'une demande en divorce pour faute, si une demande reconventionnelle en divorce pour altération définitive du lien conjugal a été formée.

Le défendeur ne peut désormais plus invoquer une clause d'exceptionnelle dureté afin de s'opposer au prononcé du divorce. Le divorce pour altération définitive du lien conjugal est devenu un divorce pour simple constat de la rupture. Toutefois, la situation matérielle du défendeur est sauvegardée, s'il y a lieu, par le versement d'une prestation compensatoire qui corrige l'éventuelle disparité créée par le divorce entre la situation antérieure et celle de divorcé(e) (art. 270 C. civ.).

b) La modification du fondement de la demande

Soucieux d'apaiser le divorce, le législateur de 2004 offre deux possibilités aux époux, engagés dans un divorce pour altération définitive du lien conjugal, de s'entendre pour éviter cette procédure contentieuse :

- **les époux peuvent**, à tout moment de la procédure, **se diriger vers un divorce par consentement mutuel**, s'ils s'accordent sur le principe et les effets du divorce. Ils devront alors présenter une convention réglant les conséquences de celui-ci (art. 247 C. civ.). Cette possibilité est aussi ouverte aux personnes engagées dans un divorce pour faute ou dans un divorce pour acceptation du principe de la rupture du mariage ;
- **ils peuvent aussi**, s'ils ne trouvent pas d'accord sur le règlement des effets du divorce mais s'ils s'accordent sur le principe du divorce, **abandonner**, à tout moment de la procédure, **le divorce pour altération définitive du lien conjugal au profit d'un divorce pour acceptation du principe de la rupture du mariage** (art. 247-1 C. civ.).

§ 4. Le divorce pour faute

L'opportunité de maintenir cette procédure, particulièrement déstabilisante pour les époux et leurs enfants, s'est posée de manière récurrente. Certains auraient souhaité, à l'instar d'autres pays de l'Union européenne, l'adoption d'une procédure pacifiée ne reposant plus sur la culpabilisation systématique de l'ex-conjoint. D'autres s'y sont opposés énergiquement, craignant que la non-sanction des droits et obligations du mariage ne dénature l'institution matrimoniale.

Lors de la réforme de 2004, le législateur a choisi de maintenir cette procédure contentieuse afin que les devoirs du mariage, affirmés par les articles 212 et suivants du Code civil, conservent un sens. **La loi du 26 mai 2004** relative au divorce modifie finalement assez peu le divorce pour faute. Elle **insiste sur la protection de l'époux victime de violences conjugales** (voir ci-après) **et confie au juge la mission d'apaiser les rapports entre les époux** en les incitant à s'entendre et, éventuellement, à abandonner cette procédure contentieuse au profit d'un divorce pour acceptation du principe de la rupture du mariage ou d'un divorce par consentement mutuel (voir le § 5 sur la procédure commune p. 182).

Les causes de divorce pour faute demeurent inchangées : le demandeur doit prouver que son conjoint a violé les obligations du mariage, selon les conditions posées par l'article 242 du Code civil (vous trouverez un commentaire de cet article dans *Réussir ses TD 1*, éd. Paradigme). Le juge dispose d'un libre pouvoir pour apprécier si la ou les violations alléguées possèdent les caractères exigés par l'article 242 du Code civil. Il ne prononcera le divorce pour faute que s'il estime que c'est le cas. Il existait, sous l'empire de la loi de 1975, une cause péremptoire de divorce, c'est-à-dire une cause obligatoire, qui obligeait le juge à prononcer le divorce sans libre pouvoir d'appréciation. Cette cause était posée par l'article 243 du Code civil selon lequel le divorce pour faute pouvait être demandé par l'un des époux lorsque l'autre avait été condamné à une peine afflictive ou infamante, autrement dit à une peine particulièrement grave comme la réclusion criminelle. La réforme de 2004 a abrogé l'article 243 du Code civil. La condamnation à une peine afflictive et infamante ne justifie donc plus à elle seule le prononcé d'un divorce pour faute. Il faut que les conditions posées par l'article 242 du Code civil soient satisfaites.

A) La violation des obligations du mariage

Selon l'article 242 du Code civil, **« Le divorce peut être demandé par l'un des époux lorsque des faits constitutifs d'une violation grave ou renouvelée des devoirs et obligations du mariage sont imputables à son conjoint et rendent intolérable le maintien de la vie commune »**.

Les juges aux affaires familiales doivent donc, pour prononcer un divorce pour faute, constater la réunion des conditions posées par l'article 242. Les faits invoqués doivent constituer une violation des devoirs et obligations du mariage. Cette violation **doit être soit grave soit renouvelée.** Les faits doivent être imputables à l'autre conjoint et rendre intolérable le maintien de la vie commune.

En 1997, dans trois arrêts (Cass. civ. 2e, 22 janvier 1997, Bull. civ. II, n° 17 ; Cass. civ. 2e, 12 mars 1997, Bull. civ. II, n° 72 et Cass. civ. 2e, 29 avril 1997, Bull. civ. II, n° 120 ; JCP 1997, éd. G., I, 4045), la Cour de cassation a sanctionné des juges du fond qui n'avaient pas suffisamment précisé en quoi les fautes alléguées rendaient intolérable le maintien de la vie commune et constituaient une violation grave ou répétée des devoirs du mariage.

Dans l'arrêt du 29 avril 1997, la Cour de cassation a censuré une cour d'appel qui s'était contentée de retenir que le mari s'était rendu coupable de violences, sans préciser en quoi ces faits rendaient intolérable le maintien de la vie commune. Cette attitude de la Haute juridiction s'expliquait par la lutte qu'elle avait décidé de mener contre les « faux divorces pour faute ». En effet, sous l'empire de la loi de 1975, de plus en plus de couples qui étaient d'accord pour divorcer avaient recours au divorce pour faute, la procédure étant plus rapide que celle d'un divorce sur requête conjointe (qui supposait deux rencontres avec le juge espacées de trois mois). La réforme de 2004 a raccourci les délais et simplifié la procédure.

La faute (sur la preuve de la faute, voir page 185) est constituée par des faits matériels qui sont analysés comme une violation grave ou renouvelée des devoirs et obligations du mariage. **La notion de devoirs et d'obligations du mariage ne se limite pas ici aux obligations expressément énumérées par l'article 212 du Code civil** (respect, fidélité, secours et assistance). Les juges apprécient largement cette notion et estiment que les époux doivent agir conformément à leur intérêt commun et à l'intérêt des enfants.

L'adultère est fréquemment invoqué à l'appui d'une demande en divorce pour faute. Il ne s'agit plus, depuis 1975, d'une cause péremptoire de divorce.

Cela signifie que les juges doivent constater que toutes les conditions posées par l'article 242 du Code civil sont réunies pour prononcer un divorce pour faute. Les juges apprécient souverainement, en fonction des circonstances, si la violation du devoir de fidélité est grave ou renouvelée et si elle rend intolérable le maintien de la vie commune.

Parmi les autres causes de divorce pour faute, on peut citer : l'abandon de domicile ; la violation du devoir d'assistance, par exemple lorsque le conjoint a négligé ou refusé de soigner ou de visiter son époux malade ou hospitalisé (on parle aussi d'abandon moral) ; les offenses, c'est-à-dire les violences physiques et verbales, injures, insultes, comportements outrageants vis-à-vis de la famille.

Certaines situations restent délicates car elles traduisent une opposition entre les libertés individuelles de chacun des époux et certaines obligations qui sont considérées, par certains, comme inhérentes à l'engagement matrimonial. Ainsi, la question de la pratique religieuse et celle de l'adhésion de l'un des époux à une secte peuvent être problématiques au regard de la liberté de conscience. La pratique d'une religion ne peut pas être constitutive d'une faute au sens de l'article 242 du Code civil. Toutefois, si l'adhésion à une secte ou la pratique excessive d'une religion conduit un des époux à négliger sa vie de famille, les tribunaux peuvent estimer qu'il y a une faute et prononcer un divorce pour faute, à condition que les conditions posées par l'article 242 du Code civil soient remplies.

En ce qui concerne la date des faits reprochés, il résulte de la jurisprudence de la Cour de cassation que **les griefs invoqués aux fins d'obtenir le divorce pour faute peuvent être postérieurs à l'introduction de la procédure** : « L'introduction de la demande en divorce ne confère pas aux époux encore dans les liens du mariage une immunité destituant de leurs effets normaux les offenses dont ils peuvent se rendre coupables l'un envers l'autre » (Cass. civ. 2e, 23 septembre 1999, Bull. civ. II, n° 141). Il résulte donc de cet arrêt qu'il est possible d'invoquer, à l'appui d'une demande en divorce pour faute, des griefs postérieurs à l'ordonnance de non-conciliation ou d'assignation.

Une des principales innovations de la loi du 26 mai 2004, concernant le divorce pour faute, **est l'amélioration de la protection du conjoint victime de violences conjugales par la mise en place d'un dispositif permettant au juge de traiter la situation en urgence, avant même le dépôt d'une requête en divorce**, afin d'assurer à l'époux victime le droit de rester dans le logement familial. Selon l'article 220-1 du Code civil alinéas 3 et 4, le juge peut, à titre de mesures urgentes, « statuer sur la résidence séparée des époux en précisant lequel des deux continuera à résider dans le logement conjugal. Sauf circonstances particulières, la jouissance de ce logement est attribuée au conjoint qui n'est pas l'auteur des violences. Le juge se prononce, s'il y a lieu, sur les modalités d'exercice de l'autorité parentale et sur la contribution aux charges du mariage. Les mesures prises sont caduques si, à l'expiration d'un délai de quatre mois à compter de leur prononcé, aucune requête en divorce ou en séparation de corps n'a été déposée. »

B) Les fins de non-recevoir

La demande en divorce sera rejetée s'il y a une provocation de la part d'un des époux, en cas de réconciliation ou si un conjoint est excusable.

La provocation est une mise en scène organisée par un époux pour inciter son conjoint à commettre une faute et le surprendre. **La provocation retire au fait son caractère fautif.**

La réconciliation est également une fin de non-recevoir : elle se définit comme un accord de volontés, l'époux outragé pardonnant à son conjoint les fautes qu'il a commises et ce dernier acceptant le pardon. Selon l'article 244 alinéa 1 du Code civil, « La réconciliation des époux intervenue depuis les faits allégués empêche de les invoquer comme cause de divorce ». Mais si, après la réconciliation, une nouvelle demande est formée en raison de la survenance de nouveaux faits, les faits anciens peuvent être « rappelés à l'appui de cette nouvelle demande » (art. 244 al. 2 C. civ.).

La loi a donc entouré la réconciliation de précautions. Plusieurs conditions doivent être réunies pour qu'il y ait une véritable réconciliation. **Le pardon doit être volontaire et éclairé.** On en déduit donc que le simple fait de reprendre ou de continuer la vie commune ne peut être assimilé à un pardon. La Cour de cassation l'a expressément énoncé dans un arrêt du 4 avril 1962 : « pour rejeter l'exception de réconciliation, l'arrêt (attaqué) relève que la circonstance que le mari eût connaissance de la liaison de la femme n'emportait pas un pardon de sa part ; qu'elle a ainsi implicitement et nécessairement considéré que la continuité de la vie commune ne saurait prévaloir contre ce fait » (Cass. civ. 2e, 4 avril 1962, Bull. civ. II, n° 370). Le pardon éclairé implique que l'auteur du pardon ait eu connaissance des faits fautifs et n'ait subi aucune pression. De plus, pour valoir réconciliation, **le pardon doit être accepté.** L'acceptation doit être sincère et suivie dans les faits (le pardonné doit donc mettre fin à son comportement fautif).

Enfin, les fautes d'un des époux peuvent être excusées par le comportement de l'autre. Le comportement objectivement fautif d'un époux peut être dépouillé de son caractère fautif en raison de l'attitude de l'autre conjoint. Le cas le plus fréquent est celui d'un époux qui quitte le domicile conjugal parce que son conjoint le bat.

C) Le partage des torts

Au cours d'une procédure de divorce, il est très fréquent que chacun invoque les torts de l'autre. Dans ce cas, plusieurs situations sont envisageables : soit la faute du demandeur conduit le juge à rejeter la demande de divorce (lorsqu'il y a eu provocation, par exemple), soit il peut y avoir un **divorce aux torts partagés**.

En effet, dans une procédure de divorce pour faute, le défendeur peut former une demande reconventionnelle en divorce. Si le juge accueille les deux demandes (la demande principale et la demande reconventionnelle), le divorce est alors prononcé aux torts partagés. Le juge prend donc en compte le comportement fautif des deux conjoints. L'article 245 alinéa 3 du Code civil prévoit d'ailleurs que « Même en l'absence de demande reconventionnelle, le divorce peut être prononcé aux torts partagés des deux époux si les débats font apparaître des torts à la charge de l'un et de l'autre ». Dans un tel cas, le juge sera tenu de respecter le principe du contradictoire, c'est-à-dire qu'il devra entendre les observations des deux parties.

§ 5. La procédure commune aux divorces autres que par consentement mutuel

La principale innovation de la loi du 26 mai 2004 relative au divorce et du décret du 29 octobre 2004 portant réforme de la procédure en matière familiale est la **mise en place d'une procédure commune** aux divorce pour faute, divorce pour altération définitive du lien conjugal et divorce pour acceptation du principe de la rupture du mariage. Seul le divorce par consentement mutuel possède une procédure spécifique. L'objectif de ce tronc procédural commun est de simplifier la demande en divorce et de faciliter le rapprochement des conjoints en les incitant à régler eux-mêmes les conséquences de leur divorce.

La loi prévoit un élargissement des passerelles entre les différents divorces, ceci dans le but d'inciter les époux à s'accorder au moins sur le principe du divorce en se dirigeant, à tout moment de la procédure, vers un divorce pour acceptation du principe de la rupture du mariage ou, si cela est possible, vers un divorce par consentement mutuel (sauf si les époux ont accepté, lors de la tentative de conciliation, un divorce pour acceptation du principe de la rupture du mariage).

Sur le plan processuel, le législateur renvoie, pour la plupart des règles relatives au divorce, au Code de procédure civile, mais les grandes étapes de la procédure figurent dans le Code civil.

A) Les caractéristiques de la procédure commune

Le législateur a favorisé trois axes afin d'apaiser les rapports entre les époux et de simplifier la procédure :

- la **dissociation des conséquences financières du divorce et de l'attribution des torts**. Désormais, ni le conjoint déclaré fautif dans un divorce pour faute ni le conjoint à l'initiative d'un divorce pour altération définitive du lien conjugal ne sont privés de plein droit de prestation compensatoire ou systématiquement atteints par des sanctions financières telle la révocation des donations (voir p. 188) ;
- l'**incitation des époux à s'entendre pour régler eux-mêmes les conséquences** de leur divorce. La mission du juge aux affaires familiales est largement orientée vers la recherche d'un accord entre les époux ;
- le **règlement de toutes les conséquences du divorce au moment de son prononcé** afin d'éviter que les opérations de liquidation du régime matrimonial ne s'éternisent (voir p. 187).

B) Les étapes de la procédure commune

1) La phase préliminaire

• La requête

La procédure de divorce commence par **une requête** (une requête est un écrit motivé et adressé à un magistrat pour solliciter une autorisation ou faire ordonner une mesure de procédure). Cette requête est déposée par le ou les

Passerelles d'une procédure à l'autre

Modification du fondement de la demande possible à tout moment de la procédure

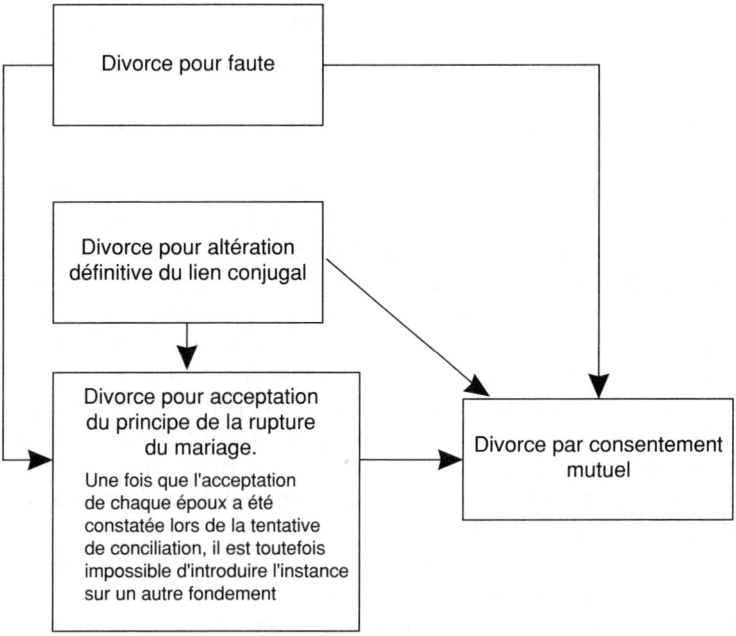

avocats auprès du juge aux affaires familiales. La requête initiale ne comporte plus l'indication des motifs de la séparation (art. 251 C. civ.). Elle ne précise donc plus ni, le cas échéant, les torts reprochés à l'autre, ni la procédure de divorce envisagée. Les époux choisissent cette dernière après l'audience de conciliation et peuvent en changer à tout moment de la procédure (voir p. 182).

• **La conciliation**

Le juge aux affaires familiales convoque ensuite les époux à **une audience de conciliation**. Il les reçoit séparément, puis ensemble, avant d'inviter les avocats à les rejoindre (art. 252-1 C. civ.). Dès l'audience de conciliation, le magistrat informe les époux de la possibilité de **passer une convention réglant tout ou partie des conséquences** de leur divorce, y compris les modalités et le montant d'une éventuelle prestation compensatoire. Il leur demande même de préparer pour l'audience de jugement un projet de règlement (art. 252-3 C. civ.). Il peut, afin de les aider à s'entendre, leur proposer, dès ce stade de la procédure, **une mesure de médiation familiale**, et désigner avec leur accord le médiateur qui les accompagnera. Le juge peut même obliger les époux à rencontrer un médiateur « qui les informera sur l'objet et le déroulement de la médiation » (art. 255 C. civ.). **Tout accord conclu par les époux et intervenant soit spontanément, soit après une médiation familiale, sera soumis au juge.** Ce dernier homologuera, lors du prononcé du divorce, tout ou partie de l'accord, s'il estime les intérêts des époux et des enfants préservés (art. 250-1 et 268 C. civ.).

Dès cette requête initiale, le juge peut prendre des mesures provisoires urgentes. Il peut autoriser les époux à résider séparément, décider de confier les enfants mineurs à un des deux parents pendant la durée de l'instance ou ordonner des mesures conservatoires (demander que des scellés soient posés sur les biens communs). Le JAF intervient dans ce cas comme juge des référés (le référé est une procédure rapide et simplifiée destinée à régler provisoirement une contestation en cas d'urgence ; le juge des référés ne statue pas sur le fond de l'affaire).

Au cours de cette audience de conciliation, le juge va prescrire les mesures provisoires en tenant compte des accords éventuellement passés par les époux (art. 255 C. civ.). Le champ de ces mesures est étendu afin d'anticiper sur le règlement définitif du divorce. Il faut organiser la situation des époux et des enfants pendant la durée de la procédure. **Dans la pratique, les mesures provisoires ont une grande importance ; on dit qu'elles figent une situation.** Par exemple, si l'autorité parentale est dévolue à titre d'exception unilatéralement à l'un des parents pour la durée de l'instance, cette décision sera rarement remise en cause par la suite. Au titre des mesures provisoires, le juge peut autoriser les époux à résider séparément, attribuer à l'un d'eux la jouissance du logement et des meubles, désigner un professionnel qualifié pour dresser un inventaire estimatif ou désigner le notaire qui préparera le projet de liquidation de la communauté, etc. **En théorie, ces mesures provisoires ne lient pas le juge au moment du prononcé du divorce.**

La tentative de conciliation est obligatoire. Par cette procédure, le juge tente d'inciter les époux à s'entendre sur le maximum de points possibles. La tentative de conciliation peut accorder des délais de réflexion aux époux et reprendre par la suite (art. 252-2 C. civ.).

Les modifications procédurales introduites par la loi du 26 mai 2004 sont donc résolument axées vers la recherche d'un divorce pacifié dont les époux sont invités à régler eux-mêmes les conséquences, sous la surveillance du juge aux affaires familiales. Le rôle de ce dernier est de veiller, d'une part, à ce que les époux participent réellement au règlement des conséquences du divorce et, d'autre part, au respect des intérêts de chacun d'eux et de celui de chacun des enfants.

2) La phase de jugement

• L'introduction de l'instance

Une fois l'ordonnance de non-conciliation rendue, le ou les époux qui souhaite(nt) divorcer doi(ven)t former une **demande introductive d'instance.** Celle-ci **doit nécessairement être accompagnée d'une proposition de règlement** des conséquences financières et personnelles du divorce (art. 257-2 C. civ.). Si la demande en divorce émane d'un seul conjoint, l'autre peut former une demande reconventionnelle en divorce pour faute, divorce pour altération définitive du lien conjugal, ou divorce pour acceptation du principe de la rupture du mariage. En revanche, **la demande doit nécessairement être introduite sur le fondement d'un divorce pour acceptation du principe de la rupture du mariage lorsque les époux ont accepté tous les deux ce principe durant la tentative de conciliation** (art. 257-1 al. 2 C. civ.).

• **Le jugement**

Le juge va, lors de cette audience, prononcer le divorce si les conditions du divorce demandé sont réunies et, s'il y a lieu, homologuer la convention que lui ont présentée les parties. Cette dernière peut régler toute ou partie des conséquences du divorce (prestation compensatoire, dispositions concernant les donations, liquidation de la communauté, organisation de la vie des enfants : résidence habituelle chez l'un ou l'autre ou résidence alternée, la pension alimentaire due pour l'éducation des enfants...). L'homologation judiciaire garantit que chaque époux a bien consenti librement et de manière éclairée aux dispositions de la convention et que les intérêts de chacun d'eux et ceux de chacun des enfants sont préservés.

Le juge statuera sur les points sur lesquels les époux ne se sont pas mis d'accord et sur ceux dont les dispositions de la convention ne lui semblent pas satisfaisantes. Il accueillera ou rejettera l'éventuelle demande reconventionnelle. Il se prononcera sur l'attribution des torts, s'il s'agit d'un divorce pour faute et si les conditions de l'article 242 sont réunies : torts partagés ou torts exclusifs (art. 245 civ.). Il statuera également, si la demande lui en a été faite, sur une demande de dommages et intérêts pour réparation du préjudice résultant de la dissolution du mariage lors d'une procédure pour faute ou pour altération définitive du lien conjugal (266 C. civ.) ou sur une demande fondée sur l'article 1382 du Code civil.

Les **règles de preuve** sont celles du droit commun (le demandeur doit prouver les faits qu'il allègue). Elles revêtent un caractère particulièrement important, voire décisif, dans la procédure de divorce pour faute. L'essentiel des débats porte sur l'appréciation des éléments de preuve. Il appartient aux juges du fond d'apprécier la force probante des éléments apportés par les parties. Ainsi a-t-il été jugé que la production, par l'époux qui se prétend victime de l'adultère de son conjoint, d'un constat d'huissier n'a que la valeur de simples renseignements. Les juges du fond sont libres d'apprécier si le constat vaut ou ne vaut pas preuve de l'adultère (Cass. civ. 1re, 29 septembre 2004, pourvoi n° 03-14330). Le moyen le plus utilisé est le témoignage. Les témoignages ont lieu par écrit ou à l'audience. Cependant, certains témoignages sont interdits. Ainsi, les descendants des époux ne peuvent pas témoigner contre l'un d'eux (il faut préserver les liens familiaux en évitant que des enfants témoignent contre un de leurs parents ou grands-parents). Les lettres, les courriels, les constats d'adultère, les rapports d'enquête privée et même le SMS (Cass. civ. 1re, 17 juin 2009, Bull. civ. I, n° 132) sont également admis. Mais **tous ces éléments de preuve ne sont recevables que s'ils ont été obtenus légalement**, c'est-à-dire sans violence ni fraude ni violation de domicile ou atteinte à l'intimité de la vie privée. C'est à l'époux qui prétend que des éléments apportés au débat doivent être écartés, parce qu'ils ont été obtenus en violation de ses droits au secret de la correspondance, à l'intimité de sa vie privée ou par des violences, de prouver ces violations ou ces violences (Cass. civ. 1re, 18 mai 2005, Bull. civ. I, n° 213).

• **Les voies de recours**

Les **voies de recours** contre le jugement, qu'il prononce ou ne prononce pas le divorce, sont les voies **habituelles** (appel avec effet suspensif puis pourvoi en cassation avec également un effet suspensif, et ce, contrairement au droit commun). L'effet suspensif du pourvoi ne s'applique cependant qu'au divorce et à la prestation compensatoire. Il ne concerne pas les mesures accessoires (autorité parentale, pension, entretien des enfants). « L'effet suspensif qui s'attache au pourvoi en cassation ainsi qu'à son délai ne s'applique pas aux dispositions de la décision ou de la convention homologuée qui concernent les pensions, la contribution à l'entretien de l'enfant et l'exercice de l'autorité parentale. » (art. 1087 CPC).

Il existe toutefois une particularité : le JAF peut, à la demande des époux, se limiter à constater dans les motifs du jugement qu'il existe des faits constituant une cause de divorce, sans avoir à énoncer les torts et les griefs des parties (art. 245-1 C. civ.). Cette disposition répond toujours au désir du législateur de dédramatiser le divorce.

SECTION II
Les effets du divorce

L'objectif du législateur est d'aboutir à un accord des époux pour régler les effets du divorce. La loi du 26 mai 2004, relative au divorce, a considérablement modifié les effets du divorce en prenant le parti de détacher l'attribution des torts des conséquences financières. Les garanties accordées par la loi du 11 juillet 1975 au défendeur dans le cadre d'un divorce pour rupture de la vie commune ou au conjoint innocent dans un divorce pour faute disparaissent avec les nouvelles dispositions.

La loi de 1975, modifiée par la loi du 30 juin 2000, a créé la prestation compensatoire destinée à corriger la disparité que le divorce va entraîner dans les conditions de vie des époux. La loi du 26 mai 2004 tente d'en améliorer encore le régime.

Nous étudierons les effets du divorce entre les époux puis les effets du divorce à l'égard des enfants.

§ 1. Les effets du divorce entre les époux

Le divorce dissout le mariage. Contrairement à l'annulation, il n'entraîne la disparition du mariage que pour l'avenir et laisse subsister le passé. Il n'a donc pas d'effet rétroactif.

Le divorce a des conséquences personnelles et patrimoniales importantes. Le souci du législateur de 2004 a été de responsabiliser les époux en les incitant fortement à régler eux-mêmes ces effets, et ce, quel que soit le type de divorce engagé.

A) Les effets dans les rapports personnels

Par le divorce, les époux redeviennent célibataires. Chacun pourra donc se remarier librement, une fois le divorce prononcé.

Le divorce entraîne la disparition des devoirs du mariage. Les époux ne sont plus ni tenus de cohabiter ni de respecter les devoirs de respect et de fidélité ni de se secourir en cas de besoin. Il faut cependant tenir compte de la date des effets du divorce. Selon l'article 260 du Code civil, « La décision qui prononce le divorce dissout le mariage à la date à laquelle elle prend force de chose jugée ». Autrement dit, les époux restent tenus des devoirs du mariage jusqu'à ce que le jugement soit définitif, jusqu'à épuisement des voies de recours.

À la suite du divorce, chacun des époux reprend l'usage de son nom. Un conjoint peut cependant conserver l'usage du nom de l'autre soit avec l'accord de celui-ci, soit avec l'accord du juge « s'il justifie d'un intérêt particulier pour lui ou pour les enfants » (art. 264 al. 2 C. civ.). L'intérêt particulier est laissé à la libre appréciation des juges du fond. Il est fréquent qu'un conjoint divorcé soit autorisé, sur sa demande, à conserver l'usage du nom de l'autre lorsqu'il s'est fait connaître sous ce nom dans son activité professionnelle.

B) Les conséquences patrimoniales du divorce

La priorité est de favoriser le règlement à l'amiable des conséquences patrimoniales par les époux et de faire en sorte que ce règlement soit complètement terminé au moment du prononcé du divorce, même si les opérations de liquidation du régime matrimonial s'étendent au-delà du prononcé du divorce.

La loi du 26 mai 2004 introduit une modification très importante : **la dissociation entre les conséquences du divorce et la répartition des torts.** Le comportement respectif de chacun des époux n'a plus d'incidence sur les conséquences patrimoniales du divorce.

1) Le sort des biens des époux

En cas de divorce, la vocation successorale disparaît totalement.

a) La dissolution du régime matrimonial

Le divorce opère la dissolution du régime matrimonial. La loi du 26 mai 2004 modifie les dispositions relatives à la liquidation du régime afin d'éviter que cette dernière ne s'éternise. Le but est de permettre, le plus souvent possible, le prononcé de la liquidation en même temps que le prononcé du divorce.

Le juge demande aux époux, dès la première audience, de préparer leur projet de règlement des intérêts patrimoniaux et personnels. Il peut notamment, lors de cette audience durant laquelle il prescrit les mesures provisoires, désigner un notaire qui prendra en charge l'élaboration d'« un projet de liquidation du régime matrimonial et de formation des lots à partager » (art. 255 10° C. civ.).

Le projet de règlement doit être présenté au juge lors de la demande introductive d'instance (art. 257-2 C. civ.), sous peine d'irrecevabilité de cette dernière. Toutes ces dispositions devraient donc permettre une liquidation rapide et à l'amiable du régime matrimonial. Les époux peuvent en effet à tout moment de la procédure soumettre à homologation tout ou partie d'un accord sur la liquidation (art. 268 C. civ.).

La liquidation et le partage des biens seront ordonnés lors du prononcé du divorce par le juge qui statuera, à la demande de l'un ou l'autre époux, **sur les désaccords persistant** : « À défaut d'un règlement conventionnel par les époux, le juge, en prononçant le divorce, ordonne la liquidation et le partage de leurs intérêts patrimoniaux » (art. 267 al. 1er C. civ.).

Les opérations de liquidation devront s'effectuer sans traîner : dans un délai d'un an après que le jugement est passé en force de chose jugée. Si cela n'est pas le cas, le notaire devra transmettre au tribunal un procès-verbal détaillant les problèmes (art. 267-1 C. civ.). Le tribunal pourra alors accorder six mois supplémentaires mais si, à l'issue de ces six mois, des discordes persistent, il statuera et renverra les parties devant le notaire pour établir l'état liquidatif.

En ce qui concerne la date à laquelle la dissolution du régime prend effet :

• **Entre époux, la loi du 26 mai 2004 distingue selon le type de divorce** (art. 262-1 C. civ.) **pour déterminer les effets de celui-ci sur les biens des époux** :

– en cas de divorce par consentement mutuel, le jugement de divorce prend effet entre époux, en ce qui concerne leurs biens, à la date d'homologation de la convention, sauf volonté contraire des parties ;
– pour les autres types de divorce, le jugement prend effet à la date de l'ordonnance de non-conciliation.

Mais **chaque époux peut demander à ce que l'effet de la dissolution soit reporté à la date à laquelle ils ont cessé de cohabiter** et de collaborer (art. 1442 al. 2 C. civ.).

Il convient de noter que, selon l'article 262-2 du Code civil, « Toute obligation contractée par l'un des époux à la charge de la communauté, toute aliénation de biens communs faite par l'un d'eux dans la limite de ses pouvoirs postérieurement à la requête initiale, sera déclarée nulle s'il est prouvé qu'il y a eu fraude aux droits de l'autre conjoint. » (par exemple, la vente de la voiture qui appartient aux époux est nulle si elle est faite par l'un des époux après la requête, et que l'autre époux prouve la fraude).

• **À l'égard des tiers, le jugement de divorce n'est opposable, concernant les biens, qu'à partir du jour où les formalités de publicité du divorce ont été accomplies** (art. 262 C. civ.), **c'est-à-dire lorsque le jugement de divorce est mentionné en marge de l'acte d'état civil.**

En ce qui concerne les effets personnels, le divorce prend effet lorsque le jugement de divorce est passé en force de chose jugée (épuisement des voies de recours).

b) Le sort des donations et avantages matrimoniaux

Sous l'empire de la loi du 11 juillet 1975, les donations faites entre époux pendant le mariage étaient toujours révocables (art. 1096 ancien C. civ.). En cas de divorce, le sort de ces donations et avantages matrimoniaux, consentis lors du mariage ou après, dépendait de l'attribution des torts lors du divorce (art. 267 et suiv. anciens C. civ.). La loi du 26 mai 2004 modifiée sur ce point par la loi n° 2006-728 du 23 juin 2006 est revenue sur le principe de la révocabilité des donations entre époux en posant de nouveaux principes.

L'article 265 du Code civil prévoit que :

– **les donations entre époux de biens présents** qui prennent effet lors du mariage **sont désormais irrévocables** (sauf dans le cas des articles 953

et 958 du Code civil : inexécution des conditions, ingratitude, survenance d'enfant). Elles sont donc maintenues en cas de divorce ;
- **les donations entre époux de biens présents qui ne prennent pas effet au cours du mariage sont révocables** ;
- **les libéralités de biens à venir sont toujours révocables et sont rendues caduques par le divorce** (sauf si les époux en décident autrement lors du prononcé du divorce). Ces libéralités de biens à venir sont exceptionnellement irrévocables si elles ont été faites dans le contrat de mariage.

c) Le sort du logement

Le logement de la famille a toujours fait l'objet d'une attention soutenue de la part du législateur, afin de protéger les enfants et l'époux le plus fragile.

La loi du 26 mai 2004 permet au juge d'intervenir **avant même le dépôt d'une requête en divorce**, afin d'assurer à l'époux victime de violences conjugales le droit de rester dans le logement familial. Selon l'article 220-1 du Code civil alinéas 3 et 4, le juge peut, à titre de mesures urgentes, « statuer sur la résidence séparée des époux en précisant lequel des deux continuera à résider dans le logement conjugal. Sauf circonstances particulières, la jouissance de ce logement est attribuée au conjoint qui n'est pas l'auteur des violences. Le juge se prononce, s'il y a lieu, sur les modalités d'exercice de l'autorité parentale et sur la contribution aux charges du mariage. Les mesures prises sont caduques si, à l'expiration d'un délai de quatre mois à compter de leur prononcé, aucune requête en divorce ou en séparation de corps n'a été déposée. »

Lorsqu'une requête a été déposée, le juge pourra prendre des **mesures provisoires**, lors de l'audience de conciliation, **concernant la jouissance du logement**, en attendant la fin de la procédure (art. 255 3° et 4 °C. civ.).

L'attribution définitive du logement dépend des droits de chacun des époux sur ce logement :

- **lorsque le logement appartient aux deux époux**, ils sont le plus souvent obligés de le vendre. Toutefois, quand cela est possible, le juge peut éviter la vente et l'attribuer à l'un des époux, en tenant alors compte de tous les intérêts en présence ;
- **lorsque le logement est la propriété d'un des époux**, l'époux propriétaire peut normalement en disposer à sa guise. Néanmoins, la loi de 1975 a prévu une solution originale reprise par la loi du 26 mai 2004. Le juge peut obliger le propriétaire de l'immeuble à consentir un bail à son conjoint : il y a dans ce cas **cession de bail forcée**. L'époux propriétaire se verra donc imposer son ex-époux comme locataire. La loi a réservé cette solution au cas où le conjoint non-propriétaire exerce seul l'autorité parentale sur un ou plusieurs enfants et que leur intérêt exige qu'ils restent dans le logement (art. 285-1 C. civ.) mais la même solution peut être retenue si l'autorité parentale est exercée conjointement et ce, jusqu'aux 18 ans du plus jeune des enfants ;
- **lorsque le logement était en location,** le droit au bail d'habitation est réputé, avant le divorce, appartenir à l'un ou l'autre des époux. Au moment du divorce, le droit au bail sera attribué en considération des intérêts sociaux en présence (art. 1751 C. civ.). Le juge pourra tenir compte de la profession des conjoints et de la personne chez qui résident les enfants.

2) L'aménagement de l'avenir

La volonté du législateur de 1975, qui a instauré la prestation compensatoire, n'était pas d'indemniser un conjoint des conséquences des fautes commises par l'autre mais de rétablir un équilibre. Le divorce peut cependant, dans des cas très particuliers, s'accompagner de dommages et intérêts.

a) La prestation compensatoire

Le divorce met fin au devoir de secours de l'article 212 du Code civil. Cela signifie qu'après avoir divorcé, une personne qui vient à tomber dans le besoin ne peut pas demander à son ex-époux de l'aider matériellement. Toutefois, selon l'article 270 du Code civil, « l'un des époux peut être tenu de verser à l'autre une prestation destinée à compenser, autant qu'il est possible, la disparité que la rupture du mariage crée dans les conditions de vie respectives ». **Cette prestation peut être allouée à un époux qui n'est pas dans le besoin. Pour qu'elle soit due, il suffit en principe de constater un déséquilibre financier créé par le divorce.** La prestation compensatoire constitue une indemnité mais présente une nature alimentaire, elle n'est donc pas saisissable (Cass. civ. 1re, 10 mars 2005, Bull. civ. II, n° 66). La réforme du 30 juin 2000 (loi n° 2000-595 relative à la prestation compensatoire en matière de divorce) n'a pas modifié les caractères de la prestation compensatoire. Celle-ci demeure en principe non révisable, forfaitaire et transmissible aux héritiers. Des exceptions sont cependant aménagées. La loi du 26 mai 2004 relative au divorce a corrigé certaines dispositions de la réforme du 30 juin 2000.

- **Domaine de la prestation compensatoire**

La prestation compensatoire a aujourd'hui vocation à intervenir dans **tous les types de divorce** et même dans le divorce pour altération définitive du lien conjugal (art. 270 C. civ.).

La loi du 11 juillet 1975 avait exclu du bénéfice de la prestation compensatoire l'époux déclaré entièrement fautif (art. 280-1 ancien C. civ.). Par ailleurs, le dispositif de la prestation compensatoire ne s'appliquait pas dans le cadre de l'ancien divorce pour rupture de la vie commune. Ce dernier, qui a disparu le 31 décembre 2004, était en effet le seul à laisser subsister, au bénéfice du défendeur se trouvant dans le besoin, le devoir de secours. Le nouveau divorce pour altération définitive du lien conjugal met fin au devoir de secours, comme les autres formes de divorce (art. 270 C. civ.).

Le comportement des époux n'a plus d'incidence dans l'attribution d'une prestation compensatoire. Le conjoint déclaré exclusivement fautif (divorce pour faute) et le conjoint demandeur en divorce pour altération définitive du lien conjugal ont désormais le droit de demander une prestation compensatoire. Ce droit est d'ordre public. Toute convention par laquelle un conjoint renoncerait par avance à une prestation compensatoire serait déclarée nulle.

- **Fixation du montant et des modalités de versement par les époux**

Les époux peuvent, quel que soit le type de divorce engagé, décider conventionnellement du montant et des modalités de versement de la prestation compensatoire (art. 268, 278 et 279-1 C. civ.). Ils peuvent ainsi convenir des modalités qui leur conviennent (capital, rentes ou les deux). Ils peuvent également décider qu'un événement mettra fin aux versements (décès, remariage). La convention des époux est homologuée par le juge qui contrôle le respect des intérêts de chacun. Les époux peuvent également prévoir une clause autorisant la révision par le juge en cas de changement important dans les ressources ou les besoins de chacun. Ils peuvent aussi introduire une clause dérogeant au principe de la transmissibilité de la prestation aux héritiers du débiteur (art. 279 C. civ.).

- **Fixation du montant et des modalités de versement par le juge**

Le rôle du juge dans la fixation du montant et des modalités de versement de la prestation compensatoire est subsidiaire. **Il intervient uniquement**, dans le cadre d'un divorce pour faute, d'un divorce pour altération définitive du lien conjugal, ou d'un divorce pour acceptation du principe de la rupture du mariage, **si les parties ne lui ont pas présenté de convention à homologuer**. Dans le cadre d'un divorce par consentement mutuel, il appartient aux époux et à eux seuls de fixer le montant et les modalités de versement de la prestation compensatoire (art. 278 C. civ.).

La mission du juge est d'inciter les parties à trouver un accord et de vérifier si cet accord respecte les intérêts de chacun, notamment ceux des enfants (art. 268 al. 2 et 278 al. 2 C. civ.). Le juge effectue ce contrôle lorsqu'il homologue la convention présentée par les époux. Il intervient également lors d'une demande en révision (voir p. 195).

L'objet de la prestation compensatoire est de compenser un déséquilibre financier, causé par le divorce, dans les conditions de vie respectives de chaque époux. La Cour de cassation rappelle que la disparité dans les conditions de vie des époux doit résulter de la rupture du mariage. Si elle préexistait et si le divorce n'a eu aucune incidence (les époux vivaient séparément avec leurs propres revenus), la prestation compensatoire n'est pas attribuée (Cass. civ. 1re, 9 décembre 2009, pourvoi n° 08-16180). Le seul constat de ce déséquilibre justifie en principe l'attribution d'une prestation compensatoire destinée à compenser la disparité créée par le divorce. **La loi du 26 mai 2004 relative au divorce dote toutefois le juge d'un nouveau pouvoir : celui de refuser l'attribution d'une prestation compensatoire si l'équité le commande** et ce, même s'il constate que le divorce crée une disparité dans les conditions de vie respectives des époux.

L'attribution d'une prestation compensatoire par le juge aux affaires familiales ne dépend donc pas seulement du seul constat de la disparité exigée par l'article 270 alinéa 1er du Code civil. Le juge dispose d'un libre pouvoir d'appréciation quant à la décision d'attribuer ou de ne pas attribuer de prestation. Sa décision de ne pas attribuer de prestation compensatoire à un conjoint qui souffre pourtant d'une réelle disparité financière doit être motivée par l'équité. L'article 270 alinéa 3 exige que le refus soit motivé, soit en considération des éléments cités par l'article 271 pour la fixation du montant de la prestation (besoins de celui qui la réclame, ressources de celui à qui on la réclame, évolution prévisible de la situation financière de chaque époux, durée du mariage, âge et santé des époux...), soit par les circonstances particulières de la rupture si celui qui demande la prestation compensatoire est exclusivement fautif. **Le juge trouve ainsi la possibilité de rétablir le principe de l'attribution d'une prestation en fonction des torts** de celui qui la réclame. L'ancien article 280-1 du Code civil, issu de la loi de 1975, privait en effet le conjoint exclusivement fautif du droit de percevoir une prestation compensatoire. Ainsi, la loi du 26 mai 2004 semble, en dépit des apparences, ne pas opérer une véritable rupture avec la loi de 1975, car la reconnaissance à chaque époux, quel que soit le type de divorce engagé, du droit de bénéficier d'une prestation compensatoire est nuancée par la possibilité pour le juge de refuser d'attribuer une prestation « si l'équité le commande » soit à l'un des deux conjoints au regard des critères posés par l'article 271 du Code civil, soit au conjoint exclusivement fautif au regard des circonstances de la rupture.

Si les parties n'ont pas réussi à trouver un accord sur la prestation compensatoire, le juge va en fixer le montant et décider des modalités de versement. La demande de prestation compensatoire doit être formée au cours de la procédure de divorce. La jurisprudence admet qu'elle puisse être formée pour la première fois en appel (Cass. civ. 2e, 26 juin 1996, Bull. civ. II, n° 182).

Le montant de la prestation est fixé selon les besoins de l'époux auquel elle est versée et selon les ressources de l'autre. Le juge doit tenir compte de la situation au moment du divorce et de l'évolution prévisible de celle-ci (art. 271 al. 1er C. civ.).

La loi impose aux époux de fournir au juge une « déclaration certifiant sur l'honneur l'exactitude de leurs ressources, revenus, patrimoine et conditions de vie » (art. 272 C. civ.). Cette déclaration est obligatoire même lorsque la prestation est fixée par les parties.

La Cour de cassation, par un arrêt du 3 décembre 1997 (Cass. civ. 2e, 3 décembre 1997, Bull. civ. II, n° 294), a rappelé les dispositions de l'article 271 du Code civil et précisé que, **pour fixer le montant d'une prestation compensatoire, les magistrats doivent se placer à la date où le divorce a pris force de chose jugée et non à la date où ils statuent** : « (...) la prestation compensatoire est fixée selon les besoins de l'époux à qui elle est versée et les ressources de l'autre en tenant compte de la situation au moment du divorce et de l'évolution de celle-ci dans un avenir prévisible. »

Dans un arrêt du 24 septembre 1996, la cour d'appel de Riom avait condamné un époux à verser à son ancienne femme une prestation compensatoire. Pour en fixer le montant, elle avait pris en considération l'indemnité perçue par le mari au titre de ses fonctions de maire. Celui-ci avait contesté cette décision, estimant que cette indemnité n'avait pour objet que de « couvrir ses frais de représentation » et ne pouvait pas être considérée comme « un revenu propre ». La Cour de cassation a rejeté le pourvoi par un arrêt du 14 janvier 1999 (Cass. civ. 2e, Bull. civ. II, n° 10), indiquant que l'indemnité de fonctions perçue en qualité de maire pouvait être retenue au titre des ressources du mari.

Le juge accepte (Cass. civ. 2e, 10 mai 2001, Bull. civ. II, n° 93) de déduire des ressources de l'époux débiteur les sommes versées au titre de la contribution à l'entretien et à l'éducation des enfants pour apprécier la disparité entre les situations respectives des époux. L'arrêt du 10 mai 2001 constitue un revirement de jurisprudence. La Haute juridiction refusait auparavant de prendre en compte les sommes versées pour les enfants dans la détermination des besoins et des ressources des parties (Cass. civ. 2e, 27 mai 1999, pourvoi n° 97-18824).

Ces décisions illustrent le souci du juge d'apprécier largement l'étendue des ressources mais aussi des charges du débiteur pour fixer le montant de la prestation compensatoire.

Aux termes de l'article 271 du Code civil, le juge prend en considération, outre les besoins de l'époux créancier et les ressources de celui qui sera débiteur de la prestation (voir ci-avant), les éléments suivants pour fixer le montant de la prestation compensatoire :

- « la durée du mariage ;
- l'âge et l'état de santé des époux ;
- leur qualification et leur situation professionnelles ;
- les conséquences des choix professionnels faits par l'un des époux pendant la vie commune pour l'éducation des enfants et du temps qu'il faudra encore y consacrer ou pour favoriser la carrière de son conjoint au détriment de la sienne ;
- le patrimoine estimé ou prévisible des époux, tant en capital qu'en revenu, après la liquidation du régime matrimonial ;
- leurs droits existants et prévisibles ;
- leur situation respective en matière de pensions de retraite. »

La nouvelle loi ne semble pas modifier fondamentalement les critères d'attribution de la prestation compensatoire. Celle-ci reste en effet fixée selon les besoins de l'époux à qui elle est versée et les ressources de l'autre en tenant compte de la situation au moment du divorce et de l'évolution prévisible de cette dernière. **L'existence d'une disparité entre les revenus de chaque époux est aussi un élément essentiel pour le juge.**

Un exemple illustre la difficulté pour les magistrats de déterminer le montant de la prestation compensatoire. Pour rejeter une demande de prestation compensatoire, une cour d'appel avait relevé qu'il ne résultait pas des éléments de la cause une disparité dans les ressources respectives des parties. Afin d'appuyer son propos, elle avait noté que l'ancienne épouse percevait un salaire ainsi que des allocations familiales pour les deux enfants. Un arrêt du 25 novembre 1999 de la deuxième chambre civile de la Cour de cassation (Bull. civ. II, n° 178) a cassé cet arrêt, au motif que la cour d'appel avait violé l'article 271 du Code civil. En effet, « pour apprécier les ressources du conjoint ayant la garde des enfants au regard d'une éventuelle disparité créée par la rupture du mariage dans les conditions de vie respectives des époux, le juge ne peut pas prendre en considération cette aide (les allocations familiales) ni les sommes versées au titre de la contribution à l'entretien et à l'éducation des enfants ». Cette décision semble logique : si les allocations familiales sont versées à un époux, elles ne sauraient constituer pour lui une source de revenus dans la mesure où elles sont destinées à l'entretien du ou des enfants.

Le calcul de la prestation compensatoire fait peser une grande responsabilité sur les épaules du juge car **la prestation compensatoire n'est en principe pas révisable.**

- **Modalités de versement de la prestation compensatoire**

Les possibilités de versement de la prestation compensatoire ont été élargies par la loi du 26 mai 2004 relative au divorce. Cette dernière revient sur l'affirmation du caractère systématique du versement en capital. L'article 273 du Code civil issu de la loi du 30 juin 2000, qui disposait : « La prestation compensatoire a un caractère forfaitaire », est abrogé.

L'ancien article 276 du Code civil autorisait le juge, à titre exceptionnel, à déroger au versement en capital. Opposés à la systématisation du versement en capital, les juges du fond ont fait une interprétation extensive des anciens articles 274 et 276 du Code civil et ont estimé que ces derniers permettaient un versement mixte, c'est-à-dire le versement d'un capital complété par une rente viagère. La deuxième chambre civile de la Cour de cassation a cependant censuré une telle interprétation, prohibant le versement mixte (Cass. civ. 2e, 10 mai 2001, Bull. civ. II, n° 94). La première chambre civile de la Cour de cassation a au contraire reconnu, par un revirement de jurisprudence, la possibilité de versements mixtes, à titre exceptionnel et par décision spécialement motivée (Cass. civ. 1re, 16 mars 2004, Bull. civ. I, n° 87, p. 70 ; JCP 2004, éd. G., IV, 1974). **La loi du 26 mai 2004 a entériné cette dernière solution. Les prestations compensatoires mixtes (capital et rente viagère) sont désormais possibles.**

Toutefois, le principe reste celui du versement de la prestation compensatoire sous forme de capital, lorsque les parties n'en ont pas décidé autrement par convention. Le juge fixe les modalités de versement du capital dû au titre de la prestation compensatoire parmi les modalités énumérées à l'article 274 du Code civil : versement d'une somme d'argent, attribution d'un ou de plusieurs biens en propriété, attribution d'un droit temporaire ou viager d'usage, d'habitation ou d'usufruit. Si le juge décide de transférer au créancier la propriété d'un bien que le débiteur a reçu par succession ou donation, il doit avoir l'accord de ce dernier.

Le juge peut décider d'étaler dans le temps le versement de tout ou partie du capital (art. 275 C. civ.) : lorsque le débiteur n'est pas en mesure de s'acquitter du capital selon les modalités prévues par l'article 274 du Code civil, le juge peut en étaler le versement sur une durée maximum de huit ans. Le capital est alors versé sous forme de versements périodiques indexés. **Lorsque le versement du capital est ainsi étalé dans le temps, le débiteur garde la possibilité de payer à tout moment le solde restant dû** (art. 275 al. 3 C. civ.). Par ailleurs, afin d'éviter que les rapports patrimoniaux entre les ex-époux ne s'éternisent, la loi permet au créancier, après la liquidation du régime matrimonial, de demander au juge que le solde du capital soit réglé.

• Le versement sous forme de rente viagère et le versement mixte (capital et rente viagère)

Les parties peuvent, dans leur convention, prévoir le versement de tout ou partie de la prestation compensatoire sous forme de rente viagère. Elles peuvent même prévoir une rente à durée limitée, c'est-à-dire fixer le nombre d'années pendant lequel la prestation sera versée ou décider qu'un événement déterminé mettra fin aux versements (décès du débiteur, remariage du créancier…).

L'attribution sous forme de rente viagère ne peut être décidée par le juge qu'à titre exceptionnel et par « décision spécialement motivée » (art. 276 C. civ.). Le juge peut décider d'attribuer une rente viagère si et seulement si « l'âge ou l'état de santé du créancier » ne lui permet pas de subvenir à ses besoins. La Cour de cassation censure les attributions de rentes viagères qui ne sont pas spécialement motivées en raison de l'âge ou de l'état de santé du créancier (Cass. civ. 2e, 23 janvier 2003, Bull. civ. II, n° 10). Le juge fixe le montant de la rente en fonction des éléments d'appréciation énumérés à l'article 271 du Code civil. **Il peut aussi**

décider, « si les circonstances l'imposent », d'une prestation mixte, c'est-à-dire de l'attribution d'une partie de la prestation sous forme d'un capital versé immédiatement ou en plusieurs versements et d'une partie sous forme de rente viagère ; ceci afin de diminuer le montant de la rente (art. 276 al. 2 C. civ.).

Le débiteur d'une rente peut cependant demander, à tout moment, à verser immédiatement ou en plusieurs versements un capital qui se substitue à tout ou partie de la rente (art. 276-4 al. 1er C. civ.). Quant au créancier, il peut également demander à tout moment au juge que le débiteur s'acquitte de la prestation en versant un capital à la place de tout ou partie de la rente mais seulement s'il prouve que la situation du débiteur a changé et que ce changement permet la substitution d'un capital à tout ou partie de la rente (art. 276-4 al. 2 C. civ.).

Le refus du juge de faire droit à une demande de substitution d'un capital à tout ou partie de la rente doit être « spécialement motivé » (art. 276-4 C. civ. al. 3).

• Révision de la prestation compensatoire

Les lois du 30 juin 2000 et du 26 mai 2004 ne remettent pas en cause le **caractère non révisable** de la prestation compensatoire. Soucieux d'assouplir la rigidité de l'institution, le législateur a, comme nous venons de le voir, élargi les possibilités de versement de la prestation compensatoire, mais il a aussi facilité sa révision judiciaire. **La possibilité de demander au juge d'aménager les modalités de paiement et, lorsqu'une rente est versée, de réviser, de supprimer ou de suspendre cette rente est subordonnée à la preuve d'un « changement important » dans la situation de l'une ou de l'autre des parties.** Le législateur entend ainsi ne pas sacrifier la sécurité juridique des créanciers de la prestation compensatoire (souvent les ex-épouses).

La possibilité de réviser la prestation fixée par les parties se heurte, lorsque la convention n'a pas prévu de clause de révision, au principe de la force obligatoire de la convention : « La convention homologuée a la même force obligatoire qu'une décision de justice » (art. 279 C. civ. al. 1er). « Elle ne peut être modifiée que par une nouvelle convention entre des époux, également soumise à homologation » (art. 279 C. civ. al. 2). Mais il aurait été inique et contraire à l'esprit des textes qui est d'encourager les accords entre époux de permettre la révision des seules prestations fixées par le juge. La loi autorise donc la révision judiciaire des prestations fixées conventionnellement dans les mêmes conditions que pour les prestations fixées par le juge (art. 279 C. civ.).

Lorsque la prestation s'exécute par le versement immédiat ou étalé sur une durée maximum de huit ans d'un capital, le débiteur peut former une demande en révision des modalités de paiement s'il justifie d'un « changement important de sa situation ». Il peut même demander au juge d'étaler la durée des versements sur une période supérieure à huit ans. Cette dérogation ne peut être autorisée « qu'à titre exceptionnel » et « par décision spéciale et motivée ».

Lorsque la prestation s'exécute sous forme de rente, chacune des parties peut demander au juge la révision, la suspension ou la suppression de la rente si elle justifie qu'un changement important est intervenu dans les ressources ou les besoins de l'une ou de l'autre partie. Mais la révision ne peut pas avoir pour effet l'augmentation du montant de la rente fixé initialement par le juge (art. 276-3 C. civ.). L'action en révision est recevable même lorsque la prestation a été fixée conventionnellement par les parties et que la convention homologuée ne prévoit pas de clause de révision (voir ci-avant). La jurisprudence s'est ainsi prononcée en faveur de la révision des prestations conventionnelles, en cas de changement important, même en l'absence de clause de révision. Cette jurisprudence intéresse les conventions antérieures à la loi du 30 juin 2000 qui ne pouvaient pas contenir de clause de révision (Cass. civ. 1re, 19 octobre 2004, Bull. civ. I, n° 225). L'article 276-3 du Code civil a entériné cette jurisprudence car il ne réserve pas l'action en révision, en suspension ou en suppression de la rente aux seules conventions fixées par le juge : « La prestation compensatoire fixée sous forme de rente peut être révisée, suspendue ou supprimée en cas de changement important dans les ressources ou les besoins de l'une ou de l'autre des parties » (art. 276-3 al. 1er C. civ.).

Les parties peuvent inclure dans la convention une clause autorisant une demande de révision judiciaire de la prestation compensatoire en cas de changement important dans leurs ressources et besoins (art. 279 al. 3 C. civ. ; art. 279-1 C. civ.). Cette clause peut autoriser la révision des modalités de versement du capital selon les articles 275 alinéas 2 et 3, la substitution d'une rente au capital ou l'aménagement d'une prestation mixte (capital et rente), pour minorer la rente.

- **Transmissibilité de la prestation compensatoire**

La prestation compensatoire est en principe transmissible aux héritiers du débiteur. L'article 280 du Code civil, issu de la loi du 26 mai 2004, limite cependant cette transmissibilité à l'actif successoral. Désormais, les héritiers ne sont plus tenus personnellement d'acquitter la dette née de la prestation compensatoire. Celle-ci sera prélevée sur le montant de la succession qui revient aux héritiers, dans la limite du montant global de la succession qui leur revient. Si ce montant est insuffisant, la somme qui reste à payer sera prélevée sur les émoluments des éventuels légataires particuliers. Mais si la totalité de l'actif successoral ne permet pas de recouvrir totalement la dette due au titre d'une prestation compensatoire, les héritiers n'hériteront plus de cette dette, comme cela était le cas avant la réforme de 2004.

b) Les dommages et intérêts

Si les conséquences financières du divorce sont désormais dissociées de l'attribution des torts, la loi du 26 mai 2004 aménage cependant une action en dommages et intérêts spécifique en faveur du conjoint victime. Ce dernier peut aussi, s'il est en mesure d'apporter les preuves nécessaires, agir sur le fondement de la responsabilité civile délictuelle de droit commun pour obtenir réparation des fautes commises antérieurement à la dissolution du mariage.

- **Les dommages et intérêts sur l'article 266 du Code civil**

L'article 266 du Code civil ouvre **au défendeur d'un divorce pour altération définitive du lien conjugal et au conjoint innocent dans le cadre d'un divorce pour faute** le droit de demander des dommages et intérêts. Cette disposition vise à permettre au conjoint victime d'obtenir la réparation du préjudice résultant du divorce. Le législateur exige qu'il s'agisse « des conséquences d'une particulière gravité ». Ces conséquences peuvent être morales et matérielles. Il a par exemple été jugé que le seul fait de quitter son épouse après 39 ans de mariage, dans des conditions difficiles, ne suffisait pas à caractériser les conséquences d'une particulière gravité exigées par cet article (Cass. civ. 1re, 1er juillet 2009, Bull. civ. n° 145).

Les dommages et intérêts versés sur le fondement de l'article 266 du Code civil sont indépendants de ceux visés à l'article 1382 dudit Code. Le préjudice résultant de la dissolution (art. 266 C. civ.) ne doit pas être confondu avec celui concernant les fautes à l'origine du divorce. La Cour de cassation veille strictement au respect du champ d'application de ces deux dispositions.

Dans une espèce où une femme avait quitté le domicile conjugal et laissé à son époux l'essentiel de la charge éducative et matérielle des enfants communs, la Haute juridiction a eu l'occasion de se prononcer sur les dommages et intérêts susceptibles d'être versés lors d'un divorce. Elle a cassé un arrêt de la cour d'appel de Versailles qui avait condamné la femme à verser des dommages et intérêts sur le fondement de l'article 266 du Code civil au motif « qu'en statuant... sans rechercher en quoi le préjudice indemnisé résultait de la dissolution du mariage », la cour d'appel n'avait pas donné de base légale à sa décision (Cass. civ. 2e, 31 mai 1995, Bull. civ. II, n° 164). **La Cour de cassation a clairement réaffirmé l'exigence d'un préjudice issu de la dissolution du lien matrimonial pour obtenir réparation sur le fondement de l'article 266 du Code civil.**

La demande de dommages et intérêts doit obligatoirement être formée lors de l'action en divorce.

- **Les dommages et intérêts sur l'article 1382 du Code civil**

La vocation de l'article 266 du Code civil est de réparer les conséquences résultant de la dissolution. Celui-ci ne peut être invoqué que dans deux hypothèses particulières (voir ci-avant). L'article 1382 du Code civil (« Tout fait quelconque de l'homme, qui cause à autrui un dommage, oblige celui par la faute duquel il est arrivé, à le réparer ») doit permettre de réparer la ou les fautes distinctes de la dissolution. La victime doit alors prouver l'existence du dommage, la faute de son conjoint et le lien de causalité entre les deux.

§ 2. Les effets du divorce sur l'enfant

A) L'application du droit commun de l'autorité parentale

Redéfinie par la loi n° 2002-305 du 4 mars 2002, « **L'autorité parentale est un ensemble de droits et de devoirs ayant pour finalité l'intérêt de l'enfant** (al. 1er). Elle appartient aux père et mère jusqu'à la majorité ou l'émancipation de l'enfant pour le protéger dans sa sécurité, sa santé et sa moralité, pour assurer son éducation et permettre son développement, dans le respect dû à sa personne (al. 2). Les parents associent l'enfant aux décisions qui le concernent, selon son âge et son degré de maturité (al. 3) » (art. 371-1 C. civ).

L'intérêt de l'enfant est placé au centre de cette importante réforme (pour une étude détaillée de l'autorité parentale, voir p. 251 et s.). Ce texte vise à assurer le **respect du droit de l'enfant à être élevé par ses deux parents, quelle que soit la situation conjugale de ces derniers** (mariés, divorcés, séparés, pacsés, concubins). Ce droit est consacré par la Convention internationale des droits de l'enfant (voir p. 252 pour l'applicabilité de cette convention). Revendiquée par de nombreuses associations de pères, la **promotion du principe de coparentalité** tend à renforcer le rôle paternel, souvent affecté par la séparation ou le divorce. Un droit commun de l'autorité parentale, concernant sans distinction tous les enfants, a été mis en place.

Les nouvelles dispositions, incluses dans un nouveau chapitre Ier, intitulé « L'autorité parentale » du Titre IX du Livre Ier du Code civil, visent tous les enfants, quelle que soit la situation conjugale de leurs parents. Symboliquement, la section du Code civil consacrée aux conséquences du divorce pour les enfants disparaît.

Le divorce, comme la séparation, n'a en principe aucune incidence sur l'autorité parentale (art. 373-2 C. civ.). Celle-ci appartient conjointement aux deux parents même si la résidence habituelle de l'enfant est fixée chez l'un d'eux.

La notion de droit de garde d'un enfant par un parent est bannie du langage juridique. On parle de résidence de l'enfant. Le choix, par les parents ou par le juge, d'un lieu de résidence, habituel ou alterné pour l'enfant, impose cependant d'organiser les modalités de l'exercice conjoint.

B) Les modalités d'exercice de l'autorité parentale

La loi du 4 mars 2002 a consacré un paragraphe à l'exercice de l'autorité parentale en cas de séparation (§ 2 « De l'exercice de l'autorité parentale par les parents séparés »). La première disposition de ce paragraphe rappelle le **principe de l'autorité parentale commune**, déjà en vigueur antérieurement. **Cette disposition vise sans distinction les parents divorcés et séparés.** Selon le droit commun de l'**autorité parentale, son exercice appartient conjointement aux deux parents, quel que soit leur statut conjugal.** La loi précise cependant les droits et les obligations inhérents à cet exercice conjoint lorsque les parents ne vivent plus sous le même toit (art. 373-2 C. civ.). Les parents n'élevant pas ensemble leurs enfants mais exerçant conjointement l'autorité parentale sont ainsi tenus de permettre à l'enfant d'avoir des relations personnelles et régulières avec chacun d'eux (art. 373-2 al. 2 C. civ.). Ils doivent réciproquement, et en temps utile, s'informer de leurs déménagements respectifs si les modalités d'exercice de l'autorité parentale s'en trouvent affectées (art. 373-2 al. 3 C. civ.).

La séparation maintient l'obligation des parents de contribuer à l'entretien et à l'éducation des enfants à proportion de leurs ressources respectives. Cette obligation peut se poursuivre après la majorité de l'enfant (art. 371-2 al. 2 C. civ) (voir p. 253 et s.).

1) L'organisation de l'exercice commun par les parents

Les parents séparés ou divorcés sont libres d'organiser les modalités de l'exercice commun de l'autorité parentale, à condition de veiller aux intérêts des enfants et de respecter les droits et les obligations inhérents à cet exercice. Le juge intervient à défaut d'accord parental ou lorsque l'intérêt de l'enfant est menacé.

En cas de **divorce sur requête conjointe**, les parents organisent ces modalités par la convention qui règle les conséquences du divorce. Le juge peut refuser d'homologuer cette convention s'il estime qu'elle porte atteinte aux intérêts des enfants (art. 232 C. civ.).

Les parents empruntant une autre voie que celle du divorce sur requête conjointe peuvent également conclure une convention pour régler les modalités

d'exercice de l'autorité parentale et fixer la contribution à l'entretien et à l'éducation de l'enfant. Le juge homologue (sa compétence est liée) cette convention à la demande des parents, après avoir vérifié qu'elle préserve l'intérêt des enfants et que le consentement des parties est libre et éclairé (art. 373-2-7 et art. 268 C. civ.). La loi du 4 mars 2002 affirme le **caractère révisable** des dispositions conventionnelles et des décisions de justice relatives aux modalités d'exercice de l'autorité parentale et à la fixation de la contribution à l'entretien et à l'éducation de l'enfant (art. 373-2-13 C. civ.).

Il appartient aux parents, dans le cadre de l'exercice commun de l'autorité parentale, de déterminer conventionnellement si l'enfant résidera habituellement chez l'un d'eux ou en alternance chez l'un et l'autre. La légalisation de la résidence alternée constitue l'un des apports majeurs de la loi du 4 mars 2002 (art. 373-2-9 C. civ.). Une partie de la jurisprudence s'était déjà montrée favorable à ce choix de résidence. Dans un arrêt du 10 février 1999, la cour d'appel de Paris avait estimé que la résidence alternée, instaurée en l'espèce depuis trois ans, n'avait pas été préjudiciable à l'intérêt de l'enfant, lui permettant « de se repérer, de se maintenir en dehors du conflit, de ne pas être psychologiquement prisonnier du conflit des adultes », donc de pouvoir vivre « sans trop de perturbations sa vie d'enfant ». À la demande de l'un des parents ou en cas de conflit, le juge peut fixer provisoirement le lieu de résidence de l'enfant chez l'un des parents ou en alternance.

2) Le rôle subsidiaire mais protecteur du JAF

Les **dispositions relatives à l'intervention du JAF** (§ 3 : « De l'intervention du juge aux affaires familiales », art. 373-2-6 à 373-2-13 du C. civ.) **visent communément toutes les situations familiales.** Elles ne sont pas spécifiques aux cas de divorces ou de séparations. L'article 373-2-6 dispose : « Le juge du tribunal de grande instance délégué aux affaires familiales règle toutes les questions qui lui sont soumises dans le cadre du présent chapitre en veillant spécialement à la sauvegarde des intérêts des enfants mineurs. »

La mission essentielle du juge est d'intervenir en toutes circonstances pour protéger l'enfant et rappeler aux parents leurs droits et obligations. Une attention particulière s'impose en cas de divorce ou de séparation, de telles hypothèses étant susceptibles d'affecter psychologiquement l'enfant et de l'éloigner de l'un de ses parents. Les textes insistent sur la nécessité de « garantir la continuité et l'effectivité du maintien du lien avec chacun de ses parents ». Le juge peut prendre toutes les mesures qui s'imposent à cet effet (art. 373-2-6 al. 2 C. civ.). Afin d'éviter qu'un conjoint divorcé ne fuie à l'étranger avec son enfant, privant ainsi ce dernier de toute relation avec l'autre parent, le juge peut « ordonner l'interdiction de sortie de l'enfant du territoire français sans l'autorisation des deux parents » (art. 373-2-6 al. 3 C. civ.).

Chacun des parents, seul ou conjointement, et le ministère public, qui peut être saisi par toute personne, parent ou non, peuvent demander au JAF d'intervenir pour statuer sur les modalités d'exercice de l'autorité parentale et de la contribution à l'entretien et à l'éducation des enfants (art. 373-2-8 C. civ.).

L'intérêt de l'enfant exige un exercice consensuel de l'autorité parentale. « En cas de désaccord, le juge s'efforce de concilier les parties. » La recherche d'un consensus est facilitée par la possibilité de recourir à la **médiation familiale**

(art. 373-2-10 al. 2 C. civ.). Le juge peut proposer aux parties une mesure de médiation et désigner un médiateur familial spécialement chargé de régler les conflits. S'il ne peut pas imposer ce recours à la médiation, le juge peut cependant enjoindre aux parents de rencontrer, à titre d'information, un médiateur familial. Conformément à l'esprit de la loi de 1993, la réforme du 4 mars 2002 responsabilise les parents sur les droits et les obligations inhérents à l'autorité parentale. L'enfant est associé aux décisions prises par ses parents lorsqu'elles le concernent. **Le juge a pour mission de conseiller, d'assister les parents et de veiller attentivement au respect de l'intérêt de l'enfant. Il doit « régler les questions qui lui sont soumises » en toutes circonstances, et à la demande de toute personne. La loi tente d'éviter, lorsque cela est possible, que des décisions judiciaires soient prises contre le gré des parents et favorise la recherche d'un accord parental.** Le juge doit tenir compte de cet accord, spontané ou résultant d'une mesure de médiation, s'il est amené à fixer les modalités d'exercice de l'autorité parentale.

L'article 373-2-11 du Code civil liste d'une manière non exhaustive les critères que le juge doit prendre en considération. La pratique précédemment suivie par les parents, l'aptitude de chacun d'eux à assumer ses devoirs et respecter les droits de l'autre comptent parmi ces critères. Deux autres éléments essentiels, déjà affirmés par la loi du 8 janvier 1993, interviennent : les renseignements recueillis dans l'enquête sociale et les sentiments personnels de l'enfant.

L'**enquête sociale**, en matière de divorce, a pour but de recueillir des renseignements sur la situation matérielle et morale de la famille, sur les conditions dans lesquelles vivent et sont élevés les enfants. Il est très fréquent qu'un des parents conteste les conclusions de l'assistante sociale ; dans ce cas il peut exiger une contre-enquête. Les résultats de cette enquête ne peuvent pas être invoqués par les époux pour obtenir le prononcé d'un divorce pour faute.

La loi du 8 janvier 1993 a prévu la possibilité pour le juge d'entendre les sentiments exprimés par les enfants mineurs (art. 388-1 C. civ.). L'audition par le juge est devenue un droit reconnu à tout mineur capable de discernement. Lorsque sa présence risque de traumatiser l'enfant, le juge peut désigner une autre personne pour procéder à l'audition. Le risque est que l'enfant soit influencé par l'un de ses parents ou affecté psychologiquement par cette audition. Le juge n'est cependant pas lié par les déclarations de l'enfant. Il veille avant tout à préserver l'intérêt de celui-ci et ses déclarations ne vont pas nécessairement dans ce sens. En revanche, les enfants ne peuvent pas intervenir dans le débat sur la cause du divorce, le juge n'a ainsi pas le droit de se référer aux propos des enfants (et petits-enfants) dans sa décision (art. 205 CPC).

3) L'exercice unilatéral de l'autorité parentale

Si l'intérêt de l'enfant l'exige, le JAF peut déroger au droit commun de l'autorité parentale et décider de confier celle-ci à un seul des parents (art. 373-2-1 al. 1er C. civ.). La Cour de cassation impose au juge de motiver expressément et suffisamment ce choix.

La réforme intervenue en 2002 ne modifie pas les **droits, relativement réduits, du parent privé de l'exercice de l'autorité parentale** (art. 373-2-1 al. 1er C. civ.). Dans le cas où l'exercice de l'autorité parentale est confié à l'un des deux parents, celui-ci prend seul les décisions intéressant l'enfant. L'autre parent reste tenu de contribuer financièrement à l'entretien et à l'éducation de l'enfant et conserve les droits suivants :

- droit d'être informé des décisions importantes qui concernent l'enfant (par exemple, hospitalisation) ;
- droit de surveiller l'entretien et l'éducation de l'enfant, mais il ne peut pas s'immiscer dans l'éducation ;
- droit de visiter et d'héberger l'enfant. Ce droit implique la possibilité de rendre visite à l'enfant ou de l'héberger selon un calendrier fixé à l'avance par le juge. Il peut être refusé pour des motifs graves (par exemple pour cause de maltraitance). Le juge peut organiser le droit de visite dans un lieu de rencontre adapté si « la continuité et l'effectivité des liens de l'enfant (...) » (art. 373-2-1 al. 3) avec le parent privé de l'exercice de l'autorité parentale l'exigent.

En pratique, dans 90 % des cas où le juge décide de déroger au principe de l'autorité parentale commune, il attribue l'autorité à la mère.

4) Les sanctions

L'exercice conjoint de l'autorité parentale suppose maturité et bonne volonté de la part des parents pour éviter les situations de blocage (en cas de désaccord des parents sur une décision intéressant l'enfant). Si le blocage est sans issue, le juge doit fixer de nouvelles modalités quant à l'exercice de l'autorité parentale. Il aura alors recours à l'exercice exclusif de l'autorité parentale.

En cas d'exercice exclusif, les parents sont tenus de respecter la décision du juge. Pour obtenir une révision de l'attribution de l'exercice de l'autorité parentale, il faut justifier d'éléments nouveaux. À défaut, les parents doivent exécuter la décision.

C) L'entretien matériel de l'enfant

Chaque parent doit **contribuer à l'entretien et à l'éducation des enfants, proportionnellement à ses revenus, aux ressources de l'autre parent et aux besoins de l'enfant** (art. 371-2 C. civ.). Déjà imposée par l'article 203 du Code civil relatif aux charges communes des époux, cette obligation est reprise dans les dispositions relatives à l'autorité parentale.

En cas de séparation ou de divorce, les parents restent tenus de s'acquitter de cette charge, qu'ils exercent l'autorité parentale en commun ou non. Si le juge a décidé de confier l'autorité parentale à un seul des parents, celui qui en est privé doit continuer à contribuer à l'entretien et à l'éducation de l'enfant.

Les parents fixent le montant de la contribution dans la convention homologuée par le juge (art. 373-2-7 C. civ.). En cas de divorce sur requête conjointe, le montant doit être précisé dans la convention réglant les conséquences du divorce. À défaut d'accord parental, le juge fixe lui-même ce montant. **Toutes les conventions et décisions de justice relatives à cette contribution sont révisables.**

La loi du 4 mars 2002 a repris la plupart des dispositions relatives au versement de la pension alimentaire, antérieurement incluses dans la section du Code civil consacrée aux conséquences du divorce pour les enfants. Cette dernière section a été abrogée. Les dispositions relatives à la pension alimentaire bénéficient à tous les enfants, pas exclusivement aux enfants de divorcés.

La contribution prend généralement la forme d'une **pension alimentaire versée sous forme de rente** (art. 373-2-2 C. civ.) mais peut être aussi servie par la jouissance d'un droit d'usage et d'habitation ou d'une prise en charge directe de certains frais au profit de l'enfant. Elle peut également être remplacée par l'abandon de biens en usufruit ou par l'affectation de biens productifs de revenus.

L'obligation de contribuer à l'entretien et à l'éducation de l'enfant ne cesse pas de plein droit lorsque l'enfant est majeur (voir p. 253). Elle s'éteint lorsque le jeune acquiert son autonomie financière. Cette solution était déjà prévue par l'article 295 du Code civil, relatif aux conséquences du divorce pour les enfants, et largement admise par la jurisprudence, notamment lorsque les enfants majeurs poursuivaient des études. Elle appartient désormais au droit commun de l'autorité parentale institué par la loi du 4 mars 2002.

SECTION III
La séparation de corps

La séparation de corps est une décision de justice qui dispense les époux de vie commune et organise la séparation de biens. À la différence du divorce et du veuvage, elle n'est pas un mode de dissolution du lien matrimonial. C'est en principe une situation provisoire : les époux restent mariés mais sont dispensés judiciairement du devoir de cohabitation. Si la disparition de la séparation de corps était envisagée en raison du faible nombre de demandes (moins de 8 000 par an), le législateur a finalement décidé de la maintenir en l'aménageant (loi n° 2004-439 du 26 mai 2004 relative au divorce). Nous étudierons de manière succincte le prononcé, les effets et la fin de la séparation de corps.

§ 1. Le prononcé de la séparation de corps

Les causes du prononcé de séparation de corps sont strictement les mêmes que celles du divorce. Aucune autre cause ne saurait justifier une séparation de corps. Celle-ci peut donc être demandée par consentement mutuel, pour acceptation du principe de la rupture, pour faute ou pour rupture de la vie commune.

En conséquence, le ou les époux doivent prouver l'un des cas d'ouverture prévus pour un divorce pour que la séparation de corps soit prononcée par le juge. La similarité des causes d'ouverture explique que les procédures de divorce et de séparation de corps soient pratiquement identiques.

§ 2. Les effets de la séparation de corps

Les effets de la séparation de corps sont très particuliers ; **l'article 299 du Code civil dispose : « La séparation de corps ne dissout pas le mariage mais elle met fin au devoir de cohabitation »**. La séparation de corps est une situation intermédiaire entre le mariage et le divorce. Ce n'est plus véritablement le mariage, les époux étant dispensés du devoir de cohabitation, ce n'est pas non plus un divorce puisque tous les autres effets du mariage subsistent, notamment l'obligation de fidélité et le devoir de secours.

Première conséquence de la séparation de corps, **chacun des époux conserve le droit d'user du nom de l'autre.** Le jugement peut cependant le leur interdire (art. 300 C. civ.).

Les époux séparés de corps restent tenus à l'obligation de fidélité. En théorie, rien n'empêcherait, après le jugement de séparation de corps, qu'une procédure de divorce soit entamée si un des époux peut prouver la violation par l'autre du devoir de fidélité. Toutefois, les tribunaux sont de plus en plus indulgents à cet égard et semblent estimer qu'un adultère commis après le prononcé de la séparation de corps cesse d'être une cause de divorce pour faute.

Le devoir de secours subsiste (art. 303 al. 1 C. civ.) **mais, du fait de la disparition du devoir de cohabitation, il connaît quelques modifications. Il se manifeste sous la forme d'une pension alimentaire.** Comme toute pension alimentaire, les besoins de l'époux créancier et les ressources du débiteur sont pris en compte pour son calcul.

Dans les rapports patrimoniaux entre époux, la séparation de corps entraîne la liquidation du régime matrimonial. À partir du jugement de séparation de corps, **les époux sont séparés de biens** (art. 302 C. civ.).

En cas de décès de l'un des époux, l'autre conserve les droits que la loi accorde au conjoint survivant. Si la séparation de corps est prononcée sur demande conjointe, les époux peuvent insérer dans leur convention une clause destinée à régler les droits de succession.

§ 3. La cessation de la séparation de corps

A) La reprise de la vie commune

La séparation de corps peut cesser si les époux décident d'un commun accord de reprendre la vie commune. **Il résulte de l'article 305 du Code civil que « La reprise volontaire de la vie commune met fin à la séparation de corps ».** La reprise de la vie commune correspond à la réconciliation mais, comme en matière de divorce, il convient d'apprécier la réconciliation des époux avec prudence. En conséquence, on a recours aux mêmes règles. Il doit s'agir d'un accord de volonté de la part des deux époux.

Certaines conditions sont nécessaires pour que la réconciliation soit opposable aux tiers (il est important que la réconciliation, donc la cessation de la séparation de fait, soit connue des tiers car, selon que les époux sont séparés de corps ou non, le régime matrimonial sera différent. On peut passer de la séparation des biens à la communauté universelle). La reprise de la vie commune doit être constatée par un acte notarié. À défaut, elle doit faire l'objet d'une déclaration à l'officier d'état civil (la mention en sera faite en marge de l'acte de mariage et de l'acte de naissance des époux, comme le précise l'article 305 alinéa 2 du Code civil).

B) La conversion de la séparation de corps en divorce

Le prononcé d'un divorce peut mettre fin à la séparation de corps. La séparation de corps est une situation en principe provisoire ; il est en effet anormal que le mariage subsiste alors que les époux sont dispensés du devoir de cohabitation. Deux hypothèses peuvent amener à une conversion de la séparation de corps en divorce.

Il est tout d'abord possible qu'un divorce soit prononcé en raison de la survenance de faits nouveaux depuis le prononcé du jugement de séparation de corps. Dans ce cas, un divorce peut être prononcé mais il ne s'agit pas à proprement parler d'une conversion de la séparation de corps en divorce. À l'aune de ces faits, un divorce aurait de toute façon été prononcé, la séparation de corps n'ayant aucune incidence. Un divorce pour faute pourra être prononcé en cas de violation de manière caractérisée de la part d'un des époux d'une des obligations du mariage (devoir de cohabitation mis à part, bien entendu). La période de séparation de corps peut également entrer en ligne de compte dans le calcul de la séparation de fait (une séparation de fait qui a duré deux années pouvant aboutir à un divorce pour altération définitive du lien conjugal). Si un divorce est prononcé, ses effets se substituent à ceux de la séparation de corps.

Par ailleurs, le jugement de séparation de corps est de plein droit converti en jugement de divorce lorsque la séparation de corps a duré deux ans (art. 306 C. civ.).

Le divorce peut être demandé par n'importe quel époux. Ce ne fut pas toujours le cas ; on a longtemps considéré que le conjoint qui avait demandé la séparation de corps avait de ce fait manifesté son hostilité au principe d'un divorce et qu'il lui était par conséquent impossible de demander ultérieurement un divorce. **Aujourd'hui, il faut et il suffit qu'un époux demande la conversion pour qu'elle soit automatique.** La conversion automatique implique que le juge ne se penche pas à nouveau sur les torts des époux. Il existe toutefois un cas dans lequel la demande de conversion nécessite l'accord des deux époux, celui du divorce sur requête conjointe (art. 307 al. 2 C. civ.). **Or, tous les cas de séparation de corps peuvent être convertis en divorce par consentement mutuel** (art. 307 C. civ.).

Dès lors qu'un délai de deux ans depuis le jour où la décision de séparation de corps a pris force de chose jugée est écoulé, **le tribunal doit prononcer la conversion si un des époux en fait la demande.**

S'agissant des effets de la conversion, **la cause de la séparation de corps devient la cause du divorce.** L'article 308 du Code civil dispose que l'attribution des torts n'est pas modifiée. Le juge fixe les conséquences du divorce si les époux ne lui ont pas présenté de convention à cet effet. L'article 308 alinéa 2 du Code civil précise que « Les prestations et pensions entre époux sont déterminées selon les règles propres au divorce ».

On constate la nature très particulière de la séparation de corps. Pour certains, elle est un délai accordé aux époux pour résoudre leurs conflits, délai à l'issue duquel il sera toujours possible de reprendre la vie commune. Pour d'autres, la séparation de corps est en quelque sorte l'antichambre du divorce, un délai de réflexion en vue d'un divorce. Elle a longtemps été appelée le « divorce des catholiques ».

TITRE II

La filiation

La filiation est le lien juridique qui unit un enfant à son père (filiation paternelle) **ou à sa mère** (filiation maternelle).

Le droit de la filiation a été modifié par l'ordonnance n° 2005-759 du 4 juillet 2005 portant réforme de la filiation. Cette ordonnance est entrée en vigueur le 1er juillet 2006. Elle s'applique à tous les enfants, même à ceux qui sont nés avant son entrée en vigueur. Certaines exceptions sont toutefois prévues (article 20 de l'ordonnance) : un enfant né avant le 1er juillet 2006 ne peut ainsi se prévaloir des nouvelles dispositions pour remettre en cause une succession déjà liquidée.

Avant le 1er juillet 2006, il existait deux types de filiation : la filiation légitime et la filiation naturelle. On parlait de filiation légitime lorsque les parents de l'enfant étaient mariés ensemble au moment de la conception ou de la naissance de l'enfant. À l'inverse, la filiation était naturelle quand les parents de l'enfant n'étaient pas unis ensemble par les liens du mariage (l'enfant de deux concubins ou de deux pacsés était un enfant naturel). Un enfant naturel pouvait devenir légitime par l'effet d'une légitimation.

Le Code civil avait longtemps manifesté sa préférence envers les enfants légitimes. La filiation légitime produisait davantage d'effets que la filiation naturelle et, au XIXe siècle, on considérait que la seule « vraie famille » était la famille légitime (la famille légitime était censée être plus stable et offrir davantage de sécurité que la famille naturelle).

Il a fallu attendre la loi du 3 janvier 1972 pour que soit remis en cause le principe de supériorité de la filiation légitime. Cette importante loi – sur laquelle reposait l'essentiel des règles applicables avant le 1er juillet 2006 – avait posé les **deux principes directeurs du droit de la filiation : le principe de l'égalité des filiations** et le **principe de la vérité biologique**. Le législateur n'avait toutefois jamais voulu consacrer ce dernier principe de manière absolue. Il avait reconnu un rôle important à la notion de possession d'état. La possession d'état correspond à une filiation sociologique. Elle repose sur un lien affectif, durable et connu de tous. Elle est prise en compte par le droit indépendamment de la vérité biologique. La possession d'état constitue un mode d'établissement autonome de la filiation depuis la loi du 25 juin 1982. **La filiation n'est donc pas nécessairement**

le reflet du lien biologique. Elle peut être établie par une situation de fait dès lors que cette situation caractérise une possession d'état. Elle peut également résulter d'un acte de volonté : démarche d'adoption ou consentement donné à une procréation médicalement assistée (voir le chapitre II de ce présent titre).

Après les nombreuses réformes effectuées ces dernières années afin de parfaire l'égalité des filiations (les deux lois du 4 mars 2002 respectivement relatives au nom de famille et à l'autorité parentale, la loi du 3 décembre 2001 supprimant les discriminations successorales qui frappaient les enfants adultérins...), il était nécessaire de mettre un point final au processus d'égalisation débuté en 1972. Ce point final a consisté à supprimer purement et simplement les notions de filiation légitime et naturelle.

L'ordonnance du 4 juillet 2005 portant réforme de la filiation a été adoptée en ce sens. Elle met un terme à une distinction très ancienne. **Il n'existe plus désormais ni de filiation légitime ni de filiation naturelle.** Les rédacteurs de l'ordonnance ont également permis une plus grande ouverture de la contestation de la filiation en supprimant certaines conditions de recevabilité des actions judiciaires. Ils ont toutefois parallèlement insisté sur la stabilisation de la filiation établie en raccourcissant le délai de droit commun des actions relatives à la filiation (de 30 à 10 ans).

Le Parlement a ratifié l'ordonnance du 4 juillet 2005 par la **loi n° 2009-61 du 16 janvier 2009.** Cette ratification a été l'occasion de corriger certaines dispositions de l'ordonnance, notamment relatives aux délais.

Nous diviserons notre étude de la filiation en deux chapitres : le premier, consacré à la filiation par procréation charnelle, portera sur l'établissement et la contestation de la filiation, le second chapitre développera les règles relatives à la procréation médicalement assistée et à l'adoption.

CHAPITRE 1

La filiation par procréation charnelle

La filiation charnelle peut être établie de deux manières : soit non contentieusement, hors du cadre judiciaire (section 1) ; soit contentieusement, dans le cadre d'une action judiciaire en vue d'établir ou de contester un lien de filiation (section 2).

L'ordonnance du 4 juillet 2005 n'a pas modifié de manière substantielle les dispositions relatives aux preuves et aux présomptions en matière de filiation. Il faut toutefois noter trois modifications importantes. La première permet l'établissement de la filiation maternelle par la seule indication du nom de la mère dans l'acte de naissance (il fallait auparavant, pour que la filiation maternelle de l'enfant issu d'une femme non mariée soit établie, que l'indication du nom de la mère dans l'acte de naissance soit corroborée par une possession d'état conforme ou que la mère désignée dans l'acte reconnaisse l'enfant). Les deux autres modifications remarquables concernent la possession d'état. Les rédacteurs de l'ordonnance ont, d'une part, modifié les dispositions relatives au contenu et aux caractères de la possession d'état et, d'autre part, exigé que la possession d'état soit constatée dans un acte de notoriété pour permettre l'établissement de la filiation de manière non contentieuse.

SECTION I

L'établissement non contentieux de la filiation

Selon l'alinéa premier de l'article 310-3 du Code civil, relatif à la preuve non contentieuse de la filiation, « la filiation se prouve par l'acte de naissance de l'enfant, par l'acte de reconnaissance ou par l'acte de notoriété constatant la possession d'état ». Il existe ainsi quatre moyens pour établir la filiation hors du cadre judiciaire :

- l'indication du nom de la mère dans l'acte de naissance ;
- la présomption de paternité du mari de la mère ;
- la reconnaissance ;
- la possession d'état constatée par acte de notoriété.

Le premier moyen est propre à la filiation maternelle, tandis que le second vise uniquement la filiation paternelle. On dit alors que la filiation est établie par l'effet de la loi. Lorsque tel n'est pas le cas, il y a lieu de recourir à une reconnaissance ou à la possession d'état (« réunion suffisante de faits qui révèlent le lien de filiation et de parenté entre une personne et la famille à laquelle elle est dite appartenir », art. 311-1 C. civ.), lesquelles concernent les deux filiations.

§ 1. L'indication du nom de la mère dans l'acte de naissance

La filiation est un des éléments qui permettent d'identifier une personne. Elle est le plus souvent indiquée sur l'acte de naissance de l'enfant. L'acte de naissance est inscrit sur les registres de l'état civil. Il est dressé par l'officier de l'état civil lors de la déclaration de naissance de l'enfant (art. 57 C. civ.). Cette déclaration doit être effectuée dans les trois jours qui suivent la naissance.

L'acte de naissance établit la filiation maternelle s'il indique le nom de la mère (art. 311-25 C. civ.). Il vaut preuve de la filiation entre celle dont le nom est indiqué et l'enfant désigné. Il constitue ainsi une preuve des deux éléments qui établissent la maternité : que la femme désignée dans l'acte a bien accouché et que l'enfant désigné est bien celui dont elle a accouché. Toutefois, dans la mesure où l'officier d'état civil n'a pas lui-même assisté à l'accouchement, il est possible de démontrer la supposition d'enfant (l'attribution à une femme d'un enfant dont elle n'a pas accouché ; crime puni par le Code pénal). Il est également possible de contester l'identité de l'enfant.

L'ordonnance du 4 juillet 2005 a facilité l'établissement de la filiation maternelle hors mariage. Désormais, **l'indication du nom de la mère dans l'acte de naissance de l'enfant établit automatiquement la filiation maternelle** (art. 311-25 C. civ.), que la femme soit mariée ou non. Auparavant, l'indication du nom de la mère dans l'acte de naissance n'établissait la filiation maternelle hors mariage que si l'acte était corroboré par la possession d'état (« L'acte de naissance portant l'indication du nom de la mère vaut reconnaissance, lorsqu'il est corroboré par une possession d'état », art. 337 ancien C. civ.).

§ 2. La présomption de paternité du mari de la mère

La présomption de paternité du mari de la mère est une règle très ancienne selon laquelle : « le père est celui que les noces démontrent » (*pater is quem nuptiae demonstrant*). **Lorsqu'une femme mariée accouche, l'enfant est présumé être celui de son mari.** Cela découle des obligations du mariage. À partir du moment où les époux sont tenus de vivre ensemble et de respecter le devoir de fidélité, il est logique d'en déduire que les enfants de l'épouse ont pour père le mari. Cette présomption vient du droit romain et on la retrouve dans de nombreux autres pays. Elle figure dans le Code civil depuis 1804, mais sa force a connu une certaine évolution. Initialement, cette présomption était quasiment irréfragable (la preuve du contraire ne pouvait pas être rapportée) : lorsqu'une femme mariée avait un enfant avec un autre homme que son mari, seul ce dernier pouvait remettre en cause le lien de filiation. L'évolution des mœurs, et surtout la volonté de faire une plus grande place à la vérité biologique, ont conduit le législateur de 1972 à bouleverser le système en vigueur. Sous l'impulsion du législateur et de la jurisprudence, cette présomption de paternité s'est transformée en une présomption simple (il est possible de prouver le contraire par tout moyen).

L'ordonnance du 4 juillet 2005 a maintenu la présomption de paternité du mari de la mère, seule disposition spécifique à la filiation de l'enfant issu de parents mariés ensemble. Elle a toutefois bouleversé la contestation de cette présomption.

A) Le domaine de la présomption de paternité

1) Le principe

Il convient tout d'abord de savoir quel enfant est concerné par la présomption de paternité. **En vertu de l'article 312 du Code civil, il s'agit de l'enfant conçu ou né pendant le mariage.** Cependant, il est difficile d'établir avec certitude à quel moment un enfant a été conçu. **L'article 311 du Code civil prévoit deux présomptions : la première présume une période pendant laquelle l'enfant a été conçu, la seconde présume, si cela est nécessaire, une date de conception.**

Selon l'alinéa 1er de l'article 311 du Code civil, « La loi présume que l'enfant a été conçu pendant la période qui s'étend du trois centième au cent quatre-vingtième jour, inclusivement, avant la date de la naissance ». La durée de la période légale de conception est ainsi censée correspondre aux durées maximum (300 jours) et minimum (180 jours) d'une grossesse. Cette présomption était autrefois irréfragable. Depuis la loi de 1972, **il est possible de prouver par tous les moyens qu'une grossesse a duré plus de 300 ou moins de 180 jours** (art. 311 al. 3 C. civ.).

Comme il est impossible de déterminer le jour exact où l'enfant a été conçu pendant la période légale de conception, la loi pose une seconde présomption à l'article 311 alinéa 2 du Code civil : **« La conception est présumée avoir eu lieu à un moment quelconque de cette période, suivant ce qui est demandé dans l'intérêt de l'enfant ». Il s'agit d'une présomption « *omni meliore memento* »** (c'est-à-dire au meilleur moment). Ainsi, si le mari de la mère décède au cours de la période légale de conception, on considère qu'il est dans l'intérêt de l'enfant d'être rattaché à l'époux et on fixe la conception à une date antérieure au décès de cet homme. Cette présomption est, comme la précédente, une présomption simple, elle admet la preuve contraire. Un des parents peut ainsi prouver que la conception de l'enfant n'a pas eu lieu à la date prétendue par l'autre parent.

L'application de la présomption de paternité suppose que la filiation maternelle soit établie par l'indication du nom de la mère dans l'acte de naissance. C'est la seule hypothèse dans laquelle les filiations maternelle et paternelle sont indivisibles. La filiation maternelle résultant d'une reconnaissance ou de la constatation de la possession d'état par acte de notoriété n'emporte pas l'application de la présomption de paternité du mari. Ainsi, l'**acte de naissance prouve la filiation paternelle à la double condition que la mère soit mariée au moment de la conception ou de la naissance de l'enfant et qu'il indique à la fois le nom de la mère et celui de son époux**.

2) Les restrictions

Le principe qui vient d'être énoncé admet une exception. La loi écarte de plein droit (automatiquement) la présomption de paternité du mari de la mère lorsque les époux sont séparés au moment de la conception ou de la naissance de l'enfant. Cette présomption retrouve toutefois sa force si une possession d'état est établie entre l'enfant et le mari de sa mère.

a) Avant la loi du 16 janvier 2009 ratifiant l'ordonnance portant réforme de la filiation

Deux dispositions du Code civil permettaient d'écarter la présomption de paternité du mari de la mère, lorsque l'enfant avait été conçu ou était né alors que sa mère était séparée de son époux :

- l'article 313, relatif à la séparation légale des époux (instance de divorce ou séparation de corps) ;
- l'article 314, relatif à la séparation de fait des époux.

Dans ces deux hypothèses, la présomption de paternité du mari de la mère était écartée de plein droit puisqu'il était peu vraisemblable que le mari fût le père biologique de l'enfant. Aucun lien de filiation n'était établi entre l'enfant et le mari de sa mère.

La présomption de paternité du mari de la mère était toutefois maintenue s'il existait une possession d'état entre le mari et l'enfant de sa femme. L'article 313 du Code civil, relatif à la séparation légale des époux, prévoyait expressément que le rétablissement de la présomption de paternité n'était possible que si l'enfant n'avait pas de filiation paternelle établie à l'égard d'un autre homme que l'époux de sa mère. Or l'article 314, relatif à la séparation de fait, avait omis de prévoir une telle restriction. Il disposait que la présomption de paternité était rétablie de plein droit si le mari de la mère justifiait de la possession d'état à l'égard de l'enfant, sans préciser que ce rétablissement supposait qu'aucune autre filiation paternelle n'eût été préétablie. Si le nom d'un tiers figurait sur l'acte de naissance de l'enfant, la filiation paternelle de l'enfant était légalement établie à l'égard de ce tiers. Le rétablissement de plein droit de la présomption de paternité se heurtait à l'article 320 du Code civil, selon lequel une filiation légalement établie fait obstacle à l'établissement d'une autre filiation. Une contestation judiciaire de la filiation paternelle préétablie était donc nécessaire pour que la présomption de paternité du mari de la mère pût être rétablie.

b) Depuis la loi du 16 janvier 2009 ratifiant l'ordonnance portant réforme de la filiation

La loi n° 2009-61 du 16 janvier 2009 ratifiant l'ordonnance portant réforme de la filiation a modifié les articles 313 et 314 du Code civil, afin de les clarifier. Les principes demeurent toutefois inchangés. Selon le nouvel article 313, la présomption de paternité est écartée lorsque l'enfant a été conçu ou est né en période de séparation des époux, ce qui vise à la fois la séparation légale et la séparation de fait.

D'une part, **la présomption est écartée quand l'enfant a été conçu alors que sa mère est en instance de divorce ou de séparation de corps.** Le législateur se réfère à la période légale de conception de l'article 311 alinéa premier du Code civil pour déterminer si l'enfant a été conçu ou non alors que ces parents étaient séparés légalement. La présomption de paternité est ainsi écartée, « en cas de demande en divorce ou en séparation de corps, lorsque l'enfant est né plus de trois cents jours après la date soit de l'homologation de la convention réglant l'ensemble des conséquences du divorce ou des mesures provisoires prises en application de l'article 250-2, soit de l'ordonnance de non-conciliation, et moins de cent quatre-vingts jours depuis le rejet définitif de la demande ou la réconciliation » (art. 313 C. civ.).

D'autre part, **la présomption de paternité est également exclue lorsque l'enfant naît alors que sa mère est séparée de fait de son mari.** La séparation de fait est caractérisée par la non-indication sur l'acte de naissance du nom de l'époux de la mère en qualité de père. « La présomption de paternité est écartée lorsque l'acte de naissance de l'enfant ne désigne pas le mari en qualité de père » (art. 313 C. civ.). La femme mariée déclare son enfant sous son nom de jeune fille et ne mentionne pas le nom de son époux.

Lorsque la présomption de paternité a été écartée sur le fondement de l'article 313 du Code civil, la loi du 16 janvier 2009 a prévu, dans l'article 314, la possibilité de la rétablir de plein droit : **« Si elle a été écartée en application de l'article 313, la présomption de paternité se trouve rétablie de plein droit si l'enfant a la possession d'état à l'égard du mari et s'il n'a pas une filiation paternelle déjà établie à l'égard d'un tiers ».** La possession d'état doit être prouvée par un acte de notoriété établi par le juge du tribunal d'instance, puisque l'acte de notoriété est, depuis l'entrée en vigueur de l'ordonnance de 2005, le mode de preuve imposé de la possession d'état.

Lorsque la présomption de paternité a été écartée sur le fondement de l'article 313 du Code civil et n'a pu être rétablie de plein droit conformément à l'article 314 du même code, le rétablissement doit être demandé en justice. Il existe une action spécifique en rétablissement de la présomption de paternité, prévue par l'article 329 du Code civil (voir p. 226). Celle-ci est ouverte à chaque époux durant la minorité de l'enfant et à l'enfant durant les dix ans qui suivent sa majorité.

B) La contestation de la présomption de paternité

Il n'existe **plus, désormais, d'actions spécifiques** à la contestation de la présomption de paternité du mari de la mère. Les actions en désaveu de paternité ont été supprimées. **L'époux qui souhaite contester le lien de filiation qui l'unit à l'enfant de sa femme doit agir en contestation de paternité sur le fondement de l'article 332 du Code civil.**

Le contentieux de la présomption de paternité est ainsi considérablement simplifié. La possibilité de contester la présomption de paternité dépend de l'existence d'une possession d'état de l'enfant à l'égard de l'époux de sa mère (voir l'action en contestation de paternité p. 228). Ainsi, si l'enfant bénéficie d'une possession d'état d'au moins cinq ans à l'égard du mari de sa mère, la présomption de paternité ne peut plus être remise en cause au nom de la stabilité de la filiation existante. Par conséquent, si l'enfant est le fruit d'un adultère, l'amant ne pourra plus contester la filiation de l'époux dès lors qu'il aura existé une possession d'état pendant au moins cinq ans à l'égard de l'époux. En revanche la contestation restera possible si la possession d'état entre l'enfant et l'époux a duré moins de cinq ans ou s'il n'existe pas de possession d'état à l'égard de l'époux.

§ 3. La reconnaissance

La reconnaissance était, jusqu'à l'entrée en vigueur de l'ordonnance du 4 juillet 2005, le **mode essentiel d'établissement de la filiation naturelle.** Elle n'est désormais plus réservée à l'enfant né hors mariage. Les parents, même mariés ensemble, peuvent chacun reconnaître leur enfant si la filiation n'est pas légalement établie, pour la mère par l'indication de son nom dans l'acte de naissance de l'enfant, pour le père par le jeu de la présomption de paternité du mari de la mère (cela permet d'ailleurs au mari d'être « à égalité » avec l'amant et de ne plus être obligé d'attendre la naissance, pour faire jouer le jeu de la présomption de paternité, alors que l'amant pouvait reconnaître l'enfant durant la grossesse et donc être le premier à établir un lien de filiation).

La reconnaissance maternelle est limitée à l'hypothèse (assez rare) où le nom de la mère n'est pas inscrit dans l'acte de naissance, puisque cette indication suffit désormais à établir la filiation maternelle. Si l'acte de naissance indique le nom de la mère et le nom de celui qui était son époux au moment de la naissance ou de la conception de l'enfant, cet époux n'a pas besoin de reconnaître l'enfant, grâce au jeu de la présomption de paternité du mari de la mère (art. 312 C. civ.).

La reconnaissance est un acte juridique unilatéral dont l'objet est de créer officiellement un lien de filiation entre son auteur et son bénéficiaire. Une reconnaissance effectuée par une femme mariée au moment de la naissance ou de la conception de l'enfant n'emporte pas la création d'un lien de filiation à l'égard de l'époux (la présomption de paternité du mari de la mère ne joue pas).

A) Les conditions de fond

1) Les conditions relatives au bénéficiaire de la reconnaissance

Le principe est celui de la liberté de l'établissement de la filiation. Il constitue une avancée de la loi de 1972 car, avant celle-ci, il était interdit d'établir la filiation adultérine.

Il existe toutefois une exception au principe de libre établissement de la filiation : elle concerne les enfants incestueux (voir p. 220). En cas d'inceste absolu (mère-fils, père-fille, frère-sœur), l'enfant ne peut être rattaché qu'à un seul de ses auteurs (le plus souvent, il est rattaché à sa mère, le père étant ainsi privé du droit de reconnaître l'enfant). On s'était interrogé, sous l'empire du droit antérieur à l'ordonnance du 4 juillet 2005, sur la possibilité pour le père biologique d'un enfant incestueux, privé du droit de reconnaître son enfant si la filiation maternelle est déjà établie, de contourner cette interdiction en recourant à l'adoption simple de son propre enfant. La Cour de cassation a exclu cette possibilité en affirmant que l'adoption simple n'est pas un moyen de contourner l'interdiction posée par l'(ancien) article 334-10 du Code civil (remplacé par l'article 310-2 du Code civil) (Cass. civ. 1re, 6 janvier 2004, Bull. civ. I, n° 2 ; JCP 2004, éd. G., I, 109). L'article 310-2 du Code civil, issu de l'ordonnance de 2005, a consacré la position de la Cour de cassation en disposant qu'il est interdit d'établir la filiation d'un enfant né d'un inceste absolu dont la filiation est déjà établie à l'égard d'un parent, par quelque moyen que ce soit (y compris par l'adoption).

E13 **L'égalité des droits des enfants adultérins**

Malgré l'affirmation du principe de l'égalité des filiations par le législateur de 1972, il a fallu attendre la loi du 3 décembre 2001 relative aux droits du conjoint survivant et des enfants adultérins et modernisant diverses dispositions de droit successoral pour que cette égalité bénéficie à l'enfant adultérin. Cette loi a abrogé l'article 760 du Code civil qui prévoyait que l'enfant adultérin, appelé à succéder en concurrence avec des enfants légitimes, ne percevait que la moitié de ce qu'il aurait eu s'il avait été lui-même légitime. L'article 760 du Code civil a valu à la France d'être condamnée pour discrimination par la Cour européenne des droits de l'homme (arrêt *Mazurek*, CEDH, 1er février 2000, requête n° 34406/97). L'abrogation de l'article 760 du Code civil bénéficie à tous les enfants adultérins, même à ceux qui sont nés avant l'entrée en vigueur de la loi du 3 décembre 2001.

Hormis cette hypothèse de l'enfant incestueux, tout individu peut être reconnu par son père ou par sa mère. Néanmoins, il est interdit d'établir une filiation si une filiation préalable existe déjà (art. 320 C. civ.). **Une reconnaissance paternelle n'est recevable que si l'enfant n'a pas de filiation paternelle légalement établie. Une filiation maternelle ne peut être effectuée que si l'enfant n'a pas de filiation maternelle légalement établie.** Lorsque l'enfant a déjà une filiation, il faut la contester en justice avant de pouvoir en établir une autre. Cette règle était moins absolue sous l'empire du droit antérieur. Il était en effet possible de reconnaître valablement un enfant qui avait une filiation légitime, si celle-ci n'était pas corroborée par la possession d'état. C'était l'hypothèse de l'application, *a contrario*, de l'ancien article 334-9 du Code civil, faite par la jurisprudence.

2) Les conditions relatives à l'auteur de la reconnaissance

La reconnaissance est un acte juridique, elle implique nécessairement une **manifestation de volonté**. Par conséquent, les conditions imposées par l'article 1108 du Code civil, relatif à la validité des conventions, doivent être respectées : **la volonté doit être réelle, consciente et non viciée**.

La volonté de l'auteur de la reconnaissance est suffisante : il n'est pas nécessaire de recueillir des autorisations particulières. Un mineur ou un majeur incapable peut reconnaître un enfant sans autorisation particulière. Il s'agit d'un acte personnel, qui ne nécessite ni assistance ni représentation. Un homme marié peut reconnaître un enfant adultérin sans l'autorisation de sa femme. Il peut même reconnaître l'enfant de sa propre épouse si la présomption de paternité est écartée sur le fondement de l'article 313 du Code civil.

La reconnaissance d'enfant est un acte unilatéral, le consentement de l'enfant n'est pas requis.

B) Les conditions de forme

1) La forme de la reconnaissance

La reconnaissance d'un enfant est un acte solennel. En principe, elle s'effectue à la mairie, **devant l'officier d'état civil**, généralement lors de la déclaration de naissance de l'enfant. La reconnaissance est une manifestation de volonté, elle est donc distincte de l'acte de naissance, même si elle est faite au même moment. Elle peut aussi être faite par un acte séparé, sous la forme d'un acte authentique, **devant un notaire**.

La loi du 4 mars 2002 relative à l'autorité parentale confère à la reconnaissance un caractère cérémonial, imposant que les dispositions relatives aux droits et obligations résultant de l'attribution de l'autorité parentale soient lues à son auteur.

2) Le moment de la reconnaissance

La reconnaissance peut être faite à tout moment. Elle peut être prénatale ou intervenir après la naissance de l'enfant, même si celui-ci est devenu majeur.

Si la mère a décidé d'accoucher sous X, le père doit reconnaître l'enfant avant le placement de ce dernier en vue de l'adoption (voir Cass. civ. 1re, 7 avril 2006, Bull. civ. I, n° 195, voir p. 244). Le délai de placement est au minimum de deux mois après le recueil de l'enfant (art. 351 al. 2 C. civ.). Une fois l'enfant placé en vue de l'adoption, ni la mère ni le père ne peuvent plus établir de lien de filiation avec l'enfant. « Le placement en vue de l'adoption met obstacle à toute restitution de l'enfant à sa famille d'origine [y compris aux grands-parents, parents de la mère ayant accouché sous X, Cass. 1re civ., 8 juillet 2009, Bull. civ. I, n° 158]. Il fait échec à toute déclaration de filiation et à toute reconnaissance » (art. 352 al. 1er C. civ.). Le père se trouve dans une situation délicate car il peut ne pas être informé des date et lieu de l'accouchement. L'article 62-1 du Code civil, issu de la loi du 22 janvier 2002 relative à l'accès aux origines des personnes adoptées et pupilles de l'État, prévoit que « si la transcription de la reconnaissance paternelle s'avère impossible du fait du secret de son identité opposé par la mère, le père peut en informer le procureur de la République. Celui-ci procède à la recherche des date et lieu d'établissement de l'acte de naissance de l'enfant ». Cette disposition améliore quelque peu les droits des pères d'enfants nés sous X. Néanmoins, les démarches doivent être effectuées dans des délais très brefs, puisque l'établissement de la filiation est interdit dès lors que l'enfant est placé en vue d'une adoption.

La reconnaissance n'est pas soumise à un contrôle de véracité. Dès lors, **elle peut être souscrite aussi bien par le père biologique que par un autre homme**. En France, la reconnaissance de complaisance est relativement fréquente : un homme reconnaît un enfant pour faire plaisir à la mère. Dans ce cas, la reconnaissance est une forme d'adoption. Une reconnaissance mensongère n'est pas expressément sanctionnée par notre droit positif, même si elle constitue une fraude à la loi.

C) Les effets de la reconnaissance

La reconnaissance produit plusieurs effets :

- d'abord, elle a un effet déclaratif, elle constate (déclare) une situation. Elle rétroagit au jour de la naissance. Ainsi, l'auteur de la reconnaissance est considéré comme le père de l'enfant depuis la naissance de ce dernier ;
- ensuite, la reconnaissance a un effet absolu. Elle crée un lien juridique opposable *erga omnes* (c'est-à-dire opposable à tous). Le caractère absolu

de la reconnaissance explique pourquoi elle rend irrecevable l'établissement d'une autre filiation qui la contredirait ;
- enfin, la reconnaissance est irrévocable. L'auteur de la reconnaissance ne peut pas se rétracter. La seule possibilité pour écarter le lien de filiation est d'annuler l'acte juridique ou d'engager une action judiciaire afin de contester le lien de filiation ainsi établi. Cette solution est la meilleure pour l'enfant. Elle lui garantit une certaine stabilité, sans totalement empêcher l'établissement de la vérité biologique.

D) La nullité et la contestation de la reconnaissance

La reconnaissance est un acte juridique. Elle peut donc être annulée conformément au droit commun de la nullité des actes juridiques. Ces derniers sont ainsi frappés de nullité si les conditions requises pour leur validité n'existent pas au moment de leur formation (par exemple pour défaut ou vice du consentement ou si l'auteur a été victime d'un dol, de violences ou d'une erreur ; voir, dans la même collection, *Droit des obligations*).

Il n'existe plus d'action spécifique à la contestation de la reconnaissance. Cette contestation doit être effectuée dans le cadre d'une action en contestation de paternité ou de maternité, sur le fondement de l'article 332 du Code civil (voir p. 228).

Le ministère public peut contester une reconnaissance sur le fondement de l'article 336 du Code civil (voir p. 229) si des indices tirés des actes eux-mêmes rendent invraisemblable la filiation déclarée ou en cas de fraude. Pour que le ministère public puisse agir, il faut ainsi que l'acte lui-même rende invraisemblable la filiation déclarée : par exemple, si la différence d'âge entre l'enfant et l'auteur de la reconnaissance est « suspecte ».

Le législateur a introduit, par la loi du 16 janvier 2009, un article 336-1 dans le Code civil, précisant la procédure à suivre par l'officier d'état civil lorsqu'il se rend compte, en établissant l'acte de naissance d'un enfant selon les informations qui lui sont déclarées, que ces dernières sont contredites par une reconnaissance paternelle prénatale. L'officier d'état civil doit établir l'acte de naissance au vu des informations qui lui sont déclarées et avertir le Procureur de la République de la contradiction. Ce dernier pourra alors contester la filiation préétablie sur le fondement de l'article 336.

Cette procédure vise notamment à éviter que le jeu de la présomption de paternité du mari ne soit paralysé par une reconnaissance prénatale de l'amant de la mère. Le tribunal de grande instance, saisi par le Procureur, tranchera le conflit de filiation créé par les déclarations contradictoires.

Lorsqu'une action en contestation de maternité ou de paternité aboutit, l'enfant n'est plus rattaché à l'auteur de la reconnaissance. Le lien de filiation est anéanti de manière rétroactive. Néanmoins, la jurisprudence a considéré, afin de protéger l'enfant, que l'auteur d'une reconnaissance de complaisance avait souscrit un engagement envers l'enfant et qu'il pouvait être condamné à verser des dommages et intérêts pour violation d'une obligation contractuelle. « En reconnaissant l'enfant de la femme qu'il devait épouser par la suite et qu'il savait ne pas être le sien, M. Y… avait contracté l'engagement de subvenir comme un père aux besoins de celle qu'il avait librement décidé de considérer comme sa fille, engagement dont l'octroi de dommages et intérêts a notamment pour objet de sanctionner l'inobservation » (Cass. civ. 1re, 21 juillet 1987, Bull. civ. I, n. 246).

D'un point de vue pénal, il n'y a aucune sanction, la Cour de cassation refuse de considérer qu'une reconnaissance mensongère peut constituer un faux en écriture publique.

§ 4. La possession d'état constatée par acte de notoriété

La possession d'état est une notion fondamentale du droit de la filiation. Elle permet de tenir compte d'un lien affectif, solide et connu de l'entourage, qui a pu se créer entre une personne et un enfant. La possession d'état s'attache ainsi à la filiation sociologique et atténue le principe selon lequel le lien de filiation doit reposer sur un lien biologique. La notion de possession d'état est définie à l'article 311-1 du Code civil : « **La possession d'état s'établit par une réunion suffisante de faits qui révèlent le lien de filiation et de parenté entre une personne et la famille à laquelle elle est dite appartenir** ». La possession d'état correspond à une filiation vécue qui ne repose pas nécessairement sur la vérité biologique.

A) Les éléments de la possession d'état

L'article 311-1, alinéa 2, du Code civil énumère « les principaux faits de la possession d'état ». Ceux-ci sont désignés traditionnellement par leur nom latin : *tractatus*, *fama* et *nomen*.

Tractatus (le traitement) suppose que les personnes dont l'individu se dit issu traitent ce dernier comme leur enfant, l'enfant devant réciproquement les traiter comme ses parents. Cela implique donc que les parents assurent l'éducation et l'entretien de l'enfant. Ces deux éléments peuvent exister même si les père et mère ne vivent pas ensemble, rien n'empêchant un couple qui ne vit pas ensemble de pourvoir à l'éducation de l'enfant.

Fama (la réputation) implique que l'enfant soit considéré comme l'enfant de la ou des personnes concernées, par l'autorité publique, la famille ou l'entourage.

Nomen (le nom) est retenu comme un des éléments de la possession d'état parce qu'il est généralement attribué en fonction de la filiation. Cet élément a toutefois perdu de sa force avec la réforme des règles d'attribution du nom de famille. Le nom est désormais le fruit d'un choix parental. Un enfant né ou conçu de parents mariés ensemble ne porte plus nécessairement le nom de son père.

Il n'est **pas nécessaire que ces trois éléments soient réunis pour établir la possession d'état**. L'article 311-1 du Code civil prévoit qu'il faut « une réunion suffisante de faits ». La possession d'état peut donc être établie même s'il manque un des trois éléments (Cass. civ. 1re, 6 mars 1996, Bull. civ. I, n° 120).

B) Les caractères de la possession d'état

Selon l'article 311-2 du Code civil, « **La possession d'état doit être continue, paisible, publique et non équivoque** » pour être retenue par le droit.

L'exigence de continuité est parfaitement compréhensible dès lors qu'avoir la possession d'état, c'est créer une situation durable, qui permettra d'indiquer un rapport de filiation ou de parenté. De cette exigence de continuité découle une question majeure : **quelle est la durée requise de la possession d'état ?** Les tribunaux ne fixent **pas de règles précises**. Ils requièrent, le plus souvent, une possession d'état de plusieurs mois, voire plusieurs années. Au contraire, certains juges sont beaucoup plus souples et on a vu, par exemple, émerger l'idée de possession d'état prénatale (lorsque, pendant la grossesse de la mère, les parents ont organisé l'arrivée du nouveau-né et avaient la ferme intention d'élever l'enfant et de contribuer à son entretien). En fait, l'appréciation du caractère continu de la possession d'état est laissée aux juges du fond qui doivent tenir compte de toutes les circonstances.

Un problème est apparu lorsque plusieurs hommes ont conféré des possessions d'état successives envers le même enfant (cette situation peut se produire lors de remariages ou concubinages successifs de la mère). Dans ce cas deux solutions sont possibles :

- soit on considère que toutes les possessions d'état sont entachées d'un vice d'équivoque (on ne peut pas trancher entre l'un ou l'autre des prétendus pères). Ceci neutralise l'effet attaché à la possession d'état ;
- soit on donne la priorité à la plus ancienne possession d'état (la première en date) laquelle, si elle a été créée au moment de la naissance, peut correspondre à la vérité « biologique » mais non « sociologique » ; soit à la possession d'état actuelle (c'est-à-dire la dernière en date), celle-ci ne correspondant pas forcément à la réalité « biologique » mais plutôt à la réalité « sociologique ».

Le caractère paisible, ajouté par l'ordonnance du 4 juillet 2005, implique que la possession d'état n'ait pas été créée par la force (une possession d'état créée à la suite de l'enlèvement d'un enfant n'est pas « paisible »).

C) La constatation de la possession d'état

La possession d'état constitue, depuis la loi du 25 juin 1982, **un mode d'établissement autonome non contentieux de la filiation**. L'ancien article 334-8 du Code civil, issu de cette loi, disposait que : « La filiation naturelle peut aussi se trouver légalement établie par possession d'état ou par l'effet d'un jugement ». La Cour de cassation s'était pliée à cette solution. Elle avait conçu cette loi très largement et l'avait analysée comme une loi interprétative (une loi qui ne faisait qu'interpréter une loi précédente, l'avantage étant que la loi nouvelle rétroagissait au jour de la première loi qu'elle interprétait). Ainsi, on appliquait la loi du 25 juin 1982 à des situations remontant jusqu'au 3 janvier 1972 (Cass. Ass. plén., 9 juillet 1982, *Law-King*, Bull. civ., n° 4).

Avec l'ordonnance du 4 juillet 2005, la possession d'état demeure un mode d'établissement autonome de la filiation (art. 317 C. civ.). Elle permet d'établir la filiation maternelle comme la filiation paternelle, dès lors que le lien n'a pas été établi par l'effet de la loi (indication du nom de la mère dans l'acte de naissance ou présomption de paternité du mari de la mère) ou par une reconnaissance. Les rédacteurs de l'ordonnance ont toutefois encadré ce mode d'établissement en imposant certaines exigences propres à la constatation de la possession d'état. **L'établissement de la filiation par la possession d'état est désormais subordonné à la constatation de cette dernière par un acte de notoriété** (art. 71 et 72 C. civ.)(Sous l'empire du droit antérieur, l'acte de notoriété constatant la possession d'état n'était pas exigé. Il ne constituait qu'un mode de preuve parmi d'autres de la possession d'état). Il s'agit d'un écrit délivré par le juge du tribunal d'instance, à la demande d'un des parents ou de l'enfant, sur les déclarations de trois témoins. Son objet est de constater l'existence d'une possession d'état (la réunion des trois éléments posés par l'article 311-1 du Code civil : *tractatus, fama* et *nomen,* de manière continue, paisible, publique et non équivoque). Cette constatation établit la filiation jusqu'à preuve du contraire (art. 317 al. 1er C. civ.). Depuis la loi du 8 janvier 1993, l'acte de notoriété établissant la possession d'état d'enfant fait l'objet d'une mention en marge de l'acte de naissance. L'acte de notoriété est caractérisé par deux éléments essentiels étroitement liés : sa fonction probatoire et son caractère de notoriété publique. C'est parce qu'il constate des éléments de faits connus de l'entourage de la personne concernée que l'acte de notoriété s'est vu reconnaître une force probante. Auparavant, la délivrance d'un acte de notoriété pouvait être demandée sans limite de temps. Désormais, elle doit être demandée dans un délai strict : **« La délivrance de l'acte de notoriété ne peut être demandée que dans un délai de cinq ans à compter de la cessation de la possession d'état alléguée ou à compter du décès du parent prétendu »** (art. 317 al. 3 C. civ.). Ces nouvelles exigences visent à améliorer la stabilité de la filiation.

La délivrance d'un acte de notoriété constatant la possession d'état permet d'établir la filiation hors du cadre judiciaire. À défaut d'acte de notoriété, la filiation ne peut pas être établie par possession d'état de manière non contentieuse. Il faut la faire constater par le biais d'une action spécifique : l'action en constatation de la possession d'état (art. 330 C. civ.). La filiation est alors établie si un jugement constate l'existence d'une possession d'état.

SECTION II
Les actions relatives à la filiation

Les actions relatives à la filiation permettent d'établir ou de contester judiciairement un lien de filiation. L'ordonnance du 4 juillet 2005 a simplifié et unifié le régime de ces actions. Il n'existe plus désormais ni d'actions spécifiques à la filiation naturelle ni d'actions spécifiques à la filiation légitime puisque ces deux notions ont disparu. Les rédacteurs de l'ordonnance ont toutefois maintenu une action spécifique à la filiation d'un enfant conçu ou né de parents mariés : il s'agit de l'action visant à rétablir la présomption de paternité du mari de la mère (art. 329 C. civ.) lorsqu'elle a été écartée.

Les actions relatives à la filiation sont régies par le chapitre III du Titre septième consacré à la filiation. Ce Titre septième relève du Livre Ier du Code civil intitulé : « Des personnes ».

Ce chapitre III est divisé en trois sections. La première est consacrée aux dispositions générales, la deuxième aux actions aux fins d'établissement de la filiation et la troisième aux actions en contestation de la filiation. Nous suivrons ce plan dans notre étude.

§ 1. Les dispositions générales concernant les actions relatives à la filiation

La première section du chapitre III pose les principes communs à toutes les actions relatives à la filiation.

A) La compétence

Les actions concernant la filiation relèvent de la compétence exclusive du tribunal de grande instance, dans le ressort duquel le défendeur a son domicile (art. 318-1 C. civ.). Si un juge pénal est saisi d'une affaire nécessitant que soit résolue une question relative à la filiation, il doit surseoir à statuer et attendre que le TGI se prononce sur la question (art. 319 C. civ.).

B) Le droit d'agir

Les actions relatives à la filiation peuvent être formées par tout intéressé sous réserve de leurs conditions de recevabilité.

Elles sont en principe intransmissibles en raison de leur **caractère personnel**. Elles ne peuvent être exercées que par l'intéressé lui-même. Le mineur doit être représenté par son représentant légal ou par un administrateur *ad hoc*. **L'intransmissibilité des actions relatives à la filiation est cependant tempérée** par l'article 322 du Code civil. Une action relative à la filiation d'une personne décédée peut être formée par ses héritiers jusqu'à l'expiration du délai qui était imparti au défunt pour agir. Les héritiers peuvent également poursuivre l'action déjà engagée par le défunt.

Enfin, des règles protectrices traduisent l'indisponibilité des actions relatives à la filiation : **il est impossible aux personnes concernées par la filiation de l'enfant de renoncer à l'action ou de faire une transaction.** La convention par laquelle une femme s'engage envers le géniteur de son enfant à ne jamais chercher à établir la paternité de l'enfant est par conséquent frappée de nullité. C'est notamment sur le fondement de cette règle qu'un arrêt de principe de la Cour de cassation a déclaré nulle la convention par laquelle une femme s'engage à concevoir et à porter un enfant pour l'abandonner à sa naissance (Cass. Ass. plén., 31 mai 1991, *Alma Mater*, Bull., n° 4).

C) Les fins de non-recevoir

L'ordonnance du 4 juillet 2005 portant réforme de la filiation a assoupli les conditions de recevabilité des actions relatives à la filiation au nom du droit pour l'enfant de connaître ses origines. Elle a ainsi supprimé l'exigence de présomptions ou d'indices graves rendant vraisemblable le lien de filiation. Cette exigence constituait, depuis la loi n° 93-22 du 8 janvier 1993, une condition de recevabilité des actions en recherche de paternité ou de maternité naturelle (anciens art. 340 et 323 C. civ.).

L'ordonnance du 4 janvier 2005 avait maintenu l'**accouchement sous X** comme cause d'irrecevabilité de l'action en recherche de maternité. La loi du 16 janvier 2009 a supprimé cette fin de non-recevoir, afin, officiellement, d'éviter à la France d'être condamnée par la Cour européenne des droits de l'homme pour discrimination entre recherche de paternité et recherche de maternité.

Les autres fins de non-recevoir sont en revanche maintenues :

- le consentement donné à une **procréation médicalement assistée** constitue une fin de non-recevoir à toute action relative à la filiation de l'enfant né de cette procréation (art. 311-20 C. civ.). De plus, aucun lien de filiation ne peut être établi entre l'enfant né de cette procréation et le tiers donneur. Aucune action en responsabilité ne peut être dirigée contre ce dernier (art. 311-19 C. civ.) ;
- l'ordonnance du 4 juillet 2005 a repris à l'article 318 du Code civil la fin de non-recevoir tirée de la **non-viabilité de l'enfant**. La recevabilité d'une action relative à la filiation est subordonnée à l'existence de la personnalité juridique de l'enfant ;
- **l'article 320 du Code civil interdit l'établissement de la filiation, par voie judiciaire ou par voie non contentieuse, tant que la filiation préalable légalement établie n'a pas été contestée en justice.** Il est donc impossible de substituer une filiation à une autre sans avoir préalablement obtenu la remise en cause de la première filiation par le biais d'une action en contestation de filiation. En revanche, les textes n'imposent pas qu'une action en contestation de filiation soit suivie de l'établissement d'une autre filiation que celle qui a été contestée.

L'ordonnance du 4 juillet 2005 a par ailleurs maintenu la discrimination frappant les enfants incestueux quant à l'établissement de leur filiation (art. 310-2 C. civ.). Cette discrimination concerne les enfants dont les parents sont unis par un lien de parenté qui constitue un des empêchements à mariage prévus par les articles 161 et 162 du Code civil et qui n'est pas susceptible de dispense (père-fille ; mère-fils ; frère-sœur). La filiation d'un enfant incestueux ne peut être établie que d'un seul côté parental. Elle ne peut être établie à l'égard du second parent, par quelque moyen que ce soit (voir aussi p. 212 ; interdiction, dans le cas d'un inceste, pour le père de reconnaître ou même d'adopter l'enfant dès lors que la filiation maternelle est établie). Le second parent ne peut ni reconnaître, ni revendiquer une filiation fondée sur la possession d'état, ni adopter l'enfant incestueux dont la filiation est déjà établie à l'égard du premier parent. **Aucune action relative à l'établissement d'un lien de filiation ne peut donc être formée concernant un enfant incestueux dont la filiation est déjà établie à l'égard d'un de ses parents.** L'enfant né d'un inceste peut toutefois former une action à fins de subsides à l'égard de son second parent, afin que ce dernier participe financièrement à son entretien (voir p. 231).

D) Les délais pour agir

Le droit positif a connu une importante évolution concernant les délais des actions relatives à la filiation. On considérait, avant la loi du 3 janvier 1972, que ces actions, intéressant l'état des personnes, étaient imprescriptibles. La loi de 1972 avait écarté cette règle, elle prévoyait l'application du délai de droit commun de trente ans, sauf lorsqu'un délai plus court était prévu. L'action en recherche de paternité naturelle était ainsi soumise à un délai très bref de deux ans à compter de la naissance, de la fin du concubinage ou de l'entretien de l'enfant ou encore de la majorité de l'enfant. L'ordonnance du 4 juillet 2005, soucieuse d'harmoniser le régime des différentes actions et de sécuriser la filiation en évitant qu'elle puisse être remise en cause très tardivement, a raccourci le délai de droit commun en matière d'actions relatives à la filiation. **Ces actions se prescrivent désormais, sauf dispositions contraires, au terme d'un délai de dix ans** (art. 321 C. civ.). Ce délai décennal commence à courir à compter du jour où la personne a été privée de l'état qu'elle réclame ou du jour où elle a commencé à jouir de l'état qui lui est contesté. **Ce délai est interrompu à l'égard de l'enfant pendant sa minorité.** L'enfant peut donc agir jusqu'à ses vingt-huit ans.

E) L'administration de la preuve dans les procès relatifs à la filiation

1) Le principe de la liberté de la preuve

L'ordonnance du 4 juillet 2005 a créé un article 310-3 du Code civil consacré à la preuve de la filiation. Cet article reprend le principe selon lequel **la preuve contentieuse de la filiation peut être administrée par tous les moyens** (titres, possession d'état, expertise biologique), sous réserve des conditions de recevabilité de l'action formée. La preuve pèse sur le demandeur, conformément au droit commun de la preuve.

2) La preuve par expertise biologique

Les progrès de la science ont permis de connaître avec certitude la vérité concernant la filiation biologique d'un enfant. La preuve par expertise génétique joue, en raison de sa fiabilité, un rôle de plus en plus important dans les procès relatifs à la filiation. La Cour de cassation a posé le principe selon lequel **l'expertise biologique est de droit en matière de filiation sauf s'il existe « un motif légitime de ne pas y procéder »** (Cass. civ. 1re, 28 mars 2000, Bull. civ. I, n° 103 ; civ. 1re, 28 mai 2008, Bull. civ. I, n° 157). Ce principe signifie que les juges ont l'obligation de procéder à une expertise biologique en matière de filiation lorsque celle-ci leur est demandée, sauf s'ils estiment qu'il existe un motif légitime de ne pas effectuer cette expertise.

Les juges ont précisé, par divers arrêts, la **notion de « motif légitime »** (voir notamment sept arrêts de la Cour de cassation en date du 14 juin 2005, Bull. civ. 2005, I, n° 250 à 257). Il a ainsi été jugé que la **prescription de l'action**, **sa non-recevabilité** quant aux conditions de fond, ou que le **caractère superflu de l'expertise** demandée constituaient un motif légitime de ne pas faire droit à la demande d'analyse biologique. La Cour de cassation a également considéré, dans une affaire relative à une contestation de reconnaissance d'enfant naturel (ancien article 339 C. civ.), que **l'existence d'une possession d'état** de l'enfant à l'égard de l'auteur de la reconnaissance constituait un motif légitime de ne pas procéder à l'expertise biologique *post mortem* (Cass. civ. 1re, 3 novembre 2004, pourvoi n° 02-11699 : « Mais attendu que les juges du fond ont estimé que la reconnaissance, intervenue trois mois après la naissance de l'enfant, connue des voisins du domicile du père, était confortée par la participation de Charles X... à l'entretien de l'enfant jusqu'en 1961 et que les faits invoqués par les consorts X..., non probants, ne contredisaient en rien la vraisemblance reconnaissance ; que la cour d'appel a ainsi caractérisé un motif légitime de ne pas procéder à une expertise biologique, neuf ans après le décès du père déclaré ; que le moyen ne peut être accueilli... »). De même, la Haute juridiction a estimé qu'avait caractérisé l'existence d'un motif légitime la cour d'appel qui, après avoir constaté que le père n'avait pas contesté sa paternité pendant plus de soixante ans et avait reconnu avoir eu au moins une relation sexuelle avec la mère, a relevé que la contestation de la reconnaissance (par le demi-frère) n'était causée que par un intérêt strictement financier et avait un caractère déstabilisateur pour une personne alors âgée de soixante-deux ans (Cass. civ. 1re, 30 septembre 2009, Bull. civ. I, n° 197). L'identité partielle entre le patrimoine génétique de deux frères biologiques (le défendeur et le mari de la mère au moment de la conception) n'a pas non plus été considérée comme un motif légitime de ne pas procéder à une expertise (Cass. civ. 1re, 8 juillet 2009, Bull. civ. I, n° 159).

Le défendeur à l'action garde la possibilité de refuser de se soumettre à l'expertise biologique ordonnée par les magistrats. Ces derniers peuvent tirer des conséquences juridiques d'un tel refus, dès lors qu'il existe d'autres éléments de fait laissant supposer que le lien de filiation contesté par le défendeur est vraisemblable : « c'est à bon droit qu'une cour d'appel, saisie d'une action en recherche de paternité (...) estime, après avoir relevé que la mère rapporte la preuve de relations amoureuses non datées et d'un engagement du père présumé à verser à l'enfant un chèque tous les mois, que son nouveau refus de se soumettre à cette mesure d'instruction (...) prouve la crainte dans laquelle il se trouve d'un résultat positif, de sorte que sa paternité est établie » (Cass. civ. 1re, 7 juin 2006, Bull. civ. I, n° 29). Outre l'établissement de sa paternité, le refus de se soumettre à une expertise biologique peut exposer le défendeur à verser des dommages et intérêts à la mère sur le fondement de l'article 1382 du Code civil (Cass. civ. 1re, 6 mai 2009, pourvoi n° 08-10936).

L'expertise biologique n'est pas de droit dans une action en constatation de possession d'état « Mais attendu qu'en matière de constatation de possession d'état, la preuve s'établit par tous moyens, de sorte que l'expertise biologique n'est pas de droit » (Cass. civ. 1re, 6 décembre 2005, Bull. civ. I, n° 476). Cette solution semble justifiée puisque, dans le cadre d'une telle action, ce n'est pas la filiation proprement dite qu'il s'agit de prouver mais la possession d'état qui est un mode d'établissement autonome de la filiation.

L'expertise biologique ne peut toutefois être réalisée, en matière civile, dans le cadre d'une action relative à la filiation ou dans celui d'une action à fins de subsides, que si **la personne** sur laquelle doit être pratiqué l'examen **consent expressément à cet examen**. Aucun examen ne peut être effectué sur une personne décédée sauf si cette personne a expressément consenti à cet examen de son vivant (art. 16-11 al. 2 C. civ. ; voir p. 40).

F) La tierce opposition

En principe, un jugement a autorité relative de chose jugée. Les tiers ne sont pas liés par les décisions prises par le juge en ce qui concerne les parties au procès. Or, en matière de filiation, cette règle ne se conçoit guère. Les jugements en matière de filiation font l'objet de règles spécifiques.

Aussi, dans ce domaine, la règle est celle de **l'opposabilité absolue provisoire des jugements : les jugements produisent des effets même à l'égard des**

tiers. Ceux-ci ont toutefois le droit de critiquer le jugement, c'est ce que l'on appelle **un droit de tierce opposition**. Ce droit de critique est ouvert dans le délai de dix ans prévu par l'article 321 du Code civil. Mais l'ordonnance de 2005 limite ce droit aux seules personnes auxquelles l'action était ouverte, consacrant ainsi une solution jurisprudentielle.

G) Les effets des jugements relatifs à la filiation

Le jugement établissant ou contestant un lien de filiation a **un effet déclaratif**. Cela signifie que la situation établie par le jugement rétroagit à la naissance de la personne concernée. Une personne dont un lien de filiation a été établi judiciairement peut ainsi demander qu'une succession déjà réglée soit remise en cause si la filiation nouvellement établie lui confère des droits sur cette succession. Un individu dont le lien de filiation à l'égard d'un enfant a été anéanti peut réclamer le remboursement de toutes les sommes versées pour l'entretien de cet enfant.

La modification du lien de filiation se répercute sur le nom de l'intéressé, l'attribution du nom étant liée à la filiation. Si le lien de filiation est détruit, l'enfant doit se défaire du nom qui le rattachait à son ancienne filiation. Ainsi, si l'intéressé portait un double nom formé par le nom de chacun de ses parents, il doit abandonner le nom du parent à l'égard duquel sa filiation a été anéantie. En revanche, s'il s'agit d'une action aux fins d'établissement d'une nouvelle filiation, l'article 331 du Code civil prévoit que « le juge statue sur l'exercice de l'autorité parentale, la contribution à l'entretien et à l'éducation de l'enfant et l'attribution du nom ». Cette attribution judiciaire du nom semble contredire le principe selon lequel le choix du nom appartient aux parents.

Le changement de nom consécutif à une modification de la filiation s'étend de plein droit aux enfants mineurs de l'intéressé. Les enfants majeurs doivent consentir au changement de nom (art. 61-3 C. civ.).

§ 2. Les actions aux fins d'établissement de la filiation

L'ordonnance du 4 juillet 2005 prévoit quatre actions permettant d'établir la filiation :

- l'action en recherche de paternité ;
- l'action en recherche de maternité ;
- l'action en constatation de possession d'état ;
- l'action en rétablissement de la présomption de paternité du mari de la mère.

Une action aux fins d'établissement est irrecevable si elle vise à établir une nouvelle filiation alors que la précédente filiation n'a pas été préalablement contestée en justice (art. 320 C. civ.).

A) L'action en recherche de maternité

La filiation maternelle est désormais automatiquement établie par la seule désignation du nom de la mère dans l'acte de naissance de l'enfant (art. 311-25 C. civ.). Or cette indication n'est pas obligatoire. Lorsque le nom de la mère ne figure pas sur l'acte de naissance, la filiation maternelle de l'enfant peut être établie soit par une possession d'état constatée par un acte de notoriété, soit par une reconnaissance volontaire effectuée par la mère, soit par une action judiciaire en constatation de la possession d'état, soit par une action en recherche de maternité.

En effet, **l'enfant dépourvu d'acte de naissance mentionnant le nom de sa mère et qui n'a bénéficié ni d'une reconnaissance maternelle ni d'une possession d'état à l'égard de sa mère doit, s'il veut faire établir sa filiation maternelle, former une action en recherche de maternité.**

Cette action, prévue par l'article 325 du Code civil, est réservée à l'enfant. Si celui-ci est mineur, son père aura qualité pour exercer l'action. Le délai pour agir est le nouveau délai de droit commun en matière d'actions relatives à la filiation (art. 321 C. civ.). Le père de l'enfant mineur peut agir pendant dix ans à compter du jour où l'enfant a été privé de la filiation maternelle qu'il cherche à faire établir (en principe 10 ans à compter de sa naissance). L'enfant peut agir une fois majeur jusqu'à vingt-huit ans.

L'ordonnance du 4 juillet 2005 a supprimé les conditions de recevabilité de l'action en recherche de maternité qui consistaient en l'existence de présomptions ou d'indices graves. Les rédacteurs de l'ordonnance ont souhaité ouvrir plus largement cette action en supprimant cette exigence.

L'action en recherche de maternité est aujourd'hui recevable même si la mère a demandé à bénéficier du secret de la naissance. La loi n° 2009-61 du 16 janvier 2009 ratifiant l'ordonnance portant réforme de la filiation a supprimé l'accouchement sous X comme fin de non-recevoir en matière d'action en recherche de maternité, ceci afin d'éviter à la France d'être condamnée par la Cour européenne des droits de l'homme pour discrimination entre les conditions relatives à l'action en recherche de paternité et celles relatives à l'action en recherche de maternité. Cette suppression ne remet pas en cause le droit à l'accouchement sous X prévu par l'article 326 du Code civil. Toutefois, elle peut conduire à l'établissement d'une filiation maternelle pour l'enfant né sous X. L'accouchement sous X a été adapté par la loi du 22 janvier 2002 relative à l'accès aux origines des personnes adoptées et pupilles de l'État. Cette adaptation permet aux enfants nés sous X d'avoir une possibilité de connaître leurs origines. L'accouchement anonyme est ainsi transformé en accouchement secret. La personne née sous X peut s'adresser au **Conseil national pour l'accès aux origines personnelles** (CNAOP) afin d'obtenir des informations sur ses origines. L'identité de la mère biologique ne sera révélée qui si cette dernière y a consenti.

La preuve à apporter afin que la maternité soit judiciairement déclarée est celle que l'enfant est bien celui dont la mère a accouché.

B) L'action en recherche de paternité

L'action en recherche de paternité permet de faire établir la paternité de celui qui n'était pas marié avec la mère au moment de la naissance ou de la conception de l'enfant (ou qui était marié avec celle-ci mais pour lequel la présomption de paternité n'a pas joué et ne peut être rétablie) et qui n'a pas reconnu l'enfant.

1) Les conditions de recevabilité

La loi de 1972 s'était montrée assez conservatrice. Si elle ouvrait aux enfants adultérins le droit d'établir leur filiation, elle n'avait pas estimé judicieux d'ouvrir largement l'action en recherche de paternité. Le législateur de 1972 avait soumis l'action en recherche de paternité naturelle à des conditions de recevabilité. La loi du 8 janvier 1993 avait conservé la même logique.

La loi de 1972 avait soumis l'action en recherche de paternité à cinq cas d'ouverture, reposant sur des fondements divers. Parfois, il s'agissait de sanctionner une faute du défendeur : par exemple, un enlèvement ou un viol de la mère, un abus d'autorité. Parfois, on prenait en compte une attitude du défendeur qui laissait supposer qu'il pouvait être le père : l'action en recherche de paternité était ouverte en cas de concubinage de la mère pendant la période légale de conception. La jurisprudence était très stricte, en dehors des cas d'ouverture prévus par la loi, l'action était rejetée. De plus, il existait des fins de non-recevoir : même si on était dans un cas d'ouverture, le père prétendu pouvait faire rejeter la demande soit en prouvant qu'il ne pouvait pas être biologiquement le père, soit en établissant que la mère avait eu tel ou tel amant pendant la période de conception.

La loi du 8 janvier 1993 a ensuite supprimé les cas d'ouverture et les fins de non-recevoir. Elle a cependant soumis la recevabilité de la contestation de la paternité et de la maternité hors mariage à l'existence de présomptions ou indices graves. Selon l'ancien article 340 du Code civil, « La paternité hors mariage peut être judiciairement déclarée. La preuve ne peut en être rapportée que s'il existe des présomptions ou indices graves ». **La question majeure était de savoir ce que l'on devait entendre par « présomptions ou indices graves ».** La jurisprudence retenait le concubinage, la ressemblance de l'enfant avec le père prétendu ou même diverses lettres et attestations qu'elle estimait suffisante pour établir la paternité (CA Aix-en-Provence, 13 mai 2003, Juris-data n° 2003-217712 ; JCP 2004, éd. G., IV, 1050). La présence de présomptions et d'indices graves rendait recevable la preuve par un examen biologique. Si le père présumé refusait cet examen sans motif légitime, les juges pouvaient déduire de ce refus une nouvelle présomption qui leur permettait de déclarer judiciairement la paternité. Mais l'existence de présomptions et indices graves jugés suffisants pour établir la paternité naturelle constituait, selon une décision qui pouvait laisser perplexe, un motif légitime de ne pas procéder à l'expertise sanguine exigée par la demanderesse (Cass. civ. 1re, 24 septembre 2002, Bull. civ. I, n° 216).

Les rédacteurs de l'ordonnance du 4 juillet 2005 ont été guidés par deux priorités, celle d'ouvrir plus largement l'établissement judiciaire de la filiation et celle de sécuriser la filiation. Ces priorités se sont traduites par la suppression de la condition de recevabilité liée à l'exigence de présomptions et indices graves pour l'action en recherche de paternité comme pour l'action en recherche de maternité (voir ci-avant), et par la mise en place d'un délai de droit commun décennal à la place du délai trentenaire pour les actions relatives à la filiation.

2) Les titulaires de l'action

L'action appartient à l'enfant. Toutefois, tant que celui-ci est mineur, sa mère – et elle seule – a qualité pour exercer cette action. Si elle est elle-même mineure, la mère peut exercer l'action sans avoir à solliciter l'autorisation de son représentant légal. Du côté du défendeur, **l'action en recherche de paternité est exercée contre le père prétendu** (si ce dernier est décédé, l'action peut être exercée contre ses héritiers ou, à défaut, contre l'État).

3) Les effets de l'action

Deux situations peuvent se présenter : soit le juge accueille la demande et déclare la paternité établie, soit il rejette l'action.

Dans le premier cas, la jurisprudence avait consacré deux solutions : la mère pouvait tout d'abord invoquer l'article 1382 du Code civil et obtenir des dommages et intérêts si elle prouvait l'existence d'une faute lui ayant causé un dommage. La jurisprudence autorisait ensuite la mère à réclamer tout ou partie du remboursement des frais de maternité. Cette jurisprudence avait été consacrée par l'ancien article 340-5 du Code civil, lequel disposait que « Lorsqu'il accueille l'action, le tribunal peut, à la demande de la mère, condamner le père à lui rembourser tout ou partie de ses frais de maternité et d'entretien pendant les trois mois qui ont précédé et les trois mois qui ont suivi la naissance, sans préjudice des dommages et intérêts auxquels elle pourrait prétendre par application des articles 1382 et 1383 ». Cette disposition a disparu avec l'ordonnance du 4 juillet 2005. Toutefois l'abrogation de l'article 340-5 du Code civil n'empêche pas la mère ou l'enfant d'agir sur le fondement des articles 1382 et 1383 du Code civil, qui sont des dispositions relatives au droit commun de la responsabilité délictuelle, pour faire condamner le père prétendu à verser des dommages et intérêts.

Si le juge rejette l'action en recherche de paternité, c'est-à-dire s'il estime que la preuve de la paternité n'est pas établie, il reste à l'enfant la possibilité de former une action à fins de subsides (voir p. 231).

C) L'action en rétablissement de la présomption de paternité

Chacun des deux époux peut demander au juge de rétablir la présomption de paternité du mari de la mère lorsque celle-ci a été écartée sur le fondement des articles 313 (enfant conçu pendant une période de séparation légale) et 314 (acte de naissance ne mentionnant pas le nom du mari de la mère) du Code civil (art. 329 C. civ.). L'action est ouverte aux parents pendant toute la minorité de l'enfant et à l'enfant majeur jusqu'à vingt-huit ans. Le demandeur doit prouver par tous les moyens, y compris par expertise biologique, la paternité du mari de la mère.

D) L'action en constatation de possession d'état

La possession d'état est reconnue, depuis la loi du 25 juin 1982, comme un mode d'établissement autonome de la filiation. **Elle ne permet d'établir la filiation de manière non contentieuse qu'à la condition d'être constatée dans un acte de notoriété.** Cet acte peut être délivré dans un délai de cinq ans à compter de la cessation de la possession d'état alléguée ou à compter du décès du parent prétendu (art. 317 C. civ.). Il peut être demandé par chacun des prétendus parents ou par l'enfant.

Tableau 3 **Les actions aux fins d'établissement de la filiation**
(art. 325 et s. C. civ.)

	Enfant concerné	Conditions
Action (1) en recherche de maternité **Action (2) en recherche de paternité**	Enfant n'ayant pas de filiation maternelle établie (sauf irrecevabilité*) Enfant n'ayant pas de filiation paternelle établie (sauf irrecevabilité*)	*Preuve à rapporter* : – défaut de titre et de possession d'état (1) et (2) – l'enfant est celui dont la mère a accouché (1) – cet homme est le père de l'enfant (2) *Personnes pouvant agir* : – l'enfant ; – le père (1) ou la mère (2) pour l'enfant mineur *Prescription* : 10 ans à compter du jour où l'enfant a été privé de l'état qu'il réclame (suspendu, à l'égard de l'enfant, pendant sa minorité)
Action en rétablissement de la présomption de paternité du mari de la mère	Enfant dont la filiation maternelle est établie et dont la mère était mariée au moment de la naissance ou de la conception, mais pour lequel la présomption de paternité a été écartée	*Preuve à rapporter* : Paternité du mari de la mère *Personnes pouvant agir* : – les époux ; – l'enfant *Prescription* : – pour les époux : à la majorité de l'enfant ; – pour l'enfant : 10 ans à compter de sa majorité
Action en constatation de possession d'état	Enfant ayant la possession d'état de fils ou de fille de tel homme et/ou de telle femme	*Preuve à rapporter* : Existence de la possession d'état *Personnes pouvant agir* : tout intéressé *Prescription* : 10 ans à compter de la cessation de la possession d'état alléguée ou du décès du parent prétendu (le point de départ du délai est suspendu à l'égard de l'enfant jusqu'à sa majorité).

*** Sont irrecevables les actions :**
contre le tiers donneur (homme ou femme), en cas de procréation médicalement assistée (PMA), lorsque l'enfant n'est pas né viable et en cas d'inceste contre le « second » parent.

Tant qu'elle n'a pas été contestée en justice, la filiation légalement établie fait obstacle à l'établissement d'une autre filiation qui la contredirait (art. 320 C. civ.) ; ainsi nul ne peut avoir deux pères ou deux mères à la fois.

Si le délai de cinq ans est expiré, si le juge refuse de délivrer l'acte de notoriété ou encore si une personne autre que les parents ou l'enfant désire faire établir la filiation par la possession d'état, il convient de former une action en constatation de la possession d'état. **Cette action, prévue par l'article 330 du Code civil, vise à faire constater judiciairement la possession d'état afin d'établir la filiation.** Elle est ouverte à tout intéressé dans un délai de dix ans à compter de la cessation de la possession d'état alléguée ou à compter du décès du parent prétendu, selon la nouvelle rédaction de l'article 330 du Code civil, issue de la loi n° 2009-61 du 16 janvier 2009. Le demandeur doit apporter la preuve de la possession d'état. Cette preuve peut être apportée par tous les moyens. Le défendeur peut-il exiger qu'une expertise biologique soit réalisée ? La question reste posée. La Cour de cassation a toutefois apporté une réponse négative : « Mais attendu qu'en matière de constatation de possession d'état, la preuve s'établit par tous moyens, de sorte que l'expertise biologique n'est pas de droit » (Cass. civ. 1re, 6 décembre 2005, Bull. civ. n° 476). L'objet de l'action n'est pas de prouver la réalité biologique de la filiation mais de faire constater la possession d'état afin d'établir la filiation. Le jugement constatant la possession d'état peut ainsi ordonner des mesures relatives à l'autorité parentale, au nom et à l'entretien de l'enfant.

§ 3. Les actions en contestation de la filiation

Il existe désormais quatre actions permettant de contester la filiation :

- l'action en contestation de maternité ;
- l'action en contestation de paternité ;
- l'action en contestation de possession d'état ;
- l'action en contestation réservée au ministère public.

Ces actions obéissent à des délais de prescription spécifiques. Elles ne sont pas soumises au délai décennal prévu par l'article 321 du Code civil, mises à part la contestation de maternité et de paternité lorsque le titre n'est pas corroboré par une possession d'état conforme (art. 334 C. civ.) et l'action réservée au ministère public (art. 336 C. civ.). Les rédacteurs de l'ordonnance du 4 juillet 2005 ont entendu enfermer la contestation de la filiation dans un délai plus strict que l'établissement afin de privilégier la stabilité de la filiation établie au détriment parfois de la vérité biologique.

En cas de succès, l'action en contestation aura pour effet d'anéantir rétroactivement le lien de filiation contesté. L'enfant et le parent deviennent des tiers lorsque le lien de filiation qui les unissait est détruit. Les rédacteurs de l'ordonnance du 4 juillet 2005 ont permis au juge, si l'intérêt de l'enfant l'exige, de prévoir des mesures pour maintenir les relations de l'enfant avec celui qui l'élevait (art. 337 C. civ.). Cette disposition doit être rapprochée de l'article 371-4 alinéa 2 du Code civil inclus dans le chapitre relatif à l'autorité parentale qui permet au juge aux affaires familiales d'organiser des relations entre l'enfant et n'importe quel tiers, dès lors qu'il en va de l'intérêt de l'enfant. Cette dernière disposition, adoptée en 2002 dans le cadre de la réforme de l'autorité parentale, vise principalement l'hypothèse de l'enfant qui, ayant vécu avec le conjoint de son parent, se trouve soudainement privé de son beau-parent lorsque sa mère ou son père divorce ou se sépare.

A) Les actions en contestation de maternité et de paternité

1) Le domaine d'application des actions en contestation de maternité et de paternité

L'article 332 du Code civil permet de contester judiciairement la filiation paternelle ou la filiation maternelle lorsque celles-ci n'ont pas été établies par une possession d'état constatée par acte de notoriété. Dans cette dernière hypothèse, il faut former une action spécifique en contestation de la possession d'état, prévue par l'article 335 du Code civil.

2) Le régime des actions en contestation de maternité et de paternité

Le régime de ces deux actions est désormais unifié. Les règles applicables sont communes selon qu'il s'agit de contester la maternité ou la paternité. En revanche, le régime de l'action diffère selon la possession d'état de l'enfant. Le délai applicable et les personnes habilitées pour agir en contestation varient selon que le titre (acte de naissance, reconnaissance) est ou n'est pas corroboré par une possession d'état conforme.

- **1re hypothèse : la filiation contestée repose sur un titre corroboré par une possession d'état conforme.**

Si la possession d'état est conforme au titre depuis moins de cinq ans (art. 333 al. 1er C. civ.), **la contestation est ouverte à l'enfant, à chacun de ses parents** (le parent auteur d'une reconnaissance mensongère peut ainsi contester sa propre reconnaissance) **et à celui qui se prétend le véritable parent** de l'enfant. **Le délai pour agir est de cinq ans.** Il commence à courir à compter du moment où la possession d'état a cessé ou du décès du parent dont le lien de filiation est contesté. Le délai est interrompu à l'égard de l'enfant pendant sa minorité.

Si la possession d'état est conforme au titre pendant une durée de cinq ans au moins, à compter de la naissance ou de la reconnaissance, la contestation de la filiation est irrecevable (art. 333 al. 2 C. civ.). Nul ne peut plus agir pour contester la filiation, à l'exception du ministère public qui peut la contester dans le délai de droit commun (dix ans) prévu par l'article 321 du Code civil. La possession d'état joue un rôle de consolidation du titre rendant la filiation inattaquable. La filiation sociologique, c'est-à-dire celle qui est vécue par l'enfant, prime indépendamment de la vérité biologique. La filiation existante est ainsi « verrouillée » afin de préserver une certaine « paix des familles ».

- **2e hypothèse : la filiation contestée repose sur un titre non corroboré par une possession conforme ou sur une possession d'état non corroborée par un titre.**

La contestation est largement admise lorsque le titre n'est pas consolidé par une possession d'état conforme, ou inversement, puisqu'elle est **ouverte à tout intéressé. Le délai pour agir est celui de l'article 321 du Code civil**, c'est-à-dire dix ans à compter du moment où l'enfant jouit de l'état qu'on lui conteste.

B) L'action en contestation de possession d'état

L'action en contestation de possession d'état permet de contester une filiation établie par une possession d'état constatée par acte de notoriété. Elle est ouverte à tout intéressé dans un délai de dix ans à compter de la délivrance de l'acte de notoriété (art. 335 C. civ.). Ce délai n'était que de cinq ans avant l'entrée en vigueur de la loi du 16 janvier 2009. Mais il apparaissait inique que le délai permettant de contester une possession établie par une décision de justice fût de dix ans, alors que celui permettant de contester une possession d'état établie par acte de notoriété n'était que de cinq ans. Désormais les deux délais sont harmonisés.

C) L'action en contestation réservée au ministère public

Le ministère public a compétence pour agir en contestation de toute filiation légalement établie, sur le fondement de l'article 336 du Code civil. La recevabilité

Tableau 4 **Les actions en contestation de la filiation**
(art. 332 et s. C. civ.)

<table>
<tr><th></th><th>Filiation contestée</th><th>Conditions</th></tr>
<tr><td colspan="3">Aucune action n'est recevable si le titre a été conforté par une possession d'état qui a duré au moins 5 ans depuis la naissance ou la reconnaissance, à l'exception d'une action formée par le ministère public.</td></tr>
<tr><td>Action (1) en contestation de maternité</td><td>Filiation maternelle établie par l'indication du nom de la mère dans l'acte de naissance ou par reconnaissance maternelle</td><td rowspan="2">Preuve à rapporter :
– la mère n'a pas accouché de l'enfant (1)
– ou le mari ou l'auteur de la reconnaissance n'est pas le père (2)
Personnes pouvant agir :
– si possession d'état <u>conforme</u> au titre pendant moins de 5 ans :
la mère, le père, l'enfant, et celui qui se prétend le véritable parent
Prescription : 5 ans à partir du jour où la possession d'état a cessé ou du décès du prétendu parent (suspension, à l'égard de l'enfant, pendant sa minorité) ou à compter du décès du parent dont le lien de filiation est contesté ;
– si possession d'état <u>non conforme</u> au titre :
tout intéressé
Prescription : 10 ans*</td></tr>
<tr><td>Action (2) en contestation de paternité</td><td>Filiation paternelle établie par reconnaissance ou par la présomption de paternité du mari de la mère</td></tr>
<tr><td>Action en contestation de la possession d'état</td><td>Filiation maternelle ou paternelle établie par une possession d'état constatée par un acte de notoriété</td><td>Preuve à rapporter : preuve de la non-filiation
Personnes pouvant agir : tout intéressé
Prescription : 10 ans à compter de la délivrance de l'acte de notoriété</td></tr>
<tr><td>Action en contestation propre au ministère public</td><td>Filiation maternelle ou paternelle légalement établie</td><td>Preuve à rapporter : existence de présomptions ou indices graves rendant invraisemblable la filiation ou fraude à la loi
Personnes pouvant agir : seulement le ministère public
Prescription : 10 ans*</td></tr>
</table>

* Article 321 C. civ. : « *Sauf lorsqu'elles sont enfermées par la loi dans un autre délai, les actions relatives à la filiation* **se prescrivent par dix ans** *à compter du jour où la personne a été privée de l'état qu'elle réclame, ou a commencé à jouir de l'état qui lui est contesté. À l'égard de l'enfant, ce délai est suspendu pendant sa minorité.* »

de l'action est toutefois subordonnée à l'existence d'indices tirés des actes eux-mêmes et rendant la filiation invraisemblable ou laissant supposer une fraude à la loi (par exemple, le recours à une « mère porteuse »). C'est sur le fondement de l'article 336 du Code civil que le ministère public peut attaquer une reconnaissance qui lui semble mensongère, mais il faut que le caractère invraisemblable de la filiation puisse être déduit des actes (exemple : différence d'âge). Le délai de prescription est celui prévu par l'article 321 du Code civil.

§ 4. L'action à fins de subsides

L'action à fins de subsides est une création de la loi de 1972. Elle a été maintenue par les rédacteurs de l'ordonnance du 4 juillet 2005 portant réforme de la filiation. Cette action permet à l'enfant qui n'a pas de filiation paternelle établie de demander à celui qu'il présume être son père de participer financièrement à son entretien. Cette action n'a pas pour objet d'établir la filiation paternelle.

A) Les conditions de l'action à fins de subsides

L'article 342 alinéa 1er du Code civil dispose que « **Tout enfant dont la filiation paternelle n'est pas légalement établie, peut réclamer des subsides à celui qui a eu des relations avec sa mère pendant la période légale de la conception** » (vous trouverez un commentaire de cet article dans *Réussir ses TD 1*, éd. Paradigme). L'action est recevable, selon l'alinéa 3, même si le père ou la mère était marié(e) avec un tiers, au moment de la conception, ou s'il existait entre eux un des empêchements à mariage prévus par les articles 161 à 164 du Code civil.

Le défendeur à l'action (l'éventuel débiteur des subsides) doit être un père possible. L'action à fins de subsides ne repose pas sur la réalité de la paternité : il n'est **pas nécessaire de démontrer que le défendeur est le père de l'enfant. Il lui suffit d'apporter la preuve que ce père possible a eu des relations intimes avec la mère durant la période légale de conception**. Un arrêt de la Cour de cassation a rappelé les règles de preuve en la matière : la Haute juridiction énonce en effet que la preuve des relations intimes durant la période légale de conception, nécessaire selon l'article 342 du Code civil pour que des subsides puissent être accordés, **« peut être faite par tout moyen et notamment par présomption »**. En pratique, elle sera rapportée par un examen comparé des sangs. De plus, la Cour de cassation a énoncé que l'article 1353 du Code civil ne s'opposait pas à ce que les juges « forment leur conviction sur un fait unique si celui-ci leur paraît de nature à établir la preuve nécessaire ». En l'espèce, la Cour de cassation (Cass. civ. 1re, 14 février 1995, Bull. civ. I, n° 81) a cassé un arrêt de la cour d'appel d'Aix-en-Provence qui refusait d'admettre qu'une expertise sanguine suffise à elle seule pour établir la preuve des relations intimes (l'expertise ordonnée par le tribunal de grande instance avait établi une paternité quasi certaine).

En revanche, celui qui est poursuivi ne peut faire rejeter l'action qu'en prouvant qu'il n'est pas le père biologique.

L'action à fins de subsides repose sur l'idée de responsabilité. L'homme, en ayant des relations sexuelles avec une femme, a pris le risque d'être le père de l'enfant de celle-ci.

B) La fin de non-recevoir

La loi de 1972 avait prévu, comme moyen de défense, un cas spécifique : **la débauche de la mère** (on avait craint à l'époque de voir les prostituées envahir les prétoires). La loi de 1993 a supprimé cette fin de non-recevoir.

Il subsiste une hypothèse de fin de non-recevoir, **la preuve de la non-paternité**. En effet, l'article 342-4 du Code civil dispose que « **Le défendeur peut écarter la demande en faisant la preuve par tous moyens qu'il ne peut être le père de l'enfant** ».

C) Les délais de l'action

L'action à fins de subsides peut être exercée durant la minorité de l'enfant par son représentant légal (en général par la mère). L'enfant peut également agir dans les dix années qui suivent sa majorité (art. 342 al. 2 C. civ.). Au-delà de ce délai, l'action à fin de subsides n'est plus recevable, mais une action fondée sur la notion d'obligation naturelle reste possible.

D) Les effets de l'action à fins de subsides

Aucun lien de filiation n'est établi juridiquement entre le père possible et l'enfant, même si le jugement relève accessoirement que la paternité du défendeur apparaît incontestable.

L'action produit des effets très limités : l'enfant obtiendra des subsides, c'est-à-dire une pension alimentaire très largement calquée sur l'obligation légale d'entretien pesant sur les parents. Les subsides se calculent selon les critères classiques des pensions alimentaires, donc en fonction des ressources du débiteur et des besoins du créancier. Ils ne seront dus que pour les besoins futurs de l'enfant.

En principe, **l'action à fins de subsides n'a pas de conséquence sur le plan personnel**. Cette action ne produit donc aucun des effets qui sont attachés à la filiation : le nom de l'enfant n'est pas modifié, l'autorité parentale non plus, le débiteur n'a en général pas de droit de visite...

La filiation peut être établie ultérieurement et il est alors prévu que l'allocation de subsides cesse d'avoir effet « si la filiation paternelle de l'enfant vient à être établie par la suite à l'endroit d'un autre que le débiteur » (art. 342-8 al. 2 C. civ.).

La loi n'a pas exclu la possibilité que le débiteur des subsides puisse être le père véritable. C'est pourquoi la décision qui alloue des subsides crée entre le bénéficiaire et le débiteur un empêchement à mariage.

CHAPITRE 2

La filiation « artificielle »

La science médicale a considérablement progressé ces dernières années dans le traitement de l'infécondité humaine. La procréation médicalement assistée (PMA) s'est développée et son efficacité s'est améliorée. Les questions soulevées par la procréation médicalement assistée ont été réglées par les deux lois sur la bioéthique du 29 juillet 1994. **Ces lois ont été réformées par la loi n° 2004-800 du 6 août 2004 relative à la bioéthique.** Les choix du législateur français, qui réglemente strictement le recours à la procréation médicalement assistée, sont parfois critiqués par ceux qui réclament que la législation relative à ce mode de procréation soit l'outil d'une véritable reconnaissance du « droit à l'enfant ». Certaines questions sont ainsi soulevées de manière récurrente : la possibilité pour les couples homosexuels ou pour les célibataires de recourir à la procréation médicalement assistée ou à l'adoption ; la légalisation de la pratique des « mères porteuses ». **La réforme du droit de la filiation entreprise par l'ordonnance n° 2005-759 du 4 juillet 2005 n'a pas modifié, sauf sur certains points de détails, les règles relatives à la procréation médicalement assistée.**

Initialement prévue en 2009, la révision de la loi du 6 août 2004 relative à la bioéthique ne devrait finalement intervenir qu'en 2010 ou 2011.

Deux développements seront successivement présentés dans ce chapitre, l'un consacré à la procréation médicalement assistée, l'autre à l'adoption, autre recours possible pour les personnes ayant des difficultés à procréer.

SECTION I

La procréation médicalement assistée

La procréation médicalement assistée est traitée par les articles 311-19 et 311-20 du Code civil inclus dans la section III du Titre septième « De la filiation ». Certaines dispositions sont détaillées dans le Code de la santé publique (CSP).

§ 1. La notion de procréation médicalement assistée

Selon l'article L. 2141-1 du Code de la santé publique, « L'assistance médicale à la procréation s'entend des pratiques cliniques et biologiques permettant la conception *in vitro*, le transfert d'embryons et l'insémination artificielle, ainsi que toute technique d'effet équivalent permettant la procréation en dehors du processus naturel, dont la liste est fixée par arrêté du ministre chargé de la santé, après avis de l'Agence de la biomédecine (al. 1). La stimulation ovarienne, y compris lorsqu'elle est mise en œuvre indépendamment d'une technique d'assistance médicale à la procréation, est soumise à des recommandations de bonnes pratiques (al. 2) ».

L'objet des techniques de procréation médicalement assistée est de permettre aux couples dont l'infertilité est médicalement constatée d'avoir un enfant ou d'éviter la transmission à l'enfant, ou à un membre du couple, « d'une maladie d'une particulière gravité » (art. L. 2141-2 CSP). Il s'agit là d'une nouvelle hypothèse visée par la loi du 6 août 2004, permettant d'éviter au partenaire la transmission d'une maladie infectieuse comme le sida. La loi du 6 août 2004 prévoit aussi une nouvelle hypothèse de recours à la procréation médicalement assistée, celle du recueil préventif de gamètes d'une personne dont la fertilité risque d'être altérée et qui pourrait ainsi bénéficier ultérieurement d'une procréation médicalement assistée dans le cadre d'un projet parental (art. L. 2141-11 CSP).

Pour pallier la stérilité d'un couple, plusieurs techniques de procréation médicalement assistée sont possibles, les principales étant :

- la technique de l'insémination artificielle permet d'inséminer une femme avec le sperme de son conjoint ou avec celui d'un tiers (on parle alors d'IAD, insémination artificielle avec donneur ou insémination artificielle hétérologue) ;
- l'implantation d'ovule ou la fécondation *in vitro* sont des procédés qui permettent d'implanter chez une femme un embryon conçu en laboratoire ;
- l'ICSI (injection intracytoplasmique de spermatozoïdes) est une technique qui traite la stérilité masculine.

Ces techniques transforment les données traditionnelles de la filiation et ont des conséquences sur le droit de celle-ci. Nous étudierons tout d'abord les problèmes qu'elles posent avant d'aborder les solutions apportées par la jurisprudence et le législateur.

§ 2. Les problèmes posés par la procréation médicalement assistée

Les techniques de PMA suscitent des problèmes que le législateur de 1972, soucieux de privilégier la vérité biologique, ne pouvait pas anticiper.

Face aux lacunes de la loi du 3 janvier 1972, il appartenait à la jurisprudence de prendre position sur les questions juridiques soulevées par le recours à ces techniques, avant l'intervention du législateur en 1994.

A) Les solutions jurisprudentielles

La jurisprudence antérieure aux lois de 1994 est intéressante à deux égards : l'insémination artificielle et les mères porteuses.

En ce qui concerne **l'insémination artificielle**, le problème s'est très vite posé de savoir si le mari ou le concubin d'une femme inséminée avec le sperme d'un tiers donneur pouvait contester sa paternité. Certains mettaient en avant la vérité biologique (le mari peut contester la paternité car il n'est pas le vrai père). D'autres, au contraire, estimaient que s'engager à faire naître un enfant et le désavouer par la suite est totalement inacceptable et immoral. Sur ce point, la jurisprudence a été divisée : alors que certaines décisions admettaient le désaveu, d'autres condamnaient le mari qui contestait sa paternité à dédommager la mère. Du droit de la filiation, la solution a glissé vers le droit des obligations.

C'est à propos des **« mères porteuses »** que la jurisprudence a été la plus nette et la plus intéressante. Le problème que posaient les mères porteuses était de savoir si la convention par laquelle une femme s'engage à porter un enfant pour l'abandonner à sa naissance est licite ou non. La Cour de cassation a condamné ce procédé dans un célèbre arrêt de l'Assemblée plénière du 31 mai 1991 (Cass. Ass. plén., 31 mai 1991, *Alma Mater*, Bull., n° 4) : **« la convention par laquelle une femme s'engage, fût-ce à titre gratuit, à concevoir et à porter un enfant pour l'abandonner à sa naissance contrevient tant au principe d'ordre public de l'indisponibilité du corps humain qu'à celui de l'indisponibilité de l'état des personnes ».** Concernant l'adoption consécutive à l'abandon par la mère porteuse, la Cour ajoute : « cette adoption n'était que l'ultime phase d'un processus destiné à permettre à un couple l'accueil à son foyer d'un enfant, conçu en exécution d'un contrat tendant à l'abandon à sa naissance par sa mère et que, portant atteinte aux principes de l'indisponibilité du corps humain et de l'état des personnes, ce processus constituait un détournement de l'institution de l'adoption (...) ».

Et la Cour de cassation de préciser que **« ces conventions contreviennent au principe d'ordre public de l'indisponibilité de l'état des personnes en ce qu'elles ont pour but de faire venir au monde un enfant dont l'état ne correspondra pas à sa filiation réelle au moyen d'une renonciation et d'une cession, également prohibées, des droits reconnus par la loi à la future mère ; l'activité de l'association, qui tend délibérément à créer une situation d'abandon, aboutit à détourner l'institution de l'adoption de son véritable objet qui est, en principe, de donner une famille à un enfant qui en est dépourvu »** (Cass. civ. 1re, 13 décembre 1989, Bull. civ. I, n° 387).

La jurisprudence estime même que les décisions d'États étrangers (où les conventions de mère porteuse sont autorisées) qui prononcent l'adoption et ont pour effet de valider une telle convention sont contraires à la conception française de l'ordre public international et qu'il ne peut pas être valablement soutenu que celle-ci méconnaît les dispositions de l'article 8 de la Conv. EDH ou l'intérêt de l'enfant. Ainsi, l'acte de naissance des enfants nés à l'étranger d'un tel procédé ne peut être transcrit sur les registres français de l'état civil (CA Paris, 26 février 2009, Dr. fam. 2009, Com. 75 ; vous trouverez le commentaire de l'arrêt rendu par la Cour de Cassation dans cette affaire, le 17 décembre 2008, dans *Réussir ses TD 1*, éd. Paradigme).

La question de la gestation pour autrui doit à nouveau être examinée lors de la prochaine révision des lois bioéthiques mais le législateur ne semble guère favorable à sa légalisation.

B) Les réformes législatives

Les lois n° 94-653 et 94-654 du 29 juillet 1994 étaient destinées à régler les problèmes liés à la procréation médicalement assistée (PMA). La révision de ces lois « bioéthiques » a été adoptée, après trois années de débat. Il s'agit de la loi n° 2004-800 du 6 août 2004 (JO 7 août 2004). Une nouvelle révision était prévue en 2009 mais n'interviendra pas avant 2010 ou 2011. Les principes issus de ces lois se trouvent à la fois dans le Code de la santé publique et dans le

Code civil. Cet éparpillement ne facilite pas la compréhension et l'application de ces règles.

1) Les lois du 29 juillet 1994

Les lois de 1994 ont entériné la jurisprudence sur les « mères porteuses » (art. 16-7 C. civ.). Elles ont aussi doté la PMA d'une réglementation nouvelle et précise.

2) La loi du 6 août 2004

La loi du 6 août 2004 n'a pas apporté de modifications conséquentes sur les conditions exigées pour recourir à la procréation médicalement assistée. Fidèle à la conception prônée en 1994, le législateur a réaffirmé le principe selon lequel **la procréation médicalement assistée doit être un projet parental auquel le père et la mère**, en âge de procréer et justifiant d'au moins deux années de vie commune, **ont expressément consenti** après avoir bénéficié d'une information préalable (art. L. 2141-2 CSP).

Le législateur a refusé d'ouvrir un « droit à l'enfant » qui pourrait être revendiqué par tous, y compris par les couples homosexuels, les veufs et les célibataires. Il a affirmé expressément, au nom de l'intérêt de l'enfant, l'arrêt de la procédure en cas de décès de l'un des membres du couple ou en cas de séparation (dès la requête en divorce ou la séparation de corps). **Il a fermé la porte à l'insémination *post mortem* et à la possibilité pour les célibataires ou les couples homosexuels** (art. L. 2141-2 CSP) **de bénéficier d'une procréation médicalement assistée.** Ces questions avaient soulevé un vif débat en doctrine et dans l'opinion publique. Elles seront sans doute posées à la Cour européenne des droits de l'homme qui aura à se prononcer sur la conformité des choix du législateur français avec les dispositions de la Convention européenne de sauvegarde des droits de l'homme et des libertés fondamentales.

3) La loi de 2010 ou 2011

La révision de la loi du 6 août 2004 qui devait intervenir en 2009 a été repoussée à 2010 ou 2011. Le gouvernement a lancé le 4 février 2009 les États généraux de la bioéthique afin de provoquer un véritable débat de société autour des questions soulevées par l'ensemble des techniques de procréation médicalement assistée. Le rapport du Conseil d'État sur la révision des lois de bioéthique (avril 2009, La Documentation française) n'a pas laissé présager de grandes évolutions législatives. Le rapport Leonetti, remis à l'Assemblée nationale en janvier 2010 ne prévoit pas non plus de grands changements. Alors que la gestation pour autrui et l'insémination *post mortem* restent interdites, le rapport propose d'autoriser le transfert *post mortem* d'embryon à titre exceptionnel, lorsque le projet parental a été engagé mais brutalement interrompu par le décès du conjoint. De stricts délais devraient alors être respectés. Le délai de deux ans de vie commune ne serait plus exigé pour que les couples pacsés puissent recourir à la PMA. Enfin, la loi devrait indiquer que la finalité du recours à la PMA est d'ordre médical et que « l'intérêt de l'enfant à naître » doit être pris en compte dans les décisions relatives à la PMA.

C) Les principes applicables

1) Le consentement du couple à la procréation médicalement assistée

La loi du 6 août 2004 a réaffirmé les strictes limites posées en 1994 pour le recours à la procréation médicalement assistée.

Le consentement du couple doit avoir été donné préalablement à l'insémination avec donneur devant un juge ou un notaire qui informe les futurs parents « des conséquences de leur acte au regard de la filiation » (art. 311-20 al. 1er C. civ.).

Le couple peut-il rétracter son consentement ? La faculté de rétractation est prévue par les textes mais **dans des conditions très strictes** : la loi fixe des conditions de forme et des délais. S'agissant de la forme de la révocation, elle doit être faite par écrit par l'homme ou par la femme « auprès du médecin chargé de mettre en œuvre cette assistance » (art. 311-20 al. 3 *in fine* C. civ.). S'agissant des délais au cours desquels la révocation peut intervenir, l'article 311-20 alinéa 3 du Code civil dispose que cette révocation doit intervenir avant la réalisation de la procréation médicalement assistée. Une rétractation survenant après la réalisation de la PMA est sans effet.

La loi prévoit également des cas dans lesquels le consentement est caduc sans révocation expresse : selon l'article 311-20 alinéa 3 du Code civil, « Le consentement est privé d'effet en cas de décès, de dépôt d'une requête en divorce ou en séparation de corps ou de cessation de la communauté de vie, survenant avant la réalisation de la procréation médicalement assistée ».

2) Les conséquences du consentement à la procréation médicalement assistée sur la filiation

Une fois la réalisation de la PMA terminée, l'article 311-20 alinéa 4 du Code civil précise que « Celui qui, après avoir consenti à l'assistance médicale à la procréation, ne reconnaît pas l'enfant qui en est issu engage sa responsabilité envers la mère et envers l'enfant ». Cette solution consacre une solution déjà admise par la jurisprudence. « En outre, **sa paternité est judiciairement déclarée.** L'action obéit aux dispositions des articles 328 et 331. » (art. 311-20 al. 5 C. civ.).

Aucun lien de filiation ne pourra être établi entre le tiers donneur et l'enfant issu de la procréation médicalement assistée.

SECTION II
L'adoption

Ce n'est qu'après la Première Guerre mondiale que l'on s'est véritablement occupé du sort des enfants orphelins, mais il a fallu attendre la loi n° 66-500 du 11 juillet 1966 pour qu'apparaissent les formes modernes de l'adoption. Cette loi devait concilier deux objectifs différents, voire contradictoires : **supplanter la famille d'origine et créer une institution dans laquelle pourraient coexister les deux familles**. Le premier objectif implique de couper l'enfant de sa famille d'origine, lorsqu'elle existe, pour le faire entrer dans une nouvelle famille où il sera assimilé à un enfant issu d'une procréation charnelle (dans ce cas on parle d'adoption plénière). Pour garantir le second objectif, la loi a instauré un deuxième type d'adoption : l'adoption simple.

En matière d'adoption, la « demande » est bien supérieure à l'« offre », la société française étant très favorable à l'adoption. Ce mouvement n'est pas identique dans tous les pays (par exemple, les sociétés coraniques sont hostiles à l'adoption). On a assisté au développement de l'adoption internationale, des parents adoptant des enfants étrangers (souvent originaires de pays en voie de développement) par l'intermédiaire d'associations. 80 % des enfants adoptés en France sont nés à l'étranger, ce qui représente chaque année près de 4 000 enfants. La loi n° 2001-111 du 6 février 2001 relative à l'adoption internationale s'est efforcée de régler les conflits de lois en matière d'adoption internationale (art. 370-3 à 370-5 C. civ.). Nous n'étudierons pas les règles de l'adoption internationale qui relèvent du droit international privé.

La loi n° 96-604 du 5 juillet 1996 a modifié le droit de l'adoption sans bouleverser profondément la matière. La réforme concernait essentiellement les conditions requises des candidats à l'adoption, l'agrément administratif, son articulation avec la phase judiciaire, le secret des origines de l'enfant et l'amélioration des avantages sociaux des adoptants. Le but de cette réforme était de rendre les procédures d'adoption plus simples et plus justes.

Une nouvelle loi concernant l'adoption a été adoptée en juillet 2005 : **la loi n° 2005-744 du 4 juillet 2005 portant réforme de l'adoption** (JO n° 155 du 5 juillet 2005). Cette réforme tend à moderniser l'organisation institutionnelle et administrative de l'adoption des enfants nés à l'étranger mais aussi celle des enfants français, à accompagner les familles candidates dans leur parcours et, enfin, à établir un suivi de l'enfant dès son arrivée au foyer de l'adoptant. Le texte améliore la procédure d'agrément en instituant notamment un modèle type d'agrément. Cette procédure se déroule au niveau départemental, l'agrément étant délivré par le président du Conseil général. Auparavant, elle était critiquée pour son manque de transparence et la différence de traitement entre les départements. Le législateur met également en place une Agence française pour l'adoption (AFA) chargée d'informer, de conseiller et d'accompagner les familles candidates. L'Agence est autorisée à servir d'intermédiaire lorsque les familles ne passent pas par un organisme agréé. Enfin, pour développer le nombre d'enfants français adoptables, la loi a modifié la déclaration judiciaire d'abandon prévue par l'article 350 du Code civil (voir p. 243).

L'adoption est une institution dotée d'une double nature :

- **l'adoption est un acte de volonté.** Elle n'est pas fondée sur la vérité biologique, mais sur le consentement : le consentement de l'adoptant et celui de l'adopté ou de son représentant légal, si celui-là a moins de 13 ans. Le consentement de la famille par le sang ou du conseil de famille est également souvent exigé ;
- **l'adoption est aussi un acte judiciaire.** Le simple consentement ne suffit pas. L'adoption ne peut résulter que d'un jugement, prononcé par le tribunal de grande instance du domicile des adoptants. Deux conditions préalables sont posées : d'une part les conditions légales de l'adoption doivent être réunies, d'autre part l'adoption doit être conforme à l'intérêt de l'enfant.

La loi n° 2009-526 du 12 mai 2009 (JO du 13 mai 2009, page 7920) a prévu la désignation, dans le ressort de chaque cour d'appel, d'un tribunal de grande instance spécialisé pour toutes les actions relatives à l'adoption internationale. Cela permet de regrouper cette matière technique qui exige de connaître les législations étrangères relatives à l'adoption et les règles de conflit de lois.

Il existe deux types d'adoption : l'adoption plénière et l'adoption simple.

§ 1. L'adoption plénière

L'adoption plénière permet une intégration parfaite, sur le plan juridique, de l'enfant adopté à l'adoptant ; la famille d'origine n'aura plus aucun lien avec l'enfant. L'objectif est de permettre à une personne ou à un couple marié (le plus souvent stérile) de recueillir un enfant. Accessoirement, l'adoption plénière peut être envisagée pour d'autres raisons : par exemple, elle permet à un homme marié d'adopter l'enfant que sa femme avait eu avec un autre homme avant leur mariage ; on parle alors d'adoption de l'enfant du conjoint.

A) Les conditions de l'adoption plénière

1) Les conditions relatives à l'adoptant

Il n'existe pas de capacité spéciale requise pour adopter un enfant mais la loi impose une **condition de santé mentale**. Tout candidat à une adoption doit fournir une attestation médicale attestant de l'absence d'inconvénients psychiatriques à l'adoption. Il n'est plus exigé aujourd'hui que l'adoptant n'ait pas d'enfant biologique pour pouvoir adopter.

L'adoption peut être individuelle ou être effectuée conjointement par les deux époux.

- **L'adoption par un couple marié**

Les articles 343 et 343-1 du Code civil exigent **deux années de mariage ou l'âge de 28 ans atteint par les deux époux.** Un couple, dont les deux époux sont âgés de 25 ans chacun, peut adopter un enfant s'ils sont mariés depuis deux ans. À l'inverse, le législateur n'a pas prévu d'âge maximum. Il n'a pas non plus modifié la règle bien établie selon laquelle **l'adoption conjointe est interdite aux couples non mariés.** Pour ces derniers, l'adoption ne peut être effectuée qu'unilatéralement par l'un des membres du couple. Le maintien de cette condition de mariage permet d'**interdire l'adoption aux couples homosexuels** (voir encadré page suivante) puisque ces derniers ne peuvent pas se marier.

- **L'adoption unilatérale**

L'adoption peut être demandée unilatéralement par toute personne âgée de plus de 28 ans. Si l'adoptant est marié, le consentement de son conjoint est nécessaire (art. 343-1 C. civ.). La condition relative à l'âge de l'adoptant n'est pas exigée en cas d'adoption de l'enfant du conjoint.

L'adoption de l'enfant du conjoint est relativement fréquente. Jusqu'en 1993, elle avait les faveurs de la loi qui en avait assoupli la plupart des conditions. Dans la pratique, il s'agissait souvent du cas d'une veuve dont le nouveau mari adoptait les enfants. Ce type d'adoption présente toutefois des inconvénients : en effet, l'adoption plénière coupe l'enfant de sa famille d'origine, si bien qu'il perdait tous les liens avec ses grands-parents par le sang. On a même vu des cas dans lesquels l'adoption a été demandée par le nouveau conjoint dans le but de couper les enfants de leur famille d'origine : il s'agit alors d'un détournement de l'adoption. Pour cette raison, la loi du 8 janvier 1993 a interdit l'adoption de l'enfant du conjoint dans une telle hypothèse : l'adoption plénière de l'enfant du conjoint n'est possible que si l'enfant n'a de filiation légalement établie qu'à l'égard du conjoint de celui qui demande l'adoption. Par exemple, le mari ne peut adopter les enfants de sa femme qu'à la condition que ces enfants n'aient pas de lien de filiation établi avec un autre homme. La loi de 1996 a complété l'article 345-1 du Code civil. Aujourd'hui, **l'adoption de l'enfant du conjoint n'est possible que :**

- **si l'enfant n'a de filiation qu'à l'égard du conjoint de l'adoptant ;**
- **ou s'il existe un retrait total de l'autorité parentale du parent autre que le conjoint ;**
- **ou si l'autre parent est décédé et ne laisse pas d'ascendants au premier degré ou lorsque les ascendants se sont manifestement désintéressés de l'enfant.**

E14 — **L'adoption et les couples homosexuels**

L'adoption conjointe

Le droit français réserve l'adoption conjointe aux seules personnes mariées ensemble. Cette exigence ferme la porte de l'adoption aux couples homosexuels. La question de la parentalité homosexuelle apparaît ainsi au centre du débat sur la reconnaissance du mariage homosexuel.

L'adoption unilatérale

L'adoption unilatérale est ouverte à toute personne âgée de vingt-huit ans au moins. Un homosexuel vivant en couple peut ainsi, en théorie, prétendre à adopter. Mais les juges sont souvent opposés à une telle démarche (CE, 5 juin 2002, n° 230583) : « Considérant, en premier lieu, que la circonstance qu'une demande d'agrément en vue de l'adoption d'un enfant est présentée, comme le permet l'article 343-1 du Code civil, par une personne célibataire, n'interdit pas à l'autorité administrative de rechercher, au titre des facteurs éducatifs et psychologiques favorables à la formation de la personnalité de l'enfant, si la personne candidate à l'adoption peut offrir dans sa famille ou son entourage une "image ou un référent" paternel, dans le cas d'une demande présentée par une femme, ou maternel, dans le cas d'une démarche effectuée par un homme ; que cette même circonstance ne fait pas non plus obstacle, dans le cas où la personne célibataire à l'origine de la demande vit une relation stable avec une autre personne, qui sera nécessairement appelée à contribuer à l'"accueil" de l'enfant au sens des dispositions précitées, à vérifier, même dans le cas où cette relation ne se traduit pas par un lien juridique, que le comportement ou la personnalité de ce tiers, appréciés en fonction de considérations objectives, sont de nature à favoriser un tel accueil ; que la cour administrative d'appel n'a, par suite, pas commis d'erreur de droit en considérant que les deux motifs opposés à Mlle X... pour refuser l'agrément qu'elle sollicitait en tant que célibataire (...) ».

La Cour européenne des droits de l'homme a longtemps considéré que le refus d'accorder le droit d'adopter aux couples homosexuels ne constituait ni une discrimination ni une atteinte au droit au respect de la vie privé (CEDH, 26 février 2002, arrêt *Fretté*).

Mais, à l'occasion d'un recours formé contre l'arrêt du Conseil d'État cité ci-avant (CE, 5 juin 2002, n° 230583), la CEDH a opéré un revirement de jurisprudence (CEDH, 22 janvier 2008, arrêt *E.B c/ France*). Elle considère que le motif avancé par le Conseil d'État tiré de « l'absence de référent paternel » dénote le caractère déterminant de l'homosexualité de la requérante dans le refus de délivrer l'agrément à l'adoption. La Cour a conclu qu'un tel refus, motivé selon elle par la seule orientation sexuelle, constitue une violation de l'article 14 (interdiction de la discrimination) combiné avec l'article 8 (droit au respect de la vie privée et familiale) de la Convention.

Après plus de dix ans de procédure, la requérante a enfin obtenu, dans cette affaire, l'agrément à l'adoption. Le 10 novembre 2009, le tribunal administratif de Besançon a estimé que les motifs retenus par le président du Conseil général ne pouvaient pas justifier légalement la décision de rejet de la demande d'agrément (TA Besançon, 10 novembre 2009, Dr. fam. 2010, Com. n° 5).

L'adoption simple

Une décision de première instance (TGI Paris, 27 juin 2001, Dr. fam. 2001, Comm. n° 116) a accordé à une femme pacsée le droit d'adopter simplement les trois enfants de sa partenaire, avec laquelle elle vivait depuis plus de vingt ans. Ces enfants sont nés d'une insémination artificielle avec donneur anonyme (IAD). Une telle position reste cependant minoritaire.

La Cour de cassation a statué le 20 février 2007 (Civ. 1re, Bull. civ. n° 70 et n° 71) sur deux pourvois relatifs à l'adoption simple au sein d'un couple homosexuel. Dans les deux espèces qui lui étaient soumises, une femme demandait à adopter simplement les enfants biologiques de sa compagne. Ces enfants étaient dépourvus de filiation paternelle.

Selon l'article 353 alinéa 1er du Code civil, l'adoption est prononcée par le tribunal de grande instance si les conditions légales sont remplies et si elle semble conforme à l'intérêt de l'enfant. Les juges devaient donc se prononcer sur la conformité de l'adoption simple à l'intérêt des enfants. L'adoption simple a pour effet de priver le parent biologique de ses droits d'autorité parentale, à moins que l'adoptant ne soit le conjoint du parent de l'enfant adopté (art. 365 C. civ.). Cette exception au transfert des droits d'autorité parentale du parent biologique vers l'adoptant est expressément réservée à l'adoption simple au sein d'un couple marié, le terme « conjoint » désignant l'épouse ou l'époux du parent de l'enfant adopté. Par conséquent, elle ne peut pas concerner l'adoption de l'enfant par la compagne de son parent.

Le problème soulevé était de savoir si priver la mère des droits attachés à l'autorité parentale était ou non conforme à l'intérêt de l'enfant. Les juges du fond ont posé des solutions contradictoires : la cour d'appel de Bourges s'est prononcée, dans l'une des affaires, en faveur de l'adoption simple par la compagne de la mère, estimant que cette dernière pouvait solliciter un partage ou une délégation d'autorité parentale pour recouvrer ses droits (voir page 264) ; la cour d'appel de Paris a considéré, dans l'autre affaire, que l'adoption simple n'était pas dans de telles circonstances conforme à l'intérêt des enfants.

La Cour de cassation, quant à elle, s'est prononcée, dans les deux affaires, contre l'adoption simple par la compagne de la mère jugeant qu'il n'était pas dans l'intérêt des enfants de voir leur mère privée de ses droits d'autorité parentale.

2) Les conditions relatives à l'enfant

a) L'intérêt de l'enfant

L'adoption ne peut être prononcée que si elle est **conforme à l'intérêt de l'enfant** (art. 353 al. 1 C. civ.). Cette exigence montre bien les deux aspects de l'adoption : elle n'a pas pour seul but de procurer un enfant à une famille qui n'en a pas, elle est surtout destinée à fournir un foyer à un enfant démuni de famille. Il appartient aux juges du fond d'apprécier souverainement si l'adoption est conforme à l'intérêt de l'enfant.

La question s'est posée de savoir s'il était de l'intérêt de l'enfant d'être adopté par son père biologique. Un très vieil arrêt de la Cour de cassation considère que rien ne fait obstacle à cette adoption : « le titre du Code civil, qui détermine les formes, les conditions de l'adoption et les personnes qui peuvent être adoptées, ne frappe d'aucune incapacité l'enfant naturel reconnu » (Cass. civ., 1er avril 1846, *Affaire des enfants Bazouin*, S. 1846, I, p. 273). Plus récemment, la cour d'appel de Paris a jugé que « le fait pour l'adoptant de révéler qu'il considère être le père par le sang de l'enfant qu'il projette d'adopter ne peut avoir pour effet de lui interdire de recourir à l'adoption pour parvenir à créer un lien de filiation entre lui-même et l'enfant concerné » (CA Paris, 4 mai 1984, D. 1985, p. 278). Une telle adoption permettait une légitimation sans mariage. Elle offre toutefois peu d'intérêt aujourd'hui, puisque le « statut » de l'enfant légitime a disparu de notre droit positif.

b) L'âge de l'adopté

Selon l'article 345 alinéa 1er du Code civil, **« L'adoption n'est permise qu'en faveur des enfants âgés de moins de quinze ans... ». L'enfant de plus de treize ans doit donner son consentement personnel à l'adoption plénière**.

Pour faciliter son intégration dans son nouveau foyer, la loi impose (art. 345 al. 1 C. civ.) que l'enfant ait été accueilli chez l'adoptant depuis au moins six mois. Cette condition tenant à l'âge de l'enfant doit être combinée avec l'article 344 du Code civil, lequel dispose que « Les adoptants doivent avoir quinze ans de plus que les enfants qu'ils se proposent d'adopter. Si ces derniers sont les enfants de leur conjoint, la différence d'âge exigée n'est que de dix ans ». Une dispense judiciaire est accordée par le juge « s'il y a de justes motifs » (art. 344 al. 2 C. civ.).

c) Les catégories d'enfants adoptables

Trois situations peuvent se rencontrer :

- l'enfant dont les père et mère ou le conseil de famille ont consenti à l'adoption ;
- l'enfant immatriculé comme pupille de l'État ;
- l'enfant déclaré judiciairement abandonné en vertu de l'article 350 du Code civil.

1. Les enfants dont les parents consentent à l'adoption

Selon l'article 347 alinéa 1er du Code civil, **« Peuvent être adoptés** (...) **les enfants pour lesquels les père et mère ou le conseil de famille ont valablement consenti à l'adoption »**. La loi est à la fois favorable et défavorable à ce type d'abandon. Un tel abandon est lourd de conséquences puisqu'il est définitif mais, en contrepartie, une famille est offerte à l'enfant. **Le consentement doit être sincère et authentique.** La loi, consciente que le consentement peut être donné dans un moment difficile, a prévu une **possibilité de rétractation jusqu'au placement de l'enfant en vue de l'adoption.** Ce placement ne peut pas être effectué avant l'expiration d'un délai de deux mois. Les parents disposent donc d'au moins deux mois pour revenir sur leur décision d'abandon. Le consentement doit être donné devant le greffier en chef du tribunal d'instance, devant un notaire, devant les agents diplomatiques ou consulaires français, ou au service de l'aide sociale à l'enfance. « Sauf le cas où il existe un lien de parenté ou d'alliance jusqu'au sixième degré inclus entre l'adoptant et l'adopté, le consentement à l'adoption des enfants de moins de deux ans n'est valable que si l'enfant a été effectivement remis au service de l'aide sociale à l'enfance ou à un organisme autorisé pour l'adoption » (art. 348-5 C. civ.). Le but de cette disposition est d'éviter les trafics d'enfants.

2. Les pupilles de l'État

Sont immatriculés comme pupilles de l'État les enfants trouvés, les enfants orphelins et ceux dont les parents ont été déchus de l'autorité parentale. Fin

2008, il y avait 2 231 pupilles de l'État. Pourtant, plus de la moitié n'avait pas été placée en vue de l'adoption, du fait de leur âge trop avancé ou de leur handicap.

3. Les enfants déclarés judiciairement abandonnés en vertu de l'article 350 du Code civil

Le tribunal de grande d'instance déclare qu'un enfant est abandonné lorsque ses parents se sont manifestement désintéressés de lui pendant l'année qui précède l'introduction de la demande en déclaration d'abandon. Avant la loi n° 2005-744 du 4 juillet 2005, la déclaration judiciaire ne pouvait pas être prononcée si les parents défaillants étaient dans une situation de « grande détresse ». Le législateur a supprimé les mots « sauf les cas de grande détresse » de l'article 350 alinéa 1er du Code civil, afin d'augmenter le nombre d'enfants français adoptables. **« Sont considérés comme s'étant manifestement désintéressés de leur enfant les parents qui n'ont pas entretenu avec lui les relations nécessaires au maintien de liens affectifs »** (art. 350 al. 2 C. civ.). La simple demande de nouvelles ou l'intention non suivie d'effets ne sont pas en principe une marque d'intérêt suffisante. Le critère essentiel pour la jurisprudence est que les parents aient voulu abandonner l'enfant.

Si, pendant l'année qui précède l'introduction de la demande en déclaration d'abandon, un membre de la famille a demandé à assurer la charge de l'enfant, l'abandon ne sera pas déclaré si la demande est considérée comme conforme à l'intérêt de l'enfant.

En ce qui concerne la procédure, **la demande en déclaration judiciaire d'abandon est introduite par une requête devant le TGI**. Cette requête est déposée soit par le procureur de la République, soit par un particulier ayant recueilli l'enfant, soit par une association privée, soit encore par l'aide sociale.

B) La procédure de l'adoption plénière

La procédure de l'adoption plénière est essentielle : **elle permet d'établir avec certitude l'abandon des parents par le sang et l'aptitude des adoptants**.

Pour cette raison, la procédure démarre par un placement, par une période d'essai, qui tend à vérifier que toutes les conditions sont réunies pour que l'enfant soit le mieux accueilli possible dans sa nouvelle famille. Ce n'est qu'après ce placement que commence véritablement la procédure d'adoption qui doit conduire à un jugement.

1) L'agrément de l'adoption

La demande d'agrément est nécessaire pour adopter un pupille de l'État ou un enfant étranger. Monsieur Jacques Toubon, ancien garde des Sceaux, a défini l'agrément comme « la vérification par des gens compétents de l'aptitude des candidats à l'adoption et à élever correctement les enfants qu'ils vont adopter » (Travaux du Sénat, 24 avril 1996, p. 2219, JO 25 avril 1996). Le candidat à l'adoption doit constituer un dossier.

L'instruction est menée par les services de l'aide sociale à l'enfance, les conditions de vie des parents devant être satisfaisantes. L'agrément doit être donné dans un délai de neuf mois suivant la requête et pour une durée de cinq années ;

il est accordé par le président du Conseil général. En cas de refus, les postulants peuvent demander un second examen par des personnes autres que celles qui ont initialement instruit le dossier, tout refus devant être motivé. Au bout de trente mois, un refus initial peut donner lieu à une nouvelle demande.

Les tribunaux administratifs contrôlent les motifs de la décision d'accorder ou de refuser l'agrément. Ils doivent exercer leur contrôle par rapport aux conditions d'accueil que le demandeur à l'adoption pourra réserver à l'enfant. Un arrêt du Conseil d'État illustre la difficulté de la tâche (CE, 9 octobre 1996). Dans cette espèce où un homosexuel avait demandé l'adoption, le Conseil d'État a refusé l'agrément au motif suivant : « il ressort des pièces du dossier, et notamment des éléments recueillis au cours de l'instruction, que le demandeur, eu égard à ses conditions de vie et malgré des qualités humaines et éducatives certaines... ne présentait pas des garanties suffisantes sur un plan familial, éducatif et psychologique pour accueillir un enfant adopté. » Si l'homosexualité du demandeur est en réalité la raison du refus, le Conseil d'État motive sa décision au vu des conditions d'accueil de l'enfant. Après que la requérante a porté son affaire devant la CEDH, le tribunal administratif de Besançon a décidé d'annuler la décision de rejet et d'enjoindre, sous astreinte, la délivrance de l'agrément (voir p. 241).

Après la décision éventuelle de la juridiction administrative, le dernier mot revient à l'autorité judiciaire puisqu'en cas de refus d'agrément ou de non-délivrance à l'expiration du délai légal, **le juge judiciaire a la possibilité de prononcer une adoption s'il la juge conforme à l'intérêt de l'enfant.**

2) Le placement en vue de l'adoption

Le placement est la remise effective de l'enfant aux futurs adoptants. L'âge de l'enfant ainsi placé peut varier de trois mois et un jour à quinze ans. En fait, 80 % des personnes adoptent des enfants de moins de quatre ans.

Le placement a un effet fondamental car, dès que l'enfant a été placé, il est impossible de le rendre à sa famille d'origine. À partir de la date du placement, les parents d'origine perdent tous leurs droits sur l'enfant. Une reconnaissance en vue d'établir un lien de filiation est privée d'effet si elle intervient après le placement de l'enfant (voir art. 352 C. civ.).

La Cour de cassation (Cass. civ. 1re, 7 avril 2006, Bull. civ. I, n° 195) a jugé, sur le fondement de l'article 7.1 de la Convention de New York du 26 janvier 1990 relative aux droits de l'enfant (« L'enfant est enregistré aussitôt sa naissance et a dès celle-ci le droit à un nom, le droit d'acquérir une nationalité et, dans la mesure du possible, le droit de connaître ses parents et être élevé par eux »), que **le placement d'un enfant en vue de l'adoption ne faisait pas obstacle à sa restitution au père dès lors que ce dernier avait reconnu l'enfant avant son placement**. Dans cette affaire délicate, l'enfant avait fait l'objet d'une reconnaissance paternelle prénatale mais avait été placé en vue de l'adoption dès son plus jeune âge, sa mère ayant accouché sous X. Les juges du fond (CA Nancy, 23 février 2004, Jurisdata n° 2004-232436) avaient considéré que la reconnaissance paternelle était inopérante en raison de la décision de la mère d'accoucher sous X et que le placement en vue de l'adoption interdisait toute restitution de l'enfant à son père. **L'arrêt de cassation avec renvoi rendu le 7 avril 2006 constitue une évolution puisque le placement de l'enfant en vue de l'adoption n'est pas considéré comme**

un obstacle à la restitution de l'enfant malgré les termes de l'article 352 alinéa 1er du Code civil. La Cour de cassation semble ainsi privilégier le droit de l'enfant d'être élevé par son père aux règles de droit interne concernant les effets du placement à l'adoption.

Si le placement en vue de l'adoption cesse ou si le tribunal refuse de prononcer l'adoption, les effets du placement sont rétroactivement résolus.

3) L'instance et le jugement

L'adoption est un acte juridique complexe : elle repose sur une **manifestation de volonté de l'adoptant** (et parfois de la famille par le sang). **Un jugement doit en outre intervenir, le TGI du domicile de l'adoptant est exclusivement compétent.**

Le tribunal exerce une juridiction gracieuse (non contentieuse). **Le contrôle du juge est un contrôle de légalité et d'opportunité.** Il vérifie que les conditions légales sont réunies, notamment le consentement des parents d'origine et celui des adoptants. **Le contrôle d'opportunité implique que le tribunal ne prononce l'adoption que si elle correspond véritablement à l'intérêt de l'enfant.** De plus, dans les cas où l'adoptant a des descendants, le tribunal vérifie si l'adoption ne compromet pas l'équilibre de la vie familiale.

Le tribunal rend un jugement que la loi a voulu peu contestable pour que la situation de l'enfant adopté soit la plus stable possible. **La tierce opposition n'est recevable qu'en cas de dol ou de fraude imputable aux adoptants.** Cette disposition suscite la critique car il est très difficile de prouver un dol ou une fraude. Les hauts magistrats ont par exemple décidé que l'intervention volontaire, dans une procédure d'adoption plénière, de tiers se disant être les grands-parents maternels de l'enfant, définitivement immatriculé comme pupille de l'État et placé en vue de son adoption était irrecevable, faute de qualité pour agir, dès lors que le lien de filiation entre leur fille et cet enfant, né sous X, n'était pas établi (Cass. civ. 1re, 8 juillet 2009, Bull. civ. I, n° 158).

C) Les effets de l'adoption plénière

1) Les effets à l'égard de la famille adoptive

L'enfant adopté entre dans sa famille adoptive. Ce changement transparaît sur les actes de l'état civil. Dans les quinze jours de la date à laquelle elle est passée en force de chose jugée, **l'adoption plénière est transcrite sur les registres de l'état civil et l'acte de naissance d'origine est annulé.** La transcription énonce le jour, l'heure et le lieu de naissance, le sexe, les prénoms de l'enfant tels qu'ils résultent du jugement d'adoption : les parents adoptifs peuvent demander au juge de choisir un nouveau prénom pour l'enfant (art. 357 al. 2 C. civ.). Ensuite, est indiqué l'état civil du ou des adoptants. Il n'y a donc dans ce nouvel acte aucune indication relative à la filiation biologique de l'enfant.

L'entrée de l'enfant adopté dans sa famille adoptive ne produit ses effets que pour l'avenir, plus exactement au jour du dépôt de la requête en adoption. L'adoption confère à l'enfant une nouvelle filiation. Celui-ci entre totalement dans la famille de l'adoptant : les obligations d'entretien entre l'enfant adopté et l'adoptant joueront, l'enfant adopté aura exactement la même vocation successorale que n'importe quel autre enfant dont la filiation est légalement établie.

En ce qui concerne **le nom**, « L'adoption confère à l'enfant le nom de l'adoptant et, en cas d'adoption par deux époux, le nom du mari ou celui de l'épouse ou les deux accolés » (art. 357 al. 1 C. civ.). À défaut d'accord parental, l'enfant porte le nom du mari. Si l'enfant est adopté de manière unilatérale par un homme ou une femme marié(e), le tribunal peut l'autoriser, sur demande de l'adoptant et avec le consentement du conjoint, à porter le nom de ce dernier (seul ou accolé au nom de l'adoptant).

Enfin, **l'adoption est irrévocable, les parties ne pouvant plus revenir sur leur décision** (art. 359 C. civ.). La Cour de cassation, dans un arrêt du 7 mars 1989, a précisé que « l'adoption plénière n'est irrévocable que si le jugement qui la prononce est passé en force de chose jugée » (Cass. civ. 1re, 7 mars 1989, Bull. civ. I, n° 111).

2) Les effets à l'égard de la famille par le sang

L'enfant n'a plus aucun lien avec sa famille d'origine. Selon l'article 356 du Code civil : « l'adopté cesse d'appartenir à sa famille par le sang, sous réserve des prohibitions au mariage visées aux articles 161 et 164 ». Par conséquent, l'enfant n'aura plus de vocation successorale avec sa famille d'origine.

Il faut signaler une particularité en cas d'adoption de l'enfant du conjoint : puisqu'il y a rupture définitive des liens avec la famille d'origine, on aurait pu conclure que le conjoint n'avait plus de lien avec son propre enfant. Il a fallu attendre la loi de 1976 pour qu'une disposition particulière intervienne. L'article 356 alinéa 2 prévoit maintenant que **« l'adoption de l'enfant du conjoint laisse subsister sa filiation d'origine à l'égard de ce conjoint et de sa famille. Elle produit, pour le surplus, les effets d'une adoption par deux époux »**.

§ 2. L'adoption simple

L'adoption simple a pour caractéristique de coexister avec la parenté par le sang. Les effets de cette forme d'adoption sont moins importants et radicaux que les effets de l'adoption plénière. Par conséquent, les conditions de l'adoption simple sont moins contraignantes.

A) Les conditions de l'adoption simple

La volonté de l'adoptant a un rôle décisif. Le concept d'enfant adoptable n'a pas lieu d'être en matière d'adoption simple.

L'article 361 du Code civil renvoie aux dispositions fixant les conditions de l'adoption plénière, les autres textes se contentant de préciser les différences.

La plus importante de ces différences tient à l'**âge de l'adopté** ; l'article 360 du Code civil dispose en effet que **« L'adoption simple est permise quel que soit l'âge de l'adopté »**. Le consentement personnel du mineur âgé de plus de treize ans est requis, en plus bien entendu du consentement de ses parents (le mineur même émancipé doit obtenir l'autorisation parentale pour se donner en adoption). Une fois majeur, l'enfant qui consent à son adoption n'a plus besoin d'autorisation parentale.

L'adoptant ne peut pas être le parent biologique de l'enfant. Cette solution a été posée par la Cour de cassation (Cass. civ. 1re, 6 janvier 2004, Bull. civ. I, n° 2 ; JCP 2004, éd. G., I, 109, p. 231). Dans cette affaire, la question était de savoir si le père biologique d'un enfant incestueux, privé du droit de reconnaître son enfant si la filiation maternelle est déjà établie, pouvait contourner cette interdiction en recourant à l'adoption simple de son propre enfant. La Cour de cassation a exclu cette possibilité. L'article 310-2 du Code civil, issu de l'ordonnance du 4 juillet 2005, a consacré la position de la Cour de cassation en disposant qu'il est interdit d'établir la filiation d'un enfant né d'un inceste absolu dont la filiation est déjà établie à l'égard d'un parent, par quelque moyen que ce soit (y compris par l'adoption).

B) Les effets de l'adoption simple

Les effets de l'adoption simple sont presque les mêmes que ceux de l'adoption plénière en ce qui concerne la famille adoptive. C'est à l'égard de la famille d'origine que les différences sont les plus importantes, les liens avec elle étant maintenus.

1) Les effets de l'adoption simple à l'égard de la famille adoptive

L'adopté entre dans la famille de l'adoptant. Entre adopté et adoptant, il existe une vocation successorale et une obligation alimentaire. L'adopté doit des aliments (voir p. 269) à l'adoptant et réciproquement.

Dans les rapports entre adopté et famille de l'adoptant, la règle est que l'adopté a les mêmes droits successoraux que tout autre enfant mineur, sans acquérir pour autant la qualité d'héritier réservataire à l'égard des ascendants de l'adoptant. L'enfant adoptif ne rentre pas « de force » dans la nouvelle famille ; s'ils le souhaitent, les ascendants pourront écarter l'enfant adoptif de leur succession.

Enfin, en ce qui concerne l'autorité parentale, la règle est la suivante : **l'adoptant est seul investi de tous les droits de l'autorité parentale à l'égard de l'adopté**. Néanmoins, en cas d'adoption de l'enfant du conjoint, « l'adoptant a l'autorité parentale concurremment avec son conjoint, mais celui-ci en conserve l'exercice » (art. 365 C. civ.). L'adoptant et son conjoint pourront cependant exercer l'autorité parentale en commun s'ils en font la déclaration conjointe au greffier en chef du TGI ou sur décision du JAF.

Pour les règles relatives au nom de l'adopté simple, voir page 20.

2) Les effets de l'adoption simple à l'égard de la famille d'origine

C'est essentiellement à l'égard de la famille d'origine que se situe la grande différence entre l'adoption simple et l'adoption plénière.

L'adopté reste dans sa famille d'origine ; il y conserve tous ses droits, notamment ses droits successoraux. L'enfant aura donc des droits successoraux dans les deux familles. Réciproquement, si l'enfant adopté décède sans postérité, ses deux familles ont une vocation successorale. Chaque famille reprend ce qu'elle avait pu donner et on partage en deux ce qui reste : une moitié pour chaque famille.

L'obligation alimentaire continue d'exister entre l'adopté et ses père et mère d'origine. Il existe néanmoins une hiérarchie : les père et mère ne sont tenus de lui fournir des aliments que s'il ne peut pas les obtenir de l'adoptant.

3) La révocation de l'adoption simple

L'adoption simple peut être révoquée. Selon l'article 370 alinéa 1er du Code civil, **« S'il est justifié de motifs graves, l'adoption peut être révoquée, à la demande de l'adoptant ou de l'adopté, ou, lorsque ce dernier est mineur, à celle du ministère public »**. Le mauvais climat que l'adoption peut entraîner au sein de la famille de l'adoptant peut être une cause de révocation. La procédure est organisée par l'article 370-1 du Code civil, la révocation étant demandée au tribunal qui doit prononcer un jugement en motivant sa décision.

Concernant les effets, l'article 370-2 du Code civil précise que « La révocation fait cesser pour l'avenir tous les effets de l'adoption ».

TITRE III

Les conséquences du lien familial

CHAPITRE 1

L'autorité parentale

Ce chapitre va permettre de revenir plus en détail sur une institution évoquée précédemment : l'autorité parentale (voir p. 197 et s.).

SECTION I

Présentation de l'autorité parentale

L'autorité parentale est un rapport juridique qui unit les enfants à leurs parents.

Cette institution, substituée par la loi du 4 juin 1970 à la notion de « puissance paternelle », impose aux parents ou aux tiers à qui elle est déléguée un **ensemble de droits et de devoirs exclusivement tournés vers l'intérêt de l'enfant** (art. 371-1 C. civ.). Ces droits et devoirs sont rappelés aux parents de manière solennelle lors de leur mariage ou lors de la reconnaissance de leur enfant (art. 62 et 75 C. civ. *in fine*).

§ 1. L'évolution de l'institution

De nombreuses réformes ont successivement modifié les règles relatives à l'attribution et à l'exercice de l'autorité parentale :

- la loi n° 70-459 du 4 juin 1970 relative à l'autorité parentale ;
- la loi n° 87-570 du 22 juillet 1987 sur l'exercice de l'autorité parentale ;
- la loi n° 93-22 du 8 janvier 1993 relative à l'état civil, à la famille et aux droits de l'enfant et instituant le juge aux affaires familiales ;
- la loi n° 96-604 du 5 juillet 1996 relative à l'adoption ;
- la loi n° 2002-305 du 4 mars 2002 relative à l'autorité parentale ;
- la loi n° 2010-769 du 9 juillet 2010 relative aux violences faites spécifiquement aux femmes, aux violences au sein des couples et aux incidences de ces dernières sur les enfants.

- **Pourquoi une nouvelle réforme de l'autorité parentale en 2002 ?**

La loi n° 2002-305 du 4 mars 2002 relative à l'autorité parentale s'inscrit dans le cadre de la refonte de l'ensemble de notre droit de la famille. Plusieurs lois ont été adoptées afin de tenir compte des transformations de la structure familiale et de ne plus ériger la filiation « légitime » en modèle, cette conception ne correspondant plus aux faits. Ces réformes ont marqué un progrès très sensible dans la réalisation de l'égalité des rapports au sein de la sphère privée.

En matière d'autorité parentale, l'inégalité se manifestait souvent au détriment du père en cas de séparation du couple. Malgré l'affirmation de l'autorité parentale conjointe, par les lois du 22 juillet 1987 et du 8 janvier 1993, la coparentalité restait souvent un vœu pieux en cas de désunion parentale. Comment assurer une véritable coparentalité quand, dans 80 % des cas, l'enfant réside de manière habituelle chez sa mère, quand les parents ont des domiciles éloignés et lorsque leur mésentente empêche toute communication sur la vie quotidienne de l'enfant ?

Par ailleurs, l'autorité parentale n'était pas exercée de plein droit en commun par les parents non mariés. Selon l'ancien article 372 alinéa 2 du Code civil, l'autorité parentale était exercée en commun de plein droit par les deux parents d'un enfant naturel si trois conditions étaient réunies : qu'ils aient **tous les deux reconnu l'enfant avant qu'il ait atteint l'âge d'un an** et qu'ils **vivent ensemble**, c'est-à-dire sous le même toit, **au moment de la reconnaissance concomitante ou de la seconde reconnaissance**. Néanmoins, par une manifestation expresse et conjointe de volonté, les parents naturels avaient la possibilité de faire obstacle à l'attribution exclusive de l'autorité parentale à la mère. Selon l'ancien article 374 alinéa 2, l'exercice de l'autorité parentale était de plein droit accordé aux parents d'un enfant naturel (à condition qu'ils aient tous les deux préalablement reconnu l'enfant) dès lors qu'ils le demandaient par une déclaration conjointe devant le greffier en chef du tribunal de grande instance.

Les dispositions anciennes méritaient donc d'être réformées afin de parfaire l'égalité des filiations et de renforcer l'effectivité des droits du père. Tels étaient les objectifs principaux de la réforme.

Les principales dispositions de la loi du 4 mars 2002 visaient à :

- **instituer un droit commun de l'autorité parentale**, applicable indistinctement du statut des parents (mariés, pacsés, concubins, séparés, divorcés), afin de promouvoir l'égalité des parents et de parfaire celle des filiations (l'ordonnance du 4 juillet 2005 a supprimé les notions de filiation légitime et de filiation naturelle) ;
- **promouvoir la coparentalité** qui garantit le droit pour l'enfant à être élevé par ses deux parents ;
- **réformer la délégation de l'autorité parentale** afin d'améliorer l'assistance aux parents en difficulté.

La réalisation de ces objectifs a permis à la France, d'une part, de **se conformer à la jurisprudence de la Cour européenne des droits de l'homme**, farouche protectrice de l'égalité et, d'autre part, de **promouvoir les droits de l'enfant**, proclamés par la Convention internationale des droits de l'enfant, adoptée par l'Assemblée générale des Nations unies en 1990. La loi du 4 mars 2002 a consacré ainsi le **droit des enfants à être associés aux décisions qui les concernent**, en fonction de leur âge et de leur maturité (art. 371-1 al. 3 C. civ.), et a amélioré, notamment par la légalisation de la résidence alternée (art. 373-2-9 C. civ.), l'effectivité du droit à être élevé par les deux parents. L'article 9-3 de la Convention internationale des droits de l'enfant dispose : « Les États parties respectent le droit de l'enfant séparé de ses deux parents ou de l'un d'eux d'entretenir régulièrement des relations personnelles et des contacts directs avec ses deux parents, sauf si cela est contraire à l'intérêt supérieur de l'enfant. »

E15 **La question de l'applicabilité directe de la Convention internationale des droits de l'enfant (CIDE)**

La Convention internationale des droits de l'enfant a été adoptée en 1989, à New York, dans le cadre des Nations unies. La question de son applicabilité directe en droit interne a été particulièrement discutée en raison des problèmes de compatibilité entre le droit français et certaines dispositions de la Convention. Il a fallu attendre 2005 pour que la Cour de cassation reconnaisse cette applicabilité directe (Cass. civ. 1re, 18 mai 2005, Bull. civ. I, n° 211).

La première chambre de la Cour de cassation a rendu le 8 novembre 2005 (Bull. civ. I, n° 404) un arrêt intéressant relatif aux conséquences de cette reconnaissance.

Les juges d'appel (CA Paris, 21 juin 2002) avaient décidé que deux enfants vivant au Luxembourg avec leur mère devaient suivre leur scolarité dans un établissement francophone. Selon ces magistrats, le père de l'enfant ne parlant pas l'allemand, langue dans laquelle est dispensé l'enseignement primaire au Luxembourg, il importait, au nom du principe de coparentalité, que les enfants apprennent le français afin de pouvoir communiquer avec leur père.

La Cour de cassation a censuré la décision des juges du fond au motif que cette décision reposait non pas sur l'intérêt des enfants mais sur celui du père, alors que, selon la Cour, l'article 3.1 de la Convention internationale des droits de l'enfant (CIDE) impose que toute décision concernant un enfant ait pour considération primordiale l'intérêt supérieur de ce dernier.

La Cour de cassation a cassé l'arrêt d'appel pour défaut de base légale en se référant à la Convention internationale des droits de l'enfant. Elle a censuré les juges du fond parce qu'ils s'étaient fondés sur des dispositions de droit interne et non sur la Convention internationale des droits de l'enfant. Doit-on craindre qu'à l'avenir les juges d'appel soient systématiquement sanctionnés, dès lors qu'ils ne viseront pas cette convention, lorsqu'ils auront à traiter une affaire entrant dans le champ d'application des dispositions reconnues d'applicabilité directe de ce texte supranational ?

§ 2. Les bénéficiaires de l'autorité parentale

La détermination des enfants soumis à l'autorité parentale ne pose pas de problèmes particuliers.

A) Les enfants soumis à l'autorité parentale

Aux termes de l'article 371-1, **l'autorité parentale concerne les enfants mineurs non émancipés.** Au-delà de 18 ans, le jeune devient majeur et se trouve affranchi de toute autorité parentale. Il devient alors juridiquement capable.

L'autorité parentale s'éteint également en cas d'émancipation de l'enfant. Celle-ci entraîne une cessation anticipée de l'autorité parentale, corollaire de la capacité reconnue à l'adolescent émancipé.

B) Les droits des enfants après la cessation de l'exercice de l'autorité parentale

L'obligation de pourvoir à l'entretien et à l'éducation de l'enfant se poursuit au-delà de la cessation de l'exercice de l'autorité parentale.

Les parents sont tenus de pourvoir aux besoins de leurs enfants même majeurs ou émancipés (voir p. 201 et s.). La jurisprudence a contraint les parents récalcitrants à assumer leurs enfants jusqu'à ce qu'ils soient en mesure de se prendre en charge financièrement (Cass. civ. 2e, 18 mars 1992, Bull. civ. II, n° 91). Afin d'éviter tout abus, elle a subordonné cette charge parentale au respect par le jeune de certaines obligations (accomplissement réel d'études supérieures ou recherche effective d'emploi) ou à l'existence de certaines circonstances particulières (jeune hospitalisé). Cette obligation d'entretien est rarement étendue au-delà des vingt-cinq ans de l'enfant.

L'obligation d'entretien *stricto sensu* est fondée sur le lien de filiation qui unit un enfant à ses parents (la filiation non établie peut, quant à elle, donner lieu au versement de subsides). Si son objet s'apparente à celui de l'obligation alimentaire (assurer des conditions de vie décentes), l'obligation d'entretien s'en distingue toutefois par ses caractères, son champ d'application et son fondement. **À la différence de l'obligation alimentaire** (voir p. 267), **l'obligation d'entretien ne présente pas de caractère réciproque** : les enfants n'en sont pas tenus à l'égard de leurs parents. Elle n'est due qu'aux enfants, alors que l'obligation alimentaire s'impose au sein d'un cercle familial plus large : entre époux (elle se traduit par l'exécution du devoir de secours), entre alliés, entre ascendants et descendants.

L'obligation d'entretien des enfants est prévue par diverses dispositions du Code civil, principalement incluses dans le Titre V consacré au mariage (art. 203, 213, 220 C. civ.). L'article 203 dispose : « Les époux contractent ensemble par le seul fait du mariage, l'obligation de nourrir et élever leurs enfants. » La jurisprudence avait cependant étendu, par analogie, son champ d'application aux parents naturels (CA Versailles, 3 octobre 1996, D. 1998, somm., p. 30).

L'obligation d'entretien est également incluse dans le titre 9 du Code civil consacré à l'autorité parentale (art. 371-2 C. civ.). Conscient des besoins des enfants majeurs, qui sont de plus en plus nombreux à poursuivre leurs études, **le législateur a, par la loi du 4 mars 2002 relative à l'autorité parentale, posé explicitement le principe déjà affirmé par la jurisprudence** selon lequel **l'obligation d'entretien ne cesse pas de plein droit à la majorité de l'enfant**, même si ce dernier ne cohabite plus avec ses parents.

C) Les obligations des enfants à l'égard de leurs parents

Centrée sur la notion de l'intérêt de l'enfant, l'autorité parentale impose aussi des obligations à l'enfant. Celui-ci doit « honneur et respect à ses père et mère » (art. 371 C. civ.).

SECTION II
Les titulaires de l'exercice de l'autorité parentale

La question des titulaires de l'exercice de l'autorité parentale est désormais envisagée indépendamment de la situation familiale. L'exercice de l'autorité parentale appartient aux père et mère de l'enfant, à condition que la filiation de ce dernier ait été établie à leur égard. Les couples homosexuels réclament un partage de l'autorité parentale sur l'enfant qu'ils élèvent conjointement mais qui n'a pu être adopté ou conçu que par l'un d'eux. Le gouvernement a cependant précisé qu'il était hostile à un tel partage (réponse ministérielle n° 14187, JO Sénat, 3 mars 2005, p. 615). Certains juges ont toutefois admis que l'autorité parentale puisse être partiellement déléguée à la concubine de la mère (voir p. 263).

§ 1. Le principe de l'exercice conjoint par les deux parents

La loi du 4 mars 2002 a réaffirmé avec force le principe de l'autorité parentale exercée en commun par les deux parents (art. 372 al. 1er C. civ). Ce principe était déjà affirmé par les lois du 22 juillet 1987 et du 8 janvier 1993. Mais la réforme de mars 2002 a étendu son champ d'application. Elle a en effet supprimé la condition de cohabitation des parents naturels au moment de la reconnaissance de l'enfant. Cette condition était exigée en cas de reconnaissance non simultanée pour que l'autorité parentale puisse être exercée de plein droit en commun (ancien art. 372 al. 2 du C. civ.).

L'article 310 du Code civil pose désormais que : « Tous les enfants dont la filiation est légalement établie ont les mêmes droits et les mêmes devoirs dans leurs rapports avec leurs père et mère. Ils entrent dans la famille de chacun d'eux. »

A) L'application du principe en cas de séparation ou de divorce des parents

La séparation et le divorce des parents n'ont aucune incidence sur les règles de dévolution de l'autorité parentale. Les modalités d'exercice de cette dernière doivent cependant être organisées afin de permettre à l'enfant de maintenir des relations personnelles et régulières avec ses deux parents.

Avant la loi du 4 juin 1970, l'exercice de l'autorité parentale était lié au droit de garde : l'autorité parentale était confiée à celui qui possédait le droit de garde. La loi du 22 juillet 1987 a substitué à la notion de droit de garde celle de **résidence habituelle** et posé le principe de l'autorité parentale conjointe dans la famille désunie.

La fixation de la résidence de l'enfant chez l'un de ses parents ne prive pas l'autre parent de l'exercice de l'autorité parentale. Afin de rendre effectif le principe de la coparentalité, la loi du 4 mars 2002 a consacré la possibilité pour l'enfant de résider de manière alternée chez l'un et l'autre de ses parents (art. 373-2-9 C. civ.) (voir aussi sur ce point, p. 199).

Avant la légalisation de la pratique de la résidence alternée, certaines décisions de jurisprudence avaient considéré que ce « mode de garde » générait une certaine instabilité et se révélait ainsi contraire à l'intérêt de l'enfant (Cass. civ. 1re, 14 décembre 1999, n° de pourvoi 97-21658 ; CA Toulouse, 2 mai 2000, JCP 2001, éd. G., IV, n° 1128, les juges toulousains ont jugé que cette pratique était contraire à la loi, l'article 374 [abrogé par la loi du 4 mars 2002] imposant, selon eux, la fixation d'une résidence).

D'autres juges s'étaient, au contraire, montrés favorables à ce système de résidence alternée. Mais en l'absence de dispositions législatives l'autorisant, ils accordaient au parent chez lequel la résidence de l'enfant n'était pas fixée, un droit de visite et d'hébergement très élargi. Les juges faisaient ainsi prévaloir le droit pour l'enfant d'entretenir des relations régulières avec ses deux parents dès lors que l'intérêt qu'il pouvait en retirer n'était pas disproportionné au regard de l'instabilité qu'il générait (CA Paris, 10 février 1999, Juris-data n° 047876).

La résidence alternée peut être décidée d'un commun accord par les parents dans la convention par laquelle ils organisent les modalités de l'exercice de l'autorité parentale. Le juge apprécie alors, lors de l'homologation de cette convention, si ce mode de résidence est conforme à l'intérêt actuel de l'enfant (art. 373-2-7 C. civ.). En l'absence de convention, la résidence alternée peut être décidée **par le juge, s'il l'estime conforme à l'intérêt de l'enfant.**

B) L'intervention du juge aux affaires familiales en cas de difficulté dans l'exercice conjoint

À titre d'exception, et **si l'intérêt de l'enfant le commande, le juge peut confier l'autorité parentale à un seul des parents** (art. 373-2-1 C. civ.).

Le juge aux affaires familiales a pour tâche de veiller aux intérêts de l'enfant et de pallier les carences des parents. Il est investi de **compétences exclusives** en matière d'autorité parentale : il connaît toutes les contestations relatives à l'exercice de l'autorité parentale (hormis le retrait qui relève du TGI et l'assistance éducative qui relève du juge des enfants), en temps normal ou à l'occasion d'une séparation ou d'un divorce.

La question de l'**audition de l'enfant** devant le JAF s'est posée. L'article 388-1 du Code civil (modifié par la loi n° 2007-293 du 5 mars 2007 sur la protection de l'enfance) dispose que l'enfant mineur capable de discernement peut, lorsqu'il le demande et dans toute procédure l'intéressant, être entendu seul, avec un avocat ou une personne de son choix, par le juge ou par une personne désignée par ce dernier. Désormais, le juge ne peut pas refuser l'audition de l'enfant lorsque ce dernier demande à être entendu. Un décret n° 2009-572 du 20 mai 2009 a modifié les articles 338-1 à 338-12 du Code de procédure civile relatifs à la procédure de l'audition de l'enfant en justice.

C) Les effets de l'autorité parentale conjointe à l'égard des tiers

À l'égard des tiers, l'accord des parents est présumé pour les actes usuels relatifs à la personne de l'enfant (art. 372-2 C. civ.). Cette présomption a pour effet de rendre plus aisée la vie quotidienne de la famille, en réduisant les lourdeurs qui pourraient résulter de la preuve de l'exercice conjoint de l'autorité parentale. Cette présomption évite aux tiers d'exiger à tout propos une double signature lors d'une inscription dans un collège, d'une intervention chirurgicale bénigne…

En matière de responsabilité parentale, les parents sont, depuis l'arrêt *Bertrand* du 19 février 1997 (Bull. civ. 2, n° 56) (voir, dans la même collection, *Droit des Obligations*), responsables de plein droit des dommages causés par leurs enfants mineurs. Cela signifie qu'ils ne peuvent pas s'exonérer en prouvant qu'ils n'ont pas commis de faute de surveillance ou d'éducation mais seulement en rapportant la preuve que le dommage est dû à un cas de force majeure ou à une faute de la victime. Ils ne peuvent pas non plus s'exonérer en prouvant que leur enfant n'a pas commis de faute car la seule existence d'un fait commis par l'enfant ayant entraîné un dommage suffit à déclencher leur responsabilité.

Cette responsabilité est fondée sur l'article 1384 alinéa 4 du Code civil. La loi du 4 mars 2002 a modifié cet article, en remplaçant la notion de « garde » par celle « d'autorité parentale » (« Le père et la mère, **en tant qu'ils exercent l'autorité parentale**, sont solidairement responsables du dommage causé par leurs enfants mineurs habitant avec eux. », art. 1384 al. 4 C. civ.). Comme le soulignent certains auteurs (J. Rubellin-Devichi, JCP 2002, éd. G., I, 165), il est regrettable que le législateur n'ait pas supprimé la condition de cohabitation de l'enfant avec ses parents. En effet, la jurisprudence a depuis longtemps réduit à néant cette condition, en décidant que les parents sont responsables même si l'enfant est, au moment du dommage, chez un tiers (Cass. civ. 2e, 29 mars 2001, Bull. civ. II n° 536) ou en week-end chez le parent avec lequel il ne réside pas habituellement.

§ 2. Les cas d'exercice unilatéral de l'autorité parentale

L'autorité parentale est, en principe, exercée en commun par les deux parents, quelle que soit la situation de la famille. Cet exercice en commun suppose évidemment que l'enfant soit lié par un lien de filiation à l'égard de ses deux parents et que ces derniers soient vivants et en mesure d'exercer l'autorité parentale (voir les moyens de pallier la carence des parents, page 263 et suiv.).

L'autorité parentale est exercée unilatéralement par un seul des parents **en cas de décès de l'autre ou lorsque l'un d'eux est privé de l'exercice de l'autorité parentale**. L'exercice unilatéral de l'autorité parentale implique la mise en place d'un régime d'administration légale sous contrôle judiciaire.

L'exercice de l'autorité parentale est également unilatéral dans deux hypothèses particulières, visées à l'article 372 alinéa 2 du Code civil, qui concernent essentiellement l'enfant issu de parents non mariés ensemble :

- lorsque la filiation est judiciairement déclarée à l'égard du second parent. Ce dernier n'est pas de plein droit titulaire de l'autorité parentale ;
- lorsque l'enfant dont la filiation est déjà établie à l'égard d'un premier parent est reconnu par le second plus d'un an après sa naissance. L'autorité parentale est exercée de plein droit par le parent à l'égard duquel la filiation a été établie en premier lieu.

Dans ces deux hypothèses, l'autorité parentale peut néanmoins être exercée en commun par les deux parents si ces derniers en font la demande par déclaration conjointe au greffier en chef du TGI, ou sur décision du juge aux affaires familiales (art. 372 al. 3 C. civ.).

L'autorité parentale est également exercée de manière unilatérale sur l'**enfant adopté simplement ou plénièrement lorsque l'adoption est unilatérale**. Si l'adoptant est marié, son conjoint n'exerce pas l'autorité parentale. Cependant, lorsque l'adopté est l'enfant du conjoint de l'adoptant, l'autorité parentale peut être exercée conjointement par les époux, de plein droit s'il s'agit d'une adoption plénière, et sur déclaration conjointe des époux au greffe du TGI s'il s'agit d'une adoption simple (art. 365 C. civ.).

L'exercice unilatéral de l'autorité parentale correspond donc à des hypothèses particulières où l'un des parents est défaillant ou absent. L'exercice conjoint est largement facilité, dans l'intérêt de l'enfant, chaque fois qu'il est possible. Une simple manifestation conjointe des époux permet en effet d'échapper à l'exercice unilatéral. Mais le juge peut à tout moment remettre en cause cet exercice conjoint si l'intérêt de l'enfant est menacé.

§ 3. Les droits des tiers non titulaires de l'autorité parentale

Toute personne peut se voir reconnaître le droit d'entretenir des relations personnelles et régulières avec un enfant, dès lors que ces relations contribuent à l'intérêt de ce dernier. La reconnaissance de ce droit se matérialise par l'octroi d'un droit de visite et d'hébergement.

Cette question intéresse deux catégories de personnes, visées par l'article 371-4 du Code civil : les ascendants et les tiers.

Aux termes de l'article 371-4 du Code civil, dont la rédaction a été modifiée par la loi du 5 mars 2007 réformant la protection de l'enfance : « L'enfant a le droit d'entretenir des relations personnelles avec ses ascendants. Seul l'intérêt de l'enfant peut faire obstacle à l'exercice de ce droit (al. 1er).

Si tel est l'intérêt de l'enfant, le juge aux affaires familiales fixe les modalités des relations entre l'enfant et un tiers, parent ou non. » (al. 2).

A) Le droit des ascendants

La loi du 8 janvier 1993 a consacré le droit des grands-parents d'entretenir des relations régulières et personnelles avec leurs petits-enfants (art. 371-4 C. civ.). La jurisprudence, guidée par l'intérêt de l'enfant a étendu le bénéfice de l'article 371-4 du Code civil aux arrière-grands-parents (TGI Paris, 3 juin 1976, D. 1977, p. 303). Cette extension a permis de prendre en compte l'élargissement du cercle familial aux arrière-grands-parents, voire aux arrière-arrière-grands-parents, en raison de l'allongement de la durée de la vie.

La loi du 4 mars 2002 a ensuite substitué le terme « ascendants » aux termes « grands-parents ». La loi du 8 janvier 1993 prévoyait que **seule l'existence de motifs graves pouvait empêcher les grands-parents d'exercer le droit d'entretenir des relations régulières et personnelles avec leurs petits-enfants.** En cas d'opposition parentale, les grands-parents pouvaient saisir le juge aux affaires familiales. Il appartenait alors aux parents, défendeurs, de prouver que de graves motifs justifiaient leur opposition aux relations personnelles de l'enfant avec ses grands-parents. Parmi les motifs graves allégués et reconnus, de nature à faire obstacle au droit de visite et d'hébergement des grands-parents, figuraient des éléments attachés à la personne de l'enfant (son état de santé ou son refus catégorique de voir ses grands-parents) ainsi que le comportement préjudiciable des grands-parents pour la sécurité, la moralité ou l'éducation de l'enfant. La loi n'impose pas qu'il existe des relations préexistantes entre l'enfant et ses ascendants pour qu'un droit de visite et d'hébergement soit reconnu à ces derniers.

La loi du 5 mars 2007 réformant la protection de l'enfant a remplacé les termes « motifs graves » par « intérêt de l'enfant ». Désormais, les parents doivent prouver que les relations de leur enfant avec ses ascendants sont contraires à son intérêt.

B) Le droit des tiers

L'article 371-4 reconnaît également le droit de l'enfant d'entretenir des relations avec des tiers, membres ou non de sa famille. Ce droit était déjà reconnu par la jurisprudence, lorsque de telles relations contribuaient à l'intérêt de l'enfant, c'est-à-dire à son équilibre et à son bien-être. Les juges avaient ainsi octroyé un droit de visite et d'hébergement à l'homme qui avait été le beau-père de l'enfant avant de divorcer de la mère dudit enfant (Cass. civ. 1re, 17 mai 1993, Bull. civ. n° 475). Priver soudainement l'enfant de toute relation avec une personne avec laquelle il a développé et entretenu des liens affectifs, en partageant sa vie quotidienne pendant une longue période, risque en effet de porter atteinte à son équilibre psychologique.

Mais la loi distingue les tiers des ascendants sur la question de la preuve. Les ascendants ne peuvent être privés de l'exercice de leur droit de visite et d'hébergement que si les parents justifient que ce droit est contraire à l'intérêt de l'enfant. En revanche, il appartient aux tiers de prouver que l'établissement ou la continuité de relations personnelles avec l'enfant contribuent à l'intérêt de ce dernier.

Les rédacteurs de l'ordonnance du 4 juillet 2005 portant réforme de la filiation ont également prévu que lorsqu'une action en contestation de filiation aboutit, le juge peut organiser les modalités des relations de l'enfant avec celui dont le lien de filiation a été anéanti (art. 337 C. civ.). Cette disposition permet ainsi le maintien des relations entre l'enfant et celui qui, croyant être son parent, l'a élevé.

SECTION III
Les attributs de l'autorité parentale

L'autorité parentale se décompose en deux prérogatives : **la jouissance légale** et **l'administration légale**. La loi considère que seuls les parents, conjointement ou de manière séparée, peuvent exercer **la jouissance légale, laquelle peut être** définie comme l'usufruit (c'est-à-dire la jouissance d'un bien dont on n'a pas la propriété) **conféré aux parents chargés de l'administration légale des biens personnels de leurs enfants mineurs de seize ans non émancipés.**

À la lecture des termes de l'article 382 du Code civil, la jouissance légale semble porter sur l'ensemble des biens constituant le patrimoine de l'enfant, quelle que soit leur nature (mobilière ou immobilière, corporelle ou incorporelle). **La jouissance légale dont sont titulaires les parents s'applique donc à l'ensemble des biens de leur enfant**, qu'il s'agisse de biens acquis par succession ou donation.

Le Code civil a toutefois prévu **trois exceptions** à ce principe. Aux termes de l'article 387, « la jouissance légale ne s'étend pas aux biens que l'enfant peut acquérir par son travail, ni à ceux qui lui sont donnés ou légués sous la condition expresse que les père et mère n'en jouiront pas ».

§ 1. Les droits du titulaire de la jouissance légale

Le titulaire de la jouissance légale possède sur les biens de l'enfant les **mêmes droits et pouvoirs qu'un usufruitier ordinaire**. À ce titre, il peut, en premier lieu, **percevoir les fruits des biens de l'enfant** (les loyers d'immeubles pouvant appartenir à l'enfant, par exemple).

En second lieu, le titulaire de la jouissance légale possède **le pouvoir de gestion des biens de l'enfant.** Il peut ainsi donner à bail les immeubles appartenant au mineur. Il existe cependant certaines différences importantes entre le droit de jouissance légale et l'usufruit ordinaire.

Le droit de jouissance légale, indissociablement lié à l'autorité parentale, est indisponible et ne peut donc pas être cédé. Ce principe est une conséquence de la fonction même de la jouissance légale, laquelle doit permettre à son titulaire de faire face à ses devoirs envers l'enfant (nourriture, entretien, éducation...).

§ 2. Les charges de la jouissance légale

Aux termes de l'article 385 du Code civil, les charges de la jouissance légale sont :

« 1° Celles auxquelles sont tenus en général les usufruitiers ;

2° La nourriture, l'entretien et l'éducation de l'enfant, selon sa fortune ;

3° Les dettes grevant la succession recueillie par l'enfant en tant qu'elles auraient dû être acquittées sur les revenus. »

Les charges auxquelles sont tenus en général les usufruitiers supposent que **les titulaires de la jouissance légale sont tenus de contribuer aux dettes affectant le patrimoine de l'enfant, de conserver la chose, d'en jouir en bon père de famille.**

En dehors des charges qui incombent à tous les usufruitiers, **le titulaire de la jouissance légale est tenu des charges propres qui tiennent à l'origine et à la nature de son droit.** À ce titre, la jouissance légale doit permettre d'assurer la nourriture, l'entretien et l'éducation de l'enfant. Dans ces conditions, si le titulaire de la jouissance légale perçoit les fruits du patrimoine de l'enfant, il doit les affecter à l'entretien de celui-ci et ne pourra disposer que de l'excédent.

Il convient de signaler que **l'obligation du titulaire de la jouissance légale d'assurer la nourriture, l'entretien et l'éducation de l'enfant est distincte de celle imposée aux père et mère aux termes des articles 203 et 371-2 du Code civil.** Ainsi, lorsque les revenus perçus au titre de la jouissance légale sont supérieurs aux dépenses nécessaires à l'entretien et à l'éducation de l'enfant, « l'usufruitier » conserve l'excédent. En revanche, si les fruits des biens composant le patrimoine de l'enfant sont insuffisants pour assurer l'entretien et l'éducation de l'enfant, les parents sont tenus, en vertu des dispositions des articles 203 et 371-2 du Code civil, de pourvoir sur leurs propres deniers et ressources à l'entretien de l'enfant.

§ 3. L'extinction du droit de jouissance légale

L'article 384 du Code civil détermine les conditions dans lesquelles le droit de jouissance légale des père et mère cesse :

« 1° Dès que l'enfant a 16 ans accomplis ou même plus tôt quand il contracte le mariage ;

2° Par les causes qui mettent fin à l'autorité parentale ou même plus spécialement par celles qui mettent fin à l'administration légale ;

3° Par les causes qui emportent l'extinction de tout usufruit. »

Ainsi, **la jouissance légale cesse de plein droit lorsque l'enfant atteint l'âge de seize ans sans qu'il y ait lieu d'attendre sa majorité.** Cette disposition ne signifie toutefois pas que les enfants entrent en pleine jouissance de leurs biens à compter de l'âge de seize ans. Les parents gardent l'administration mais ne pourront plus s'approprier l'excédent des revenus sur les dépenses d'entretien et d'éducation de leur enfant.

Parmi les causes qui mettent fin à l'exercice de l'autorité parentale, il faut citer **la mort de l'enfant ainsi que son émancipation.**

Le droit de jouissance légale des père et mère cesse également de plein droit **dans l'hypothèse du décès de ces derniers** comme dans celle de la **délégation ou de la déchéance de l'autorité parentale**.

Enfin, il convient de signaler que l'usufruitier légal, à savoir le **titulaire du droit de jouissance, peut renoncer à son droit** soit à l'égard de tous ses enfants, soit à l'égard de certains d'entre eux seulement. La renonciation n'a pas de forme obligatoire. Elle peut résulter de toute manifestation claire et précise de volonté, et peut même être de fait, pourvu qu'elle s'exprime d'une manière non douteuse. La renonciation par les mère et père à leur droit de jouissance légale sur les biens du mineur peut intervenir à tout moment ; elle a pour conséquence de faire supporter les charges de la jouissance légale à l'enfant.

On peut enfin considérer que la **jouissance légale est susceptible de s'éteindre lorsque son titulaire abuse de son droit**. Des père et mère titulaires du droit de jouissance légale qui commettraient des dégradations sur les biens de leurs enfants mineurs seraient ainsi susceptibles de perdre leur droit de jouissance légale.

SECTION IV
Les dispositifs de protection de l'enfant

La nécessité de protéger l'enfant contre les défaillances de ses parents peut conduire à la mise en œuvre de deux types de mesures organisées par le Code civil :

- des **mesures de contrôle** : assistance éducative, remise de l'enfant à un tiers ;
- des **mesures de sanction** : délégation ou retrait de l'autorité parentale.

La loi du 4 mars 2002 a amélioré ces dispositifs de protection en offrant à toute personne la possibilité de demander au ministère public de saisir le JAF afin qu'il statue sur les modalités d'exercice de l'autorité parentale. Elle a également **réformé la délégation de l'autorité parentale en instituant une possibilité de partage de l'autorité parentale entre les parents et un tiers.**

L'objectif de ces mesures est de permettre au juge d'intervenir avant que la situation ne dégénère et d'éviter un retrait partiel ou total de l'autorité parentale.

La loi n° 2004-1 du 2 janvier 2004 relative à l'accueil et à la protection de l'enfance a amélioré la protection des enfants victimes de carences éducatives ou de maltraitance. Elle a créé un Observatoire de l'enfance en danger (85 500 mineurs concernés) et assoupli les règles relatives au secret professionnel des personnes qui, par leur métier, ont connaissance d'actes préjudiciables à l'enfant.

Souffrant d'un complexe partage de compétences entre le département (conseils généraux) et les instances judiciaires, la protection de l'enfance a fait l'objet d'une nouvelle réforme par la loi n° 2007-293 du 5 mars 2007. Celle-ci entend clarifier et accélérer les dispositifs d'alerte des enfants en danger.

Les règles relatives à la protection de l'enfance se situent dans le Code de l'action sociale et familiale (CASF) et dans le Code civil.

§ 1. Le contrôle de l'exercice de l'autorité parentale

Trois types de mesures peuvent être mises en œuvre afin de contrôler les parents susceptibles de représenter un danger pour leurs enfants, sans pour autant les priver totalement de leurs prérogatives.

A) L'éloignement du parent jugé dangereux

La séparation des parents est une situation à risque pour l'enfant. Elle peut conduire le JAF à ne confier l'autorité parentale qu'à un seul des parents si l'intérêt de l'enfant l'exige (art. 373-2-1 C. civ.) : on parle d'exercice unilatéral de l'autorité parentale (voir p. 200). Dans ce cas, le parent que l'on éloigne n'est pas pour autant déchu de l'autorité parentale ; il conserve notamment un droit de visite et de surveillance.

B) Le placement chez un tiers

Le JAF peut, à titre exceptionnel et si l'intérêt de l'enfant l'exige, confier ce dernier à un tiers, de préférence à un membre de sa famille.

Le placement de l'enfant chez un tiers n'entraîne pas le retrait de l'autorité parentale des parents. L'article 373-4 du Code civil indique : « Lorsque l'enfant a été confié à un tiers, l'autorité parentale continue d'être exercée par les père et mère ; toutefois, la personne à qui l'enfant a été confié accomplit tous les actes usuels relatifs à sa surveillance et à son éducation ». Ce tiers qui s'occupe de l'enfant au quotidien peut bénéficier d'un partage de l'autorité parentale avec les parents, par le biais de la délégation de l'autorité parentale (voir p. 263).

C) Les mesures d'assistance éducative

Organisée par les articles 375 et suivants du Code civil, l'assistance éducative exclut tout jugement du comportement des parents. Elle ne doit pas être considérée comme une sanction à l'égard des parents mais comme une mesure protectrice de l'enfant dont la nécessité doit, si possible, être approuvée par les parents.

Elle permet, lorsque la santé, la sécurité et la moralité d'un mineur sont en danger ou lorsque les conditions de son éducation sont gravement compromises, d'apporter une aide aux père et mère défaillants. Il s'agit, par exemple, de placer l'enfant en famille d'accueil, de le retirer du milieu familial pour le confier aux services sociaux…

Selon l'article 375-1 du Code civil : « **Le juge des enfants est compétent, à charge d'appel, pour tout ce qui concerne l'assistance éducative.**

Il doit toujours s'efforcer de recueillir l'adhésion de la famille à la mesure envisagée et se prononcer en stricte considération de l'intérêt de l'enfant ».

Comme les mesures développées ci-avant, **l'assistance éducative doit veiller au respect des droits des parents**, et ce, dans le strict intérêt de l'enfant. Aux termes du premier alinéa de l'article 375-7 du Code civil, « Les père et mère de l'enfant bénéficiant d'une mesure d'assistance éducative, continuent à exercer tous les attributs de l'autorité parentale qui ne sont pas inconciliables avec cette mesure (…) ». Le juge peut toutefois autoriser la personne ou le service qui s'occupe de l'enfant à accomplir un acte qui relève de l'autorité parentale. Les pouvoirs du tiers auquel l'enfant est confié dépendent du juge des enfants.

Dans les faits, les mesures d'assistance éducative ne se distinguent pas toujours facilement du retrait de l'autorité parentale. En effet, le maintien de l'enfant dans son milieu familial, prévu par l'article 375-2 du Code civil, est parfois impossible à réaliser et de nombreuses mesures éducatives consistent à confier l'enfant à l'autre parent, à un tiers digne de confiance ou à un service habilité (art. 375-3 C. civ.). En général, les parents perdent le droit de cohabiter avec l'enfant, mais l'atteinte portée à l'exercice de l'autorité parentale peut être beaucoup plus grave et ne laisser aux père et mère qu'un droit de correspondance. Parfois, toute manifestation de l'autorité parentale est supprimée.

En réalité, l'assistance éducative est souvent préférée au retrait de l'autorité parentale car elle est plus souple dans sa mise en œuvre et respecte davantage les droits des parents.

§ 2. La délégation de l'exercice de l'autorité parentale

La loi du 4 mars 2002 a assoupli les conditions de la délégation de l'exercice de l'autorité parentale et instauré une possibilité de délégation partielle (art. 377 C. civ.). La délégation n'implique désormais plus que les parents soient totalement privés de l'exercice de l'autorité parentale. Il existe deux types de délégation : la délégation volontaire et la délégation imposée.

- **La délégation volontaire**

Le père et/ou la mère en difficulté peuvent, quel que soit l'âge de leur enfant, **solliciter une mesure de délégation partielle ou totale** de l'exercice de l'autorité parentale. La saisine du juge n'est plus subordonnée à la remise de l'enfant à un tiers. Les parents, ensemble ou séparément, peuvent demander la délégation au profit de toute personne digne de confiance (parent, tiers ou établissement agréé), dès que les circonstances l'exigent (art. 377 al. 1 C. civ.).

Selon un arrêt de la Cour de cassation, la délégation partielle de l'autorité parentale peut même être effectuée au profit de la concubine de la mère, dès lors que cette délégation est conforme à l'intérêt des enfants et que la relation de la mère avec sa concubine est stable et harmonieuse (Cass. civ. 1re, 24 février 2006, Bull. civ. n° 101 ; voir aussi : Cass. civ. 1re, 8 juillet 2010, pourvoi n° 09-12623).

- **La délégation imposée aux parents**

Le tiers, l'établissement ou le service départemental qui a recueilli l'enfant peut saisir le juge afin qu'il lui délègue partiellement ou totalement l'exercice de l'autorité parentale. La délégation peut ainsi être imposée aux parents en cas de « désintérêt manifeste » ou d'impossibilité à exercer l'autorité parentale (prison, maladie) (art. 377 al. 2 C. civ.).

Le juge peut désormais, avec l'accord ou à la demande des parents, décider que ces derniers partageront l'exercice de l'autorité parentale avec le tiers délégataire. Il appartiendra au JAF de fixer avec précision les limites de ce partage afin d'éviter tout conflit entre les parents et le délégataire (actes autorisés à chacun, responsabilité).

§ 3. Le retrait de l'autorité parentale

Le retrait de l'autorité parentale est considéré comme une sanction destinée à protéger l'enfant. Lorsqu'il est total, il peut conduire à l'adoption de celui-ci. Le retrait est subordonné à l'appréciation expresse de son opportunité pour l'enfant. La loi détermine les causes précises qui autorisent sa mise en œuvre.

A) Le retrait prononcé par une juridiction pénale

Aux termes de l'article 378 du Code civil, « peuvent se voir retirer totalement l'autorité parentale par une disposition expresse du jugement pénal **les père et mère qui sont condamnés, soit comme auteurs, coauteurs ou complices** (sur ces notions, voir, dans la même collection, *Droit pénal général*) **d'un crime ou délit commis sur la personne de leur enfant, soit comme coauteurs ou complices d'un crime ou délit commis par leur enfant, soit comme auteurs, coauteurs ou complices d'un crime sur la personne de l'autre parent** ».

Le retrait est donc prononcé par une juridiction pénale qui constate la réalisation d'une infraction.

Lorsque l'enfant est victime, la loi ne vise aucune infraction particulière mais exige un crime ou un délit commis par ses parents sur sa personne. Ces infractions caractérisent les mauvais traitements : viols, agressions sexuelles, violences, actes de pédophilie... Cependant, même lorsque le comportement parental apparaît particulièrement odieux, le tribunal correctionnel ou la cour d'assises peuvent refuser, dans l'exercice de leur pouvoir souverain d'appréciation de l'intérêt de l'enfant, de prononcer le retrait de l'autorité parentale.

La juridiction pénale peut prononcer le retrait de l'autorité parentale en cas d'infraction commise sur la personne du mineur. À cet égard, le délit d'abandon de famille ne constitue pas une infraction sur la personne de l'enfant mais se définit comme le fait de ne pas exécuter une décision de justice ou une convention judiciairement homologuée imposant de verser une pension au profit d'un enfant. Toutefois, une condamnation pénale pour abandon de famille peut être retenue par le juge civil comme un élément établissant le désintérêt des parents visé à l'article 378-1 du Code civil.

Le nombre de retraits d'autorité parentale prononcés sur le fondement de complicité d'infraction avec l'enfant est beaucoup moins important et renvoie à des circonstances moins fréquentes. Ce peut être le cas d'un enfant commettant des vols pour le compte de ses parents receleurs.

B) Le retrait prononcé par une juridiction civile

L'article 378-1 du Code civil précise que le juge civil peut prononcer le retrait de l'autorité parentale, en dehors de toute condamnation pénale :

- soit pour **sanctionner un comportement fautif mettant manifestement en danger la santé, la sécurité ou la moralité de l'enfant** ;
- soit pour **sanctionner le désintérêt des parents suite à une mesure d'assistance éducative.**

C'est sur le fondement de cet article qu'est prononcé le plus grand nombre de retraits d'autorité parentale. En effet, celui-ci prévoit que « peuvent se voir retirer totalement l'autorité parentale (...) les père et mère qui, soit par de mauvais traitements, soit par une consommation habituelle et excessive de boissons alcooliques ou un usage de stupéfiants, soit par une inconduite notoire ou des comportements délictueux, soit par un défaut de soins ou un manque de direction, mettent manifestement en danger la sécurité, la santé, ou la moralité de l'enfant ».

Les juges du fond doivent constater qu'il existe un réel danger pour la santé, la sécurité ou la moralité de l'enfant, lorsqu'ils prononcent le retrait de l'autorité parentale (Cass. civ. 1re, 23 avril 2003, pourvoi n° 02-05033, JCP 2004, éd. G., II, n° 10058). Le comportement du titulaire de l'autorité parentale, qu'il soit volontaire ou non, pénalement répréhensible ou non, ne justifie pas à lui seul le retrait de l'autorité parentale. Ainsi, il a été jugé que l'assassinat de la mère par le père, meurtre d'une rare violence commis devant les enfants, ne justifie pas à lui seul la déchéance de l'autorité parentale, dès lors qu'il n'y a aucun danger pour les enfants et qu'il ressort de leur examen psychologique qu'ils ont besoin de garder des liens même ténus avec leur père, momentanément privé de l'exercice de l'autorité parentale mais détenteur d'un droit de correspondance (CA Grenoble, 24 janvier 1994, Juris-data n° 041527). **Le retrait de l'autorité parentale doit être exceptionnel** et ne concerner que les seuls cas où le comportement des parents met manifestement en danger la santé, la sécurité ou la moralité des enfants. Seul compte l'intérêt de l'enfant.

L'article 378-1, alinéa 2, du Code civil autorise le tribunal de grande instance à prononcer le retrait de l'autorité parentale à l'égard des parents qui, alors qu'une mesure d'assistance éducative a été prise à l'égard de leurs enfants, se sont abstenus volontairement, pendant plus de deux ans, « d'exercer les droits et de remplir les devoirs que leur laissait l'article 375-7 du Code civil », c'est-à-dire tous les attributs de l'autorité parentale qui n'étaient pas incompatibles avec la mesure d'assistance éducative.

Deux conditions doivent donc être réunies pour que le retrait de l'autorité parentale soit prononcé sur le fondement de l'article 378-1 alinéa 2 de Code civil :

- **la défaillance du ou des parents doit avoir une certaine durée (plus de deux ans)** ;
- **l'abstention doit être volontaire**.

En revanche, dès que ces deux conditions sont réunies (durée et volonté), le tribunal de grande instance peut prononcer le retrait de l'autorité parentale sans avoir à rechercher si le comportement reproché aux père et mère, à la suite de la mesure d'assistance éducative, met manifestement l'enfant en danger.

Le retrait de l'autorité parentale peut être partiel ou total.

En cas de retrait total, tous les attributs de l'autorité parentale, tant personnels que patrimoniaux, sont supprimés. Les parents entièrement privés de l'autorité parentale sont destitués de toutes les prérogatives qui y étaient attachées. Ils perdent le droit de cohabitation avec l'enfant, de surveillance et d'éducation, celui de consentement au mariage de l'enfant. Enfin, ils perdent le bénéfice de l'administration légale et de la jouissance légale. Le retrait total de l'autorité parentale **modifie la responsabilité civile des parents.** En effet, l'enfant n'est plus soumis à l'autorité parentale de ses parents et ne réside plus chez eux. Cela exclut la mise en œuvre, à l'égard de ces derniers, de l'article 1384 alinéa 4 du Code civil, c'est-à-dire de la responsabilité civile des parents du fait de leurs enfants mineurs.

Aux termes de l'article 379-1 du Code civil, **le tribunal peut prononcer un retrait partiel de l'autorité parentale et la limiter aux attributs que le juge spécifie.** Ainsi, il peut arriver qu'un jugement de retrait fixe la résidence de l'enfant chez un tiers. L'enfant est ainsi mis à l'abri des conséquences d'une cohabitation néfaste et dangereuse.

CHAPITRE 2

L'obligation alimentaire

Il appartient normalement à chaque individu de subvenir à ses propres besoins par le travail. En cas d'impossibilité, il faut faire appel à la solidarité familiale, les parents et alliés devant subvenir à leurs parents qui se trouvent dans le besoin. C'est ce que l'on appelle l'obligation alimentaire. À la solidarité familiale s'est ajoutée la solidarité nationale : cette forme de solidarité est un principe constitutionnel, inscrit dans le préambule de la Constitution de 1946 ; si la famille n'est plus en mesure de supporter les charges d'un de ses membres, elle doit, dans certains cas, pouvoir compter sur l'aide de la collectivité publique.

SECTION I

La vocation aux aliments

Seules certaines personnes sont tenues à une obligation alimentaire : cette obligation n'existe que pour les membres de la famille unis par des liens étroits. Entre époux, cette obligation prend une forme particulière, le devoir de secours.

Entre parents, il n'y a d'obligation alimentaire qu'en ligne directe : enfants/parents et réciproquement, grands-parents/petits-enfants et réciproquement. Dans les rapports parents-enfants, on parle d'obligation d'entretien (beaucoup plus large que la simple obligation alimentaire, comme nous l'avons vu précédemment) ; elle repose sur le devoir d'éducation et n'est pas réciproque (voir p. 201 et 253). L'obligation alimentaire existe entre adoptant et adopté, dans le cadre de l'adoption plénière comme dans celui de l'adoption simple.

Entre alliés, le mariage fait naître des relations entre les deux familles mais l'obligation n'existe que tant que dure le mariage.

La liste des obligés est très étroite : l'obligation alimentaire ne joue pas entre frère et sœur. Toutefois, la jurisprudence décide qu'il y a dans ce cas une **obligation naturelle** (obligation dont l'exécution n'est pas contrainte par le droit. Elle n'est liée qu'à des considérations morales, mais son exécution volontaire emporte des conséquences juridiques, à savoir la non-répétition ou non-restitution).

L'article 207 alinéa 1er du Code civil précise que cette obligation est réciproque. Ainsi, celui qui est riche doit aider son proche parent qui se trouve dans la misère et peut à son tour demander des aliments si, suite à des revers de fortune, il se trouve ruiné.

La loi prévoit **trois exceptions à la réciprocité** :

- **« quand le créancier aura lui-même manqué gravement à ses obligations envers le débiteur, le juge pourra décharger celui-ci de tout ou partie de la**

dette alimentaire. » (art. 207 al. 2). Ce moyen de défense est très souvent invoqué et provoque un important contentieux. On peut relever, non sans ironie, que c'est au moment où la solidarité familiale doit jouer pleinement son rôle qu'apparaissent les plus vifs conflits… ;

- **les enfants dont les parents se sont vus totalement retirer l'autorité parentale par jugement sont dispensés de l'obligation alimentaire à leur égard, sauf si le jugement de retrait en dispose autrement** (art. 379 al. 2 C. civ.) ;
- la loi n° 2004-1 du 2 janvier 2004 relative à l'accueil et à la protection de l'enfance prévoit une autre exception : **les enfants qui ont fait l'objet d'un retrait judiciaire de leur milieu familial pendant trois ans durant les douze premières années de leur vie sont dispensés de plein droit de s'acquitter de l'obligation alimentaire.**

SECTION II
La mise en œuvre de l'obligation alimentaire : la pension alimentaire

L'obligation alimentaire ne ressemble à aucune autre obligation puisqu'elle suppose, pour être fixée, que celui qui en réclame l'exécution se trouve dans le besoin et que celui auquel il la réclame dispose de ressources suffisantes.

§ 1. La fixation de la pension alimentaire

A) Le besoin du créancier

Les besoins résultent de l'absence de ressources et de moyens de s'en procurer. Il est bien entendu tenu compte d'un éventuel refus du créancier de travailler alors qu'il serait en mesure de le faire. De même, si le créancier peut tirer des revenus de ses biens en gérant correctement son capital, il ne pourra pas faire appel à ses proches. Néanmoins, on admet que celui qui réclame des aliments n'est pas tenu de vendre un bien dans la mesure où il peut assurer ainsi son logement. Par exemple, une personne âgée qui possède une maison n'est pas obligée de la vendre pour subvenir à ses besoins.

Dans la fixation de la pension alimentaire, **on ne doit pas tenir compte des causes de la pauvreté du débiteur** (le fait qu'il ait mal géré son capital, par exemple, n'a aucune influence). En revanche, la faute du réclamant envers celui qui paye peut le priver de ce droit.

La charge de la preuve pèse sur celui qui réclame ; il doit prouver qu'il est dans le besoin et que, faute d'une pension alimentaire, il se trouverait dans un profond dénuement.

B) Les ressources du débiteur

Celui auquel on réclame des aliments doit pouvoir les fournir. On tient compte de ses charges propres et c'est à lui d'établir le montant de ses ressources.

C) Les procédés de la fixation

Dans le meilleur des cas, l'obligation alimentaire est fixée **par accord mutuel. À défaut, elle est fixée par le JAF.** Le montant de l'obligation alimentaire doit permettre de couvrir **toutes les dépenses indispensables à la vie** : nourriture, vêtements, frais de maladie et logement. Il faut toutefois tenir compte du mode de vie habituel (mais une pension alimentaire n'est pas versée pour permettre à son destinataire de mener une vie luxueuse).

D) Les modalités

L'obligation alimentaire est normalement fixée en argent ; elle prend alors la forme d'une **rente mensuelle**. Elle peut exceptionnellement être fixée en **nature**. L'article 210 du Code civil dispose en effet que « Si la personne qui doit fournir des aliments justifie qu'elle ne peut payer la pension alimentaire, le juge aux affaires familiales pourra, en connaissance de cause, ordonner qu'elle recevra dans sa demeure, qu'elle nourrira et entretiendra celui auquel elle devra des aliments ».

Par ailleurs, pour éviter les problèmes de dépréciation monétaire, la rente est indexée. Cette indexation ne fait pas obstacle à une éventuelle révision. La révision de la pension peut être faite dans le cas où des circonstances nouvelles le justifient.

§ 2. Les caractères généraux de l'obligation alimentaire

A) Le caractère personnel de l'obligation alimentaire

Étant fondée sur les rapports personnels créancier/débiteur, **l'obligation alimentaire a un caractère personnel très marqué**. Néanmoins, il faut tenir compte de la solidarité de la famille, plusieurs personnes pouvant être tenues envers une autre d'une obligation alimentaire.

En cas de pluralité de débiteurs, le droit français a une position nuancée :

- s'il s'agit de parents au même degré, le parent dans le besoin peut s'adresser à l'un d'entre eux ou à tous ;
- s'il s'agit de parents ou alliés de degrés différents, **la jurisprudence rejette l'idée d'une hiérarchie**, à trois exceptions près, toutefois : le devoir de secours entre époux passe avant l'obligation alimentaire ; l'obligation d'entretien des parents passe avant l'obligation alimentaire des grands-parents ; en matière d'adoption simple, l'adopté doit d'abord demander des aliments à la famille adoptive (art. 367 al. 2 C. civ.).

Si le créancier d'aliments a demandé une pension à plusieurs personnes, les obligés seront condamnés *in solidum*. Le créancier d'aliments peut donc s'adresser à l'un quelconque des débiteurs pour le tout, le débiteur poursuivi qui a payé toute la dette ayant un recours contre les codébiteurs.

B) Le caractère d'ordre public

L'obligation alimentaire étant d'ordre public, elle est indisponible, n'est pas susceptible de renonciation, n'est pas cessible (elle ne peut pas être cédée à une personne autre que le créancier) **et n'est pas saisissable** (les créanciers de la personne à laquelle cette rente est versée ne peuvent pas exiger d'être payés sur cette somme d'argent).

Elle ne peut pas faire l'objet d'une saisie-attribution, sauf si le saisissant est lui-même un créancier alimentaire ou un fournisseur d'aliments : **l'objectif est d'éviter que la pension alimentaire ne soit utilisée à d'autres fins que celles prévues.**

La créance alimentaire est intransmissible. **Si le créancier décède, ses héritiers ne peuvent pas continuer à exercer le droit d'aliments de leur auteur.** Mais qu'en est-il en cas de décès du débiteur ? En principe, la dette d'une pension alimentaire ne se transmet pas. Il existe toutefois une exception qui concerne le conjoint survivant : lorsqu'une personne décède, son conjoint survivant peut se trouver dans le besoin ; la loi prévoit alors que la succession de l'époux prédécédé doit des aliments à l'époux survivant.

SECTION III

Le paiement de la pension alimentaire

§ 1. « Les aliments ne s'arréragent pas »

Cette règle, à la formulation pour le moins obscure, signifie simplement que **la pension alimentaire n'est due qu'à partir du jour où elle est demandée.** Pour la Cour de cassation, cette règle repose sur une présomption simple : **celui qui n'a pas réclamé n'était pas dans le besoin.** Cette présomption simple signifie donc qu'il est possible de réclamer les arrérages en démontrant que l'inaction est due à la force majeure ou à la mauvaise volonté du débiteur (la jurisprudence écarte cette règle pour la contribution aux charges du mariage et pour l'obligation d'entretien).

§ 2. Les sanctions en cas de non-paiement

Les sanctions en cas de non-paiement de la pension alimentaire sont à la fois pénales et civiles :

- le Code pénal sanctionne le non-paiement par le **délit d'abandon de famille.** Ce délit est puni d'amende et d'emprisonnement. Il est constitué lorsqu'une personne ne fournit pas, pendant deux mois, les aliments auxquels elle a été condamnée. Cette infraction peut conduire à une suspension de l'autorité parentale ;
- en ce qui concerne les sanctions civiles, **le créancier d'aliments peut saisir tous les biens du débiteur, même ceux qui sont normalement insaisissables.**

ANNEXE

Avertissement : ne sont reproduits ci-après que des extraits de la Convention choisis en raison de leur lien direct avec le droit des personnes et de la famille.

Convention européenne de sauvegarde des droits de l'homme et des libertés fondamentales

telle qu'amendée par le Protocole n° 11 en vigueur le 1-11-1998 et le Protocole n° 14 en vigueur le 1-06-2010

Article 1
Obligation de respecter les droits de l'homme

Les Hautes Parties contractantes reconnaissent à toute personne relevant de leur juridiction les droits et libertés définis au titre I de la présente Convention :

Titre I

Droits et libertés

Article 2
Droit à la vie

1. Le droit de toute personne à la vie est protégé par la loi. La mort ne peut être infligée à quiconque intentionnellement, sauf en exécution d'une sentence capitale prononcée par un tribunal au cas où le délit est puni de cette peine par la loi.

2. La mort n'est pas considérée comme infligée en violation de cet article dans les cas où elle résulterait d'un recours à la force rendu absolument nécessaire :

a. pour assurer la défense de toute personne contre la violence illégale ;
b. pour effectuer une arrestation régulière ou pour empêcher l'évasion d'une personne régulièrement détenue ;
c. pour réprimer, conformément à la loi, une émeute ou une insurrection.

Article 3
Interdiction de la torture

Nul ne peut être soumis à la torture ni à des peines ou traitements inhumains ou dégradants.

Article 4
Interdiction de l'esclavage et du travail forcé

1. Nul ne peut être tenu en esclavage ni en servitude.

2. Nul ne peut être astreint à accomplir un travail forcé ou obligatoire.

3. N'est pas considéré comme « travail forcé ou obligatoire » au sens du présent article :

a. tout travail requis normalement d'une personne soumise à la détention dans les conditions prévues par l'article 5 de la présente Convention, ou durant sa mise en liberté conditionnelle ;

b. tout service de caractère militaire ou, dans le cas d'objecteurs de conscience dans les pays où l'objection de conscience est reconnue comme légitime, à un autre service à la place du service militaire obligatoire ;

c. tout service requis dans le cas de crises ou de calamités qui menacent la vie ou le bien-être de la communauté ;

d. tout travail ou service formant partie des obligations civiques normales.

Article 5
Droit à la liberté et à la sûreté

1. Toute personne a droit à la liberté et à la sûreté. Nul ne peut être privé de sa liberté, sauf dans les cas suivants et selon les voies légales :

a. s'il est détenu régulièrement après condamnation par un tribunal compétent ;

b. s'il a fait l'objet d'une arrestation ou d'une détention régulières pour insoumission à une ordonnance rendue, conformément à la loi, par un tribunal ou en vue de garantir l'exécution d'une obligation prescrite par la loi ;

c. s'il a été arrêté et détenu en vue d'être conduit devant l'autorité judiciaire compétente, lorsqu'il y a des raisons plausibles de soupçonner qu'il a commis une infraction ou qu'il y a des motifs raisonnables de croire à la nécessité de l'empêcher de commettre une infraction ou de s'enfuir après l'accomplissement de celle-ci ;

d. s'il s'agit de la détention régulière d'un mineur, décidée pour son éducation surveillée ou de sa détention régulière, afin de le traduire devant l'autorité compétente;

e. s'il s'agit de la détention régulière d'une personne susceptible de propager une maladie contagieuse, d'un aliéné, d'un alcoolique, d'un toxicomane ou d'un vagabond ;

f. s'il s'agit de l'arrestation ou de la détention régulières d'une personne pour l'empêcher de pénétrer irrégulièrement dans le territoire, ou contre laquelle une procédure d'expulsion ou d'extradition est en cours.

2. Toute personne arrêtée doit être informée, dans le plus court délai et dans une langue qu'elle comprend, des raisons de son arrestation et de toute accusation portée contre elle.

3. Toute personne arrêtée ou détenue, dans les conditions prévues au paragraphe 1.c du présent article, doit être aussitôt traduite devant un juge ou un autre magistrat habilité par la loi à exercer des fonctions judiciaires et a le droit d'être jugée dans un délai raisonnable, ou libérée pendant la procédure. La mise en liberté peut être subordonnée à une garantie assurant la comparution de l'intéressé à l'audience.

4. Toute personne privée de sa liberté par arrestation ou détention a le droit d'introduire un recours devant un tribunal, afin qu'il statue à bref délai sur la légalité de sa détention et ordonne sa libération si la détention est illégale.

5. Toute personne victime d'une arrestation ou d'une détention dans des conditions contraires aux dispositions de cet article a droit à réparation.

Article 6
Droit à un procès équitable

1. Toute personne a droit à ce que sa cause soit entendue équitablement, publiquement et dans un délai raisonnable, par un tribunal indépendant et impartial, établi par la loi, qui décidera, soit des contestations sur ses droits et obligations de caractère civil, soit du bien-fondé de toute accusation en matière pénale dirigée contre elle. Le jugement doit être rendu publiquement, mais l'accès de la salle d'audience peut être interdit à la presse et au public pendant la totalité ou une partie du procès dans l'intérêt de la moralité, de l'ordre public ou de la sécurité nationale dans une société démocratique, lorsque les intérêts des mineurs ou la protection de la vie privée des parties au procès l'exigent, ou dans la mesure jugée strictement nécessaire par le tribunal, lorsque dans des circonstances spéciales la publicité serait de nature à porter atteinte aux intérêts de la justice.

2. Toute personne accusée d'une infraction est présumée innocente jusqu'à ce que sa culpabilité ait été légalement établie.

3. Tout accusé a droit notamment à :

a. être informé, dans le plus court délai, dans une langue qu'il comprend et d'une manière détaillée, de la nature et de la cause de l'accusation portée contre lui ;

b. disposer du temps et des facilités nécessaires à la préparation de sa défense ;

c. se défendre lui-même ou avoir l'assistance d'un défenseur de son choix et, s'il n'a pas les moyens de rémunérer un défenseur, pouvoir être assisté gratuitement par un avocat d'office, lorsque les intérêts de la justice l'exigent ;

d. interroger ou faire interroger les témoins à charge et obtenir la convocation et l'interrogation des témoins à décharge dans les mêmes conditions que les témoins à charge ;
e. se faire assister gratuitement d'un interprète, s'il ne comprend pas ou ne parle pas la langue employée à l'audience.

Article 7
Pas de peine sans loi

1. Nul ne peut être condamné pour une action ou une omission qui, au moment où elle a été commise, ne constituait pas une infraction d'après le droit national ou international. De même il n'est infligé aucune peine plus forte que celle qui était applicable au moment où l'infraction a été commise.

2. Le présent article ne portera pas atteinte au jugement et à la punition d'une personne coupable d'une action ou d'une omission qui, au moment où elle a été commise, était criminelle d'après les principes généraux de droit reconnus par les nations civilisées.

Article 8
Droit au respect de la vie privée et familiale

1. Toute personne a droit au respect de sa vie privée et familiale, de son domicile et de sa correspondance.

2. Il ne peut y avoir ingérence d'une autorité publique dans l'exercice de ce droit que pour autant que cette ingérence est prévue par la loi et qu'elle constitue une mesure qui, dans une société démocratique, est nécessaire à la sécurité nationale, à la sûreté publique, au bien-être économique du pays, à la défense de l'ordre et à la prévention des infractions pénales, à la protection de la santé ou de la morale, ou à la protection des droits et libertés d'autrui.

Article 9
Liberté de pensée, de conscience et de religion

1. Toute personne a droit à la liberté de pensée, de conscience et de religion ; ce droit implique la liberté de changer de religion ou de conviction, ainsi que la liberté de manifester sa religion ou sa conviction individuellement ou collectivement, en public ou en privé, par le culte, l'enseignement, les pratiques et l'accomplissement des rites.

2. La liberté de manifester sa religion ou ses convictions ne peut faire l'objet d'autres restrictions que celles qui, prévues par la loi, constituent des mesures nécessaires, dans une société démocratique, à la sécurité publique, à la protection de l'ordre, de la santé ou de la morale publiques, ou à la protection des droits et libertés d'autrui.

Article 10
Liberté d'expression

1. Toute personne a droit à la liberté d'expression. Ce droit comprend la liberté d'opinion et la liberté de recevoir ou de communiquer des informations ou des idées sans qu'il puisse y avoir ingérence d'autorités publiques et sans considération de frontière. Le présent article n'empêche pas les États de soumettre les entreprises de radiodiffusion, de cinéma ou de télévision à un régime d'autorisations.

2. L'exercice de ces libertés comportant des devoirs et des responsabilités peut être soumis à certaines formalités, conditions, restrictions ou sanctions prévues par la loi, qui constituent des mesures nécessaires, dans une société démocratique, à la sécurité nationale, à l'intégrité territoriale ou à la sûreté publique, à la défense de l'ordre et à la prévention du crime, à la protection de la santé ou de la morale, à la protection de la réputation ou des droits d'autrui, pour empêcher la divulgation d'informations confidentielles ou pour garantir l'autorité et l'impartialité du pouvoir judiciaire.

Article 11
Liberté de réunion et d'association

1. Toute personne a droit à la liberté de réunion pacifique et à la liberté d'association, y compris le droit de fonder avec d'autres des syndicats et de s'affilier à des syndicats pour la défense de ses intérêts.

2. L'exercice de ces droits ne peut faire l'objet d'autres restrictions que celles qui, prévues par la loi, constituent des mesures nécessaires, dans une société démocratique, à la sécurité nationale, à la sûreté publique, à la défense de l'ordre et à la prévention du crime, à la protection de la santé ou de la morale, ou à la protection des droits et libertés d'autrui. Le présent article n'interdit pas que des restrictions légitimes soient imposées à l'exercice de ces droits par les membres des forces armées, de la police ou de l'administration de l'État.

Article 12
Droit au mariage

À partir de l'âge nubile, l'homme et la femme ont le droit de se marier et de fonder une famille selon les lois nationales régissant l'exercice de ce droit.

Article 13
Droit à un recours effectif

Toute personne dont les droits et libertés reconnus dans la présente Convention ont été violés, a droit à l'octroi d'un recours effectif devant une instance nationale, alors même que la violation aurait été commise par des personnes agissant dans l'exercice de leurs fonctions officielles.

Article 14
Interdiction de discrimination

La jouissance des droits et libertés reconnus dans la présente Convention doit être assurée, sans distinction aucune, fondée notamment sur le sexe, la race, la couleur, la langue, la religion, les opinions politiques ou toutes autres opinions, l'origine nationale ou sociale, l'appartenance à une minorité nationale, la fortune, la naissance ou toute autre situation.

Article 15
Dérogation en cas d'état d'urgence

1. En cas de guerre ou en cas d'autre danger public menaçant la vie de la nation, toute Haute Partie contractante peut prendre des mesures dérogeant aux obligations prévues par la présente Convention, dans la stricte mesure où la situation l'exige et à la condition que ces mesures ne soient pas en contradiction avec les autres obligations découlant du droit international.

2. La disposition précédente n'autorise aucune dérogation à l'article 2, sauf pour le cas de décès résultant d'actes licites de guerre, et aux articles 3, 4 (paragraphe 1) et 7.

3. Toute Haute Partie contractante qui exerce ce droit de dérogation tient le Secrétaire Général du Conseil de l'Europe pleinement informé des mesures prises et des motifs qui les ont inspirées. Elle doit également informer le Secrétaire Général du Conseil de l'Europe de la date à laquelle ces mesures ont cessé d'être en vigueur et les dispositions de la Convention reçoivent de nouveau pleine application.

Article 16
Restrictions à l'activité politique des étrangers

Aucune des dispositions des articles 10, 11 et 14 ne peut être considérée comme interdisant aux Hautes Parties contractantes d'imposer des restrictions à l'activité politique des étrangers.

Article 17
Interdiction de l'abus de droit

Aucune des dispositions de la présente Convention ne peut être interprétée comme impliquant pour un État, un groupement ou un individu, un droit quelconque de se livrer à une activité ou d'accomplir un acte visant à la destruction des droits ou libertés reconnus dans la présente Convention ou à des limitations plus amples de ces droits et libertés que celles prévues à ladite Convention.

Article 18
Limitation de l'usage des restrictions aux droits
(non reproduit)

Titre II

Cour européenne des droits de l'homme
(non reproduit)

Titre III

Dispositions diverses
(non reproduit)

BIBLIOGRAPHIE

Bibliographie générale

BACH L. et CHEVALIER J., *Introduction à l'étude du droit, les personnes physiques, la famille, les biens, les obligations, les sûretés*, Sirey, collection cours élémentaire.

BATTEUR A., *Droit des personnes, des familles et des majeurs protégés*, LGDJ.

BÉNABENT A., *La Famille*, Litec.

—, *La réforme du divorce, article par article,* Defrénois.

BONNET V., *Droit de la famille*, Paradigme.

BUFFELAN-LANORE Y. et LARRIBAU-TERNEYRE V., *Droit civil, Introduction Biens Personnes Famille*, Dalloz.

CAPITANT H., *Les grands arrêts de la jurisprudence civile*, Sirey, par F. Terré et Y. Lequette.

CARBONNIER J., *La Famille*, Thémis, PUF.

—, *Les personnes*, Thémis, PUF.

COLOMBET C., *La famille*, Droit fondamental, PUF.

CORNU G., *Introduction, Personnes, Biens*, Montchrestien.

—, *La Famille*, Montchrestien.

COURBE P., *Les personnes, la famille, les incapacités*, Dalloz.

—, *Droit de la famille*, Armand Colin.

DOUCHY-OUDOT M., *Droit civil 1re année : introduction, personnes, famille*, Dalloz.

MALAURIE Ph., AYNÈS L., *Les personnes, La protection des mineurs et des majeurs*, Defrénois.

MALAURIE Ph., FULCHIRON H., *La famille*, Defrénois.

MAZEAUD (H., L. et J.), *Leçons de droit civil*, t. I, 2e vol., *Les personnes, la personnalité, les incapacités*, par F. Chabas, Montchrestien.

—, *Leçons de droit civil*, t. I, 3e vol., *La famille*, par L. Leveneur, Montchrestien.

TERRÉ F. et FENOUILLET D., *Les personnes, La famille, les incapacités*, Dalloz.

TEYSSIÉ B., *Droit civil Les personnes*, Litec.

Autres supports de recherches

Recueils de jurisprudence

Le principal recueil de jurisprudence est le *Bulletin des arrêts des chambres civiles de la Cour de cassation* (Bulletin civil), disponible sur le site Internet de la Cour de cassation. Celui-ci comprend les arrêts choisis par les membres de la Cour de cassation. Les arrêts sont classés par chambre et numérotés.

Revues pluridisciplinaires

Différentes revues abordent l'actualité juridique dans son ensemble sans se limiter à un domaine particulier. De larges développements sont naturellement consacrés au droit civil. Il est important pour un étudiant de première année de se familiariser avec ces revues. L'étudiant en droit, au cours de ces études, est en effet sans cesse amené à les consulter pour être au fait des nouveautés législatives et jurisprudentielles. Indispensables pour approfondir un cours ou préparer un exposé, l'étudiant trouvera dans ces revues, des articles doctrinaux, le point sur les nouveaux textes législatifs et des décisions de jurisprudences annotées ou commentées :

– *Gazette du Palais* (Gaz. Pal.), trihebdomadaire ;

– *Jurisclasseur périodique – Semaine juridique* (JCP), hebdomadaire, l'étudiant en droit civil pourra notamment consulter les éditions générales et notariales ;

– *Recueil Dalloz Sirey* (D), hebdomadaire.

Ces revues disposent toutes de sites Internet qu'il est recommandé de consulter.

Codes

L'outil indispensable à tout étudiant en droit est le Code civil. Il est en effet primordial de se munir d'un code à jour. Le Code civil est l'instrument de base, mais il faut savoir s'en servir. L'étudiant devra connaître les grandes subdivisions du Code civil pour avoir un aperçu général et global de la matière et favoriser ainsi la compréhension du cours. L'étudiant doit être également capable, à partir du Code civil, de retrouver les éléments du cours.

Deux maisons d'éditions publient annuellement un Code civil :

– *Code civil Dalloz* (couverture rouge) ;

– *Code civil Litec* (couverture bleue).

Chacun de ces codes contient le Code civil au sens propre assorti d'une présentation de la jurisprudence sous chaque article ayant fait l'objet d'une interprétation de la part des juridictions (attention, il convient de se référer à la jurisprudence avec discernement). Ces ouvrages contiennent également d'autres textes parmi lesquels on peut compter, les dispositions relatives aux accidents de la circulation, aux assurances, baux d'habitation, copropriété, propriété littéraire et publicité foncière.

INDEX

A
Abandon de famille 270
Absence 9
Abus de droit 146
Accouchement sous X 52, 214, 224
Acte
- authentique 32
- conservatoire 75
- d'administration 75
- de disposition 75
- de la vie courante 75
- de notoriété 218, 226
Administration légale
- droit de jouissance légale 81
- pure et simple 82
- sous contrôle judiciaire 83
Adoption 237
- couple homosexuel 150, 240
- plénière 239
- simple 246
Agence de la biomédecine 43
Altération des facultés 121
Apparence (théorie de l') 136
Assistance éducative 262
Association 66
Autorité parentale 251
- délégation 263
- divorce 197
- droit des ascendants 258
- droit des tiers 258
- retrait 264
- titulaire(s) 254
Avantages matrimoniaux 188
Avortement 44, 49

B
Bigamie 154

C
Cadavre (intégrité) 37
Clause d'exceptionnelle dureté 177
Clause de célibat 150
Clonage 46
CNIL 55
Concubinage 133
Convention de New York relative aux droits de l'enfant 53, 197, 244, 252
Coparentalité 251, 255
Corps humain 38
Crainte révérencielle 154
Curatelle
- fin 111
- ordinaire 109
- organisation 106
- ouverture 105
- renforcée 109

D
Demande reconventionnelle 175, 181
Diagnostic préimplantatoire 46
Diagnostic prénatal 49
Disparition 10
Divorce 167
- autorité parentale 197
- cause péremptoire 179
- dommages et intérêts 196
- effets 186
- logement 189
- mesures provisoires 184
- par consentement mutuel 169
- pour acceptation du principe de la rupture du mariage 172
- pour altération définitive du lien conjugal 173
- pour faute 178
- prestation compensatoire 190
- preuve 185
- procédure 182
- résidence alternée 199
Domicile 28
- d'une personne morale 71
- détermination 29
- élection 30
- légal 29
- nécessité 28
Don d'organes 41
Donations 188
Droit
- à l'honneur 60
- à l'image 57
- à la mort 39
- de visite et d'hébergement 258
Droits de la personnalité
- héritiers 59
- intégrité morale 50
- intégrité physique 38
- personne morale 71
- personne physique 37

E
Embryon 43
Enfants
- adultérins 213
- incestueux 212, 220
- mort-nés 7
Enrichissement sans cause 136

Entreprise unipersonnelle à responsabilité limitée (EURL) 68
État civil 31
Euthanasie 39
Examen génétique 40

F
Fiançailles 145
Filiation
- accouchement sous X 52, 214, 224
- action à fins de subsides 231
- action en constatation de la possession d'état 226
- action en contestation de maternité 228
- action en contestation de paternité 228
- action en contestation de possession d'état 229
- action en contestation réservée au ministère public 229
- action en recherche de maternité 224
- action en recherche de paternité 224
- action en rétablissement de la présomption de paternité 226
- expertise biologique 221
- inceste 212, 220
- légitime 205
- maternelle 208
- naturelle 205
- possession d'état 205, 216
- présomption de paternité 208
- preuve 221
- reconnaissance 212
Fœtus 43
Fondation 68

G
Groupement d'intérêt économique (GIE) 67

H
Homosexuels
- adoption 150, 240
- mariage 149, 150
- procréation médicalement assistée 236

I
Identification génétique 38, 40
Incapacité
- d'exercice 74
- de jouissance 74
- des majeurs 95
- des mineurs 77
Inceste 154, 212, 220
Indisponibilité de l'état des personnes 34, 235
Infans conceptus pro nato habetur 8
Insémination *post mortem* 236
Interruption volontaire de grossesse (IVG) 44, 49

J
Jouissance légale 81, 259
Juge
- aux affaires familiales 127
- des enfants 128

L
Libéralité (entre concubins) 134
Liberté de la presse 54
Livret de famille 33

M
Mandat de protection future 98
Mariage
- à l'étranger 157
- assistance 161
- blanc 151
- cohabitation 160
- conditions de fond 148
- conditions de forme 155
- consentement 150
- contribution aux charges 162
- dettes du ménage 163
- effets 160
- empêchement 157
- erreur 152
- fidélité 160
- homosexuels 149, 150
- *in extremis* 151, 156
- légitimant 151
- liberté du 145
- logement de la famille 164
- nullité 158
- opposition à 157
- possession d'état 160
- posthume 156
- publication des bans 156
- putatif 159
- résidence 162
- simulé 151
- transsexuels 149
- violence 154
Mère porteuse 235
Mesures d'accompagnement social 95
Mineur
- acte conservatoire 78
- acte d'administration 78
- acte de disposition 78
- acte de la vie courante 78
- audition 200
- émancipé 79
- responsabilité civile 77
- tutelle 84
Mort 8

N
Naissance 7
Nom
- ancien régime 14

- changement de 19, 24
- choix 16
- composé 21
- d'épouse 22
- d'usage 16, 23
- dation 17
- de l'adopté 17, 20
- de l'enfant non reconnu 22
- de la fratrie 18
- dévolution du 13
- double 21
- immutabilité du 24
- personne morale 70
- protection du 24
- réforme 15
- usurpation du 25
- utilisation du 25

O

Obligation
- alimentaire 267
- d'entretien 254, 267
- de soins 38
- naturelle 267

P

Pacte civil de solidarité (PACS) 139
Patrimoine 52
Pension alimentaire 202, 203, 268
Personnalité juridique
- personne morale 71
- personne physique 7
Personne morale 61
- de droit privé 65
- de droit public 63
- mixte 64
- régime des 69
Placement chez un tiers 262
Possession d'état
- filiation 205, 216
- mariage 160
Prénom 26
Prestation compensatoire 190
Procréation médicalement assistée 220, 233
Protection de l'enfance 262
Pseudonyme 13

R

Rapport Leonetti 50, 236
Refus de soins 39
Régime matrimonial 162
Registre du commerce et des sociétés (RCS) 69
Répertoire civil 33
Résidence 31
- alternée 199, 255

S

Sauvegarde de justice 103
Séparation de corps 202
Société 65
- de fait 136
Surnom 13

T

Théorie de l'apparence 136
Tierce opposition 223
Titres nobiliaires 13
Transsexualisme 34, 149
Tutelle des majeurs
- complète 113
- conseil de famille 115
- fin 119
- organisation 113
- ouverture 112
- simplifiée 113
- tuteur 113
Tutelle des mineurs
- conseil de famille 85
- fin 85
- organisation 85
- ouverture 84
- responsabilité 92
- tuteur 87

V

Vie privée 50

ENCADRÉS ET TABLEAUX

E1 Double nom et nom composé 21

E2 L'« affaire » Yves Montand 41

Tableau Le prélèvement d'organe sur une personne vivante 42

Tableau Le clonage d'humains 47

E3 La réforme de la loi Veil 49

E4 Les propositions du rapport Leonetti 50

E5 Les droits des héritiers en matière d'atteinte à la vie privée et d'atteinte au droit à l'image 59

E6 Suppression de la tutelle légale 88

Actes juridiques et actions en justice pendant la minorité 93

E7 Des besoins nouveaux pour les personnes à protéger 95

E8 Conditions d'ouverture d'une mesure de protection juridique 97

Mesures de protection pour majeurs 120

E9 La responsabilité des différents organes de protection 121

E10 Quatre décennies de réforme 129

E11 La question du droit au mariage des transsexuels 149

E12 Article 229 du Code civil 169

E13 L'égalité des droits des enfants adultérins 213

Tableau Les actions aux fins d'établissement de la filiation (art. 325 et s. C. civ.) 227

Tableau Les actions en contestation de la filiation (art. 332 et s. C. civ.) 230

E14 L'adoption et les couples homosexuels 240

E15 La question de l'applicabilité directe de la Convention internationale des droits de l'enfant (CIDE) 252

TABLE DES MATIÈRES

Introduction 1

PARTIE I
La personnalité juridique

TITRE I
LES PERSONNES PHYSIQUES

CHAPITRE 1
L'existence des personnes physiques 7

Section I **La naissance et le décès** 7

Section II **L'absence et la disparition** 8

§ 1 L'absence 9

A Première période : la présomption d'absence 9

B Seconde période : la déclaration d'absence 10

§ 2 La disparition 10

CHAPITRE 2
L'identification des personnes physiques 13

Section I **Le nom et ses accessoires** 13

§ 1 La dévolution du nom de famille 13

A La remise en cause du système traditionnel 14

B Le dispositif de dévolution du nom de famille depuis le 1er janvier 2005 16

§ 2 Le droit d'usage conféré par le mariage 22

§ 3 Le changement de nom 24

§ 4 La protection du nom 24

A L'usurpation du nom 25

B L'utilisation du nom 25

Section II **Le prénom** 26

§ 1 Le choix du prénom 26

§ 2 Le changement de prénom 27

Section III **Le domicile** 28

§ 1 La nécessité du domicile 28

§ 2 La détermination du domicile 29
A Le principal établissement 29
B Les domiciles légaux 29
C L'élection de domicile 30
§ 3 La résidence 31

Section IV **Les actes de l'état civil** 31
§ 1 La rédaction des actes de l'état civil 31
A Les personnes concourant à la rédaction des actes de l'état civil 32
B La forme des actes de l'état civil 32
C La publicité des actes d'état civil 33
§ 2 Le contentieux de l'état civil 33
A Les jugements rectificatifs des actes de l'état civil 34
B Les jugements supplétifs des actes de l'état civil 34
§ 3 Le transsexualisme et l'indisponibilité de l'état des personnes 34

CHAPITRE 3
Les droits de la personnalité 37

Section I **Le droit à l'intégrité physique** 38
§ 1 Droit à l'intégrité physique et obligations de soins 38
§ 2 Droit à l'intégrité physique et examen des caractéristiques génétiques 40
§ 3 Droit à l'intégrité physique et don d'organes 41
A Le prélèvement d'organe sur une personne vivante 41
B Le prélèvement d'organe sur une personne décédée 42
§ 4 La question du statut de l'embryon et du fœtus 43
A Les dispositions normatives 44
B La position des juges 46

Section II **Le droit à l'intégrité morale** 50
§ 1 Le droit au respect de la vie privée 50
A La notion de vie privée 50
B L'atteinte à la vie privée 54
§ 2 Le droit à l'image 57
§ 3 Le droit à l'honneur 60

TITRE II
LES PERSONNES MORALES

CHAPITRE 1
La classification des personnes morales 63

Section I **Les personnes morales de droit public et les personnes morales mixtes** 63
§ 1 Les personnes morales de droit public 63
§ 2 Les personnes morales mixtes 64
A Les personnes morales publiques soumises au droit privé 64
B Les personnes morales de droit privé relevant du droit public 64

Section II **Les personnes morales de droit privé** 65
§ 1 Les groupements d'individus 65
A Les sociétés 65
B Les associations 66
C Les groupements d'intérêt économique (GIE) 67
§ 2 Les groupements de biens 68

CHAPITRE 2
Le régime des personnes morales 69

Section I **La création des personnes morales**........................ 69
Section II **Le fonctionnement des personnes morales**........................ 69
Section III **L'individualisation des personnes morales** 70
§ 1 Le nom 70
§ 2 Le domicile 71
§ 3 La nationalité 71
§ 4 Les droits de la personnalité 71
Section IV **La dissolution des personnes morales** 71
§ 1 La transformation 71
§ 2 La dissolution statutaire 72
§ 3 La dissolution volontaire 72
§ 4 La dissolution imposée 72
§ 5 La mise en œuvre de la dissolution 72

PARTIE II
Les personnes incapables

CHAPITRE 1
La protection des mineurs 77

Section I **La condition juridique des mineurs** 77
§ 1 Les mineurs non émancipés 77
A Mineurs dépourvus de discernement 77
B Mineurs doués de discernement 78
§ 2 Les mineurs émancipés 79
A Les conditions de l'émancipation 79
B Les effets de l'émancipation 80
Section II **L'administration légale** 80
§ 1 Le contenu de l'administration légale 81
A Représentation et gestion des biens 81
B Droit de jouissance légale 81
§ 2 Les différentes formes d'administration légale 82
A L'administration légale pure et simple 82
B L'administration légale sous contrôle judiciaire 83

Section III **La tutelle** 84

§ 1 Cas d'ouverture et de fin de la tutelle 84

A Ouverture de la tutelle 84

B Fin de la tutelle 85

§ 2 Organisation et fonctionnement de la tutelle 85

A La tutelle familiale 85

B La tutelle vacante 91

§ 3 Les sanctions des règles de gestion 92

A L'annulation des actes litigieux 92

B La responsabilité des organes de la tutelle 92

CHAPITRE 2

La protection des majeurs 95

Section I **Les mesures de protection juridique permanente** 96

§ 1 La mesure de protection conventionnelle 98

A Les conditions de formation du mandat de protection future 98

B L'exécution du mandat de protection future 100

§ 2 Les mesures de protection judiciaire 102

A Les dispositions communes aux mesures de protection judiciaire 102

B Les différents régimes de protection 103

Section II **Les mesures de protection ponctuelles** 121

§ 1 Le sort des actes passés par un majeur souffrant d'une altération de ses facultés personnelles 121

§ 2 La réparation du dommage causé par un majeur souffrant d'une altération de ses facultés mentales 123

PARTIE III

La famille

TITRE I

LES DIFFÉRENTES SITUATIONS FAMILIALES

CHAPITRE 1

Le concubinage 133

Section I **Les rapports des concubins entre eux** 133

§ 1 L'absence de statut légalement organisé 133

§ 2 Les libéralités entre concubins 134

§ 3 La rupture du concubinage 134

§ 4 La liquidation des rapports pécuniaires entre concubins 135

Section II **Les rapports des concubins avec les tiers** 136

§ 1 Le concubinage invoqué par les tiers 136

A La théorie de l'apparence 136

B La prise en compte des ressources résultant du concubinage 137

§ 2 Le concubinage invoqué par les concubins eux-mêmes 137

CHAPITRE 2

Le PACS

Le PACS 139

Section I La conclusion du PACS 139

§ 1 Les conditions de forme 139

§ 2 Les conditions de fond 140

Section II Le contenu du PACS........ 140

§ 1 Les dispositions relatives aux relations personnelles 141

A Les obligations personnelles des partenaires 141

B Les effets du PACS en matière sociale et de logement 141

§ 2 Les dispositions relatives aux relations patrimoniales 142

A La solidarité des partenaires 142

B Le régime des biens acquis par les partenaires 142

C L'imposition des partenaires 143

Section III La dissolution du PACS 143

CHAPITRE 3

Le mariage

Le mariage 145

Section I Les fiançailles 145

§ 1 La valeur juridique des fiançailles 145

§ 2 Le droit à réparation en cas de rupture abusive 146

§ 3 Le sort des cadeaux et de la bague de fiançailles 148

Section II La formation du mariage........ 148

§ 1 Les conditions de fond du mariage 148

A Les conditions d'ordre physique 149

B Le consentement des époux 150

C Les conditions de moralité 154

§ 2 Les conditions de forme du mariage 155

A Les formalités préalables à la cérémonie 155

B La célébration du mariage 156

C Les mariages de Français célébrés à l'étranger 157

§ 3 Les sanctions de l'inobservation des conditions du mariage 157

A Les sanctions dérivatives 157

B Les nullités du mariage 158

§ 4 La preuve du mariage 159

Section III Les effets du mariage 160

§ 1 Les rapports d'ordre personnel entre les époux 160

A Les devoirs réciproques des époux 160

B Les obligations conjointes des époux 161

§ 2 Les règles relatives à la gestion du ménage 162

A Le statut matrimonial de base 162

B Le régime matrimonial secondaire 165

CHAPITRE 4

Le divorce et la séparation de corps 167

Section I **Les différentes formes de divorce** 169

§ 1 **Le divorce par consentement mutuel** 169

A Les conditions 170

B La procédure 171

§ 2 **Le divorce pour acceptation du principe de la rupture du mariage** 172

§ 3 **Le divorce pour altération définitive du lien conjugal** 173

A Les conditions du divorce pour altération définitive du lien conjugal 174

B Les effets et la procédure spécifiques du divorce pour altération définitive du lien conjugal 175

§ 4 **Le divorce pour faute** 178

A La violation des obligations du mariage 179

B Les fins de non-recevoir 180

C Le partage des torts 181

§ 5 **La procédure commune aux divorces autres que par consentement mutuel** 182

A Les caractéristiques de la procédure commune 182

B Les étapes de la procédure commune 182

Section II **Les effets du divorce** 186

§ 1 **Les effets du divorce entre les époux** 186

A Les effets dans les rapports personnels 186

B Les conséquences patrimoniales du divorce 187

§ 2 **Les effets du divorce sur l'enfant** 197

A L'application du droit commun de l'autorité parentale 197

B Les modalités d'exercice de l'autorité parentale 198

C L'entretien matériel de l'enfant 201

Section III **La séparation de corps**.. 202

§ 1 **Le prononcé de la séparation de corps** 202

§ 2 **Les effets de la séparation de corps** 202

§ 3 **La cessation de la séparation de corps** 203

A La reprise de la vie commune 203

B La conversion de la séparation de corps en divorce 203

TITRE II

LA FILIATION

CHAPITRE 1

La filiation par procréation charnelle 207

Section I **L'établissement non contentieux de la filiation** 207

§ 1 **L'indication du nom de la mère dans l'acte de naissance** 208

§ 2 **La présomption de paternité du mari de la mère** 208

A Le domaine de la présomption de paternité 209

B La contestation de la présomption de paternité 211

§ 3 **La reconnaissance** 212

A Les conditions de fond 212

B Les conditions de forme 213
C Les effets de la reconnaissance 214
D La nullité et la contestation de la reconnaissance 215

§ 4 **La possession d'état constatée par acte de notoriété** 216
A Les éléments de la possession d'état 216
B Les caractères de la possession d'état 216
C La constatation de la possession d'état 217

Section II **Les actions relatives à la filiation** 218

§ 1 **Les dispositions générales concernant les actions relatives à la filiation** 219
A La compétence 219
B Le droit d'agir 219
C Les fins de non-recevoir 219
D Les délais pour agir 220
E L'administration de la preuve dans les procès relatifs à la filiation 221
F La tierce opposition 222
G Les effets des jugements relatifs à la filiation 223

§ 2 **Les actions aux fins d'établissement de la filiation** 223
A L'action en recherche de maternité 223
B L'action en recherche de paternité 224
C L'action en rétablissement de la présomption de paternité 226
D L'action en constatation de possession d'état 226

§ 3 **Les actions en contestation de la filiation** 228
A Les actions en contestation de maternité et de paternité 228
B L'action en contestation de possession d'état 229
C L'action en contestation réservée au ministère public 229

§ 4 **L'action à fins de subsides** 231
A Les conditions de l'action à fins de subsides 231
B La fin de non-recevoir 231
C Les délais de l'action 232
D Les effets de l'action à fins de subsides 232

CHAPITRE 2
La filiation « artificielle » 233

Section I **La procréation médicalement assistée** 233

§ 1 **La notion de procréation médicalement assistée** 233

§ 2 **Les problèmes posés par la procréation médicalement assistée** 234
A Les solutions jurisprudentielles 234
B Les réformes législatives 235
C Les principes applicables 237

Section II **L'adoption** 237

§ 1 **L'adoption plénière** 239
A Les conditions de l'adoption plénière 239
B La procédure de l'adoption plénière 243
C Les effets de l'adoption plénière 245

§ 2 L'adoption simple 246
A Les conditions de l'adoption simple 246
B Les effets de l'adoption simple 247

TITRE III
LES CONSÉQUENCES DU LIEN FAMILIAL

CHAPITRE 1
L'autorité parentale 251

Section I **Présentation de l'autorité parentale** 251
§ 1 L'évolution de l'institution 251
§ 2 Les bénéficiaires de l'autorité parentale 253
A Les enfants soumis à l'autorité parentale 253
B Les droits des enfants après la cessation de l'exercice de l'autorité parentale 253
C Les obligations des enfants à l'égard de leurs parents 254

Section II **Les titulaires de l'exercice de l'autorité parentale** 254
§ 1 Le principe de l'exercice conjoint par les deux parents 255
A L'application du principe en cas de séparation ou de divorce des parents 255
B L'intervention du juge aux affaires familiales en cas de difficulté dans l'exercice conjoint 256
C Les effets de l'autorité parentale conjointe à l'égard des tiers 256
§ 2 Les cas d'exercice unilatéral de l'autorité parentale 257
§ 3 Les droits des tiers non titulaires de l'autorité parentale 258
A Le droit des ascendants 258
B Le droit des tiers 258

Section III **Les attributs de l'autorité parentale** 259
§ 1 Les droits du titulaire de la jouissance légale 259
§ 2 Les charges de la jouissance légale 260
§ 3 L'extinction du droit de jouissance légale 260

Section IV **Les dispositifs de protection de l'enfant** 261
§ 1 Le contrôle de l'exercice de l'autorité parentale 262
A L'éloignement du parent jugé dangereux 262
B Le placement chez un tiers 262
C Les mesures d'assistance éducative 262
§ 2 La délégation de l'exercice de l'autorité parentale 263
§ 3 Le retrait de l'autorité parentale 264
A Le retrait prononcé par une juridiction pénale 264
B Le retrait prononcé par une juridiction civile 265

CHAPITRE 2
L'obligation alimentaire 267

Section I **La vocation aux aliments** 267

Section II **La mise en œuvre de l'obligation alimentaire : la pension alimentaire** 268

§ 1 La fixation de la pension alimentaire 268
A Le besoin du créancier 268
B Les ressources du débiteur 268
C Les procédés de la fixation 269
D Les modalités 269
§ 2 Les caractères généraux de l'obligation alimentaire 269
A Le caractère personnel de l'obligation alimentaire 269
B Le caractère d'ordre public 270
Section III **Le paiement de la pension alimentaire** 270
§ 1 « Les aliments ne s'arréragent pas » 270
§ 2 Les sanctions en cas de non-paiement 270

Annexe 271
Convention européenne de sauvegarde des droits de l'homme et des libertés fondamentales 271
Bibliographie 275
Index
Encadrés et tableaux 280

UNIVERSITÉ DE STRASBOURG
S.C.D.
Bibliothèque juridique

JUILLET 2010 • À JOUR JUILLET 2010 • À JOUR JUILLET 2010

- La responsabilité civile délictuelle
- Les quasi-contrats
- Les contrats
- Le régime général des obligations

Marjorie Brusorio-Aillaud
est maître de conférences
à l'université du Sud-Toulon-Var

Avec :

- la loi du 5 mars 2007 portant réforme de la protection juridique des majeurs, entrée en vigueur le 1er janvier 2009 ;
- la loi du 17 juin 2008 portant réforme de la prescription en matière civile ;
- la loi du 1er juillet 2008 créant de nouveaux droits pour les victimes et améliorant l'exécution des peines ;
- la loi du 4 août 2008 de modernisation de l'économie ;
- le décret d'application n° 2009-302 du 18 mars 2009 portant application de l'article L. 132-1 du Code de la consommation.

Cet ouvrage est disponible **chez votre libraire**
ou, à défaut, aux Éditions Paradigme

14 quai Saint-Laurent, 45000 Orléans
Tél. 02 38 70 84 44 - Fax 02 38 70 56 76
e-mail : commercial@paradigme.com

ou sur cpuniv.com

Pour maîtriser les exercices de droit civil

Réussir ses TD 2
Les obligations
Exercices pour assimiler
le droit de la responsabilité civile
délictuelle et le droit des contrats
192 pages – Isbn 978-2-35020-0

Marjorie Brusorio-Aillaud
est Maître de conférences
à l'université du Sud-Toulon-V

Réussir ses TD 1
Personnes, Incapacités, Famille
À jour des réformes sur l'adoption, la filiation
et le PACS (libéralités et successions)
192 pages – Isbn 978-2-35020-065-1

Avec Marjorie Brusorio-Aillaud, franchissez **toutes les étapes** des exercices juridiques : analyse, appréciation, élaboration de plans...

Dans l'ordre du cours :

- **6 commentaires d'article**
- **6 commentaires d'arrêt**
- **6 cas pratiques**

Cet ouvrage est disponible **chez votre libraire**
ou, à défaut, aux Éditions Paradigme
14 quai Saint-Laurent, 45000 Orléans
Tél. 02 38 70 84 44 - Fax 02 38 70 56 76
e-mail : commercial@paradigme.com
ou sur cpuniv.com

JUILLET 2010 • À JOUR JUILLET 2010 • À JOUR JUILLET 2010

En annexe
la Constitution
révisée
le 23 juillet 2008

- Les bases du droit constitutionnel
- Les régimes étrangers contemporains
- Les institutions françaises de 1789 à 1958
- La Cinquième République

Avec :

En France :
- les nouveaux textes d'application de la révision constitutionnelle du 23 juillet 2008 :
  - loi organique du 10 décembre 2009 (question prioritaire de constitutionnalité),
  - loi organique validée par le Conseil constitutionnel le 12 juillet 2010 (encadrement du pouvoir de nomination du chef de l'État) ;
- les premières décisions du Conseil constitutionnel en matière de question prioritaire de constitutionnalité ;
- l'effectivité des nouveaux moyens d'information et de contrôle du Parlement sur les actes de l'Union européenne depuis l'entrée en vigueur du traité de Lisbonne ;

En Europe :
- le gouvernement de coalition au Royaume-Uni ;
- le nouveau mandat de la chancelière Angela Merkel.

Cet ouvrage est disponible **chez votre libraire**
ou, à défaut, aux Éditions Paradigme
14 quai Saint-Laurent, 45000 Orléans
Tél. 02 38 70 84 44 - Fax 02 38 70 56 76
e-mail : commercial@paradigme.com
ou sur cpuniv.com

JUILLET 2010 • À JOUR JUILLET 2010 • À JOUR JUILLET 2010

- L'organisation administrative
- Le principe de légalité
- Les actes de l'administration
- Les formes et modalités de l'activité administrative
- La justice administrative
- La responsabilité administrative

Écrit par l'un des meilleurs pédagogues de la matière, cet ouvrage a conduit des milliers d'étudiants à la réussite

Avec :

– une nouvelle évolution de la déconcentration (décret du 16 février 2010) ;

– un revirement de jurisprudence à propos de l'effet des directives : l'abandon de la jurisprudence *Cohn-Bendit* (CE Ass., 30 octobre 2009, *Mme Perreux*) ;

– le Conseil d'État introduit la « loyauté » dans le cadre du débat contentieux en matière contractuelle (CE Ass., 28 décembre 2009, *Commune de Béziers*) ;

– de nouvelles règles de compétence et de fonctionnement pour les juridictions administratives (décret du 22 février 2010) ;

– la question prioritaire de constitutionnalité devant les juridictions administratives (loi organique du 10 décembre 2009).

Cet ouvrage est disponible **chez votre libraire**
ou, à défaut, aux Éditions Paradigme

14 quai Saint-Laurent, 45000 Orléans
Tél. 02 38 70 84 44 - Fax 02 38 70 56 76
e-mail : commercial@paradigme.com

ou sur cpuniv.com

JUIN 2010 • À JOUR JUIN 2010 • À JOUR JUIN 2010 • À JOUR

- La norme pénale
- L'infraction pénale
- La responsabilité pénale
- La sanction pénale

Le plus clair des manuels avec :

– la loi du 24 novembre 2009 « pénitentiaire » ;

– la loi du 10 mars 2010 tendant à amoindrir le risque de récidive criminelle et portant diverses dispositions de procédure pénale ;

– la loi constitutionnelle du 23 juillet 2008 de modernisation des institutions de la Ve République ;

– la loi du 25 février 2008 relative à la rétention de sûreté et à la déclaration d'irresponsabilité pénale pour cause de trouble mental.

Cet ouvrage est disponible **chez votre libraire**
ou, à défaut, aux Éditions Paradigme
14 quai Saint-Laurent, 45000 Orléans
Tél. 02 38 70 84 44 - Fax 02 38 70 56 76
e-mail : commercial@paradigme.com
ou sur cpuniv.com

JUILLET 2010 • À JOUR JUILLET 2010 • À JOUR JUILLET 2010

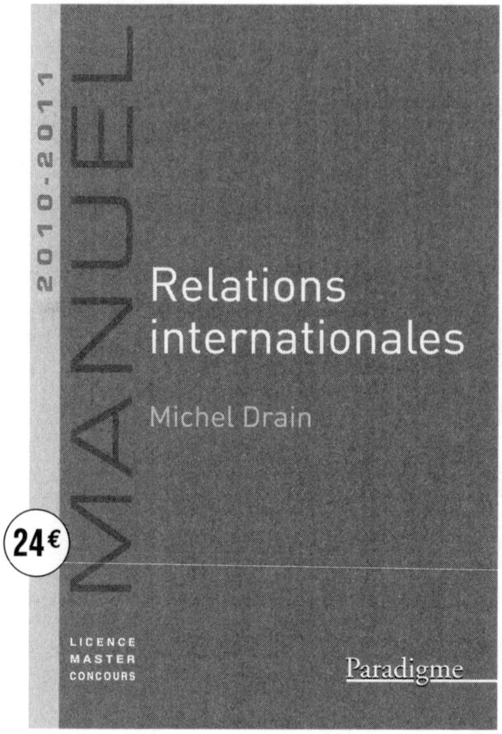

- Les relations internationales au carrefour des sciences sociales et du droit
- L'État
- Les organisations internationales
- L'évolution des relations internationales de 1945 à nos jour[s]

Avec :

- les négociations russo-américaines de désarmement nucléaire ;
- la lutte contre la prolifération nucléaire et le défi des activités nucléaires de l'Iran [;]
- l'évolution de la situation politique et militaire en Iraq et en Afghanistan ;
- les efforts de règlement des conflits du Proche-Orient.

Cet ouvrage est disponible **chez votre libraire**
ou, à défaut, aux Éditions Paradigme

14 quai Saint-Laurent, 45000 Orléans
Tél. 02 38 70 84 44 - Fax 02 38 70 56 76
e-mail : commercial@paradigme.com

ou sur cpuniv.com